· 2024학년도 수능 및 내신 대비 ·

능률

EBS 수능특강

변형 문제
562제

문학(하)

책임 집필·검토진

유동훈, 양다원, 고하은, 김정진, 이선민, 김완주

IAP 집필진

윤철훈, 손호연

외부 집필진

양재혁 두드림HIGH
김태영 상록고등학교
심연수
최선학

능률
EBS 수능특강

변형 문제
562제 문학(하)

지 은 이 | IAP BOOKS
기   획 | 유동훈 양다원
개   발 | 고하은 김정진 이선민 김완주
디 자 인 | 정은아 정수진 최미나 오예인
조   판 | 정은아 정수진 최미나
영   업 | 한기영 이경구 박인규 정철교 하진수 김남준 이우현
마 케 팅 | 박혜선 남경진 이지원 김여진

· 2024학년도 수능 및 내신 대비 ·

능률
EBS 수능특강

변형 문제
562제

문학(하)

상쾌한 **향상**을 경험하다
국어 문제의 해결사 SLS

학습자 맞춤형 문제은행 출제 마법사
Smart Learning Solution
학생들에게 1:1 과외의 효과를!

초등 4학년부터 고등 3학년까지!
개별 학생에게 맞춘 유연한 문제은행 출제 마법사
시스템이기에 더욱 빠르고 학습진단 및 분석, 그리고 이에 맞춘 처방까지!
학생들의 성적이 달라집니다!

온라인
교재 학습

▸ 온라인 제공 문제 서비스
▸ 출판사, 난이도별 문제

차별화된
인강시스템

▸ 모든 문항별 강의 동영상
▸ 강좌별 영상 강의

유사 문제
자동 추천 기능

▸ 오답 문제와 유사한 문제 제공
▸ 오답 문제 완전 정복

130만
국어 문항 DB

▸ 국내 최대 DB
▸ 수능, 내신 모든 문항의 DB

섹션뽀개기

현대시, 현대소설, 고전운문, 고전산문, 극수필, 독서, 화법과 작문, 문법 총 8권으로 구성되어 있습니다. 실전에 들어가기 전 꼭 알아야 할 기본 개념을 체크하고, 각 갈래별로 유형과 개념이 잘 나타난 대표 유제를 통해 문제 접근법과 풀이 방법을 익힐 수 있습니다. 또한 수능 및 전국연합 기출 문제를 선별하여 앞에서 학습한 개념과 관련된 문제를 통해 실제 문제에 대한 해결력을 기르고 수능 감각을 익힐 수 있도록 하였습니다. 자기 주도학습을 할 수 있도록 인강을 제공하고, SLS 시스템을 통해 취약 영역도 보완하도록 지원하고 있습니다.

섹션뽀개기 실전편

문학, 독서, 화법과 작문, 언어와 매체 총 4권으로 구성되어 있습니다. 각 항목별로 개념과 대표 유제, 실전 문제를 단계별로 제공하여 스스로 문제를 풀고 해결해 나갈 수 있도록 편집되었습니다. 자기 주도학습을 할 수 있도록 인강을 제공하고, SLS 시스템을 통해 취약 영역도 보완하도록 지원하고 있습니다.

기승전결 모의고사

LEVEL 1(Ⅰ·Ⅱ·Ⅲ·Ⅳ), LEVEL 2(Ⅰ·Ⅱ·Ⅲ·Ⅳ), LEVEL 3(Ⅰ·Ⅱ·Ⅲ·Ⅳ), LEVEL 4(Ⅰ·Ⅱ·Ⅲ·Ⅳ)등 총 16권으로 구성되어 있습니다. 권당 실전 모의고사 9회가 수록되어 있고, 주차별로 1회씩 학습하도록 구성했습니다. 수능, 평가원, 교육청에서 출제되었던 실전 모의고사와 자체적으로 만들고 리믹스한 모의고사로 편성되어 있습니다. 자기 주도 학습을 할 수 있도록 인강을 제공하고, SLS 시스템을 통해 취약 영역도 보완하도록 지원하고 있습니다.

분기승천 국어

레벨별 4종씩 총 8권으로 구성되어 있습니다. 분기별로 학습할 수 있도록 권당 13강으로 편성되어 있고, 1강당 4세트씩 권당 42세트 이상 구성되어 학교, 학원 등 교육기관에서 주차별 학습을 하도록 최적화되어 있습니다. 자기 주도학습을 할 수 있도록 인강을 제공하고, SLS 시스템을 통해 취약 영역도 보완하도록 지원하고 있습니다.

리딩플러스 국어

총 8단계로 구성되어 아이들이 다양한 갈래의 책을 읽고, 책에 관련된 문제를 풀어보며 글쓰기 실력을 향상시킬 수 있는 독서논술 교재입니다. 책을 읽으면서 궁금해할 만한 것이나 중요한 개념을 안내하는 배경 지식, 책에 등장한 어휘 관련 문제, 책에서 발췌한 제시문에 대한 독해력·사고력 문제를 통해 아이들이 흥미롭게 독서 활동을 할 수 있도록 하고, 책을 읽은 후 느낀 점 등을 독후활동지로 정리할 수 있도록 구성되어 있으며, SLS 시스템을 통해 온라인으로도 학습할 수 있도록 지원하고 있습니다.

어휘어법

LEVEL 1(Ⅰ·Ⅱ), LEVEL 2(Ⅰ·Ⅱ), LEVEL 3(Ⅰ·Ⅱ), LEVEL 4(Ⅰ·Ⅱ) 등 총 8권으로 구성되어 있습니다. 학기별로 학습할 수 있도록 권당 18~26강으로 편성되어 있고, 모듈 프로세스를 통해서 영역별 학습이 가능하게 만들어져 있습니다. 사자성어·속담·한자어·관용어·혼동어휘 등을 교재별로 모듈화하여 단계별로 학습하고 주차별로 테스트를 하도록 구성되어 있습니다.

구성과 특징

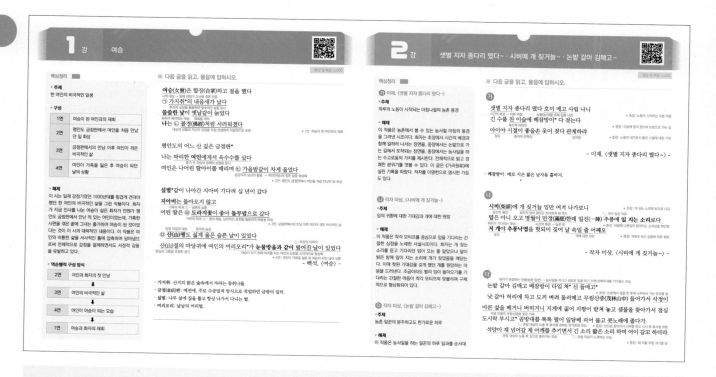

지문분석

지문별 상세한 해설 주석을 첨부하여 지문에 대한 깊이 있는 이해를 할 수 있도록 구성하였습니다.

핵심정리

지문과 연관된 필수 개념을 제공하며 지문의 내용을 보다 쉽게 이해할 수 있도록 구성하였습니다.

3

[1~7] 윗글의 내용에 대한 설명이다. 맞으면 ○, 틀리면 ×표 하시오.

1 후각적 심상을 활용하여 속세와 단절된 삶을 살고있는 여승의 이미지를 환기하고 있다.

2 공감각적 심상을 사용하여 혹독하고 암담한 현실에서 여인이 느끼는 한을 부각하고 있다.

3 '딸'의 죽음에 대한 여인의 슬픔을 직접적으로 표출하며 비극성을 강조하고 있다.

4 화자는 여인의 비극적인 삶에 연민을 느끼고 있다.

5 시간의 흐름에 따라 순행적으로 시상을 전개하고 있다.

6 화자는 속세를 떠난 여인의 홀가분한 모습에 안도하고 있다.

7 화자는 자신이 관찰한 여승의 삶을 서정적으로 묘사하고 있다.

[8~10] 윗글의 내용과 관련하여 빈칸에 들어갈 적절한 내용을 쓰시오.

8 (가)는 '□□□'과 같이 촉각적 심상을 사용하여 시적 상황을 제시하고 있다.

9 (나)의 화자는 '□□'를 청자로 설정하여 원망을 토로하고 있다.

10 (다)는 '□□□□'에서 샘으로 공간을 이동하며 시상을 전개하고 있다.

확인 문제 정답	1 ○	2 ×	3 ×	4 ○	5 ○	6 ○	7 ×	8 찬 이슬	9 저 개	10 무릅산중

확인 문제

내용 확인용 ○, × 및 빈칸 채우기 문제를 첨부하여 수능뿐만 아니라 학교 시험에도 대비할 수 있도록 하였습니다.

4

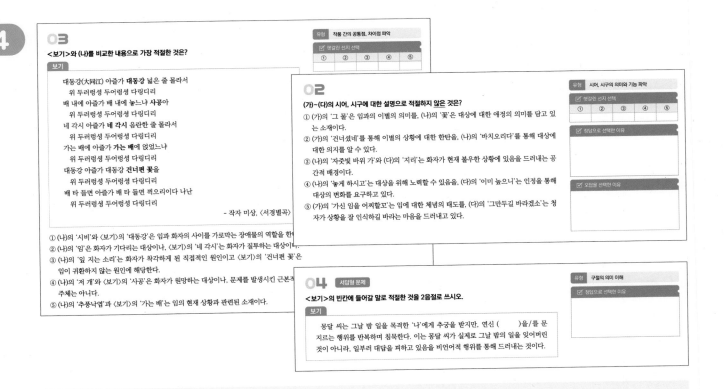

실전 문제

한 지문 당 최소 3문제 이상의 EBS 변형 문제를 제공하여 지문을 완전히 숙지하고 다양한 유형에 대비할 수 있습니다.

목차

갈래복합

실전학습

I

--- ◆ ◆ ◆ ---

현대소설

정답 및 해설 p.2

핵심정리

* **주제**
일제 강점기의 부조리한 농촌 현실과 농민들의 저항

* **전체 줄거리**
극심한 가뭄으로 논에 물을 대지 못하자 성동리 주민들은 어떻게든 물을 대기 위해 노력하고, 고 서방은 물을 넉넉히 끌어 쓴 보광리 주민과 마찰을 빚다가 결국 주재소에 끌려간다. 가뭄이 지속되자 보광사에서는 기우제를 지내는데, 성동리 주민들은 빚 갚을 돈을 시주로 보태기도 하지만 여전히 비가 올 기미는 보이지 않는다. 한편 성동리의 상한이라는 아이는 굶주림을 해결하기 위해 보광사의 산에 가는데 산지기에게 쫓기다 목숨을 잃는다. 그해 가을 흉작이 들었는데도 보광사 간평 위원들은 성동리 주민들의 논에 높은 소작료를 매기고 조합 이사는 밀린 대금의 지불 기한을 연기해 달라는 주민들의 청을 무시한다. 이윽고 벼를 압류당하고 굶어 죽을 위기에 처한 성동리 남정들은 압류 취소와 소작료 면제를 탄원하기 위해 모여들어 보광사로 향한다.

* **해제**
이 작품은 1930년대 농촌의 모습을 사실적으로 형상화한 소설이다. 작품의 제목이기도 한 '사하촌'은 보광사라는 절의 세력 하에 놓인 마을로, 절 소작인의 마을인 성동리와 중의 식솔들이 거주하는 보광리를 일컫는다. 보광사는 변질된 종교 세력으로 일제와 결탁하여 성동리 농민들을 수탈한다. 작품에서 주인공이라고 특정할 만한 인물을 찾기 어려운데, 힘겨운 상황 속에서 함께 힘을 합쳐 어려움을 이겨 내고자 하는 성동리 농민 전체가 서사 전개의 중심이 되고 있다. 이들은 고통이 극에 달하자 현실의 모순을 자각하고 연대 의식을 바탕으로 집단행동에 나서게 되는데, 이러한 내용에는 지식인의 계몽이나 소수의 영웅적 행동보다 농민 스스로의 자각과 연대가 모순 극복의 실마리가 될 수 있다고 보는 작가 의식이 담겨 있다.

* **등장인물**

고 서방	봇목에 논을 가지고 있으면서도 물을 못 댈 만큼 착한 성품을 지님. 물꼬를 조금 터놓았다가 봉변을 당하고, 대금을 갚지 못해 논에 입도 차압이 붙자 이를 견디지 못하고 야간도주함.
이사	보광사 농사 조합의 대표로, 성동리 주민들에게 과중한 부담을 지게 함.

※ 다음 글을 읽고, 물음에 답하시오.

봇목에 논을 가지고서도, '유아독존' 식으로 날뛰는 절 사람들의 세도에 눌려 흘러오는 물조차 맘대로 못 댄 곰보 고 서방은, 마침내 딴은 ㉠ 큰맘을 먹고 자기 논 물꼬를 조금 더 터놓았다. 그러자 그걸 본 한 양반이 빽 소리를 내지르며 쫓아 왔다. 오더니 다짜고짜로,

"왜 또 손을 대요?"

"인제 물도 다 돼 가고 하니 나두 좀 대야지요."

하다가 고 서방은 자기 말이 너무나 약한 것을 깨닫고 한마디 더 보태었다.

"그리고 당신 논에는 물이 벌써 철철 넘고 있지 않소."

"뭐? 넘어? 어디 넘어? 이 양반이 눈이 있나 없나?"

하며 그는 곰보 논 물꼬를 봉하려고 들었다.

"안 돼요!"

곰보는 물꼬를 아까보다 더 크게 열면서,

"위에 있는 논은 한 번 적시지도 못하게 하고 아랫논만 두렁이 넘게 물을 실으려는 것은 너무 심하잖소?"

"무어ㅡ?"

"그렇게 노려보면 어쩔 테요?"

"야, 이 친구가 밥줄이 제법 톡톡한 모양이로군!"

그는 비쭉 냉소를 했다.

"이 친구? 네 집에는 그래 애비도 삼촌도 없니? 누굴 보고 이 친구 저 친구 해?"

"뭐가 어째? 야, 이 녀석이 제법 꼴값을 하는군. 어디 상판대기에 '빵꾸'를 좀 더 내 줄까?"

"이놈ㅡ개 같은 놈! 아무리 세상이 뒤바뀌어졌기로서니……."

"야, 이 녀석 좀 봐. 세상이 뒤바뀌어졌다구? 하, 하, 하……."

그는 다른 사람도 다 들으라는 듯이 소리를 높이더니,

"예끼 건방진 녀석!"

그리고 제보다 몸피가 훨씬 큰 곰보의 뺨을 한 대 갈겼다.

"이게 뭘 믿고서……."

곰보가 하도 어처구니가 없어서, 그자의 멱살을 불끈 졸라 쥐니깐, 그 근방에 있던 같은 패들이 벌 떼처럼 우ㅡ 몰려왔다. 그러자 아까 가동 늙은이를 상해 놓던 고자쟁이 이시봉이가 풋볼 차던 형식으로 곰보의 아랫배 짬을 콱 질렀다. 곰보는 악! 하며 그 자리에 쓰러졌다. 쓰러진 놈을 여러 놈들이 밟고 차고……. 그러다가 나중에는 뻗어져 누운 놈을 끌고 ㉡ 주재소*에까지 가자고 야단이다. 곰

보는 그 말이 무엇보다도 무서워서, 잘못했다고 빌지 않을 수가 없었다.
주재소에 가서 불리한 처우를 받을 것이 두려워 부당한 폭력에 순응함

들깨가 곁에 가도, 곰보는 넋 잃은 사람처럼 논두렁에 멍하니 앉아 있었다. 왼편 눈 밑이 퍼렇게 부어올랐다.
보광리 주민들의 폭행 흔적

저수지의 물은 그예 끊어졌다. 물 끊어진 수문을 우두커니 들여다보는 농민들
고 서방과 보광리 주민들의 갈등으로 인한 결과
은 하도 억울해서 말도 욕도 아니 나오고, 그만 그곳에 주저앉았다. 그와 동시에
논에 물을 댈 수 없다는 것에 대한 좌절
온종일 수캐처럼 쫓아다닌 피로까지 엄습해서 일어날 생각이 없었다.

그러나 한편, 『물을 흐뭇이 댄 보광리—최근에 생긴 중 마을—사람들은 제 논
『 』: 논에 물을 충분히 대고도 욕심을 부리는 보광리 주민들
물이 행여 아랫논으로 넘어 흐를세라 돋우어 둔 물꼬와, 논두렁 낮은 쌈을 한층
성동리 주민들의 논
더 단단히 단속하느라고 몹시 바빴다.』

고 서방은 분도 분이지만, 그보다 내년 봄엔 영락없이 그 **절 논 두 마지기가 떨**
보광리 주민들과의 갈등으로 인해 논의 경작권을 빼앗길 것이라 예상함
어지고 말 것을 생각하면, 앞으로 살아 나갈 일이 꿈같이 암담하였다.

(중략)

그들의 하소연은, 자기들이 봄에 빌려 쓴 소위 저리 자금의—대부분은 비료
성동리 주민들이 보광사 농사 조합에 요구하는 것
대금이지만—지불 기한을 조금 더 연기해 달라는 것이었다.

『보광사 소작인들은 해마다 소작료와 또 소작료 매 석에 대해서 너 되씩이나 되
『 』: 성동리 주민들이 소작인으로서 지고 있는 과중한 부담
는 조합비와, 비료 대금과 그것에 따른 이자를 바쳐야만 되었다. 그리고 비료 대
금은 갚는 기한이 해마다 호세와 같았다.』
예전에, 살림살이를 하는 집을 표준으로 하여 집집마다 징수하던 지방세
의젓하게 교의에 기댄 채 인사도 받는 양 마는 양하는 **이사님**은, 빌듯이 늘어
보광사 농사 조합의 대표
놓는 구장의 말을랑 귀 밖으로, 한참 '시끼시마*' 껍데기에 낙서만 하고 있더니,

문득 정색을 하고는,

"그런 귀치않은 논은 부치지 않는 게 어때요?"
성동리 주민들의 요청을 거절함
해 던졌다.

"……."

"해마다 이게 무슨 짓들이오? 나두 인젠 그런 우는소리는 듣기만이라도 귀치

않소. 호세만 내고 버티겠거든 어디 한번 버티어들 보시구려!"

"누가 어디 조합 돈은 안 내겠다는 겁니까. 조금만 연기를 해 달라는 거지요."
성동리 주민들의 요구 사항을 구체적으로 재차 드러냄
이번에는 또쭐이가 말을 받았다.

"내든 안 내든 당신들 입맛대로 해 보시오. 난 이 이상 더 당신들과는 이야기

않겠소."

이사님은 살결 좋은 얼굴에 적이 노기를 띠더니, 그들 틈에 끼어 있는 곰보를
성동리 주민들과 대조되는 외양
힐끗 보고서는,

"고 서방 당신은 또 뭘 하러 왔소? 작년 것도 못다 내고서 또 무슨 낯으로 여기

오우?"

매섭게 꼬집었다. 그리고 그는 다시 장부를 뒤적거리면서, 하던 일을 계속했

＊ 작품의 갈등 양상

보광리 주민	성동리 주민
일제의 비호를 받으며 농사 조합을 매개로 지주의 권한을 행사함.	보광리 주민들의 핍박과 보광사의 횡포를 감내하며 소작인으로서 과중한 부담을 짐.

보광리 주민 ↔ 성동리 주민

＊ 작품의 공간 구조

보광리
· 보광리 주민이 기거하는 곳
· 본래의 목적을 잃고 친일 지주 세력의 본산으로 변질됨.

↕

성동리
· 보광사 땅을 빌려 소작하는 농민들이 기거하는 곳
· 생계를 이어 나가기 위해 보광사의 횡포를 감내해야 함.

↓

이원적 공간 구조를 통해 지주-소작농 관계에 따른 경제적인 불평등과 함께 일제와 결탁하여 변질된 종교 집단의 횡포를 드러냄.

＊ 성동리 주민들의 행렬

야학당	보광사의 횡포에 맞서기 위해 성동리 마을 주민들이 모여 대책을 논의하며 연대 의식을 고취하는 곳

↓

사찰	차압 취소와 소작료 면제를 탄원하기 위해 성동리 남정들이 빈 짚단을 들고 향하는 곳

↓

지배 계급의 폭압에 수동적, 순응적으로 대응하던 태도에서 벗어나 적극적으로 구조적 모순에 맞서게 된 일제 강점기 민중들의 저항 의식을 보여 줌.

13

* 농촌 소설의 종류

계몽적 농촌 소설
지식인의 시혜 의식을 바탕으로 농민에 대한 교육과 계몽을 목적으로 함.
이광수, 〈흙〉 / 심훈, 〈상록수〉

해학적 농촌 소설
농민의 삶과 욕망을 해학적으로 그려 냄.
김유정, 〈동백꽃〉 / 김유정, 〈봄·봄〉

사실주의적 농촌 소설
당시 농촌 현실의 사회 구조적 모순을 사실적으로 형상화함.
김정한, 〈사하촌〉 / 이기영, 〈고향〉

다. 일행은 허탕을 치고 밖으로 나왔다.

그리고 며칠 뒤, ㉢ 저수지 밑 고 서방의 논을 비롯하여 여기저기에, 그예 입도 차압*의 팻말이 붙기 시작했다.
보광사 조합이 성동리 주민들의 요청을 수용하지 않은 결과

농민들은 알아보지도 못하는 그 **차압 팻말**을 몇 번이나 들여다보고 또 들여다보았다.—피땀을 흘려 가면서 지은 **곡식에 손도 못 대**다니? 그들은 억울하고 분하다기보다, 꼼짝없이 이젠 목숨을 빼앗긴다는 생각이 앞섰다.

㉣ 고 서방은 드디어 야간도주를 하고 말았다.
더 이상 생계를 유지할 수 없게 되었으므로
절망적인 현실로 인해 고 서방이 취한 행동

"이렇게 비가 오는데, 그 어린것들을 데리고 어디로 갔을까?"

이튿날 아침, 동네 사람들은 애 터지는 말로써 그들의 뒤를 염려했다.

[A]
무심한 가을비는 진종일, 고 서방이 지어 두고 간 벼 이삭과 차압 팻말을 휘두들겼다.

무슨 불길한 징조인지 새벽마다 당산 등에서 여우가 울어 대고, 외상술도 먹을 곳이 없어진 농민들은 저녁마다 야학당이 터지게 모여들었다.

그리하여 하루아침, 깨어진 징 소리와 함께 성동리 농민들은 일제히 **야학당 뜰**로 모였다.
성동리 주민들이 보광사의 횡포에 맞설 대책을 논의하는 곳
보광사 농사 조합에 소작 쟁의를 일으키기 위해
그들의 손에는 열음 못 한 **빈 짚단이며 콩대, 메밀대**가 잡혀 있었다.

이윽고 그들은 긴 줄을 지어 가지고 차압 취소와 소작료 면제를 탄원해 보려고
성동리 주민들의 요구 사항
묵묵히 마을을 떠났다. 아낙네들은 전장에나 보내는 듯이 돌담 너머로 고개를 내가지고 남정들을 보냈다. 만약 보광사에서 들어주지 않는다면—하고 뒷일을 염려했다.

그러나 또쭐이, 들깨, 철한이, 봉구—이들 장정을 선두로 빈 짚단을 든 무리들은 어느새 벌써 동네 뒤 산길을 더우잡았다. ㉤ 철없는 아이들도 행렬의 꽁무니에 붙어서 절 태우러 간다고 부산히 떠들어 댔다.
성동리 주민들의 요구가 받아들여지지 않을 경우 발생할 수 있는 상황 암시

– 김정한, 〈사하촌〉 –

* 주재소: 일제 강점기에, 순사가 머무르면서 사무를 맡아보던 경찰의 말단 기관.
* 시끼시마: 일본 담배 이름.
* 입도 차압: 논에서 자라고 있는 벼를 압류하는 일.

[1-7] 윗글의 내용에 대한 설명이다. 맞으면 ○, 틀리면 ✕표 하시오.

1 고 서방과 양반의 갈등 원인은 보광리 주민들의 저수지 물 독점 때문이다.

2 고 서방은 정부의 지침 때문에 논에 물을 댈 수 없었다.

3 보광리 주민들은 양반에 대한 고 서방의 저항에 동조하였다.

4 고 서방은 최근에 이사 온 보광리 주민을 통해 논에 댈 물을 확보하였다.

5 성동리 주민들은 농사를 짓기 위해 조합으로부터 비료를 살 돈을 빌려 왔다.

6 성동리 주민들은 이사에게 보광리 주민과 소작료를 동일하게 책정할 것을 요구했다.

7 이사에게 빌린 대금을 갚지 못할 위기에 처한 고 서방은 자식들과 함께 야간도주를 감행했다.

[8-10] 윗글의 내용과 관련하여 빈칸에 들어갈 적절한 내용을 쓰시오.

8 고 서방은 양반과의 싸움으로 인해 ☐☐☐에 가게 된다면 자신에게 불리한 일이 일어날 것이라 예상하였다.

9 성동리 주민들은 ☐☐☐의 땅을 소작하기 위해 과중한 부담을 지고 있다.

10 성동리 주민들은 ☐☐☐에 모여 차압 취소와 소작료 면제를 탄원하기 위한 방안을 강구했다.

| 확인 문제 정답 | 1 ○ | 2 ✕ | 3 ✕ | 4 ✕ | 5 ○ | 6 ✕ | 7 ○ | 8 주재소 | 9 보광사 | 10 야학당 |

01

⊙~⑩에 대한 이해로 적절하지 <u>않은</u> 것은?

① ⊙: 고 서방과 보광리 주민들 사이에 갈등을 유발하는 원인으로, 성동리 주민들이 더 이상 논에 물을 댈 수 없는 결과를 가져온다.

② ⓒ: 고 서방이 일방적으로 폭력을 당하고도 자신이 불리한 처우를 받을 것이 두려워 기피하는 곳으로, 본래의 기능이 변질되었음이 드러난다.

③ ⓒ: 보광사 농사 조합이 성동리 주민들의 요청을 수용하지 않은 결과로, 성동리 주민들이 소작 쟁의에 나서게 되는 원인이다.

④ ⓔ: 당시 농민들이 절망적인 상황을 타개할 수 있었던 최선의 방안으로, 고 서방의 결정이 긍정적으로 작용할 것을 나타낸다.

⑤ ⑩: 소작 쟁의를 일으키기 위해 성동리 주민들이 모인 모습으로, 요구가 받아들여지지 않을 경우 발생할 수 있는 상황을 암시한다.

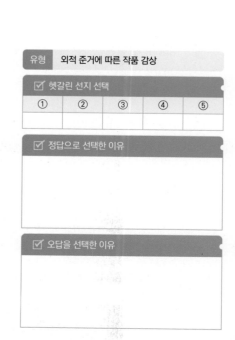

02

<보기>를 참고하여 윗글을 감상한 내용으로 적절하지 <u>않은</u> 것은?

> 보기
>
> 김정한의 〈사하촌〉은 가뭄이라는 자연재해로 인해 소작 제도의 모순이 극에 달한 상황을 제시하면서 일제 치하의 모순된 농촌 현실을 사실적으로 그려 낸 작품이다. 일제 수탈의 앞잡이인 인물들로 이루어진 지주 계층은 온갖 방법으로 농민을 수탈한다. 농민들은 이들의 횡포에 당하기만 하다가 결말에 가서는 결국 생존을 위해 저항을 택하게 된다. 작가는 사하촌 주민들의 모습을 통해 일제 강점기 농민 수탈의 수단이 된 소작 제도의 모순을 폭로하고, 더 나아가 당대 종교계의 타락상을 제시하고 있다.

① 보광리 주민들과의 갈등 후 '절 논 두 마지기가 떨어'질 것을 걱정하는 고 서방을 통해 지주 계층의 횡포에 속수무책으로 당할 수밖에 없던 당시 농촌의 현실을 알 수 있군.

② 대금의 납부 기한을 두고 '보광사 소작인들'과 '이사' 간의 갈등을 묘사함으로써 일제 강점기 농촌의 내부적 모순을 농민들의 시선에서 드러내는군.

③ 자신들이 일군 '곡식에 손도 못 대'게 되었음을 것을 의미하는 '차압 팻말'은 농민들이 개인의 나약함에서 벗어나 소작 쟁의라는 집단적인 행동으로 나아갈 수밖에 없는 상황을 보여 주는군.

④ 성동리 주민들이 '야학당 뜰'로 모이는 것은 생존을 위해 지주 계층에 대한 저항을 택한 농민들의 모습을 보여 주는군.

⑤ '빈 짚단이며 콩대, 메밀대'를 잡고 보광사로 향하는 성동리 주민들의 모습을 통해 오랜 가뭄과 착취로 인해 인간성이 상실되어 가는 모습을 보여 주는군.

03

[A]에 대한 설명으로 가장 적절한 것은?

① 인물의 상황을 열거함으로써 비극적 분위기를 부각하고 있다.
② 상징적 소재를 활용함으로써 인물 간의 관계를 암시하고 있다.
③ 주변 인물의 말을 인용함으로써 주요 인물의 성격을 드러내고 있다.
④ 인물의 행동을 진술함으로써 대조적인 두 집단의 모습을 강조하고 있다.
⑤ 배경을 묘사함으로써 앞으로 전개될 사건에 대한 긴장감을 나타내고 있다.

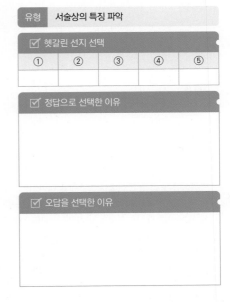

유형 서술상의 특징 파악

☑ 헷갈린 선지 선택

①	②	③	④	⑤

☑ 정답으로 선택한 이유

☑ 오답을 선택한 이유

04

등장인물에 대한 설명으로 가장 적절한 것은?

① 남정들은 야간도주한 고 서방을 찾기 위해 마을을 떠났다.
② 마을 사람들은 저수지 물을 끊은 양반에 대한 복수심에 보광사로 향하였다.
③ 구장은 저리 자금의 지불 기한에 대한 성동리 주민들의 입장을 대변하였다.
④ 이사는 성동리 주민들을 동정하지만, 고 서방만큼은 부정적으로 인식하였다.
⑤ 또쭐이는 이사의 제안에 따라 조합 돈을 내지 않기 위해 논을 부치지 않을 것을 결심하였다.

유형 작품의 내용 이해

☑ 헷갈린 선지 선택

①	②	③	④	⑤

☑ 정답으로 선택한 이유

☑ 오답을 선택한 이유

05 서답형 문제

윗글을 참고하여 <보기>의 빈칸에 들어갈 적절한 말을 쓰시오.

> **보기**
>
> 김정한의 소설에서 그려지는 농촌의 소규모 공동체는 외부의 개입이 필요하지 않다는 점에서 자족적인 공간이다. 이러한 농촌 사회는 외부의 개입에 의해 황폐화된다. 김정한의 〈사하촌〉에서는 이러한 점이 성동리 주민이었던 고 서방이 (   )하는 모습을 통해 드러나고 있다.

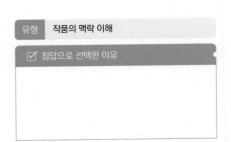

유형 작품의 맥락 이해

☑ 정답으로 선택한 이유

정답 및 해설 p.3

핵심정리

＊주제

사회 변화에 적응하지 못하는 세대의 좌절과 비애

＊ 전체 줄거리

안 초시와 박희완은 서 참의가 운영하는 복덕방에 와 소일하곤 한다. 안 초시는 무용가로 이름을 떨치는 안경화를 딸로 두고 이를 자랑스럽게 여기지만, 안경화는 그런 아버지에게 안경다리를 고칠 돈조차 넉넉히 주지 않는다. 안 초시는 박희완으로부터 개발 예정인 땅이 매물로 나왔다는 소식을 듣고서 안경화에게 그 땅에 투자하면 막대한 이익을 볼 수 있다고 말한다. 안경화가 삼천 원을 투자하지만 땅에 대한 정보가 거짓이었음이 밝혀지고, 안 초시는 딸의 냉대에 전전긍긍하다가 죽음을 택한다. 안경화는 자신의 명예를 지키기 위해 안 초시가 죽은 이유를 감추려 하며, 그 이유를 알고 있는 서 참의의 지시에 따라 장례식을 성대히 치른다. 서 참의와 박희완은 장례식에 참석한 이들의 위선적인 행태를 보며 울분을 느낀다.

＊해제

이 작품은 1930년대 서울을 배경으로 하여 급변하는 사회 질서에서 소외된 세대의 좌절과 몰락, 젊은 세대의 위선적인 행태 등을 형상화한 소설이다. 작품의 제목이기도 한 '복덕방'은 안 초시와 서 참의, 박희완 등 급변하는 세대에 적응하지 못한 노인들이 모여드는 공간이다. 안 초시는 부동산 투기로 일확천금을 꿈꾸다가 몰락하는데, 이 과정에서 식민지 자본주의의 실태가 사실적으로 드러난다. 한편 무용가로 성공했으면서도 아버지를 홀대하는 안경화의 모습을 통해서는 당시 신세대들의 이해타산적인 면모가 드러난다. 결말에서 친구의 죽음을 진심으로 애도하는 박희완과 서 참의의 모습은, 이러한 안경화의 모습과 대비를 이룬다.

＊등장인물

안 초시	서 참의의 복덕방에서 소일하는 늙은 이로, 현재 딸에게 생활을 의존하고 있음. 일확천금을 노리고 딸에게 부동산 투자를 제안했다가 낭패를 봄.
안경화	안 초시의 딸로 유명한 무용가임. 아버지에게까지도 이해타산적인 면모를 보임.
박희완	안 초시에게 땅 투기에 관한 정보를 전달하는 인물로, 안 초시와 마찬가지로 땅 투기로 낭패를 보게 됨.

※ 다음 글을 읽고, 물음에 답하시오.

초시는 이날 저녁에 박희완 영감에게서 들은 이야기를 딸에게 하였다. 실패는 했을지라도 그래도 십수 년을 상업계에서 논 안 초시라 출자를 권유하는 수작만은 딸이 듣기에도 딴사람인 듯 놀라웠다. 딸은 즉석에서는 가부를 말하지 않았으나 그의 머릿속에서도 이내 잊혀지지는 않았던지 다음 날 아침에는, 딸 편이 먼저 이 이야기를 다시 꺼내었고, 초시가 박희완 영감에게 묻던 이상으로 시시콜콜히 캐어물었다. 그러면 초시는 또 박희완 영감 이상으로 손가락으로 가리키듯, 소상히 설명하였고 일 년 안에 청장*을 하더라도 최소한도로 오십 배 이상의 순이익이 날 것이라 장담 장담하였다.

딸은 솔깃했다. 사흘 안에 ⓐ 연구소 집을 어느 신탁 회사에 넣고 삼천 원을 돌리기로 하였다. 초시는 금시발복이나 된 듯 뛰고 싶게 기뻤다.

"서 참의 이놈, 날 은근히 멸시했것다. 내 굳이 널 시켜 네 **집보다 난 집을 살** 테다. 네깟놈이 **천생 가쾌**지 별거냐……."

그러나 신탁 회사에서 돈이 되는 날은 웬 처음 보는 **청년** 하나가 초시의 앞을 가리며 나타났다. 그는 딸의 청년이었다. 딸은 **아버지의 손에 단 일 전도** 넣지 않았고 꼭 그 청년이 나서 돈을 쓰며 처리하게 하였다. 처음에는 꽉 나오는 노염을 참을 수가 없었으나 며칠 밤을 지내고 나니, 적어도 삼천 원의 순이익이 오륙만 원은 될 것이라 만 원 하나야 어디로 가랴 하는 타협이 생기어서 안 초시는 으실으실 그, 이를테면 **사위 녀석격**인 청년의 뒤를 따라나섰다.

＊

일 년이 지났다.

모두 꿈이었다. 꿈이라도 너무 악한 꿈이었다. 삼천 원어치 땅을 사 놓고 날마다 신문을 훑어보며 수소문을 하여도 거기는 축항이 된단 말이 신문에도, 소문에도 나지 않았다. 「ⓑ 용당포와 다사도에는 땅값이 삼십 배가 올랐느니 오십 배가 올랐느니 하고 졸부들이 생겼다는 소문이 있어도」 여기는 감감소식일 뿐 아니라 나중에, 역시, 이것도 박희완 영감을 통해 알고 보니 그 관변 모 씨에게 박희완 영감부터 속아 떨어진 것이었다. 축항 후보지로 측량까지 하기는 하였으나 무슨 결점으로인지 중지되고 마는 바람에 너무 기민하게 거기다 땅을 샀던, 그 **모 씨**가 그 **땅 처치에 곤란하여 꾸민 연극**이었다.

돈을 쓸 때는 **일 원짜리 한 장 만져도 못 봤지만 벼락은 초시에게 떨어**졌다. 서너 끼씩 굶어도 밥 먹을 정신이 나지도 않았거니와 밥을 먹으러 들어갈 수도 없었다.

"재물이란 친자 간의 의리도 배추 밑 도리듯 하는 건가?"

탄식할 뿐이었다.

[중략 부분 줄거리] 서 참의가 실의에 빠진 안 초시를 위로하지만 결국 안 초시가 죽음을 택하고 만 것을 발견한다.

파출소로 갈까 하다 그래도 자식한테 먼저 알려야겠다 하고 말만 듣던 그 안경화 무용 연구소를 찾아가서 안경화를 데리고 왔다. 딸이 한참 울고 난 뒤다.

"관청에 어서 알려야지?"

"아니야요 아스세요."

딸은 펄쩍 뛰었다.

"아스라니?"

"저…….."

"저라니?"

"제 명예도 좀……."

하고 그는 애원하였다.

"명예? 안 될 말이지, 명옐 생각하는 사람이 애빌 저 모양으루 세상 떠나게 해?"

"……"

안경화는 엎드려 다시 울었다. 그러다가 나가려는 서 참의의 다리를 끌어안고 놓지 않았다. 그리고

㉠ "절 살려 주세요."

소리를 몇 번이나 거듭하였다.

"그럼, 비밀은 내가 지킬 테니 나 하자는 대루 할까?"

"네."

서 참의는 다시 앉았다.

"부친 위해 보험 든 거 있지?"

"네, 간이 보험이야요."

"무슨 보험이던…… 얼마나 타게 되누?"

"사백팔십 원요."

㉡ "부친 위해 들었으니 부친 위해 다 써야지?"

"그럼요."

"에헴 그럼…… 돌아간 이가 늘 속사쓸 입구퍼 했어. 상등 털 사쯔를 사다 입히구 그 우에 진견으로 수의 일습 구색 마쳐 짓게 허구…… 선산이 있나 묻힐 데가?"

"웬걸요 없어요."

㉢ "그럼 공동묘지라도 특등지루 널찍하게 사구…… 장례식을 장하게 해야 말이지 초라하게 해 버리면 내가 그저 안 있을 게야. 알아들어?"

＊ 세대 간 가치관의 대립

구세대		신세대
안 초시, 박희완, 서 참의		안경화
• 시대적 변화에 밀려 사회적으로 몰락함. • 이웃 간의 정, 친자 간의 도리 등 전통적 가치관을 중시함.	↔	• 시대적 변화에 적응하여 사회적으로 성공함. • 가난한 아버지와 거리를 두고 아버지의 죽음에도 이해타산적인 자세를 취함.

＊ '땅'을 통해 알 수 있는 시대상

'날마다 신문을 훑어보며 수소문을 하여도 거기는 축항이 된단 말이~'
근대화의 흐름 속 개발이 이루어지는 곳이 생겨남.

'용당포와 다사도에는 땅값이 삼십 배가 올랐느니 ~졸부들이 생겼다는 소문이 있어도'
부동산 투기 바람에 편승하여 일확천금을 얻고자 함.

'딸은 아버지의 손에 단 일 전도 넣지 않았고 꼭 그 청년이 나서 돈을 쓰며 처리하게 하였다.'
금전 거래에 있어 가족 공동체보다 개인의 이익을 중시함.

＊ '항구'의 의미

재개발로 인해 일확천금을 얻게 될 계기

↑ 안 초시, 안경화, 박희완

항구

↓ 모 씨

땅을 처리하기 위해 거짓으로 꾸민 계략

당시 근대화 과정 속 도덕적 가치관의 붕괴와 부동산 투기 현상이 만연했음을 알 수 있음.

＊ 복덕방

안 초시, 박희완, 서 참의가 모여 소일거리를 하는 곳

'서 참의 이놈, 날 은근히 멸시했것다~'
복덕방 사람들 사이의 보이지 않는 다툼

'부친 위해 들었으니 부친 위해 다 써야지?'
죽은 이를 위하는 모습

↓

친애와 갈등이 혼재하지만 인간의 도리가 지켜지는 곳

＊ 장례식

안경화의 명예를 지키기 위해 진실을 숨기고 성대하게 치르게 된 장례식

'상등 털 사쓰', '진견으로 수의', '공동묘지라도 특등지'
안 초시의 죽음을 조금이라도 위로할 수 있는 것

'제법 반반한 조객들'
안 초시가 누군지도 모르는 사람들이 대다수

↓

조금이라도 위로가 될 수 있었으면 하지만 진정으로 안 초시를 위한 것이 될 수 없음.

"네에."

하고 안경화는 그제야 핸드백을 열고 눈물 젖은 얼굴을 닦았다.

＊

안 초시의 소위 영결식이 그 딸의 연구소 마당에서 열리었다.

서 참의와 박희완 영감은 술이 거나하게 취해 갔다. 박희완 영감이 무얼 잡혀서 가져왔다는 부의 이 원을 서 참의가

"장례비가 넉넉하니 자네 돈 그 계집애 줄 거 없네."

하고 우선 술집에 들러 거나하게 곱빼기들을 한 것이다.

영결식장에는 제법 반반한 조객들이 모여들었다. 예복을 차리고 온 사람도 두엇 있었다. 모두 고인을 알아 온 것이 아니요, 무용가 안경화를 보아 온 사람들 같았다. 그중에는, 고인의 슬픔을 알아 우는 사람인지, 덩달아 기분으로 우는 사람인지 울음을 삼키느라고 끽끽 하는 사람도 있었다. 안경화도 제법 눈이 젖어 가지고 신식 상복이라나 공단 같은 새까만 양복으로 관 앞에 나와 향불을 놓고 절하였다. 그 뒤를 따라 한 이십 명 관 앞에 와 꾸벅거리었다. 그리고 무어라고 지껄이고 나가는 사람도 있었다.

그들의 분향이 거의 끝난 듯하였을 때

㉣ "에헴."

하고 얼굴이 시뻘건 서 참의도 한마디 없을 수 없다는 듯이 나섰다. 향을 한 움큼이나 집어 놓아 연기가 시커멓게 올려 솟더니 불이 일어났다. 후 후 불어 불을 끄고, 수염을 한 번 쓰다듬고 절을 했다. 그리고 다시

"헴……."

하더니 조사(弔辭)를 하였다.

"나 서 참일세 알겠나? ㉤ 흥…… 자네 참 호살세 호사야…… 잘 죽었느니 자네 살았으문 이만 호살 해 보겠나? 인전 안경다리 고칠 걱정두 없구…… 아무턴지……."

하는데 박희완 영감이 들어서더니

"이 사람 취했네그려."

하며 서 참의를 밀어냈다.

박희완 영감도 가슴이 답답하였다. 분향을 하고 무슨 소리를 한마디 했으면 속이 후련히 트일 것 같아서 잠깐 멈칫하고 서 있어 보았으나

"으흐읅……."

하고 울음이 먼저 터져 그만 나오고 말았다.

- 이태준, 〈복덕방〉 -

＊ 청장(淸帳): 장부(帳簿)를 청산한다는 뜻으로 빚 따위를 깨끗이 갚음을 이르는 말.

[1-7] 윗글에 대한 설명이다. 맞으면 ○, 틀리면 ×표 하시오.

1 안경화는 안 초시가 박희완 영감에게서 들은 투기 정보에 관심을 두었다.

2 안 초시는 땅 투기의 성공으로 서 참의에게 받은 멸시를 되갚아 주고자 했다.

3 안경화는 땅 투기를 위해 자신의 재산을 안 초시에게 일임하였다.

4 안 초시가 구매한 용당포와 다사도의 땅값은 삼십 배까지 폭등하였다.

5 박희완 영감은 애초부터 안 초시를 속이기 위해 거짓 투기 정보를 전달했다.

6 서 참의는 안 초시의 죽음으로 인한 보험금을 가로채려 하였다.

7 안경화는 자신의 명예를 지키고자 아버지의 죽음을 관청에 알리지 않으려 했다.

[8-10] 윗글의 내용과 관련하여 빈칸에 들어갈 적절한 내용을 쓰시오.

8 서 참의는 ☐☐☐에 가기 전 안경화에게 찾아가 안 초시의 죽음을 알렸다.

9 안경화의 연구소 마당에서는 안 초시의 ☐☐☐이 열렸다.

10 안 초시는 살아있을 때 ☐☐☐☐조차 고치지 못할 정도로 가난한 삶을 살았다.

확인 문제 정답	1 ○	2 ○	3 ×	4 ×	5 ×	6 ×	7 ○	8 파출소	9 영결식	10 안경다리

01

<보기>를 참고하여 윗글을 감상한 내용으로 적절하지 않은 것은?

유형 외적 준거에 따른 작품 감상

☑ 헷갈린 선지 선택

①	②	③	④	⑤

☑ 정답으로 선택한 이유

☑ 오답을 선택한 이유

보기

> 〈복덕방〉은 일제에 의한 타율적인 근대화 속 소외되어 가는 구세대의 빈곤함과 좌절을 형상화하고 있다. 전통적인 가치관과 질서에 매달려 있다가 근대적 흐름에 밀려나게 된 구세대와 달리, 변화에 적응하여 살아남은 신세대가 개인을 중시하는 근대적 가치관을 확산시키며 세대 갈등을 초래한다. 이를 통해 작가는 도덕적 가치와 공동체를 중시하던 전통이 물질 중심적 가치관으로 인해 해체되던 당대의 현실을 비판적인 관점에서 그려내고 있다.

① 안 초시가 부동산 투기를 통해 서 참의의 '집보다 난 집을 살' 것을 기대하며, 서 참의를 '천생 가쾌'라고 멸시하는 것으로 보아, 직업에 귀천을 따지던 전통적인 가치관을 비판적인 시선으로 바라보고 있음을 알 수 있군.

② 자신의 돈이 '아버지의 손에 단 일 전도' 들어가지 않도록 '청년'이 대신 돈 문제를 처리하게 하는 것을 통해 재산에 관해서라면 가족조차 믿지 않는 안경화의 물질 중심적 가치관을 지니고 있음을 알 수 있군.

③ '모 씨'가 '땅 처치에 곤란하여 꾸민 연극'은 안 초시가 죽음에 이른 원인이며, 근대화 속 물질 중심적 가치관으로 인해 도덕적 가치가 해체된 당시 사회를 알 수 있군.

④ '일 원짜리 한 장 만져도 못 봤지만 벼락은 초시에게 떨어'진 것을 통해 근대화의 과정에서 변화에 적응하지 못한 구세대의 소외와 좌절을 알 수 있군.

⑤ '부의 이 원' 조차 '무얼 잡혀서 가져'온 박희완 영감을 통해 당시 근대적 흐름에 밀려난 구세대의 빈곤함을 형상화하고 있음을 알 수 있군.

02 서답형 문제

<보기1>은 윗글의 다른 부분이다. 이를 참고하여 <보기2>의 ㉮와 ㉯에 들어갈 이름을 쓰시오.

유형 소재의 의미 파악

☑ 정답으로 선택한 이유

보기 1

> "얘! 낡은 솜이 돼 그런지, 삶바느질이 돼 그런지, 바지 솜이 모두 치어서 어떤 덴 홑옷이야. 암만 해두 사쓸 한 벌 사 입어야겠다."
> 하고 딸의 눈치만 보아 오다 한번은 입을 열었더니
> "어련히 인제 사드릴라구요."
> 하고 딸은 대답은 선선하였으나 셔츠는 그해 겨울이 다 지나도록 구경도 못 하였다. 셔츠는커녕 안경다리를 고치겠다고 돈 일 원만 달래도 일 원짜리를 굳이 바꿔다가 오십 전 한 닢만 주었다.

보기 2

> '사쓰'와 '안경다리'는 (㉮)이/가 (㉯)에게 경제적으로 종속되어 있음을 보여 주는 소재다.

03

⊙~⊙에 대한 설명으로 적절하지 않은 것은?

① ⊙: 목적을 이루기 위해 청자의 동정심을 유도하고 있다.

② ⊙: 본래의 목적을 상기시키며 행위의 당위성을 주장하고 있다.

③ ⊙: 자신이 요구한 것이 이뤄지지 않을 경우, 훗날 부정적인 상황이 초래될 것임을 언급하고 있다.

④ ⊙: 행동에 앞서 주의를 끌어 자신의 존재를 다른 사람들에게 각인시키고 있다.

⑤ ⊙: 반어적 표현을 활용하여 인물의 불우했던 경제 상황을 암시하고 있다.

04

윗글의 서술상 특징으로 가장 적절한 것은?

① 장면에 따른 시점의 변화를 통해 인물의 심리를 드러내고 있다.

② 현재와 과거를 교차적으로 서술하여 인물의 내력을 드러내고 있다.

③ 작품 속 또 다른 이야기를 삽입하여 사건에 입체감을 부여하고 있다.

④ 상징적 소재를 활용하여 인물의 내면 의식을 명확하게 드러내고 있다.

⑤ 작품 밖의 서술자가 인물의 행동과 내면을 구체적으로 묘사하고 있다.

05

ⓐ, ⓑ에 대한 설명으로 적절한 것은?

① ⓐ는 안 초시가 죽음을 맞이한 곳이고, ⓑ는 안 초시가 죽음을 맞이하는 데 결정적인 원인이 된 곳이다.

② ⓐ는 안경화가 삼천 원을 마련하기 위해 신탁 회사에 넣은 곳이고, ⓑ는 안 초시에게 헛된 희망을 안겨준 곳이다.

③ ⓐ는 안 초시가 축항이 될 것이라 기대한 곳이고, ⓑ는 박희완 영감이 안 초시에게 알려주지 않은 부동산 정보 중 하나이다.

④ ⓐ는 안경화가 돈을 빌리기 위해 담보로 잡은 곳이고, ⓑ는 안 초시가 매입한 땅과 달리 개발로 인해 땅값이 폭등한 곳이다.

⑤ ⓐ는 안 초시가 안경화에게 땅 투기를 위한 돈을 마련하기 위해 팔 것을 종용한 곳이고, ⓑ는 안 초시가 땅값이 오를 것을 기대한 곳이다.

정답 및 해설 p.4

핵심정리

✽ 주제
운명의 수용과 이를 통한 생의 의지 회복

✽ 전체 줄거리
옥화는 떠돌이 중과 만나 성기를 낳았는데, 성기의 할머니는 성기에게 붙었다는 역마살을 떼고자 그를 절에 보내 중을 시킨다. 옥화는 그러고도 못다 푼 살을 풀고자 성기가 장날에 절에서 내려와 이야기책 장사를 하도록 허락한다. 하루는 체 장수 영감이 옥화가 운영하는 화개 장터의 주막에 계연이라는 소녀를 데려와, 그녀를 옥화에게 잠시 맡기고 장사를 하러 떠난다. 책 장사를 하러 온 성기는 계연을 만나 강렬한 호감을 느끼고, 둘의 관계는 점차 깊어져 간다. 그러던 어느 날 체 장수 영감이 돌아와 계연을 데리고 떠나 버리는데, 이에 충격을 받은 성기는 크게 앓는다. 이후 옥화는 계연이 자신의 이복동생이었다는 사실을 성기에게 밝힌다. 그리고 그 말을 들은 성기는 차차 기운을 회복하고 떠돌이 장수가 되어 길을 떠난다.

✽ 해제
이 작품은 역마살로 표상되는 한국적 운명관을 바탕으로 생의 본질에 대한 탐구를 형상화한 소설이다. 성기는 역마살을 타고난 인물로, 역마살을 떼려는 할머니나 어머니(옥화)가 시키는 대로 중을 하거나 이야기책 장사를 하며 살아간다. 그런 그가 항구적 정착으로 이어질 수 있는 계연과의 사랑에 실패할 수밖에 없었던 이유가 바로 그녀와의 혈연 때문임이 드러나는데, 이러한 이야기 구성에서 운명을 수용하지 않고서는 순리대로 살아갈 수 없다는 운명론적 세계관이 드러난다. 또한 자신에게 주어진 운명을 확인하고 이에 순응함으로써 비로소 삶의 생기를 되찾는 성기의 모습을 통해, 생의 본질과 인간에게 주어진 운명이 서로 맞닿아 있다고 여기는 작가 의식을 확인할 수 있다.

✽ 등장인물

성기	정처 없이 떠돌아다니는 역마살을 타고난 인물로, 사랑의 좌절로 인해 방랑의 운명에 순응하여 고향을 떠남.
옥화	성기의 모친으로 체 장수의 딸임. 아들 성기의 역마살을 떼기 위해 계연과 인연을 맺게 하나, 자신과 계연이 자매지간임을 알게 되고 성기의 운명을 받아들임.
계연	체 장수의 딸로 성기와 인연을 맺음. 그러나 자신이 옥화의 이복자매이자 성기의 이복 이모임을 알게 된 뒤 성기를 떠남.

※ 다음 글을 읽고, 물음에 답하시오.

성기에게 역마살이 든 것은 「어머니가 중 서방을 정한 탓이요, 어머니가 중 서
　　　　　　　　　　늘 분주하게 이리저리 떠돌아다니게 된 액운　　　「」: 성기가 역마살을 타고난 내력
방을 정한 것은 할머니가 남사당에게 반했던 때문이라면 성기의 역마 운도 결국
은 할머니가 장본이라, 이에, 할머니는 성기에게 **중질을 시켜서** 살을 떼려고도
　　　　　　　　　　　　　　　성기의 역마살을 떼기 위해 시도한 것
서둘러 보았던 것이고, 중질에서 못다 푼 살을, 이번에는, 옥화가 그에게 책 장사
　　　　　　　중질로는 성기의 역마살을 완전히 해소할 수 없었음
를 시켜서 풀어 보려는 속셈인 것이었다. 성기로서도 불경(佛經)보다는 암만해도
이야기책에 끌리는 눈치요, 중질보다는 차라리 장사라도 해 보고 싶다는 소청이
기도 하여, 그러나, 옥화는 꼭 **화개장만 보이기로 다짐**까지 받은 뒤, 그에게 책전
　　　　　　　　　　　　　역마살을 떼기 위해 화개장에서만 장사하기로 함
을 내어 주기로 했던 것이었다.

성기가 마루 앞 축대 위에 올라서는 것을 보자 옥화는 놀란 듯이 자리에서 일
어나 앉으며

"더운데 왜 인제사 내려오냐?" / 곁에 있던 수건과 부채를 집어 그에게 주었다.

지금까지 옥화에게 이야기책을 읽어 들려주고 있은듯한 낯선 계집애는, 책 읽
던 것을 멈추고 얼굴을 들어 성기를 바라보았다. 가름한 얼굴에, 흰자위 검은자
　　　　　　　　　　　　　　　　　　　　　　　　　　　　　　　　계연의 외양 묘사
위가 꽃같이 선연한 두 눈이었다. 순간, 성기는 가슴이 찌르르하며, 갑자기 생기
　　　　　　　　　　　　　　　　　　　　　계연을 보고 강렬한 호감을 느낌
띤 눈으로 집 앞에 늘어선 버들가지를 바라보았다.

얼마 뒤, 계집애는 안으로 들어가고, 옥화는 성기의 점심상을 차려 들고나와서,

"체 장수 딸이다."

하였다. 어머니도 즐거운 얼굴이었다.
　　　　　　　성기와 계연이 인연을 맺어 정착하길 바라는 심리가 반영됨
"체 장수라니?"

성기는 밥상을 받은 채, 그러나 얼른 숟가락을 들려고도 않고, 그의 어머니의
얼굴을 쳐다보았다.

"구례 산다더라. 이번에 어쩌면 하동으로 해서, 진주 쪽으로 나가 볼 참이라는
　　　　　　　　　　　　　　　　　체 장수 영감의 이동 경로
데 어제저녁에 화갯골로 들어갔다."

그리고 ㉠ 저 딸아이는 그 체 장수의 무남독녀인데 영감이 화갯골 쪽으로 들어
갔다 나와서, 하동 쪽으로 나갈 때 데리고 가겠다고, 하도 간청을 하기에, 그동안
좀 맡아 있어 주기로 했다면서, 옥화는 성기의 눈치를 살피듯 그의 얼굴을 물끄
　　　　　　　　　　　　　　　　　　　　　　계연에 대한 성기의 생각을 궁금해함
러미 바라보았다.

"화갯골에서는 며칠이나 있겠다는고?"
　　　　　　　　계연이 언제 떠날 것인지에 대한 질문
"들어가 보고 재미나면 지리산 쪽으로 깊이 들어가 볼 눈치더라."

그리고 나서, 옥화는 또, / "그래도 그런 사람의 딸같이는 안 뵈지?"
　　　　　　　　　　　　　　　성기가 계연을 긍정적으로 생각하기를 바람
하였다. 계연(契姸)이란 이름이었다.

성기는 잠자코 밥숟가락을 들었다. 그러나 밥은 반도 먹지 않고 상을 물려 버렸다.
　　　　　　　　　　　　　　　　　계연에 대한 성기의 호감이 드러남

이튿날 성기가 책전에 있으려니까, 그 체 장수 딸이 그의 점심을 이고 왔다. 집에서 장터까지래야 소리 지르면 들릴 만한 거리였지만, 그래도 전날 늘 이고 다니던 '상돌 엄마'가 있을 터인데 이렇게 벌써 처녀티가 나는 남의 큰애기더러 이런 사환(使喚)을 시켜 미안하단 생각이 들었다. 그러나 정작 그녀의 쪽에서는 그러한 빛도 없이, 그 꽃송이같이 환한 두 눈에 웃음까지 담은 채, 그의 앞에 밥함지를 공손스레 놓고는, 떡과 엿과 참외 들을 팔고 있는 음식 전 쪽으로 곧장 눈을 팔고 있었다.

(중략)

계연의 시뻘겋게 상기한 얼굴은, 옥화와 그의 아버지가 그들을 지켜보고 있다는 것도 잊은 듯이 성기의 얼굴만 일심으로 바라보고 있었으나, 버드나무에 몸을 기댄 성기의 두 눈엔 다만 불꽃이 활활 타오를 뿐, 아무런 새로운 명령도 기적도 나타나지 않았다.

"오빠, 편히 사시오."

하고, 거의 울음이 다 된, 마지막 목소리를 남기고 돌아선 계연의 저만치 가고 있는 항라 적삼을, ⓛ 고운 햇빛과 늘어진 버들가지와 산울림처럼 울려오는 뻐꾸기 울음 속에, 성기는 우두커니 지켜보고 있을 뿐이었다.

성기가 다시 자리에서 일어나게 된 것은 이듬해 우수(雨水)도 경칩(驚蟄)도 다 지나, 청명(淸明) 무렵의 비가 질금거릴 무렵이었다. ⓒ 주막 앞에 늘어선 버들가지는 다시 실같이 푸르러지고 살구 복숭아 진달래들이, 골목 사이로 산기슭으로 울긋불긋 피고 지고 하는 날이었다.

아들의 미음상을 차려 들고 들어온 옥화는 성기가 미음 그릇을 비우는 것을 보자 이렇게 물었다.

"아직도, 너, 강원도 쪽으로 가 보고 싶냐?"

"……"

성기는 조용히 고개를 돌렸다.

"여기서 장가들어 나랑 같이 살겠냐?"

"……"

성기는 역시 고개를 돌렸다.

그해 아직 봄이 오기 전, 보는 사람마다, 성기의 회춘을 거의 다 단념하곤 하였을 때 옥화는, 이왕 죽고 말 것이라면, 어미의 맘속이나 알고 가라고, 그래, 「그 체 장수 영감은, 서른여섯 해 전 남사당을 꾸며와 이 화개 장터에 하룻밤을 놀고 갔다는 자기의 아버지임이 틀림이 없었다는 것과, 계연은 그 왼쪽 귓바퀴 위의 사마귀로 보아 자기의 동생임이 분명하더라는 것을, 통정하노라면서, 자기의 같은 왼쪽 귓바퀴 위의 검정 사마귀까지를 그에게 보여 주었다.」

* 성기와 조응하는 작품의 배경 묘사

> '고운 햇빛과 늘어진 버들가지와
> 산울림처럼 울려오는 뻐꾸기 울음'

성기가 계연과 이별해야 하는 상황을
아름답게 묘사해 애절함을 부각함.

> '주막 앞에 늘어선 버들가지는~
> 산기슭으로 울긋불긋 피고 지고 하는 날'

조금씩 실연으로 얻은 병에서
회복해 가는 성기의 내면을 암시함.

> '성기가 좋아하는 여러 가지 산나물이
> 화갯골에서 연달아 자꾸 내려오는
> 이른 여름의 어느 장날 아침'

완전히 회복하고 자신의 역마살을
받아들이려 하는 성기의 상황을 암시함.

> '새벽녘에 잠깐 가는 비가 지나가고,
> 날은 다시 유달리 맑게 갠 화개 장터 삼거리 길'

떠돌이 엿장수가 되어 운명을
따르기로 한 성기의 심정을 암시함.

* '중질'과 '엿판'

중질
역마의 운명에서 벗어나기 위해 택한 것이지만 성기와 잘 맞지 않음.

↓

결국 화개 장터에서 책 장사를 하게 됨.

엿판
계연과 헤어진 성기가 옥화에게 맞춰달라 부탁하는 것.

↓

운명을 받아들여 평온을 얻음.

억지로 운명을 거부하지 말고 받아들일 때
인간은 평온을 얻을 수 있음.

"나도 처음부터 영감이 '서른여섯 해 전'이라고 했을 때 가슴이 섬뜩하긴 했다. 그렇지만 설마 했지 그렇게 남의 간을 뒤집어 놀 줄이야 알았나. 하도 아슬해서 이튿날 악양으로 가 명도*까지 불러 봤더니, 요것도 <u>남의 속을 빤히 들여다나 보는 듯이</u> 재잘대는구나, 차라리 망신을 했지."
<small>무당이 옥화가 처한 상황을 맞힘</small>

옥화는 잠깐 말을 그쳤다. 성기는 두 눈에 불을 켜듯 한 형형한 광채를 띠고, 그 어머니의 얼굴을 쳐다보고 있었다.

"차라리 몰랐으면 또 모르지만 한번 알고 나서야 **인륜이 있는듸 어쩌겠냐.**"
<small>성기와 계연이 혈연으로 인해 이어질 수 없는 사이임</small>

그리고 부디 어미 야속타거나 생각지 말라고, 옥화는 아들의 <u>뼈만 남은 손을 눈물로 씻었다.</u>
<small>성기에 대한 미안함과 안타까운 심정</small>

옥화의 이 마지막 하직같이 하는 통정 이야기에 의외로도 성기는 도로 힘을 얻은 모양이었다. 그 불타는 듯한 형형한 두 눈으로 천장을 한참 바라보고 있던 성기는 무슨 새로운 결심이나 하듯 입 살을 지그시 깨물고 있었다.

아버지를 찾아 강원도 쪽으로 가 볼 생각도 없다, 집에서 장가들어 살림을 할 생각도 없다, 하는 아들에게 그러나, 옥화는 이제 전과 같이 <u>고지식한 미련을 두는 것도 아니었다.</u>
<small>성기를 정착시키는 것</small>

"그럼 어쩔라냐? **너 좋을 대로** 해라."

"……"

성기는 아무런 말도 없이 도로 자리에 드러누워 버렸다.

그러고 나서 한 달포나 넘어 지난 뒤였다.
<small>한 달이 조금 넘는 기간</small>
ⓐ <u>성기가 좋아하는 여러 가지 산나물이 화갯골에서 연달아 자꾸 내려오는 이른 여름의 어느 장날 아침이었다.</u> 두릅회에 막걸리 한 사발을 쭉 들이켜고 난 성기는
<small>쇠약했던 성기가 점점 회복하고 있음</small>
옥화더러,

"어머니, 나 **엿판 하나만 맞춰 주.**"
<small>떠돌이 엿장수가 될 것을 결심함 – 자신에게 주어진 운명에 순응함</small>
하였다.

"……"

<u>옥화는 갑자기 무엇으로 머리를 얻어맞은 듯이 성기의 얼굴을 멍하니 바라보고 있었다.</u>
<small>떠돌이의 삶을 택한 성기의 결정에 충격을 받음</small>

그런 지도 다시 한 보름이나 지나, 뻐꾸기는 또다시 산울림처럼 건드러지게 울고, 늘어진 버들가지엔 햇빛이 젖어 흐르는 아침이었다. ⓜ <u>새벽녘에 잠깐 가는 비가 지나가고, 날은 다시 유달리 맑게 갠 화개 장터 삼거리 길</u> 위에서, 성기는 그
<small>시간의 경과</small> <small>성기의 갈등(인물과 운명과의 갈등)이 해소되었음을 암시</small>
어머니와 하직을 하고 있었다.
<small>자신의 운명인 역마살에 따라 유랑의 길을 나섬</small>

― 김동리, 〈역마〉 ―

* 명도(明圖): 마마를 앓다가 죽은 어린 계집아이의 귀신. 다른 여자에게 신이 내려서 길흉화복을 말하고, 온갖 것을 잘 알아맞힌다고 함.

[1–7] 윗글의 내용에 대한 설명이다. 맞으면 ○, 틀리면 ✕표 하시오.

1 성기가 역마살을 타고난 데는 어머니와 할머니의 영향이 있었다.

2 옥화는 성기와 계연이 연을 맺어 역마살을 떼기를 기대하였다.

3 성기는 계연을 처음 봤을 때부터 강렬한 호감을 느꼈다.

4 계연은 체 장수를 따라 화갯골에 정착하였다.

5 성기는 계연과의 갑작스러운 이별 후 병에 걸려 한동안 자리에서 일어나지 못했다.

6 성기는 계연을 잊기 위해 강원도로 떠나고자 마음을 먹었다.

7 체 장수는 삼십육 년 전 화개 장터에 들러 옥화의 어머니와 연을 맺었다.

[8–10] 윗글의 내용과 관련하여 빈칸에 들어갈 적절한 내용을 쓰시오.

8 계연을 만나기 전, 성기는 자신의 역마살을 떼기 위해 옥화에게 ☐☐☐에서만 장사할 것을 다짐했다.

9 계연은 상돌 엄마 대신 성기에게 점심을 전하기 위해 ☐☐에 들렀다.

10 옥화는 계연의 왼쪽 귓바퀴 위에 있는 ☐☐ ☐☐☐를 통해 자신과 계연이 자매 관계임을 알게 되었다.

확인 문제 정답	1 ○	2 ○	3 ○	4 ✕	5 ○	6 ✕	7 ○	8 화개장	9 책전	10 검정 사마귀

01

윗글의 서술상 특징으로 적절하지 않은 것은?

① 구체적인 지명을 제시하여 이야기의 사실성을 높이고 있다.
② 과거 사건을 요약적으로 서술하여 사건에 개연성을 부여하고 있다.
③ 작중 인물의 심리를 다양한 관점에서 서술하여 독자의 이해를 돕고 있다.
④ 상징적 의미를 지닌 소재를 활용하여 작품의 주제 의식을 드러내고 있다.
⑤ 작품 밖의 서술자가 사건을 서술함으로써 다양한 인물들의 특성을 파악할 수 있다.

유형	서술상의 특징 파악

☑ 헷갈린 선지 선택

①	②	③	④	⑤

☑ 정답으로 선택한 이유

☑ 오답을 선택한 이유

02

<보기>를 참고하여 윗글을 감상한 내용으로 적절하지 않은 것은?

> 보기
>
> 〈역마〉는 숙명론적 세계관에 따른 외조모 - 모 - 성기의 3대에 걸친 역마살의 운명을 대물림한 것을 그리되, 세 사람의 인식의 차이를 드러낸다. 외할머니와 어머니 옥화가 자신의 운명은 체념하되, 성기의 역마살에 강박적으로 불안을 느끼며 그것을 회피할 방도를 강구한 반면, 성기는 역마살을 저주하고 운명의 희생자로서 원한에 사무쳐 있는 것이 아니라 자신의 비극적 운명과 화해함으로써 한을 승화시키고 있다.

① 성기에게 '중질을 시'킨 것과 '화개장만 보이기로 다짐'받은 것은 성기의 운명을 회피하기 위한 할머니와 어머니의 방도에 해당하는군.
② 체 장수가 '서른여섯 해 전 남사당을 꾸며와' 할머니와 인연을 맺은 것은 역마살의 운명이 삼 대에 걸쳐 성기에게까지 대물림된 원인에 해당하는군.
③ '인륜이 있는듸 어쩌겠'느냐는 옥화의 말은 옥화가 성기의 역마살에 강박적으로 불안을 느끼는 이유이며, 인물의 운명이 극복될 수 없다는 것을 암시하는군.
④ '너 좀 대로' 하라는 옥화의 말은 그동안 성기의 운명을 거스르기 위해 노력해왔던 옥화가 운명에 체념한 것으로 볼 수 있군.
⑤ '엿판 하나만 맞춰' 달라는 성기의 말은 운명을 수용하고 자신의 비극적 운명과 화해하였음을 드러내고 있군.

유형	외적 준거에 따른 작품 감상

☑ 헷갈린 선지 선택

①	②	③	④	⑤

☑ 정답으로 선택한 이유

☑ 오답을 선택한 이유

03

삼거리 길에 대한 이해로 적절한 것은?

① 성기와 계연이 처음 만난 공간이자, 체 장수가 계연을 떠나보내는 공간이다.
② 성기와 옥화가 이별하는 공간이자, 성기가 자신의 운명을 받아들이는 공간이다.
③ 성기와 계연의 갈등이 직접적으로 제시되는 공간이자, 성기와 옥화의 갈등이 해소되는 공간이다.
④ 옥화가 자신과 계연이 자매임을 알게 되는 공간이자, 옥화가 성기에게 계연과의 관계를 고백하는 공간이다.
⑤ 옥화가 성기의 운명을 거스르기 위해 노력하는 공간이자, 성기가 아버지를 찾으러 갈 것을 결심한 공간이다.

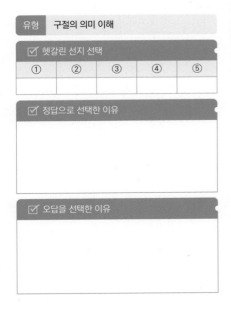

04

㉠~㉤에 대한 설명으로 적절하지 않은 것은?

① ㉠: 옥화의 말을 통해 계연의 내력을 간접적으로 서술하고 있다.
② ㉡: 성기와 계연이 이별하는 상황을 감각적인 이미지로 형상화하여 비극성을 부각하고 있다.
③ ㉢: 병에서 회복해 가는 성기의 심적적 변화를 자연물의 변화를 통해 상징적으로 제시하고 있다.
④ ㉣: 계절의 구체적 묘사를 통해 옥화가 성기의 결정을 긍정적으로 받아들일 것을 암시하고 있다.
⑤ ㉤: 계연과의 이별 뒤 운명을 받아들이고 떠돌이로서 길을 떠나는 성기의 심정을 간접적으로 제시하고 있다.

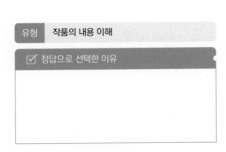

05 서답형 문제

윗글에서 ⓐ에 해당하는 행위를 찾아 2음절로 쓰시오.

보기

김동리는 대체로 토속적, 비현실적인 세계를 통해 인간 생명의 신비로움과 허무적인 운명을 탐구함으로써 현실 지향적 세계보다는 신화적 세계관을 통한 세계 및 인간 파악에 주력했다. 〈역마〉는 이러한 작가의 가치관을 바탕으로, ⓐ 운명에 저항하지 않고 순응하며 살아갈 때 인간적 고뇌와 갈등이 사라질 수 있다는 작가의 주제 의식을 드러낸다.

정답 및 해설 p.5

핵심정리

★ 주제

물질적·정신적 파산에 이른 인간을 통한 혼란한 사회상에 대한 비판

★ 전체 줄거리

학교 앞에서 문방구점을 꾸려 나가는 정례 모친은 집 문서를 은행에 잡혀 얻은 30만 원으로 가게를 시작했으나 운영이 여의치 않자 동창인 김옥임의 동업 조건으로 10만 원 밑천을 빌리게 된다. 게다가 정례 아버지가 물려받은 마지막 땅을 팔아서 부리던 택시가 가게의 돈을 솔솔 빼가다가 결국 거덜을 내자 경제적 상황은 더욱 옹색해진다. 일제 강점기 때에 고관으로 행세하다 광복과 함께 반민법(反民法)으로 몰락할 처지에 놓이고 중풍마저 앓게 된 남편을 둔 옥임은 고리대금업자로서 친구인 정례 모친에게까지 마수를 뻗친다. 옥임은 가게 보증금 영수증을 담보로 출자금을 1할 5푼의 이자 돈으로 돌려 제 살 궁리만 한다. 정례 모친은 옥임을 통해 알게 된 교장 선생이라는 영감에게서 5만 원을 더 빌려 가게의 형편을 수습하려 하지만, 옥임은 자신이 빌려준 돈을 교장 영감에게 일임하여 정례 모친이 이를 갚도록 만든다. 은행에 30만 원, 옥임에게 20만 원, 교장 영감에게 5만 원, 도합 55만 원의 빚을 걸머진 정례 모친은 어느 날 황토현 정류장에서 만난 옥임에게 망신을 당한다. 두 달에 걸쳐 억지로 얼마간의 빚은 갚았으나, 급기야 석 달째에는 보증금 8만 원마저 되찾지 못한 채 빚으로 메우고 구멍가게를 교장 영감의 딸 내외에게 넘기지 않을 수 없게 된다. 몸살감기에 울화로 누운 정례 모친을 위로한답시고 정례 아버지는 옥임을 골릴 궁리를 하며 껄껄 웃는다.

★ 해제

이 작품은 해방 직후의 물질적으로 파산해 가는 인간과, 정신적으로 파산해 가는 인간의 유형을 객관적이고 사실적으로 그려냄으로써 해방 이후의 사회상을 생생하게 보여 주는 소설이다. 정례 모친의 물질적 파산 과정이라든지 옥임의 정신적인 파산의 심리적 추이와 그 사이에서 교묘하게 중간이득을 획득하는 교장의 간악한 행위 등은 당대의 사회적 현실이며 실제적인 삶이라고 볼 수 있다. 이와 같이 이 작품은 해방 이후 우리 사회가 겪은 물질적, 정신적 가치의 파멸을 잘 보여 주고 있다.

※ 다음 글을 읽고, 물음에 답하시오.

원체 예쁘장한 상판이기는 하면서도 쌀쌀한 편이지마는, 눈을 곤두세우고 대드는 품이 어려서부터 30년 동안을 보던 옥임이는 아니다. 「전부터 "네 영감은 어째 점점 더 젊어 가니? 거기다 대면 넌 어머니 같구나."하고 새롱새롱 놀리기도 하고,」 60이 넘은 아버지 같은 영감 밑에 쓸쓸히 사는 옥임이는 은근히 부러워도 하는 눈치였지마는, 밑도 끝도 없이 ㉠ 길바닥에서 '젊은 서방'을 들추어내는 것을 보고 정례 어머니는 어이가 없었다.

「: 옥임이 전부터 정례 모친을 놀림

60이 넘은 ~ 쓸쓸히 사는: 옥임의 남편의 나이가 많음을 알 수 있음

"늙은 영감에 넌더리가 나거든 젊은 서방 하나 또 얻으려무나."

하고, 정례 모친도 비꼬아주고 싶었으나 열을 지어 섰는 사람들이 쳐다보며 픽픽 웃는 바람에,

"이거 미쳐나려나? 이건 무슨 객설야."

객쩍하게 말함

하고, 달래며 나무라며 끌고 가려 하였다.

"그래 내 돈을 곱게 먹겠는가 생각을 해 보렴. 매달린 식솔은 많구 병들어 누운

정례 모친이 옥임에게 봉변을 당하는 이유 – 옥임으로부터 돈을 빌림

늙은 영감의 약값이라두 뜯어 쓰려구, 이렇게 쩔쩔거리구 다니는, 이년의 돈을 먹겠다는 너 같은 의리가 없는 년은 욕을 좀 단단히 봬야 정신이 날 거다마는, 제 사정 보아서 싼 변리에 좋은 자국을 지시해 바친 밖에! 그것두 마다니, 남의 돈 생으루 먹자는 도둑년 같은 배짱 아니구 뭐냐?"

상대의 인격을 무시하고 망신을 줌으로써 돈을 받아 내려 하는 옥임의 몰인정한 모습이 드러남

오고 가는 사람이 우중우중 서며 구경났다고 바라보는데, 원체 히스테리증이 있는 줄은 짐작하지마는, 창피한 줄도 모르고 기가 나서 대든다. 히스테리는 고사하고, 이것도 빚쟁이의 돈 받는 상투 수단인가 싶었다.

"누가 안 갚는대나? 돈두 중하지만 이게 무슨 꼬락서니냔 말이야."

정례 어머니는 그래도 달래서 뒷골목으로 끌고 들어가려 하였다.

옥임으로부터 봉변을 당하는 상황이 부끄러워 다른 사람들의 눈길에서 벗어나려 함

"난 돈밖에 몰라. 내일모레면 거리에 나앉게 된 년이 체면은 뭐구, 우정은 다 뭐냐? 어쨌든 내 돈만 내놓으면 이러니저러니 너 같은 장래 대신 부인께 나 같은 년이야 감히 말이나 붙여 보려 들겠다던!"

하고 허청 나오는 코웃음을 친다. 「구경꾼은 자꾸 꾀어드는데, 정례 모친은 생전 처음 당하는 이런 봉욕에 눈앞이 아찔하여지고 가슴이 꼭 메어 올랐으나, 언제까지 이러고 섰다가는 예서 더 무슨 창피한 꼴을 볼까 무서워서 선뜻 몸을 빼쳐 옆의 골로 줄달음질을 쳐 들어갔다.」 뒤에서 발소리가 없으니 옥임이는 저대로 간 모양이다. 정례 모친은 눈물이 핑 돌았다.

「: 옥임의 행패로 인해 곤란한 상황에 처한 정례 모친

옥임에게 봉변을 당해 서러움

「스물예닐곱까지 동경 바닥에서 **신여성 운동**이네, 연애네, 어쩌네 하고 멋대로 놀다가, 지금 영감의 후실로 들어앉아서, 세상 고생을 알까, 아이를 한번 낳아 보았을까, 40 전의 젊은 한때를 도지사 대감의 실내마님으로 떠받들려 제멋대로

「: 옥임의 과거를 요약하여 제시함

호강도 하여 본 옥임이다. 지금도 어디가 40이 훨씬 넘은 중늙은이로 보이랴. 머리를 곱게 지지고 엷은 얼굴 단장에, **번질거리는 미국제 핸드백을** 착 끼고 나선 맵시가 어느 댁 유한마담이지, 설마 1할, 1할 5푼으로 아귀다툼을 하고 어려운

생활이 넉넉하여 놀러 다니는 것을 일삼는 부인 / 돈에 대한 집착이 강한 옥임

예전 동무를 쫓아다니며 울리는 고리대금업자로야 누가 짐작이나 할까. 해방이 되자, 고리대금이 전당국 대신으로 터놓고 하는 큰 생화가 되었지마는, 옥임이는 반민자(反民者)의 아내가 되리라는 것을 도리어 간판으로 내세우고 부라퀴같이 덤빈 것이다. 「중경 도지사요, 전쟁 말기에는 무슨 군수품 회사의 취체역인가 감

「」: 옥임이 고리대금업자가 된 처지가 드러남

사역을 지녔으니 반민법*이 국회에서 통과되는 날이면, 중풍을 3년째나 누웠는 영감이, 어서 돌아가 주기나 하기 전에야 으레 걸리고 말 것이요, 걸리는 날이면 떠메어다가 징역은 시키지 않을지 모르되, 지니고 있는 집간이며 땅섬지기나마 몰수를 당할 것이니, 비록 자신은 없을망정 자기는 자기대로 살길을 차려야 하겠다고 나선 길이 이 길이었다. 상하 식솔을 혼자 떠맡고 영감의 약값을 제 손으로 벌어야 될 가련한 신세같이 우는소리를 하지마는 그래야 남의 욕을 덜 먹는 발뺌이 되는 것이다.

옥임이는 정례 모친이 **혼쭐이 나서 달아나는 꼴을** 그것 보라는 듯이 곁눈으로 흘겨보고 입귀를 샐룩하여 비웃으며, 버젓이 사람 틈을 헤치고 종로 편으로 내려갔다. 의기양양할 것도 없지마는, **가슴속이 후련**하니 머릿속이고 가슴속이고 무언지 뭉치고 비비 꼬이고 하던 것이 확 풀어져 스러지고 회가 제대로 도는 것 같아서 기분이 시원하다. 그러나 그 뭉치고 비비 꼬인 것이라는 것이 반드시 정례 어머니에게 대한 악감정은 아니었다. 옥임이가 그 오랜 동무에게 이렇다 할 감정

정례 모친

이 있을 까닭은 없다. 다만 아무리 요새 돈이라도 20여만 원이라는 대금을 받아

옥임이 정례 모친에게 행패를 부린 목적

내려면은 한번 혼을 단단히 내고 제독을 주어야 하겠다고 벼르기는 하였지마는, 얼떨결에 나온다는 말이 젊은 서방을 둔 떠세냐 무어냐고 한 것은 구석 없는 말이었고 지금 생각하니 우스웠다. 그러나 자기보다도 훨씬 늙어 보이고 살림에 찌든 정례 모친에게는 과분한 남편이라는 생각은 늘 하던 옥임이기는 하였다. 남의

옥임이 정례 모친과의 갈등 상황에서 정례 모친의 남편을 언급한 배경

남편을 보고 부럽다거나 샘이 나거나 하는 그런 몰상식한 옥임이도 아니지마는 자식도 없이 군식구들만 들썩거리는 집에 들어가서 몸도 제대로 가누지 못하는 늙은 영감의 방을 들여다보면 공연히 짜증이 나고, 정례 어머니가 **자식들을 공부 시키느라고 어려운 살림에 얽매고 고생**하나, 자기보다 팔자가 좋다는 생각도 나

자식을 위해 노력하는 등 자신과 다른 삶을 사는 정례 모친에 대한 옥임의 부러움이 드러남

는 것이었다.

(중략)

"오늘은 아퀴*를 지어 주시렵니까? 언제 갚으나 갚고 말 것인데 그걸루 의 상

옥임이 교장을 통해 정례 모친으로부터 돈을 받아 내려고 함

할 거야 있나요?"

이튿날 교장이 슬쩍 들러서 매우 점잖은 수작을 하는 것이었다.

* 등장인물

정례 모친	초등학교 앞에서 문방구점을 차려 놓고 생계를 유지하지만, 여의치 않아 빚을 지고 결국 친구인 김옥임에게 가게를 넘김.
김옥임	신교육을 받은 인물이지만 광복 이후 고리대금업을 시작하며 물질 만능적인 가치관을 지니게 됨.
교장	김옥임의 부탁으로 정례 모친에게서 가게를 빼앗는 일을 도와 주며 자신의 실속을 챙기고자 함.

* '두 파산'의 의미

두 파산	
물질적 파산	정신적 파산
정례 모친	김옥임
성실하게 살아가려고 노력하지만 돈 앞에서 무너지는 서민층의 모습	시대에 빠르게 적응하지만 물질 만능주의에 빠져 정신적으로 파산하는 부유층의 모습

* 작품의 시대적 배경

이 작품의 시대적 배경은 한국 현대사에서 가장 혼란스러운 시기인 해방 직후이다. 이 시기에는 좌익과 우익, 남과 북의 정치적 대립이 격화됐다. 어지러운 상황 속에서 사람들의 도덕적·윤리적 가치관이 흔들리기 시작했다. 작품은 이러한 사회상을 정례 모친과 옥임을 통해 드러내고 있다.

* 작품 속 사실주의적 경향

작품에는 각각 다른 파산을 겪고 있는 정례 모친과 옥임이 등장하지만, 어느 인물에 편중되지 않고 이야기가 전개되고 있다. 이는 주관을 최대한 배제하고 현실을 정확하게 재현하고자 하는 작가의 의도가 반영된 것으로, 광복 직후의 혼란한 사회상을 사실적으로 보여주고 있다.

＊ '옥임'의 삶의 모습

과거

- 셰익스피어의 원서를 읽고 희곡 작품에 신이 날 정도로 문학을 즐김.
- 여성 운동가 '엘렌 케이'를 높이 평가하며 신여성으로서의 면모를 보임.

현재

- 일제 강점기 도지사의 후실로 편한 삶을 살아옴.
- 해방 후 고리대금업을 하며 부를 불림.
- 남편의 친일 행적으로 인해 재산을 몰수당할 위기에 처함.

과거와 현재의 대조적인 삶을 제시하여
옥임의 물질 만능적인 면모를 부각함.

＊ 옥임에 대한 인물들의 평가

정례 모친

고리대금업자가 되어 자신에게 망신을 줄 정도로
인간성을 잃은 모습이 안타까움.

교장 선생님

빌려준 돈에 높은 이자를 받지만
그 나름대로 양심 있는 행위라고 봄.

"이렇게 말씀드리면 교장 선생님부터가 어떻게 들으실지 모르지만 김옥임이가 그렇게 되다니 불쌍해 못 견디겠어요. 예전에 셰익스피어의 원서를 끼구 다니고, 〈인형의 집〉에 신이 나구, 엘렌 케이＊의 숭배자요 하던 그런 옥임이가 동냥자루 같은 돈 전대를 차구 나서면 세상이 모두 노랑 돈닢으로 보이는지, 어린애 코 묻은 돈푼이나 바라고 이런 구멍가게에 나와 앉았는 나두 불쌍한 신세지마는 난 옥임이가 **가엾어**서 어제 울었습니다. 난 **살림**이나 **파산 지경**이지 옥임이는 **성격 파산**인가 보더군요……."

<u>자신은 경제적 파산으로, 옥임은 정신적 파산으로 간주하는 정례 모친의 생각이 드러남</u>

정례 어머니는 분하다 할지 딱하다 할지 속에 맺히고 서린 불쾌한 감정을 스스로 풀어 버리려는 듯이 웃으며 하소연을 하는 것이었다.

"그런 말씀을 하시니 나두 듣기에 좀 괴란쩍습니다마는 다 어려운 세상에 살자니까 그런 거죠. 별수 있나요. 그래도 **제 돈 내놓고 싸든 비싸든 이자라고 명토＊ 있는 돈을 어엿이 받아먹는 것은 아직도 양심이 있는 생활**입니다. 입만 가지고

<u>얼굴이 붉어지도록 부끄러운 느낌이 듦</u>

속여 먹고 등쳐 먹고 알로 먹고 꿩으로 먹는 허울 좋은 불한당 아니고는 밥알이 올곧게 들어가지 못하는 지금 세상 아닙니까…… 허허허."

하고, 교장은 자기변명인지 옥임이 역성인지를 하는 것이었다.

이날 정례 어머니는 딸이 옆에서 한사코 말리며,

<u>옳고 그름과 관계없이 무조건 한쪽 편을 들어주는 일</u>

"그따위 돈은 안 갚아도 좋으니 정장을 하든 어쩌든 마음대로 하라구 내버려 두세요."

하며 팔팔 뛰는 것을 모른 척하고 20만 원 표에 이만 원 현금을 얹어서 옥임이 갖다가 주라고 내놓았다.

— 염상섭, 〈두 파산〉 —

＊ **반민법**: 반민족 행위 처벌법. 일제 강점기 당시 일본에 협력한 친일파의 행위를 반민족 행위로 규정하고 처벌하기 위해 제정한 법률.
＊ **아퀴**: 일을 마무르는 끝매듭.
＊ **엘렌 케이**: 스웨덴의 여성 운동가.
＊ **명토**: 누구 또는 무엇이라고 구체적으로 하는 지적. 여기에서의 문맥적 의미는 어떠한 이유.

[1-7] 윗글의 내용에 대한 설명이다. 맞으면 ○, 틀리면 ×표 하시오.

1 정례 모친은 병든 남편의 약값을 마련하기 위해 옥임에게서 돈을 빌렸다.

2 옥임은 정례 모친에게서 돈을 받아내기 위해 사람들 앞에서 망신을 준다.

3 정례 모친은 옥임에게 빌린 돈을 갚지 않으려고 옥임을 두고 도망쳤다.

4 옥임이 고리대금업자가 된 것은 반민법으로 인해 가산을 몰수당했기 때문이다.

5 옥임은 자신과 달리 억척스러운 삶을 사는 정례 모친을 부러워하고 있다.

6 교장은 정례 모친처럼 옥임에게 빌린 돈을 갚아야 하는 상황이다.

7 교장은 빌려준 돈에 높은 이자를 받는 옥임을 양심적이라 생각한다.

[8-10] 윗글의 내용과 관련하여 빈칸에 들어갈 적절한 내용을 쓰시오.

8 정례 모친은 옥임으로부터 ☐☐여만 원의 대금을 빌렸다.

9 해방 이후 ☐☐☐의 역할을 대신하게 된 고리대금업은 어엿한 생계 유지 수단으로 변모했다.

10 정례 모친은 자신과 옥임 모두 각기 다른 의미의 ☐☐을 당했다고 생각한다.

확인 문제 정답	1 ×	2 ○	3 ×	4 ×	5 ○	6 ×	7 ○	8 20	9 전당국	10 파산

01

윗글의 서술상의 특징으로 적절한 것은?

① 한 인물의 생각을 통해 다른 인물의 처지를 드러내고 있다.

② 빈번하게 장면을 전환하여 인물 사이의 긴장감을 조성하고 있다.

③ 익살 넘치는 토속적 어휘를 통해 부정적 현실을 희화화하고 있다.

④ 현재와 과거를 오가는 구성으로 사건의 인과 관계를 드러내고 있다.

⑤ 현학적 표현을 사용하여 특정 인물이 지닌 속성을 긍정적으로 평가하고 있다.

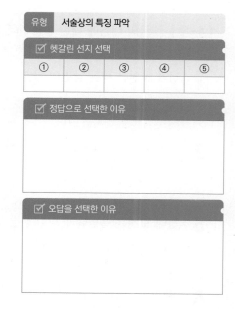

| 유형 | 서술상의 특징 파악 |

☑ 헷갈린 선지 선택

①	②	③	④	⑤

☑ 정답으로 선택한 이유

☑ 오답을 선택한 이유

02

윗글의 내용으로 적절하지 않은 것은?

① 정례 모친은 옥임의 돈을 갚지 못해 옥임으로부터 봉변을 당한다.

② 정례 모친은 옥임의 과거 행적을 언급하며 현재 옥임의 삶을 안타까워한다.

③ 교장은 빌린 돈에 비해 높은 이자를 받는 것이 나름 양심 있는 일이라고 생각한다.

④ 옥임은 자신이 경제적으로 여유 있는 삶을 사는 것이 고리대금업 덕분이라 생각한다.

⑤ 옥임은 길거리에서 정례 모친의 인격을 무시하고 망신까지 주어 돈을 받아내고자 한다.

| 유형 | 작품의 내용 이해 |

☑ 헷갈린 선지 선택

①	②	③	④	⑤

☑ 정답으로 선택한 이유

☑ 오답을 선택한 이유

03

<보기>를 중심으로 윗글을 이해한 내용으로 적절하지 않은 것은?

보기

　　<두 파산>은 해방 이후 배금주의로 흘러가는 혼란스러운 사회상을 세 유형의 인물을 통해 적나라하게 폭로하고 있다. 염상섭은 이를 통해 두 가지 유형의 파산, 즉 경제적 파산과 정신적 파산을 맞게 된 인물들의 모습을 보여 줌과 동시에 인물들의 대화나 행동 방식을 통해 인물의 성격적 특성과 갈등의 양상, 사건의 전개 방향을 암시하며 당시 사회 현실을 반영하고자 하였다. 또한 염상섭은 극명하게 대비되는 유형의 인물을 대조시키면서도, 끝내 무엇이 옳고 그르다는 주관을 배제함으로써 자신의 가치 기준을 제시하기를 꺼려하는 일면을 작품 속에 나타 내어 작가 특유의 사실주의적 면모를 드러내고 있다.

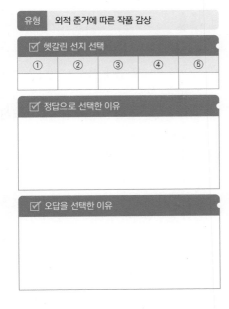

① 옥임의 '난 돈밖에 몰라. 내일모레면 거리로 나앉게 된 년이 체면은 뭐구, 우정은 다 뭐냐?'라는 말을 통해 광복 이후 혼란한 사회 속에서 자신의 이익만을 추구하며 물질 만능주의에 빠진 부유층의 모습을 찾아볼 수 있다.

② 한때 '신여성 운동'에 참여했던 옥임이 현재는 정례 모친이 '혼쭐이 나서 달아나는 꼴을' 보고 '가슴속이 후련'하다고 느끼는 것을 통해 당시 사회 풍조로 인해 정신적으로 황폐화되어 가는 인물 양상을 보여 주고 있다.

③ 옥임으로 인해 '파산 지경'인 정례 모친에게 '제 돈 내놓고 싸든 비싸든 이자라도 명토 있는 돈을 어엿이 받아먹는 것은 아직도 양심이 있는 생활'이라고 생각하는 교장을 통해 원리원칙을 중시하는 염상섭의 가치 기준을 제시하고 있다.

④ '자식들을 공부시키느라고 어려운 살림에 얽매고 고생'하던 정례 모친이 결국 '파산 지경'에 이른 것을 통해 배금주의로 인한 경제의 구조적 모순 속에서 물질적으로 파산할 수밖에 없던 현실을 고발하고 있다.

⑤ 자신의 '살림'이 '파산 지경'임에도 옥임을 '가엾어' 하는 정례 모친과, '번질거리는 미국제 핸드백을' 끼고 다님에도 정례 모친으로부터 '성격 파산'이라는 평가를 받는 옥임을 통해 이들을 파산으로 이끈 사회의 구조적 모순이야말로 비판받아야 할 궁극적인 대상임을 암시하고 있다.

04

㉠에 대한 설명으로 가장 적절한 것은?

① 옥임의 행패로 인해 정례 모친이 봉변을 당하는 장소로, 정례 모친이 벗어나고자 하는 공간이다.

② 옥임에 대한 정례 모친의 서러운 감정이 제시되는 장소로, 옥임과 정례 모친의 화해를 암시하는 공간이다.

③ 옥임의 돈을 갚고자 하는 정례 모친의 의지가 좌절되는 장소로, 옥임과 정례 모친의 갈등이 심화되는 공간이다.

④ 옥임과 정례 모친이 함께 신여성 운동을 전개했던 장소로, 정례 모친과 옥임이 과거 가장 친한 친구였음을 알려 주는 공간이다.

⑤ 정례 모친에 대한 옥임의 속마음이 드러나는 장소로, 모진 말을 할 수밖에 없던 옥임의 상황과 이에 대한 미안함이 드러나는 공간이다.

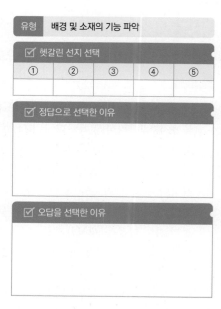

유형	배경 및 소재의 기능 파악

☑ 헷갈린 선지 선택

①	②	③	④	⑤

☑ 정답으로 선택한 이유

☑ 오답을 선택한 이유

05 서답형 문제

ⓐ에 해당하는 적절한 인물을 윗글에서 찾아 2어절로 쓰시오.

> 〈두 파산〉은 해방 직후 서울 황토현 부근을 무대로 살아가는 서로 대비되는 두 중년 여인의 파산 과정을 그리고 있는데, 특히 경제적으로 풍족하지 못한 상황에도 그 나름대로의 삶을 살고자 했던 정례 모친이 시대의 혼란을 틈타 현세의 안녕과 치부를 노리던 옥임과 ⓐ 옥임의 편에 서서 자신의 잇속을 챙기는 속물적 인물에 의해 경제적 파산을 겪는 모습을 사실적으로 전달함으로써 해방 직후 물질 만능적 풍조를 드러내고 있다.

유형	소재의 기능 파악

☑ 정답으로 선택한 이유

정답 및 해설 p.6

※ 다음 글을 읽고, 물음에 답하시오.

　동무…… 총살, 이 두 마디가 그의 머릿속에 못 박혔다. 눈앞이 아찔하다. 그는 더욱 정신을 가다듬고 그들의 일거일동을 살폈다. 머리가 텁수룩하고 야윈 얼굴에, 내의 바람의 한 청년이 양손을 등 뒤로 묶인 채 맨발로 서 있는 것이 눈에 띄었다.

　"동무는 우리 인민의 처사에 대하여 이의가 있소?"

　그 위엄으로 보아 대장인가 싶다.

　"생명체는 도구와는 다른 것이오. 내 이상 더 무엇을 말하고 싶겠소? 나는 포로가 되었을 때 비로소 내가 확실히 호흡하고 있는 인간이라는 것을 알았을 뿐이오. 나는 기쁘오. 내가 한 개 기계나, 도구가 아니었다는 것, 하나의 생명체인 **인간으로서 살아 있었다는 것, 그리고 인간으로서 죽어 간다는 것**, 이것이 한없이 기쁠 뿐입니다."

　명확한 차가운 음성이었다.

　"좋소."

　경멸적인 조소가 입술에 어렸다.

　"이 둑길을 따라 곧바로 걸어가시오. 남쪽으로 내닫는 길이오. 그처럼 가고 싶어 하던 길이니 유감은 없을 거요."

　피해자는 돌아섰다. 한 발자국, 한 발자국 걷기 시작하였다. 뒤에서 두 놈이 총을 재었다.

　바야흐로 불길을 뿜으려는 총구를 등 뒤에 받으며 조금도 주저 없이 정확한 걸음걸이로 피해자는 눈길을 맨발로 헤쳐 가고 있다. 인제 몇 발의 총성과 더불어 그는 무참히 쓰러지고 말 것이다. ㉠ 곧바로 정면에 눈 준 채 조금도 흐트러질 줄 모르는 그의 침착한 걸음걸이…….

　눈앞이 빙빙 돈다. 그는 마치 저 언덕길을 걸어가고 있는 것이 자기인 것만 같았다. 순간 그는 총을 꽉 움켜쥐었다. 내일을 위해 오늘의 싸움을 피한다는 것은 비겁한 수단이다. 지금 저 눈길을 걸어가고 있는 피해자는 그가 아니라 나 자신이다. **내가 지금 피살당하러 가고 있는 것**이다. 쏴야 한다. 그는 사수를 겨누었다. 숨죽이는 순간, 이미 그의 총구에서는 빗발같이 총알이 쏟아져 나갔다. 쓰러진다. 분명히 두 놈이 쓰러졌다. 그는 다음다음 연달아 쏘았다. 일순간이 지나자 응수가 왔다. 이마에선 줄곧 땀이 흐른다. 눈앞이 돈다. 전신의 근육이 개머리판의 진동에 따라 약동한다. 의식이 자주 흐린다. 그는 푹 고개를 묻고 쓰러졌다. 위기일발, 다시 겨눈다. 또 어깨 위에 급격한 진동이 지나간다. 다자꾸 흩어지는 의식, 놈들의 사격이 뚝 그쳤다. 적은 전후 좌우방으로 흩어져서 육박하여 오고 있다. 의식을 잃은 난사. 그는 벌떡 일어섰다.

그 순간 푹 쓰러졌다. 의식이 깜박 사라진다. 갓 지나간 격렬한 총성의 여음이 귓가에서 감돈다. 몸 어느 한구석이 쿡쿡 찌르고 끈적끈적한 액체가 흘러내리고 있는 것 같다. 소리가 난다. 무엇이 다가오고 있다. 머리를 쾅하고 내리친다. 그 순간 의식을 잃었다.
_{적군에게 공격을 받아 의식을 잃음}

ⓒ 바른편 팔 위에 격통이 일어난다. 그는 간신히 왼편 손으로 바른편 팔을 엎쓸어 더듬었다. 손끝에 오는 감촉이 끈적끈적하다. 손을 떼었다.

눈앞으로 가져갔다. 그 손끝과 손가락 사이에는 피, 검붉은 피가 함뿍 젖어 있다. 어디선가 두런두런 말소리가 들린다. 담배 연기가 자욱하다. 먼지와 거미줄
_{'흰 눈'과 대조적인 이미지 → 전쟁의 비극성 강화}
이 뽀야니 늘어 붙은 찢어진 천장 구멍으로 사라져 간다. 방 안이다. 방 안에 눕혀져 있는 것이다. 이따금 흰 눈을 밟고 지나가는 발자국 소리가 희미한 의식 속
_{포로가 되어 갇힘}
에 떠오른다. 점점 멀어져 가는 발자국 소리를 따라서 그의 의식도 희미해진다.

ⓒ 그 후 몇 번이고 심문이 지나갔다. 모든 것은 결정되었다.

인제 모든 것은 끝나는 것이다. 얼음장처럼 밑이 차다. **아무 생각도 없다.** 전신
의 근육이 감각을 잃은 채 이따금 경련을 일으킨다. 발자국 소리가 난다. 말소리
_{짧은 문장과 현재형 어미}
도. 시간이 되었나 보다. 문이 삐거덕거리며 열리고 급기야 어둠을 헤치고 흘러들어오는 광선을 타고 사닥다리가 내려올 것이다. 숨죽인 채 기다린다. 일순간이지났다. 조용하다. 아무런 동정도 없다. 어쩐 일일까……? 몽롱한 의식의 착오 탓
_{내면 의식을 드러냄}
인가. 확실히 구둣발 소리다. 점점 가까워 오는……정확한……그는 몸을 일으키려 애썼다. 고개를 들었다. ⓔ 맑은 광선이 눈부시게 흘러 들어온다. 사닥다리다.

"뭐 하고 있어! 빨리 나와!"
_{처형의 날이 됨}
착각이 아니었다. 그들은 벌써부터 빨리 나오라고 고함을 지르며 독촉하고 있었다. 한 단 한 단 정신을 가다듬고 감각을 잃은 무릎을 힘껏 고여 짚으며 기어올랐다. 입구에 다다르자 억센 손아귀가 뒷덜미를 움켜쥐고 끌어당겼다. 몸이 밖으로 나가는 순간 눈 속에 그대로 머리를 박고 쓰러졌다. 찬 눈이 얼굴 위에 스치자정신이 돌아왔다. **일어서야만 한다. 그리고 정확히 걸음을 옮겨야 한다.** 모든 것
_{죽음 앞에 의연하게 대처하려는 의지가 드러남}
은 인제 끝나는 것이다. 끝나는 그 순간까지 정확히 나를 끝맺어야 한다.

그는 눈을 다섯 손가락으로 꽉 움켜 짚고 떨리는 다리를 바로잡아 가며 일어섰다. 그리고 한 걸음 한 걸음 정확히 걸음을 옮겼다. 눈은 의지적인 신념으로 차가
_{죽음을 두려워하지 않음}
이 빛나고 있었다.

본부에서 몇 마디 주고받은 다음, 준비 완료 보고와 집행 명령이 뒤이어 떨어졌다.

눈이 함빡 쌓인 흰 둑길이다. 오! 이 둑길…… 몇 사람이나 이 둑길을 걸었을 거냐.
_{청년과 '그' 외에도 이곳에서 처형당한 국군이 있음을 암시함}
휜칠히 트인 벌판 너머로 마주 선 언덕, 흰 눈이다. 가슴이 탁 트이는 것 같다. 똑

바로 걸어가시오. 남쪽으로 내닫는 길이오. 그처럼 가고 싶어 하던 길이니 유감 없을 거요. 걸음마다 흰 눈 위에 발자국이 따른다. 한 걸음 두 걸음 정확히 걸어야 한다. 사수(射手) 준비! 총탄 재는 소리가 바람처럼 차갑다. 눈앞엔 흰 눈뿐, 아무
<small>청각적 심상을 촉각적으로 나타냄</small>
것도 없다. 인제 모든 것은 끝난다. 끝나는 그 순간까지 정확히 끝을 맺어야 한다. 끝나는 일 초, 일각까지 나를, 자기를 잊어서는 안 된다.
<small>자신의 존재를 확인하고 인간으로서의 존엄을 지키려 함</small>

걸음걸이는 그의 의지처럼 또한 정확했다. 아무리 한 걸음, 한 걸음 다가가는 걸음걸이가 죽음에 접근하여 가는 마지막 길일지라도 결코 허튼, 불안한, 절망적
<small>의지를 갖고 걸어감</small>
인 것일 수는 없었다. 흰 눈, 그 속을 걷고 있다. 휜칠히 트인 벌판 너머로, 마주 선 언덕, 흰 눈이다. 연발하는 총성. 마치 외부 세계의 잡음만 같다. 아니 아무것
<small>자신을 총살하는 총성을 객관적으로 인식함</small>
도 아닌 것이다. 그는 흰 속을 그대로 한 걸음, 한 걸음 정확히 걸어가고 있었다.
<small>의식 속에서 걸어감</small>
눈 속에 부서지는 발자국 소리가 어렴풋이 들려온다. 두런두런 이야기 소리가 난다. 누가 뒤통수를 잡아 일으키는 것 같다. 뒤허리에 충격을 느꼈다. 아니, 아무것도 아니다. 아무것도 아닌 것이다.

ⓑ 흰 눈이 회색빛으로 흩어지다가 점점 어두워 간다. 모든 것은 끝난 것이다. 놈들은 멋쩍게 총을 다시 거꾸로 둘러메고 본부로 돌아들 갈 테지. 눈을 털고 추위에 손을 비벼 가며 방 안으로 들어들 갈 것이다. 몇 분 후면 화롯불에 손을 녹
<small>처형을 집행하고 나서도 죄의식을 느끼지 않음</small>
이며 아무 일도 없었던 듯 담배들을 말아 피우고 기지개를 할 것이다. **누가 죽었건 지나가고 나면 아무것도 아니다.** 모두 평범한 일인 것이다. 의식이 점점 그로
<small>전쟁 상황에서 죽음은 큰 의미를 가지지 못함 · 죽음을 의미함</small>
부터 어두워 갔다. 흰 눈 위다. 햇볕이 따스히 눈 위에 부서진다.
<small>전쟁의 비정함을 상징적으로 보여 줌</small>

- 오상원, 〈유예〉 -

[1-7] 윗글의 내용에 대한 설명이다. 맞으면 ○, 틀리면 ✕표 하시오.

1 청년은 자신의 처형 직전까지도 침착하고 의연하게 대처한다.

2 '그'는 인간을 도구가 아닌 생명체로 인식하는 청년에게서 동질감을 느꼈다.

3 '그'는 청년을 처형하려는 아군을 쏨으로써 청년 대신 포로가 되었다.

4 '그'는 처형이 결정된 뒤에도 살아날 수 있다는 희망을 품었다.

5 '그'는 처형을 당하기 직전까지도 자신의 존재를 확인함으로써 인간으로서의 존엄을 지키려 한다.

6 '그'는 청년과 함께 남쪽으로 내닫는 길을 걸으며 죽음을 맞았다.

7 '그'는 총을 맞고 의식을 잃어가는 순간에도 적군의 비정함에 대한 분노를 드러내었다.

[8-10] 윗글의 내용과 관련하여 빈칸에 들어갈 적절한 내용을 쓰시오.

8 '그'의 사형 집행은 몇 번의 ☐☐을 거쳐 결정되었다.

9 ☐☐☐은 '그'가 처형당하는 장소이자 수많은 포로들이 죽음을 맞이한 곳이다.

10 '흰 눈이 ☐☐☐으로 흩어'진다는 서술은 '그'가 의식을 잃어가는 상황을 시각적으로 드러내는 표현이다.

확인 문제 정답	1 ○	2 ○	3 ✕	4 ✕	5 ○	6 ✕	7 ✕	8 심문	9 흰 둑길	10 회색 빛

01

윗글에 대한 설명으로 가장 적절한 것은?

① 공간적 배경에 변화를 주어 분위기의 반전을 꾀하고 있다.

② 서술자를 바꾸어 가며 다양한 관점에서 중심인물의 행동을 묘사하고 있다.

③ 짧은 문장을 빈번히 사용하여 인물이 처한 상황의 긴박함을 표현하고 있다.

④ 동시에 일어난 두 개의 사건을 병치하여 사건을 입체적으로 서술하고 있다.

⑤ 시간의 흐름을 나타내어 인물 간의 갈등이 해소되는 과정을 드러내고 있다.

유형	서술상의 특징 파악

☑ 헷갈린 선지 선택

①	②	③	④	⑤

☑ 정답으로 선택한 이유

☑ 오답을 선택한 이유

02

<보기>를 중심으로 윗글을 감상한 내용으로 적절하지 않은 것은?

보기

〈유예〉는 전쟁 중 포로가 된 주인공이 인민군의 회유를 거절하고 끝내 총살당하기까지, 유예 시간이었던 한 시간 동안의 의식의 흐름을 중심으로 서술되고 있다. 작품은 6·25 전쟁을 소재로 하면서 전쟁이라는 현실에 인간이 반응하는 방식을 다루는데, 소설 속의 인물은 포로가 되어 죽음을 맞이하게 됨으로써 역설적으로 스스로의 생명을 자각하게 된다. 또한 전쟁의 비정함, 가치를 상실한 인간에 대한 단편적인 생각과 더불어 인간으로서의 존엄성을 지키기 위해 인간은 어떻게 해야 하는지 등을 형상화하며 인간의 생명과 삶을 옹호하는 자세를 보여 준다.

① '인간으로서 살아 있었다는 것, 그리고 인간으로서 죽어 간다는 것'이 기쁘다는 말은, 죽음 앞에서 스스로의 생명을 자각하고 있음을 보여 주고 있군.

② '내가 지금 피살당하러 가고 있는 것'이라는 인식은, 전쟁이라는 상황 속에서 피해자와 동질감을 느끼게 된 인물의 심리를 드러내고 있군.

③ '인제 모든 것은 끝나는 것이다.', '아무 생각도 없다.'라는 서술은, 자신의 죽음을 부정하고 현실에 맞서는 인물의 모습을 드러내고 있군.

④ '일어서야만 한다. 그리고 정확히 걸음을 옮겨야 한다.'라는 서술은, 인간으로서의 존엄성을 확인하고 지키려는 노력을 강조하고 있군.

⑤ '누가 죽었건 지나가고 나면 아무것도 아니다.'라는 서술은, 인간의 가치가 상실된 전쟁의 비정함을 나타내고 있군.

유형	외적 준거에 따른 작품 감상

☑ 헷갈린 선지 선택

①	②	③	④	⑤

☑ 정답으로 선택한 이유

☑ 오답을 선택한 이유

03

㉠~㉢에 대한 이해로 적절하지 않은 것은?

① ㉠: 죽음 앞에서도 의연한 '청년'의 태도를 보여 준다.
② ㉡: 쓰러졌던 '그'가 의식을 되찾는 과정이 서술되어 있다.
③ ㉢: 심문을 통해 '그'의 처형이 결정되었음을 알 수 있다.
④ ㉣: '그'가 절망 속에서 발견한 희망을 의미한다.
⑤ ㉤: 색채 이미지를 활용하여 죽음의 상황을 시각적으로 표현하고 있다.

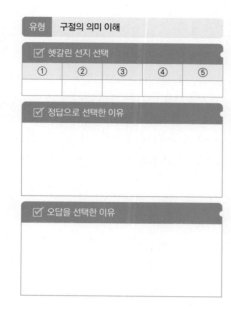

04

둑길에 대한 설명으로 가장 적절한 것은?

① 양국의 이념 대립이 해소되는 공간이다.
② 아군의 죽음이 반복적으로 일어나는 공간이다.
③ 귀환을 소망하는 국군의 마음이 형상화된 공간이다.
④ 극한의 현실 속에서도 순수함을 유지하게 하는 공간이다.
⑤ 인물이 극복해야 하는 현실의 어려움이 존재하는 공간이다.

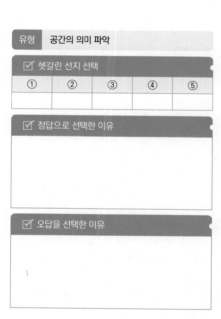

05   서답형 문제

<보기>의 설명에 해당하는 소재를 윗글에서 찾아 2어절로 쓰시오.

> **보기**
>
> ・'흰 눈'과 대비되는 색채 이미지
> ・전쟁의 비극성을 강조

※ 다음 글을 읽고, 물음에 답하시오.

[앞부분 줄거리] 베트남 전쟁에 참전 중인 '나'는 보충병으로 차출되어 작전 지역인
R.POINT에 도착하고, 그곳에서 한 분대의 병사들과 함께 월남인들에게 큰 영향을 미치는 오
래된 탑을 지키라는 무모한 임무를 맡게 된다. 그 과정에서 크고 작은 교전으로 인명 피해가 속
출하고, 작전이 변경되어 미군까지 철수한 날 밤 적과의 치열한 마지막 전투를 치르게 된다.

여러 개의 드럼통이 한꺼번에 굴러가는 듯한 소리로 클레이모어가 터지고, 돌
격하던 게릴라들의 몸이 위로 펄쩍 솟았다가 떨어졌다. 방벽을 넘으려던 게릴라
들도 직선으로 날아간 파편에 맞아 굴러떨어진다. 호각 소리가 길게 한 번 들리
면서 적의 사격이 멎었다. 차가운 정적이 이 소강상태 속으로 스며들었다. 두개
골 속이 곧 터져 나가기 직전인 것처럼 각자의 맥박 소리만이 들렸고, 갑작스런
고요함 때문에 나는 피부의 땀구멍들이 모두 막혀 버릴 것 같았다. 남의 땅, 남의
어둠 속에 있는 우리는 뭐냐. 도대체 우리는 무엇이냐. ㉠도피로가 차단된 일곱
마리의 쥐새끼였다.

"손님을 죽여 버립시다."

부사수가 말했다.

"분대장, 총살합시다. 저 새끼는 이용 가치두 없잖소."

"포로를 도로 가운데 묶어 놓자."

결국 선임조장의 말대로 포로는 길 가운데 교통 표지판에 묶어 놓기로 했다.
우측 대대 지역으로 침투했던 적의 분대는 크게 타격을 받은 것 같았다. 적들은
우리의 완강한 저항에 신중해진 모양이었다. 어둠 속에서 부상당한 게릴라의 생
존자가 뭐라고 소리를 질러 대고 있었다.

"보내 줘라."

"수류탄 한 방 날려버려."

선임조장이 방벽 앞으로 수류탄을 까 던졌다. 모래 먼지가 일어났고, 곧 조용해
졌다. 부사수가 초소 안에서 포로를 끌고 나왔다. 그는 밖으로 끌려 나오자 허공
을 향해서 뭐라고 긴 고함을 질렀다. 어둠 속에서 포로의 눈이 번들거렸다. 부사
수가 그의 몸을 방패 삼아 도로 가운데로 걸어갔다. 교통 표지 앞에 앉혀 놓고 붙
들어 맸다. 길 옆을 따라 포복하고 있는 적의 분대 병력이 보였다. 그리고 그들을
엄호하기 위해서 좌측 대숲 속으로 적들이 몸을 낮추어 달려가고 있었다. 우리의
화력과 지원포의 탄착점을 여러 방향으로 분산시키려는 것이다. 하사가 말했다.

"이젠 정면을 포로가 막아준다. 시간을 좀 끌 수 있을 거야."

"적은 저놈을 사살할지도 모릅니다,"

비유적 표현
'두개골 속이 곧 터져 나가기 직전인 것처럼~'
인물이 느끼는 숨 막히는 긴장감과 두려움을 표현함.

의문형 표현
'남의 땅, 남의 어둠 속에 있는 우리는 뭐냐. 도대체 우리는 무엇이냐.'
인물이 자신이 처한 상황에 대해 느끼는 회의감을 나타냄.

추측의 표현
'우측 대대 지역으로 침투했던 적의 분대는 크게 타격을 받은 것 같았다.'
적군의 상황에 대한 인물의 판단을 드러냄.

청각적 이미지 사용
'적의 통신 신호로 여겨지는 목탁 소리가 사방에서 들리다가 그쳤다.'
적군에게 둘러싸인 아군의 상황을 알 수 있게 함.

* '탑'에 대한 한국군과 미군의 태도

한국군
월남인들의 종교적 상징인 탑을 지키고자 함.

↕

미군
탑과 관련된 월남인들의 정서를 이해하려 하지 않고 무너뜨리고자 함.

↓

- 탑을 지키기 위해 수많은 목숨이 희생되었음에도 불도저로 탑이 무너지는 모습을 통해 전쟁의 무의미성을 비판함.
- 미국의 결정을 따를 수밖에 없는 상황을 통해 강대국이 베트남과 같은 제3세계를 결정하는 모습을 폭로함.

"시간이 걸릴걸. 저쪽두 명령 계통이 있을 테니까."

적의 통신 신호로 여겨지는 목탁 소리가 사방에서 들리다가 그쳤다. 좌측 대숲의 적들도 잠잠해졌다.
청각적 이미지를 통해 적군에게 둘러싸인 상황을 드러냄

포로가 길 가운데서 숲을 향해 뭐라고 자꾸만 소리쳤다. 하사가 말했다.

"저자가 뭐라는 거야?" / "아마, 자길 쏘라구 그러는 모양이오."

선임조장이 말했다. 조명탄이 떠올랐는데 ⓒ 환한 빛에 노출된 것을 두려워하지 않고 민가 쪽에서 두 사람이 걸어오고 있었다. 앞에는 발가벗기운 소총수가
소총수를 인질로 세워 다가오고 있기 때문
절뚝거리며 걸어왔고, 뒤에 적이 바싹 따르고 있었다. 소총수는 몇 번이나 쓰러
앞선 전투에서 포로로 잡힘
지려고 했고, 그때마다 뒤에 붙어 선 자가 부축해 올렸다. 우리는 눈앞에 포로가 된 빈사의 동료가 다가오는 것을 무력하게 지켜보았다.

ⓒ "교환하죠. 살려야 합니다."
인간의 생명을 소중히 여기는 군인들의 동료애를 엿볼 수 있음
뒤의 참호 속에서 사수가 말했다.

[중략 부분 줄거리] 양쪽에 사상자를 낸 치열한 전투 끝에 마침내 적군은 후퇴를 하고, 탈진
전쟁에서 이김
한 분대원들은 죽은 자들 사이에서 졸다가 아군의 무전 소리에 잠을 깼다.
시체 사이에서 잠을 잘 정도로 다른사람들의 죽음에 무감각해짐

[A]
국도 북쪽에서 무한궤도가 굴러오는 소리가 들려왔다. 잠시 후에, 나뭇잎과 풀을 철모에 꽂은 미군 도로 정찰대가 지뢰 탐지기를 등에 짊어지고 지나갔
아군
다. **장갑차의 포수가 머리를 내밀고 즐비한 시체들의 사진을 찍**었다. 뒤로 멀
전투로 희생된 사람들을 그저 구경거리로만 생각하는 비인간적인 모습이 나타남
리 떨어져서 교량에서 철수했던 LVT 세 대와 경비소대가 지나갔다. 2.5톤 한 대가 우리 초소 옆으로 대어졌고, 말쑥한 정글복 차림의 미군 중위가 승차 책임자석에서 뛰어내렸다. 그는 대낮에도 얼굴에 바른 흑색 위장 초콜릿을 지우지 않은 병사들을 도로변에 배치했다. 똑같은 규격으로 허리에 매달린 가
전쟁으로 인해 인물들의 개성이 없어진 모습
스 마스크가 인상적이었다. 미군 중위가 우리를 향해 엄지를 세워 보이면서
치열한 전투에서 승리한 것을 격려하는 행동
웃었다. 대대 지역 안으로도 몰려 들어가는 차량의 행렬이 그치질 않았다. 우리는 배수로에서 기어 나와 담배를 피웠다. 멍청히 주저앉아서 잠을 깬 자
살았다는 안도감조차 느끼지 못하는 사람들의 모습
들을 아무 생각 없이 올려다보았다. 흰 페인트로 SEA BEE라고 쓴 미 해군 공병대의 불도저 한 대가 멎었다. 운전석의 배불뚝이 중사가 초소를 가리키며 장교에게 물었다.

"여깁니까?" / "그래. 여길 넓혀야겠어."

불도저가 크게 회전하더니, 뒤로 멀찍이 물러섰다가 달려들면서 바나나밭을 밀어 버리기 시작했다. 불도저는 드디어 초소 뒤의 빈터를 향하여 굴러왔다. ⓔ 우리
우리 군이 목숨을 걸고 지키고자 했던 탑 있는 곳
는 담배를 내던지고 벌떡 일어섰다. 선임조장이 불도저 앞으로 달려갔다. 그는 자동 소총을 운전사에게로 겨누었다.

"꺼져. 이 새끼." / "갈겨 버려."

미군 중사는 발동을 끄고 어처구니없다는 듯이 우리를 두리번거리고 나서 두 손을 벌리며 어깨를 으쓱했다. 내가 어리둥절해 있는 장교에게 다가가서 말을 걸었다.

"뭐 하는 겁니까?"

장교가 얼굴이 새빨개져서 말했다.

"바나나 숲을 밀어내야겠어. ㉤ <u>캠프와 토치카를 지을 걸세</u>. 저 해병이 막는 이유가 뭔지 모르겠네."
<small>총이나 포로 적을 공격하는 동시에 적의 공격으로부터 전투원을 보호하도록 만들어진 전투용 진지</small>

"우리는 작전 명령에 따라서 저 탑을 지켰습니다."

나는 **초라하게 서 있는 작은 석탑**을 가리켰다. 중위가 고개를 저었다.

"탑이라구? 나는 저런 물건에 관해서 명령받은 일이 없는데."

"아직 통고되지 않았을 겁니다. 아군은 월남군에게 탑을 인계하기로 되어 있었습니다. 인민 해방 전선은 저것을 빼앗아 옮겨 가려고 했습니다."
<small>남베트남군, 아군 / 북베트남군, 적군</small>

나는 얘기하고 싶지 않았으나, 불교와 주민들의 관계, 참모들의 심리전적 판단이며 마을에 관해서 설명하려고 애썼다. ㉥ <u>그렇지만 말하고 나자마자 우리는 깨끗이 속아 왔다는 것을 알았다</u>. 그게 누구의 것인가. 내 말이 다 끝나기 전에 불교라는 낱말이 나오자 이 단순한 서양 친구는 으흥, 하면서 고개를 끄덕였다.
<small>상대방이 이해할 것이라는 기대를 하지 않고 있음</small>

중위가 말했다.

「"그런 골치 아픈 것은 없애 버려야지. **미합중국 군대는 언제 어디서나 변화시**
<small>『』: 제3세계의 문화를 이해하고자 하지 않고 자신들의 뜻에 따라 그들의 운명을 결정하려 하는 강대국의 오만한 태도가 드러남</small>
키고 새롭게 할 수가 있네. 세계의 도처에서 말이지."」

[B]
나는 우리가 탑과 맺게 된 더럽고 끈끈한 관계에 대해서 달리 설명할 방도가 없음을 깨달았다. 장교는 자기가 가장 실질적이며 합리적인 강대국 아메리카인의 전형임을 내세우고, 탑에 대한 견해도 그런 바탕에서 출발할 것이다. 한 무더기의 작은 돌덩어리가 무슨 피를 흘려 지킬 가치가 있었겠는가. 나는 안다. **우리가 싸워 지켜 낸 것은 겨우 우리들 자신의 개 같은 목숨에 지**
<small>전쟁의 무의미성에 대한 고발</small>
나지 않는다는 것을.

– 황석영, 〈탑〉 –

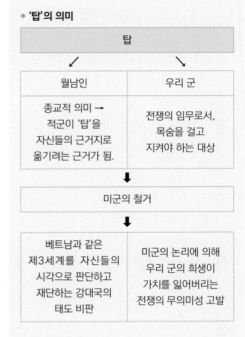

＊ '탑'의 의미

탑	
월남인	우리 군
종교적 의미 → 적군이 '탑'을 자신들의 근거지로 옮기려는 근거가 됨.	전쟁의 임무로서, 목숨을 걸고 지켜야 하는 대상

미군의 철거

| 베트남과 같은 제3세계를 자신들의 시각으로 판단하고 재단하는 강대국의 태도 비판 | 미군의 논리에 의해 우리 군의 희생이 가치를 잃어버리는 전쟁의 무의미성 고발 |

＊ 베트남 전쟁

사회주의를 표방한 베트남 독립 동맹이 이끄는 북베트남과 자본주의를 표방한 남베트남 사이의 전쟁이다. 1955년부터 시작된 이 전쟁은 초기에는 내전의 성격으로 출발하였으나, 한국전 이후 또다시 인도차이나반도에서 자본주의 진영과 사회주의 진영이 대립하는 양상으로 발전하게 된다. 이후 1960년대 초 남베트남을 지지하는 미국의 개입에 따라 우리나라를 비롯한 미국의 동맹국들이 남베트남을 지원하며 국제전으로 발전하게 된다. 이 전쟁은 1975년까지 계속되었으나 결국 남베트남과 미국의 패배로 끝이 난다.

[1-7] 윗글의 내용에 대한 설명이다. 맞으면 ○, 틀리면 ✕ 표 하시오.

1 부사수는 적의 공격으로 인해 도피로가 막히자 적군 포로를 처형하고자 하였다.

2 '나'와 병사들은 적군이 더 이상 접근하지 못하도록 포로를 교통 표지판에 묶어 놓았다.

3 적군은 포로를 사살한 뒤 '나'와 병사들의 진영을 침입하였다.

4 사수는 적군의 포로가 된 소총수 대신 자신이 포로가 될 것을 자처하였다.

5 '나'와 병사들은 긴 전투 끝에 적군을 물리치고 탑을 지킬 수 있었다.

6 '나'는 미군 중위가 마을의 상황과, 불교와 주민들의 관계를 잘 모른다고 생각했다.

7 탑을 무너뜨리겠다는 미군 장교의 결정으로 인해 '나'는 여태까지 벌인 전쟁이 무의미하다는 것을 깨달았다.

[8-10] 윗글의 내용과 관련하여 빈칸에 들어갈 적절한 내용을 쓰시오.

8 시체들의 ☐☐을 찍는 미군의 행동은 전투로 희생된 사람들을 단순한 구경거리로 취급하는 비인간적인 태도를 보여준다.

9 ☐☐☐☐은 불도저가 바나나밭을 밀기 시작하자 이를 막기 위해 운전사에게 총을 겨누었다.

10 나는 탑을 무너뜨리려는 미군에게 ☐☐☐에게 탑을 인계해야 한다는 자신의 임무를 이야기했다.

| 확인 문제 정답 | 1 ○ | 2 ○ | 3 ✕ | 4 ✕ | 5 ○ | 6 ○ | 7 ○ | 8 사진 | 9 선임조장 | 10 월남군 |

01

윗글의 서술상의 특징으로 적절하지 않은 것은?

① 도치적 표현을 활용하여 글의 마지막에 깊은 여운을 남기고 있다.

② 의문형 표현을 활용하여 현재의 상황에 대한 회의감을 드러내고 있다.

③ 서술자가 자신의 체험을 직접 서술하여 내용의 신빙성을 높이고 있다.

④ 청각적 이미지를 활용하여 적군에게 둘러싸인 상황을 선명하게 나타내고 있다.

⑤ 비유적인 표현을 사용하여 대상이 처한 상황에 대한 안타까움을 표현하고 있다.

유형	서술상의 특징 파악

☑ 헷갈린 선지 선택

①	②	③	④	⑤

☑ 정답으로 선택한 이유

☑ 오답을 선택한 이유

02

[B]에 대한 설명으로 가장 적절한 것은?

① 과거의 체험을 언급하며 상대방과 우호적인 관계를 형성하고자 노력하고 있다.

② 상대방의 생각을 충분히 이해하고 있음을 드러내며, '나'의 속마음을 토로하고 있다.

③ '나'가 처한 상황에 대한 비판적 인식을 비속어를 사용하여 강렬하게 표현하고 있다.

④ '나'가 관찰하고 경험했던 것을 요약적으로 제시하여, 현재에 대한 만족감을 드러내고 있다.

⑤ '나'와 상대방의 관계를 통해 얻은 깨달음을 다른 대상에게 적용하여 문제를 해결하고자 한다.

유형	작품의 내용 이해

☑ 헷갈린 선지 선택

①	②	③	④	⑤

☑ 정답으로 선택한 이유

☑ 오답을 선택한 이유

\<보기\>를 참고하여 윗글을 이해한 내용으로 적절하지 <u>않은</u> 것은?

보기

　19세기 베트남은 프랑스가 강점하여 식민지로 만든 이래로 일본이 점령하였다가 다시 종주국이었던 프랑스의 식민 지배가 되풀이되자 독립 전쟁을 선포하게 된다. 이후 미국의 개입으로 베트남은 남과 북으로 갈라지게 되고, 1964년 베트남 사태에 적극적으로 개입한 미국의 요구에 따라 우리나라의 베트남 파병이 시작되었다. 그 결과, 1973년 3월 베트남에서 완전히 철수할 때까지 연인원 31만 명 이상의 한국군이 베트남에 파병되어 명분 없는 전쟁에서 피를 흘려야 했다.

　황석영은 베트남 전쟁을 배경으로 한 〈탑〉을 통해 전쟁의 무의미함과 지속되는 전쟁 속에서 인간다움을 잃지 않고자하는 노력의 좌절, 비인간적인 모습, 그리고 전쟁을 통해 지켜야 하는 것이 무엇인가에 대한 회의감을 드러내었다. 전쟁의 무의미함과 비인간성, 전쟁을 통해 지켜야 하는 것이 무엇인가에 대한 회의감을 드러내었다. 또한 강대국의 논리로 제3세계의 운명이 좌지우지되는 부조리함에 대해 폭로하며 우리 소설의 지평을 세계사적 문제로 확장하였다.

① 적군 포로를 죽이자는 부사수의 말에 반대하며 '보내 줘라'라고 말한 것은 전쟁 속에서도 인도주의적 모습을 발휘하고자 하며 인간다움을 잃지 않으려는 노력으로 볼 수 있겠군.

② '즐비한 시체들의 사진을 찍'는 '장갑차의 포수'는 전투로 희생된 사람들을 그저 구경거리로만 생각하는 비인간적인 모습을 드러낸 것이겠군.

③ '초라하게 서 있는 작은 석탑'이 미국의 불도저에 의해 무너지는 것은 수많은 희생으로 지켜낸 '탑'이 전쟁에서 중요한 가치를 지닌 것이 아니었음을 드러내며 전쟁의 무의미함을 폭로하는 것이겠군.

④ 장교가 '미합중국 군대는 언제 어디서나 변화시키고 새롭게 할 수 있네'라고 한 것을 통해 힘과 자본의 논리를 앞세운 강대국이 자신들의 논리에 의해 약소국을 유린하는 전쟁의 실상을 밝히는 것이겠군.

⑤ '나'가 '우리가 싸워 지켜 낸 것은 겨우 우리들 자신의 개 같은 목숨'이라고 자조적으로 말한 것은 거대한 권력의 압박으로 인해 참여한 전쟁 속에서 인간 자체가 하나의 소모품에 지나지 않는다는 회의감에서 비롯된 말로 볼 수 있겠군.

04

⊙~⑩에 대한 설명으로 적절한 것은?

① ⊙: 적군을 몰아세운 혁혁한 공을 묘사한 부분으로, 전쟁의 승기를 우리 쪽이 쥐고 있음을 암시한다.

② ⓛ: 상대 진영으로 향하는 것을 전혀 두려워하지 않는 적군의 모습을 통해 지키고자 하는 이념을 위해 죽음을 불사하는 희생정신을 보여 준다.

③ ⓒ: 위험한 전쟁 상황 속에서도 인간의 생명을 소중히 여기는 군인들의 동료애가 드러나 있다.

④ ⓔ: 미군의 불도저가 초소 근처로 오는 것을 아군에 대한 공격 행위로 인식한 선임조장이 스스로 몸을 던져 이를 막아내고 있다.

⑤ ⓜ: 베트남 주민들에게 종교적으로 가치가 있는 산물을 지키기 위해 토치카를 지을 것이라는 미군의 계획이 드러나고 있다.

---

05 서답형 문제

<보기>의 설명에 해당하는 문장을 [A]에서 찾아 쓰시오.

보기

계속되는 전쟁으로 인해 살았다는 안도감도, 아군이 와서 다행이라는 생각조차도 못하는 군인들의 모습을 보여 주며, 전쟁의 비극성을 강조한다.

정답 및 해설 p.8

핵심정리

＊ 주제
이기주의로 가득 찬 소시민들의 의식 비판

＊ 전체 줄거리
'나'가 사는 동네는 어느 정도 지식과 교양을 갖춘 젊은 샐러리맨 부부들이 많이 사는 곳이지만 가끔 굿하는 소리가 들려온다. 첫눈이 내린 어느 날 아침, '나'와 아내는 흰 남자 고무신 한 짝이 마당에 떨어진 것을 보고 왠지 모르는 공포감을 느끼며 불안해한다. '나'는 고무신짝을 보면서 어린 시절 이북에 살 때 밭에 떨어진 '지까다비' 한 짝을 보고 공포를 느꼈던 기억을 떠올린다. 아내는 밤에 남몰래 고무신을 남의 집 담장 너머로 던져 버리고 비로소 마음을 놓는다. 열흘 정도가 지나고, 눈이 내린 다음 날 아침 아내가 다른 집 담 너머로 던져 버렸던 고무신짝이 다시 마당에 떨어져 있는 것을 발견하고 아내와 '나'는 공포감에 휩싸인다. 그러다 '나'는 삶의 균형을 잡아 주었던 고향의 '큰 산'을 떠올린다. 아내는 다시 고무신을 버리러 나가고, '나'는 그런 아내의 행동을 묵인한다.

＊ 해제
이 작품은 고무신짝에 얽힌 에피소드를 바탕으로 현대인들의 이기적 속성을 비판하고 있다. 작품 속 주인공이 사는 동네는 현대적 교육을 받고, 교양 있고 합리적인 사람을 자처하는 현대인들이 사는 곳이다. 하지만 그들은 정작 미신을 떨쳐 내지 못하고, 자신의 이익을 위해 다른 사람의 피해를 아랑곳하지 않는 이기적인 모습을 보인다. '나'는 사람들의 이런 모습이 공동체를 아우르는 근원적인 가치를 잃어버렸기 때문이라 생각한다. '큰 산'은 현대인이 상실한 근원적인 가치를 상징하는 것으로, 작가는 이와 같은 문제를 해결하기 위해 현대인들에게 '큰 산'과 같은 근원적 가치가 회복되어야 함을 말하고자 하는 것이다.

＊ 등장인물

'나'	고무신짝을 보고 불길함을 느끼는 인물. 과거를 회상하며 이런 불길함이 계속되는 이유를 큰 산의 부재 때문으로 여김. 아내와 이웃들의 이기적인 태도를 비판적으로 바라보면서도 이를 적극적으로 막으려 하지 않음.
아내	자신의 집에 떨어진 고무신짝을 다른 집으로 던져 불안감을 해소하는 이기적인 모습을 보임.

※ 다음 글을 읽고, 물음에 답하시오.

[앞부분 줄거리] 첫눈이 내린 어느 날 아침, '나'와 아내는 흰 남자 고무신 한 짝이 마당에 떨어진 것을 보고 왠지 모르는 공포감을 느끼며 불안해한다. '나'는 고무신짝을 보면서 어린 시절 이북에 살 때 밭에 떨어진 지까다비짝을 보고 공포를 느꼈던 기억을 떠올린다.

초등학교 4학년쯤이었을 것이다. 나는 밭에 버려진 신짝 하나를 보고 공포에 떤 일이 있다. 비 오는 속의 무밭에 앞대가리 부분이 무잎이 무성한 밭 속에 처박혀 있는 검정색 '지까다비[地下足]'짝이었다. 발뒤축께의 세 개의 호크까지 말짱하던 일이 지금도 뒷등이 선득할 만큼 기억에 또렷하다.

바로 **태평양 전쟁이 나던 이듬해**인가였는데, 그 무렵에 그 '지까다비'는 대유행이었다. 본시 광산 노동자용이었던 모양인데, 아닌 게 아니라 그 검정색 생김생김부터가 광산용으로 꼭 어울려 보였었다. 우리 마을에서 5리쯤 내려가면 철도 공장과 피혁 공장이 있었는데, 그 공장에 다니면 징용을 면한다 해서 마을 사람들은 너도나도 그리로 몰렸었고, 그 '지까다비'는 집집마다 흔했던 것이다.

[A]
> 　그때 그 무밭의 '지까다비'짝이 그토록까지 무서웠던 것은 대체 무슨 까닭이었을까? 그 '지까다비'가 지닌 평범하고도 단순한 용처를 떠나 생판 엉뚱하게도 무밭에 처박혀 있어서, 그 '지까다비'의 '지까다비'로서의 노선 혹은 룰에서 벗어져 나온 그 점이 공포감으로 작용했던 것일까? 일단 그렇게 생각해 볼 수는 있다. ㉠ 그러나 단순히 그 이유뿐일까. 단순히 그 이유였다면 그냥 그 정도로 처결해 치울 수가 있었을 것이다. 「그 무렵 모든 신의 바닥 고무는 고무 성분이 덜 들어가 녹신녹신하지가 못하였으니까 어쩌다가 바닥의 중둥이가 뚝 부러져 더 이상 못 신게 되어서 훌쩍 무밭에 버렸으리라, 한 짝은 무밭에 버렸으리라. 한 짝은 무밭 한가운데로 멀리 버리고 한 짝은 이렇게 가장자리께로., 이 '지까다비'짝에만 한해서는 분명히 이러했을 것이다. 공포감이고 뭐고 느껴질 건덕지라고는 없다.

아, 지금에야 생각이 난다. 그날은 **마가을비**가 내렸었는데, 무슨 까닭인지 나는 저녁답에 혼자 비를 맞으며 돌아오고 있었다. 지금 아무리 머릿속을 짜내어도 무슨 이유로 그때 그렇게 혼자만 늦게 돌아오게 되었는지는 생각이 나지 않는다. 그러나 다만 확실한 사실은 학교에서 혼자 나올 때부터 이미 나는 '큰 산'이 안 보일 것이라는 예상으로 쓸쓸해 있었던 것이다. 이 정도로 패연하게 비가 쏟아지는 날은 으레 '큰 산'은 **구름에 깝북 가려진다**.

(중략)

"어마, 저게 뭐유?"

헛간 쪽의 블록담 밑을 꾸부정하게 들여다보았다.

"뭔데?"

나도 가슴이 철렁해지며 문득 ⓐ 열흘쯤 전의 그 일이 떠올라 그쪽으로 급하게 다가갔다.

동시에 좀 전의 그 **환하던 겨울 아침**은 대뜸 우리 둘 사이에서 **음산한 분위기로 둔갑**을 하고 있었다.

_{분위기의 변화}

"고무신짝이에요, 또 그, 그, 고무신짝."

아내의 목소리는 완연히 떨고 있었다. 거의 헐떡거리듯 하였다.

맞다. 고무신짝이었다. 그 새하얗게 씻은 남자 고무신짝.

"……."

「나는 마치 머릿속의 저 아득한 맨 끝머리에 쩌엉스런 깊고 빈 들판이 있다가,
_{「」: 고무신짝을 보며 공포심을 느낌}
그것이 또 확 열려 오는 듯한 공포 속으로 휘어 감겼다.」

아내도 까맣게 질린 얼굴이다.

"대체 어떻게 된 셈이지?"

"돌아다니고 있어요, 저게. 염병 돌듯이."
_{고무신짝이 집집을 돌아다니고 있음}

아내는 빠른 입놀림으로 이렇게 헐떡거리듯이 지껄였다. ⓛ 나는 그 아내를 금
_{행동 묘사를 통해 아내가 흥분 상태임을 나타냄}
방 신 내리는 무당 쳐다보듯이 을씨년스러운 느낌 섞어 쳐다보았다.

"돌아다니다니, 대체 무슨 소리야?"

"이 집에서 저 집으로, 저 집에서 이 집으로."

"그때 그 고무신짝은 분명히 쓰레기통에 버렸지 않아."
_{'나'는 고무신짝을 쓰레기통에 버렸다고 알고 있었음}

"아무래도 꺼림칙해서 그날 밤 당신이 들어오시기 전에 내가 다시 들고 나갔던
_{고무신짝이 불길하다고 여김}   _{다른 집 담장 너머로 버리기 위해}
거예요."

"무엇이? 그럼 어느 집 담장 너머로 버렸었다는 말인가?"
_{아내의 이기적인 모습을 보여 줌}

"그렇지요."

ⓒ 아내는 당연하다는 듯이 약간 우락부락한 얼굴까지 되며 말하였다.

"왜?"

"왜라뇨. 당신 그걸 지금 나한테 따져 묻는 거예요?"

"던지긴 어느 집으로 던졌어?"

"몰라요."
_{아무 집에나 던졌기 때문 – 자신의 집만 아니면 된다는 생각이 드러남}

"……."

그러니까 이렇게 된 모양이다. 새벽 일찍 뜰 한가운데 그 고무신짝이 떨
_{고무신짝의 내력을 추측함}
어진 것을 본 그 어느 집의 **부부들**도 쩌엉한 느낌에 휘어 감기며 **간밤내 근**
[B]
처에서 들리던 굿하는 꽹과리 소리 같은 것을 떠올리며 공포감에 사로잡혔
_{고무신짝을 굿과 연관 지으며 비합리적인 공포감을 느낌}
을 것이다. 별로 복잡하게 궁리할 것도 없이, 그날 낮이든가 밤에, 이웃집 아
_{□: 추측의 표현을 반복함}

'큰 산'의 의미

큰 산
공동체를 아우르는 근원적 가치

↓

큰 산의 부재
근원적 가치가 부재한 현대 사회의 모습

'지까다비'짝과 고무신짝

'지까다비'짝
무밭에 처박혀 있음.

고무신짝
'나'의 집 마당에 던져져 있음. 굿이라는 미신적 요소와 결합됨.

➡ '나'에게 공포심을 줌.

역순행적 구성

'나'의 마당에 흰 남자 고무신 한 짝이 떨어져 있음.

↓

'나'는 어린 시절 밭에 떨어진 '지까다비'짝을 보았던 기억을 떠올림.

↓

아내가 남의 집에 버렸던 고무신짝이 다시 '나'의 집으로 돌아옴.

작품에 드러난 합리성과 비합리성

합리성
· 지식과 교양을 갖춘 젊은 샐러리맨 부부들이 살고 있음.   · 동네 사람들은 합리적인 대우를 받고 싶어 함.   · 텔레비전 안테나가 무성함.   → 근대화된 것처럼 보임.

↕

비합리성
· 굿을 하는 꽹과리 소리가 들림.   · 동네 사람들은 고무신짝을 보며 불길함을 느낌.   → 전근대적 요소를 청산하지 못함.

아내
고무신짝을 또다시 누군가의 집 담장 너머로 버리고 온 뒤 개운해 함.

'나'
아내에게 아무것도 묻지 않으며 묵인함.

➡ 이기적인 현대인의 모습 비판

무 집에건 담장 너머로 그 고무신짝을 훌쩍 던졌을 것이다. 남편 모르게 아내가, 혹은 아내 모르게 남편이. ㉣ 그만한 자존심들은 있었을 것이다. 그렇게 액은 이웃집으로 옮아 보내고, 제집은 일단 마음을 놓았을 것이다. 그러자 담장 안에 웬 고무신짝 하나가 떨어진 것을 본 그 집에서도, 그렇게 제집으로 들어온 액을 멀리는 못 쫓고 그날 낮이면 낮, 밤이면 밤에, 근처 이웃집으로, 또 던져 버렸을 것이다. 그 이웃집에서는 다시 이웃집으로, 또 그 이웃집으로, 순이네 집에서 영이네 집으로, 영이네 집에서 웅이네 집으로, 웅이네 집에서 건이네 집으로 이런 식이었을 것이다. **모두 현대적인 교육을 받**은 터여서 자존심들은 있었을 것이다. 모두가 합리적인 사람대우는 대우대로 받고 싶었을 것이다. 그러나 대우는 대우고, 겪는 것은 겪는 것이다. 그들은 서로 상처 한 군데 입음이 없이 그 고무신짝만 이웃집 담장 너머로 던지면 되었던 것이다.

이렇게 합리적으로 생각하면서 합리적으로 웃음도 나왔지만, 아내는 당장은 웃을 경황이 아니었다. 두 번째로까지 극성맞게 들어온 이놈의 고무신짝을 대체 어쩌란 말인가. ㉤ 이 액을 우리 부부끼리만 감당할 자신이 우리는 이미 없었다.

– 이호철, 〈큰 산〉 –

[1-7] 윗글의 내용에 대한 설명이다. 맞으면 ○, 틀리면 ✕표 하시오.

1 '지까다비'는 본래 광산 노동자를 위한 작업화이다.

2 마을 사람들은 태평양 전쟁에 참전하지 않기 위해 철도 공장과 피혁 공장에 다녔다.

3 '나'는 '지다까비'가 본래의 용도를 잃은 점이 이웃들의 공포심을 자극했다고 보았다.

4 '나'는 '큰 산'이 구름에 가려진 날 이후로 '지다까비'를 무서워하게 되었다.

5 아내는 굿하는 꽹과리 소리를 들은 후 고무신짝을 남의 집 담장에 던져 버렸다.

6 '나'는 다시 돌아온 고무신짝을 통해 사람들의 이기적인 행태를 깨달았다.

7 '나'와 아내는 고무신짝을 다른 마을에 던져놓음으로써 액을 쫓았다.

[8-10] 윗글의 내용과 관련하여 빈칸에 들어갈 적절한 내용을 쓰시오.

8 '나'는 ☐☐에 버려진 '지다까비'가 질이 좋지 않아 쉽게 망가져 버려진 것이라 짐작하였다.

9 아내는 불길함을 떨치기 위해 ☐☐☐☐에 버렸던 고무신짝을 다시 꺼내어 담장 너머로 버렸다.

10 '☐☐☐☐ ☐☐'을 받은 마을 사람들은 이웃과의 갈등을 피하고 합리적인 사람대우를 받으면서 고무신짝을 처리하고자 했다.

01

[A], [B]에 공통적으로 드러나는 서술상의 특징으로 가장 적절한 것은?

① 동일한 연결 어미를 반복하여 경쾌한 느낌을 주고 있다.
② 과거에 일어난 사건을 회상하여 현재의 사건과 연관 짓고 있다.
③ 이야기 속 서술자가 특정한 대상의 내력에 대해 추측하고 있다.
④ 공간적 배경에 대한 묘사를 열거하여 미래의 일을 암시하고 있다.
⑤ 비유적 표현을 활용하여 특정한 대상을 시각적으로 묘사하고 있다.

02

고무신짝에 대한 설명으로 가장 적절한 것은?

① '나'와 동네 사람들 사이의 갈등을 유발한다.
② '나'가 과거의 공포심을 극복하는 계기가 된다.
③ '나'가 부정적인 상황에 처해 있음을 암시한다.
④ 근대화가 진행되며 사장된 전통문화를 상징한다.
⑤ 아내를 비롯한 동네 사람들의 이기심을 드러낸다.

03

㉠~㉤에 대한 이해로 적절하지 않은 것은?

① ㉠: '나'가 '지까다비'짝을 보고 공포심을 느낀 이유를 재차 추측하고 있다.
② ㉡: 고무신짝을 보고 공포에 질려 흥분한 아내의 모습을 드러내고 있다.
③ ㉢: 아내가 자신의 행동에 대한 죄책감을 느끼지 않음을 알 수 있다.
④ ㉣: 비합리적인 태도를 부끄러워하지 않는 사람들의 심리를 나타내고 있다.
⑤ ㉤: 고무신짝을 다시 다른 집 담장 너머에 버리게 될 것을 암시하고 있다.

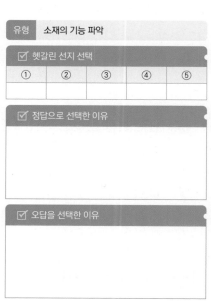

04

<보기>를 바탕으로 윗글을 이해한 내용으로 적절하지 <u>않은</u> 것은?

보기

> 소설에서의 배경은 기본적으로는 사건이 전개되는 시·공간으로 기능하면서, 작품의 주제나 인물의 심리를 드러내거나 사건에 개연성을 부여하고 소설의 분위기를 조성하기도 한다. 어느 정도 지식과 교양을 갖춘 젊은 샐러리맨 부부들이 많이 사는 곳인 〈큰 산〉의 공간적 배경은 작품의 제목이자 공동체를 아우르는 근원적 가치를 상징하는 '큰 산'과 대비되며, 고무신짝을 둘러싼 상황과 함께 작품의 주제의식을 드러낸다.

① '태평양 전쟁이 나던 이듬해'라는 시간적 배경은 '지까다비'짝이 밭에 버려지게 된 사건에 개연성을 부여하는군.

② '마가을비'로 인해 '구름에 깝북 가려진' 큰 산은 우울한 분위기를 조성하면서 작품의 주제의식을 드러내는군.

③ '환하던 겨울 아침'이 '음산한 분위기로 둔갑'한 것을 통해 상황에 따른 인물의 심리 변화를 알 수 있군.

④ '부부들'이 '굿하는 꽹과리 소리 같은 것을 떠올리며 공포감에 사로잡'힌 것은 공동체의 가치가 무너졌기 때문이군.

⑤ '나'가 사는 동네의 사람들이 '모두 현대적인 교육을 받'았다는 사실은 고무신짝을 둘러싸고 일어난 상황과 대조적이군.

05   서답형 문제

<보기>는 ⓐ가 가리키는 사건을 설명한 것이다. 빈칸에 들어갈 말을 4음절로 쓰시오.

보기

> ⓐ는 '나'의 집 마당에 (   )이/가 떨어져 있던 사건을 의미한다.

정답 및 해설 p.10

핵심정리

＊ 주제

가뭄으로 인한 농민의 삶과 산업화 시대 농촌의 현실

＊ 전체 줄거리

김승두가 살고 있는 천동면 놀미 마을은 지대가 높아 지하수를 구하기 어려운데, 계속되는 가뭄에 김승두는 양수기와 호스를 동원하여 천북면 장승골 저수지 물이 흐르는 길에서부터 자신의 논으로 물을 퍼 올리기로 한다. 그것을 본 유순봉과 장재원은 남의 저수지 물을 훔치는 것이라며 트집을 잡고, 김승두가 그들에게 술을 권하며 달래려는 사이 중년 사내가 나타나 양수기를 돌리며 전기를 훔치고 있다며 문제 삼는다. 그러던 중 민방위 교육 시간이 되어 모두 학교로 모이게 되는데, 부면장이 등장하여 퇴비를 바르게 쌓으라는 잔소리를 늘어놓는다. 이에 불만스러워하던 김승두가 푸념을 하다가 부면장과 시비가 붙는데, 모인 마을 사람들이 모두 김승두를 응원하고 결국 부면장이 사과하자 마을 사람들은 박수를 친다.

＊ 해제

이 작품은 '우리 동네' 연작의 일부로, '우리 동네' 연작은 1970년대 국가 주도 근대화가 진행되던 농촌에서 일어나는 크고 작은 사건들을 다룬 소설집이다. 각 작품은 정부와 관청에서 주도하는 각종 개발 사업으로 인해 농촌의 공동체가 변화하고 와해되어 가는 과정을 여러 인물과 사건들을 통해 병렬적으로 나열하여 보여 주고 있다. 작가는 이를 통해 근대화의 부정적 이면에 대한 비판적 시선을 드러내면서도 서술에 있어 방언의 사실적 사용, 토속적 문체와 풍자와 해학을 통해 농촌적 정서를 보존하려는 시도를 하고 있다.

＊ 등장인물

김 (김승두)	천동면 놀미 마을의 농민으로, 가뭄에 빚을 내어 양수기로 물을 대려 함.
중년	한전 감시원으로, 김이 전기를 몰래 훔쳐 양수기를 돌리는 것을 보고 다툼을 벌임.
부면장	정부의 시책을 마을 사람들에게 홍보하며 국가 시책에 따른 도량형 활용을 종용하다 김과 시비가 붙음.

※ 다음 글을 읽고, 물음에 답하시오.

속으로는 떨떠름했으나 김도 주눅들지 않고 내뻗었다.

"가뭄에 물치기는 땅임자의 도리구 조상에 효도유. 왜 그류?"
_{농민들에게 가뭄에 물대기는 다른 무엇보다 중요하다는 이유로 자신의 행동을 정당화함}

중년 사내가 천북면 수리 담당이거나 장승골에 사는 그 비스름한 것이려니 싶
_{김과 갈등을 맺는 인물 ①}
어 김은 더욱 뚝심에 기운을 모았다.
_{서술자가 인물의 심리를 서술함}

중년 사내가 말했다.

"왜 그류? 왜 그러겠구먼…… 남의 재산을 불법적으루 쓰구두 가뭄 핑계만 대
면 단 중 아셔?"
_{중년 사내의 주장 - 김의 물대기는 남의 재산을 불법으로 갈취한 것임}

중년이 대들려는 짓둥이를 하자 김은 급한 김에 말도 안 되는 대꾸를 했다.

㉠ "내가 원제 불법적으루 썼슈. 물법적으루 썼지. 농민이 논에 물을 대는 건 당
연히 물법적인 거유."

그러자 중년은 어이가 없는지, 불이 일고 있던 눈을 끄먹거려 끄면서 한탄하듯
중얼거렸다.

"끙─ 뭘 아는 사람이래야 말 같은 소리를 듣지…… 내 새끼두 야중에 이런 사
람 될라 미서서 이 노릇 못 집어친다니께. 끙─"

"……"

김이 무슨 말인지 미처 못 새기고 있을 때, 중년은 하던 말투를 바꾸지 않고

"사람이라는 것이 종자를 받으면 주둥이에 처늫는 것허구 배앓는 것버텀 우선
적으루 가르치는 벱이건만, 이 친구는 워치기 컸길래 남으 말에 찌그렁이 붙는
_{다른 사람의 말에 수긍하기보다는 시비를 묻는 김의 태도를 문제 삼음}
것버텀 배웠는구…… 불법적으루 쓰다 들켰으면 사괏적으루 나오는 게 아니
구, 뇝세 큰소리쳐? 나 봐, 워따 대구 큰소리여? ㉡ 당신 허는 짓이 보통 사건
인 중 알어? 시대적으루 볼 것 같으면 안보적인 문젠 겨. 뜨건 국에 맛을 몰라
두 한도가 있는 게지. 되지못허게 워따 대구 큰소리여, 큰소리가……"

마치 철부지를 타이르듯 훨씬 부드럽힌 음성이었다. 그러나 김은 처음부터 별
것이 아닌 줄 알았으므로 기세를 누그리지 않았다. 더구나 뒤에는 무솔이 유순봉
이와 장재원이가 자기를 시험하고 있었다. 남병만이도 마찬가지였다. 나중 동네
_{김은 주변에서 자신을 지켜보고 있는 눈길이 있음을 의식함}
에 소문날 일을 생각해서라도 그들이 보는 앞에서 공갈 한마디에 누져* 버려 그
_{김이 다른 사람들 앞에서의 체면을 중시하는 인물임을 알 수 있음}
참 허탕이 될 수는 없겠던 것이다. 김도 손사래를 치며 떠들었다.

"나 봐유. 댁은 워디 기시길래 이러시는지 몰라두, 요란이 과허실 건 읎는 규.
_{김은 중년의 주장이 과장되었다고 생각함}
㉢ 찬밥 그지는 문전 거절을 해 보낼 수 있어두유, 물 한 바가지 동냥을 쫓는 건
풍속을 어그리는 일이유."

[중략 부분 줄거리] 한전 출장소 직원인 '중년'은 양수기를 돌린다고 전기를 훔쳐 쓴 '김'
_{중년이 김을 추궁하던 이유}

을 데려가 그 사실을 추궁하려 하고, '김'이 수로에 물을 댄 것의 잘잘못을 따지려고 서 있었던 유순봉, 장재원은 '중년'이 '김'을 데리고 가는 걸 막으려 하는 신경전을 벌인다. 그사이 어느덧 <u>민방위 교육</u> 시간이 되어 모두들 마을 학교 운동장으로 모이게 된다.
_{국방의 의무 중 하나로, 50세까지의 모든 남성들이 지정된 날짜에 반드시 모여 교육을 받아야 함}

『"지 자신이 <u>교육</u>에 대비하여 학습해 둔 게 있는 것두 아니구 해서 베랑 헐 말두
_{『』: 법적인 의무만을 지킬 뿐 교육 내용조차 준비하지 않음─농촌의 상황에 무관심한 국가 현실}
읎습니다. 또 솔직히 말해서 지가 예서 뭬라구 떠들어 봤자 머릿속에 담구 기
억허실 분두 읎을 줄로 알구 있습니다. 그냥 앉아서 죄용히 담배나 피시며 시
간을 채우시도록 허셔유.』그런디 퇴비들을 쌓실 때는 몇 가지 유의를 해 주시
라 이겝니다. 위에서 누가 원제 와서 보자구 헐는지 알 수 읎으닝께, 퇴비장 앞
_{농사 일에 도움을 주기 위한 것이 아닌, 상급 기관의 감찰에 대비하려는 목적}
에는 반드시 패찰과 척봉(尺棒)*을 꽂으시구, 지붕 개량허구 남은 썩은 새나 그
타 여러 가지 찌끄레기루 쌓신 분들은 ㉣ <u>흔해 터진 풀 좀 벼다가 이쁘구 날씬</u>
<u>허게 미장을 해 주서유.</u> 정월 보름날 투가리*에 시래기 무쳐 담듯 허지 마시구,
혼인 때 쓸 두붓모처럼 깨끗허게 쌓 주시라 이겝니다. 퇴비가 일 핵타(ha)당 몇
_{농민들에게 익숙하지 않은 단위를 사용하여 당부하고 있음}
키로(kg) 이상이라는 것은 잘들 아시구 기실 중 믿습니다마는, 아무쪼록 식전
에 두 짐 저녁에 두 짐쓱, 반드시 비시도록 당부하는 것입니다."

그때 김은, 퇴비는 지저분할수록 거름이 짙다는 생각을 하고 있었으나, 입 밖
_{퇴비 쌓기에 대한 부면장의 말에 동의하지 않는 김의 모습}
으로는 무심히

"모냥내구 있네. <u>멫 평이 일 헥타른지 워치기</u> 알어."
_{헥타르라는 단위가 농민들에게 친숙하지 않은 단위임에도 그것을 언급하는 부면장에 대한 반감을 드러냄}
하고 두런거렸다. 알아도 그만 몰라도 그만인 거였지만, <u>순전히 남의 말에 토 달기</u>
_{김이 단위에 대한 반발심을 겉으로 드러낸 이유}
<u>를 예사로 해 온 입버릇 탓이었다.</u> 그러나 좌중은 무심히 넘어가지 않았다. 김의 음
성이 너무 컸던 것이다.

"뭐여? 이봐유. 뭘 모른다는 규? ㉤ <u>구식 노인네두 다 아는 상식을 당신 증말</u>
<u>몰러서 헌 소리유?</u>"

하며 부면장이 따져 들기 시작했다. 할 말도 없는데 시간은 남고 처져 심란하던 중
_{'김'과 갈등을 맺는 인물 ②}
계제에 잘됐다는 눈치가 역연했다. 부면장은 마이크 쥔 손을 뒷짐진 채 육성으로
떠들고 있었다.

"당신 같은 사람은 워디를 가봐두 으례껀 한두 사람씩 있어. 그러나 여기는 그
_{옳은 말에 딴지를 거는 사람}
런 농담헐 디가 아녀."

김은 남의 눈이 수백이라 구새 먹은* 삭정이 부러지듯 싱겁게 들어가기도 우습고,
_{교육 장소에 함께 있는 다른 사람의 시선을 의식함}
그렇다고 졸가리 없이 함부로 말대답하기도 그렇겠고 하여 어쩔 줄 모르다가 마
음에 없던 말을 엉겁결에 내뱉었다.
_{농민들에게 익숙한 단위 ②}
"알면 지랄헌다구 물으유? 평(坪)두 있구 마지기두 있구 배미*두 있는디, 해필
_{농민들에게 익숙한 단위 ①}　　　　_{농민들에게 익숙한 단위 ③}
이면 알어듣기 그북허게 헥타르라구 헐 건 뭐냐 이게유."
_{농민들에게 익숙하지 않은 단위}
"천동면이 그렇게 촌인가…… 저런 딱헌 사람두 다 있으니. 나 보슈. 국가 시책
_{헥타르가 농민들에게 익숙하지 않다는 김의 말을 비꼬는 표현}

* 작품에 드러난 김의 성격

서술자의 진술
'나중 동네에 소문날 일을 생각해서라도 ~그 참 허탕이 될 수는 없겠던 것이다.'

↓

다른 사람 앞에서의 체면을 중시하는 성격

'순전히 남의 말에 토 달기를 예사로 해 온 입버릇 탓이었다.'

↓

속내를 숨기기보다는 겉으로 드러내어 투덜거리는 성격

김의 말
"내가 원제 불법적으로 썼슈, 물법적으로 썼지."

↓

갈등 상황에서도 상대방의 말을 비꼬아 우스개로 대꾸하는 능청스러운 성격

"이 바닥에 헥타르를 기본 단위로 말할 만치 땅 너른 사람이 몇이나 되느냐 이게유."

↓

농촌의 현실에 맞지 않는 국가 시책, 관청 주도의 행정에 불만을 가지고 있음.

김
• 계속되는 가뭄에 남의 논의 물을 끌어다 쓰는 행동은 그 수단이 부적절하더라도 정당성을 용인받아야 함.
• 남의 잘못이 있더라도 과하게 비난해서는 안 됨.

↕

중년
• 불법적인 행동을 한 것은 어떠한 경우에도 잘못임.
• 잘못한 일에 대해 사과하지 않고 먼저 변명부터 하는 것은 잘못된 행동임.

김
새로운 도량형 명칭인 헥타르는 농민들에게 친숙한 단위가 아니며 실용적이지도 않음.

↕

부면장
• 헥타르는 도량형 명칭이 바뀐 지 오래되어 이미 잘 알려진 단위임.
• 교육장의 교육 진행을 방해하기 위한 질문을 던지는 것은 옳지 않은 행동임.

* 마을 사람들의 말을 통해 알 수 있는 김의 지위

• 놀미 부락 개발 위원
• 마을문고 후원 회원
• 가족계획 추진 위원
• 부녀회 회원 남편
• 연료림 조성 대책 위원
• 야산 개발 추진 위원
• 단위 조합 회원
• 이장의 친구

⬇

김에게 부여된 사소한 직책을 나열함으로써 부면장의 권위적 태도를 못마땅하게 여기는 마을 사람들의 태도를 해학적으로 표현함.

으루, 미터법에 의하야 도량형 명칭 바뀐 지가 원젠디 연태까장 그것두 모르는
_{당시 국가 주도하에 미터법을 도입하여 도량형 명칭을 통일하고자 하였음}
겨? 당신이 시방 나를 놀려 보겠다— 이게여?"

부면장은 당장 잡도리할 듯이 눈을 부라리며 언성을 높였다. 곁에 앉은 남병만
_{부면장의 권위적인 면모}
이가 팔꿈치로 집적거리며 참으라고 했으나 김도 주눅들지 않고 앉은 채로 응수
했다.

"내 말은 그렇게백이 안 들리유? 저 핵교 교실 벽때기 좀 보슈. 뭬라구 써 붙
였슈? 나라 사랑 국어 사랑…… 우리말을 쓰자는 것두 국가 시책이래유. 옛날
_{또 다른 국가 시책을 근거로 자신의 의견을 주장함}
버텀 관공리 말 다르구 농민들 말 다른 게 원칙인 게유. 천동면이 이렇게 촌인
_{옛날부터 계급이 다른 관공리와 농민들의 말이 다르게 사용되어 왔음 / 부면장의 말을 인용하여 주장을 반박함}
가……끙—"

부면장은 무슨 말이 나오는 것을 참는지 한참 동안 입술만 들먹거리더니 겨우
말머리를 찾은 것 같았다.

"도대체 당신 워디 사는 누구여? 뭣 허는 사람여?"
_{김의 말을 그 내용으로 반박하기보다는 김의 소속과 지위를 알고자 함}
그러자 누군가가 뒤에서 큰 소리로 대답했다.

「"그 사람두 높어유."
_{김의 지위를 알고자 하는 부면장의 권위적인 태도에 맞서는 마을 사람들의 말}
그 말이 떨어지기 전에 또 다른 목소리가 곁들여졌다.

"놀미 부락 개발 위원이구, 마을문고 후원 회원이구……."

그러자 여기저기서 우루루하고 아무나 한마디씩 뒵들이를 했다.

"가족계획 추진 위원이구……."

"부녀회 회원 남편이여."

"연료림 조성 대책 위원이유."

"야산 개발 추진 위원이구."

"단위 조합 회원이여."

"이장허구 친구여."」
_{「」: 김의 마을 내 지위를 나열하는 마을 사람들을 통해 부면장의 권위적 태도를 못마땅하게 여기는 모습을 알 수 있음}
"죄용해 줘유. 앉어 줘유. 그만해 둬유. 입 다물어 줘유."

하고 부면장은 다시 마이크에 대고 고래고래 고함을 질렀다. 약간 수그러들자 부면
장은 언성을 낮추어 말했다.
_{마을 사람들의 반응에 기세가 줄어든 부면장의 모습}
"일 헥타는 삼천 평입니다. 앞으루는 이백 평이니 말가웃지기*니 허구 **전근대
적인 단위는 사용을 삼가 주셔야 되겠다— 이겝니다."**

말허리를 끊으며 김이 말했다.

"이 바닥에 헥타르를 기본 단위로 말할 만치 땅 너른 사람이 몇이나 되느냐 이
_{농촌의 실상에 맞지 않는 단위 명칭 사용을 강요하는 국가 기관의 태도에 대한 반발}
게유."

부면장은 들은 척도 않고 하던 말을 계속했다.

"에, 날두 더운디, 지루허시드래두 자리 흐트리지 마시구 담배나 피시며 쉬서
유. 저 놀미 사는 높은 양반두 승질 구만 부리시구 편히 쉬서유. 미안헙니다."
_김

그러자 박수가 쏟아져 나왔다. <u>김은 그 박수의 임자가 자기라고 믿으며 속으로</u>

<u>웃었다.</u>

김은 마을 사람들의 박수에 뿌듯함을 느낌

- 이문구, 〈우리 동네 김 씨〉 -

＊ **누져**: 성미가 누그러져.

＊ **척봉**: 길이를 표시하는 막대.

＊ **투가리**: 뚝배기.

＊ **구새 먹은**: 나무속이 오래되어 썩어 구멍 뚫린.

＊ **배미**: 구획진 논을 세는 단위.

＊ **말가웃지기**: 한 말의 반가량 씨앗을 심을 수 있는 논밭의 넓이.

● 확인 문제

[1-4] 윗글의 내용에 대한 설명이다. 맞으면 ○, 틀리면 ✕표 하시오.

1 중년 사내는 김의 능청으로 인해 김과의 갈등을 원만하게 해결했다.

2 부면장은 농민들에게 퇴비 쌓기에 대해 자세히 설명함으로써 농사일에 대해 적극적으로 관심을 표명하고 있다.

3 부면장은 오랫동안 사용하던 평, 말가웃지기 등의 단위를 전근대적이라고 생각했다.

4 마을 사람들은 부면장에게 김의 직책을 나열함으로써 마을 일을 살뜰히 보살피는 김에 대한 고마움을 드러냈다.

[5-6] 윗글과 관련하여 빈칸에 들어갈 적절한 내용을 쓰시오.

5 김은 중년에게 가뭄에 물을 대는 일을 거절하는 것은 '☐☐을 어그리는 일'이라고 생각했다.

6 부면장은 마을 사람들에게 평이나 배미가 아닌 새로운 도량형 명칭인 ☐☐☐를 사용할 것을 요구하였다.

확인 문제 정답	1 ✕　2 ✕　3 ○　4 ✕　5 풍속　6 헥타르

01

윗글의 서술상 특징으로 가장 적절한 것은?

① 인물 간 대화를 통해 갈등의 원인을 요약적으로 제시하고 있다.

② 인물의 외양을 구체적으로 묘사하여 인물의 성격을 보여 주고 있다.

③ 작품 밖의 서술자가 등장인물의 심리를 직접적으로 제시하고 있다.

④ 등장인물의 독백을 직접 인용하여 인물의 내면 심리를 세밀히 보여 주고 있다.

⑤ 다양한 시각에서 중심 사건을 재조명하며 중립적인 관점에서 내용을 전개하고 있다.

유형	서술상의 특징 파악			

☑ 헷갈린 선지 선택

①	②	③	④	⑤

☑ 정답으로 선택한 이유

☑ 오답을 선택한 이유

02

<보기>를 참고하여 윗글을 감상한 내용으로 적절하지 않은 것은?

> **보기**
>
> 〈우리 동네〉 연작에 나타나는 갈등은 주로 개발과 전시적 행정의 논리를 내세우는 관과 농민의 대립으로 이루어진다. 이때 관은 공식, 제도, 권위, 금기의 세계를, 농민은 비공식, 일상, 위반의 세계를 지칭하는데 이는 효율성을 앞세운 근대화 담론의 진리체계가 경제성장을 위해 배제의 원리를 정당화하여 전통적 입장을 고수하는 농민을 배제된 타자로서의 비공식적인 위치에 놓이게 한 결과이다. 이러한 근대화 담론의 진리체계는 농촌 사회에서 관의 언어를 '규율체계'로 작용하게 하며, 이러한 규율성은 농민들을 동일자의 입장에서 일방적으로 비판, 계몽하여 동일자로 환원시키려는 관의 폭력적 언어에서 강력하게 드러난다.

① '몇 평이 일 헥타른지 워치기' 아느냐는 김의 말은 농민의 언어를 대표하는 타자의 담론에 해당하는군.

② '국가 시책으루, 미터법에 의하야 도량형 명칭 바뀐 지가 원젠디 연태까장 그것두 모르'느냐는 부면장의 말은 관의 언어를 대표한다고 볼 수 있군.

③ '워디 사는 누구여? 뭣 하는 사람여?'라는 부면장의 질문에 대한 마을 사람들의 대답은 타자성의 위상을 부각시켜 규율성에 대한 비판적 인식을 드러내고 있다고 볼 수 있군.

④ '전근대적인 단위는 사용을 삼가 주셔야 되겠다'는 부면장의 말은 농민들을 규율체계 속에 편입시킴으로써 동일자로 환원하려는 시도에 해당하는군.

⑤ '이 바닥에 헥타르를 기본 단위로 말할 만치 땅 너른 사람이 몇이나 되느냐'는 김의 말은 동일자가 타자를 자기식으로 개조 및 동일화하려는 시도에 해당하는군.

유형	외적 준거에 따른 작품 감상			

☑ 헷갈린 선지 선택

①	②	③	④	⑤

☑ 정답으로 선택한 이유

☑ 오답을 선택한 이유

03

㉠~㉤에 대한 설명으로 적절하지 <u>않은</u> 것은?

① ㉠: 언어유희를 통해 상황을 모면하려는 김의 능청스러운 태도를 드러내고 있다.

② ㉡: 과장된 표현을 통해 상대방의 행동에 대한 심각성을 인식시키려는 중년의 태도를 드러내고 있다.

③ ㉢: 마을 사람들로부터 묵인되어 왔던 불법 행위에 대한 김의 비판적인 태도를 드러내고 있다.

④ ㉣: 상급 기관의 감찰을 의식할 뿐, 농사일에 도움이 되지 않은 당부를 함으로써 농촌에 무관심한 부면장의 태도를 드러내고 있다.

⑤ ㉤: 상대방의 말이 단순한 궁금증에서 비롯된 것이 아닌, 자신에게 시비를 걸기 위한 것이라 생각하는 부면장의 심리를 드러내고 있다.

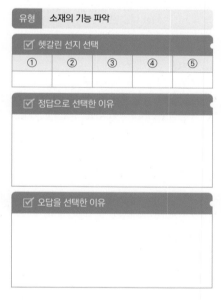

유형	인물의 심리, 태도 파악	

☑ 헷갈린 선지 선택

①	②	③	④	⑤

☑ 정답으로 선택한 이유

☑ 오답을 선택한 이유

04

교육에 대한 설명으로 적절한 것은?

① 농민들의 궁핍한 삶을 적나라하게 드러내는 매개이다.

② 인물들이 자신의 행동에 대해 반성하고 성찰하는 원인이다.

③ 김과 중년 사내 간 갈등을 해결할 수 있는 묘책을 발견하는 계기이다.

④ 김의 성격 변화 양상을 보여 주며 김의 영웅적 면모가 드러나는 소재이다.

⑤ 인물들 간의 갈등이 일시적으로 중단되고 새로운 갈등이 시작되는 계기이다.

유형	소재의 기능 파악	

☑ 헷갈린 선지 선택

①	②	③	④	⑤

☑ 정답으로 선택한 이유

☑ 오답을 선택한 이유

05   서답형 문제

<보기>의 빈칸에 들어갈 적절한 말을 골라 쓰시오.

보기

마을 사람들의 박수는 (김 / 부면장)에 대한 마을 사람들의 긍정적 인식을 보여 주는 것이군.

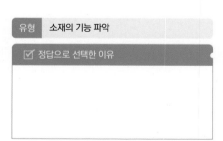

유형	소재의 기능 파악	

☑ 정답으로 선택한 이유

정답 및 해설 p.11

핵심정리

＊ 주제

한의 예술적 승화

＊ 전체 줄거리

늦가을 어느 저녁 무렵 탐진강가 주변의 천씨 사내의 주막에 한 사내가 찾아와 주막집의 눈먼 여인에게 소리를 청한다. 사내는 단가를 부르는 눈먼 여인에게 진짜 소리인 판소리를 제대로 해 달라고 청한다. 사내는 소리를 좋아하게 된 내력을 묻는 여인의 질문에 자신의 내력을 털어놓는다. 어린 시절 떠돌이 소리꾼이 찾아와 사내의 홀어머니와 살게 되고, 어머니가 딸을 낳고 세상을 떠나자 사내는 소리꾼에 대한 증오를 품게 된다. 이후 사내는 소리꾼과 여기저기 떠돌다 도망치지만, 세월이 흘러도 소리를 버리고 살 수가 없어 소리를 찾아 헤매고 다닌다는 이야기를 한다. 여인은 사내의 북장단에 맞춰 밤새 소리를 하고, 사내가 자신의 오라비임을 알게 되지만 서로 내색하지 않는다. 이튿날 사내는 주막을 떠나고, 여인은 자신의 사연을 천씨 사내에게 털어놓으며 십 년 넘게 머물던 주막을 떠날 것이라고 말한다.

＊ 해제

이 작품은 〈서편제〉, 〈선학동 나그네〉와 더불어 이청준의 '남도 사람' 연작 중 한 편으로 '한(恨)'이 소리를 통해 깊어지고 예술적으로 승화하는 과정을 한 소리꾼 여인의 기구한 삶을 통해 형상화하고 있다. 작가는 작가의 다른 작품들과 마찬가지로 추리 소설적 기법과 액자 구성의 형식을 통해 독자의 흥미를 자극하고 있는데, 이를 통해 소리꾼 여인과 그 아비, 그리고 아버지가 다른 오라비 사이의 관계와 사연을 흥미롭게 전개하고 있다.

※ 다음 글을 읽고, 물음에 답하시오.

여자가 이윽고 뭔가 사내를 달래듯한 목소리로 말하면서 자리를 고쳐 앉았다. 그러고는 지금까지 그녀 앞에 안고 있던 북통과 장단 막대를 말없이 사내 앞으로 밀어 놓았다.

소리를 청해 들을 양이면 이제부턴 장단을 좀 잡아 달라는 시늉이었다. 소리를
손님이 여자에게 소리를 청했음을 알 수 있음
청해 들을 만한 사람에겐 흔히 해 온 일이었다. 여자는 으레 손님의 솜씨를 믿는 얼굴이었다.

여자의 갑작스런 주문에 이번에는 오히려 사내 쪽이 뜻밖인 모양이었다. ㉠여자가 밀어 보낸 북통을 앞에 한 사내의 눈길엔 졸지에 일을 당하고 당황해하는 빛이 역력했다. 하지만 그 보이지 않는 여자의 눈길은 거의 일방적으로 손님을 강요해 오고 있는 식이었다.

"하두 오래 손을 잡아 본 일이 없어서……. 내 장단이 자네 소리에 잘 맞아 들
손님이 과거 북채잡이를 했던 경험이 있음을 알 수 있음
지 모르겠네……."

사내도 마침내는 여인을 피할 수 없다고 생각한 듯 천천히 **자기 앞으로 북통을 끌어당**겨 갔다.

그로부터 여자와 술손은 다시 소리로 꼬박 밤을 지새듯 하였다.

여자는 이제 숨이 짧은 단가에서 본격적인 판소리 가락으로 손님을 휘어잡아 나갔다. 쑥대머리 귀신 형용 적막옥방 한 자리에서부터 〈춘향가〉의 옥중비가 한 대목을 넘어가고, 〈흥부가〉 중의 흥부 매품팔이며 신세 한탄 늘어놓는 진양조 한 가락을 엮어 내고, 〈수궁가〉로 〈적벽가〉로 명인 명창들의 이름난 더늠들을 두루 불러 돌아간 후에, 나중에는 〈심청가〉의 심 봉사 황성길 찾아가는 처량한 정경까지 끊질기게 소리를 이어 나갔다.

「지칠 줄 모르는 소리였다. 여자의 목청은 남정네들의 컬컬하고 장중한 우조(羽
「 」: 여자의 소리가 훌륭함을 비유적인 표현과 주관적 평가를 곁들여 서술함
調)뿐 아니라 여인네 특유의 맑고 고운 계면조(界面調)풍도 함께 겸비하고 있어서, 때로는 바위처럼 우람하고 도저한 기백이 솟아오르는가 하면 때로는 낙화처럼 한스럽고 가을 서릿발처럼 섬뜩섬뜩한 귀기가 넘쳐 났다. 가파른 절벽을 넘고 나면 유장한 강물이 산야를 걸쳐 있고, 사나운 폭풍의 한밤이 지나고 나면 새소리 무르익는 꽃 벌판의 한나절이 펼쳐졌다.」

놀라운 것은 그 지칠 줄 모르는 목소리뿐만 아니라 술손의 장단 가락 솜씨 또한 예사가 아니라는 것이었다.

― 춘향이 옥중가 한 대목이 어떠시오.

― 흥부가 매품팔이 나가는 신세타령 한 대목이 어떠시오?

여인은 소리를 한 대목씩 시작할 때마다 번번이 손님에게 의향을 묻곤 했다. 그럴 때마다 손님도 '그거 좋겠네, 그거 좋겠네', 즐겁게 화답을 보내며 여자가 첫 소리를 시작하자마자 곧바로 장단 가락을 잡아 나가곤 했다. 느리거나 빠르거나 여인의 소리만 시작되면 사내는 마치 장단을 미리 외우고 있었던 것처럼 솜씨가 익숙했다.
두 사람이 이전에 소리와 장단을 맞춘 적이 있는 사람임을 짐작하게 함

그러나 손님이고 여자고 새삼스레 상대편의 솜씨를 놀라워하는 빛은 전혀 서로 내색을 하지 않았다. 여인과 손님은 끊임없이 소리를 하고 장단을 몰아 나갈 뿐이었다.
이미 서로의 존재를 알고 있었음을 추측할 수 있음

「어이 가리 어이 가리 황성만리를 어이 가리
「」: 정처가 없는 사람의 처지와 정서가 드러나 있는 구절로, 서민들의 애환을 담고 있음
오늘은 가다 어데 가 자며 내일은 가다 어데 잘고……

더듬더듬 더듬으며 정향 없이 올라갈 제

때는 삼복 중염이라 별빛은 불꽃 같고 땀은 흘러 비 같은데……」

「여자는 소리를 굴렸다가 깎았다 멎었다가 풀었다 하면서 온갖 변화무쌍한 조
「」: 여자와 손님이 소리를 통해 교감하고 있음을 보여 줌
화를 이끌어 냈고, 손님에 대해서도 때로는 장단을 딛지 않고 교묘하게 그 사이를 빠져 넘나드는가 하면, 때로는 장단을 건너가는 엇붙임을 빚어내어 그 솜씨를 마음껏 즐기게 하였다.

ⓛ 그것은 마치 소리와 장단이, 서로 몸을 닿지 않고 능히 상대편을 즐기는 음양 간의 기막힌 희롱과도 같은 것이었고, 희롱이라기보다는 그 몸을 대지 않는 소리와 장단의 기묘하게 틈이 없는 포옹과도 같은 것이었다.」

(중략)

"그렇답니다. 간밤엔 제 오라비를 만났더랍니다."

주인 사내는 비로소 뭔가 짐작이 간다는 듯 고개를 한 차례 크게 끄덕이고 나서 다시 질문의 꼬리를 이었다.

"하기야 나도 간밤부터 뭔가 심상찮은 느낌이 없지 않았다네. 하지만 자넨 여태까지 한 번도 오라비 이야길 한 일이 없었는데……. 그렇다면 ⓒ 그때 그 산
여자는 주인 사내에게 자신의 오라비에 대한 이야기를 한 적이 없음
소리가 저녁 어스름을 타고 내려와서 콩밭 여자에게 아이를 배게 하여 낳은 핏덩이가 바로 자네였더란 말인가?"
간밤에 손님이 여자에게 해 준 이야기를 천씨 사내가 엿들음

천씨 사내는 간밤 동안 두 사람의 이야기를 엿들은 자신을 숨기려 하지 않고 서슴없이 물었다.

"그렇답니다."

여자가 다시 분명하게 대답했다. 사내 앞에선 이제 아무것도 이야기를 숨길 필요가 없다는 식이었다.

"하지만 오라비는 어젯밤 일부러 그 핏덩이가 계집아이였다는 말씀은 참아 버
'여자'

63

* 등장인물

여자	눈먼 소리꾼으로 천씨 사내의 주막에서 소리를 하고 지냄. 자신을 찾아온 사내의 장단에 맞춰 소리를 하며 사내와 자신이 친남매임을 확인함.
사내 (오라비)	여자가 지내던 주막에 찾아와 여자의 소리에 장단을 맞추며 자신과 여자가 친남매임을 확인함. 과거 자신이 가족을 떠났던 내력을 여인에게 전달함.
천씨 사내	여자가 지내는 주막의 주인으로, 여자와 사내의 과거를 여인으로부터 듣게 됨.
아비	어린 여자와 사내를 데리고 마을을 떠돌아다니면서 소리로 생활을 부지함. 여자 또한 사내처럼 자신을 떠날 것이 두려워 여자의 눈을 멀게 함.

* '천씨 사내'의 역할

천씨 사내	여인
• 여자가 지내는 주막의 주인 • 여인과 사내의 이야기를 엿들음	천씨 사내에게 자신의 과거를 고백함.

천씨 사내에게 자신의 과거를 고백함. ←

↓

천씨 사내를 통해 독자가 여인의 기구한 사연을 알게 함.

* 작품의 서술 방식

'여자는 이제 숨이 짧은 단가에서 본격적인 판소리 가락으로 손님을 휘어잡아 나갔다. ~'

서술자가 특정 인물의 행위를 직접적으로 전달함.

'소리꾼 아비는 나어린 오누이를 앞세우고 이 마을 저 마을 소리로 끼니를 빌고 떠돌아다녔더라고 했다. ~'

서술자가 특정 인물이 말한 내용을 간접적으로 전달함.

리셨소. 그 소리꾼 노인이 어린 핏덩이를 싸안고 마을을 떠날 때 어린 당신도 길을 함께하고 있던 일까지……. 오라비는 제 기억이 안 닿을 만한 일만 말하시고 기억이 살아 있는 뒷날 일은 입을 덮고 마시더이다. 하지만 전 알고 있었더랍니다."

그러고 나서 여자는 그녀가 기억할 수 있는 옛날 일 몇 대목을 사내 앞에 조용히 털어놓았다.

소리꾼 아비는 나어린 오누이를 앞세우고 이 마을 저 마을 소리로 끼니를 빌고 떠돌아다녔더라고 했다.

그러면서 아비는 철도 들기 전의 두 어린것들에게 소리를 시키는 것이 소원이었던지, 틈만 나면 성화가 대단했댔다. 산길을 가다 고갯마루 같은 곳에 다리를 쉬고 앉아 있을 때나 어느 마을 사랑채의 헛간 같은 골방 속에 들어앉아 지낼 때나 아비는 한사코 어린것들에게 소리를 배워 주려 애를 쓰고 있었다 했다. 하지만 오라비는 웬 고집으로 **끝끝내 소리를 하지 않으려 했고**, 어린 그녀만이 무슨 재간이 좀 뻗쳤던지 세월 따라 조금씩 소리를 익혀 가고 있었다고 했다. 그리하여 아비는 마침내 그녀에게만 소리를 하게 했고, ② 소리를 싫어하는 오라비에게는 북장단을 익히게 하여 제 누이의 소리를 짚어 나가게 했다는 것이다. 아비 소리꾼이 데리고 다니는 오누이의 소리 솜씨는 한동안 시골 마을 사람들의 얘깃거리가 되곤 할 정도가 되었다. 하지만 오라비는 끝내 그 **북채잡이**조차도 따르기가 싫었던 모양이다. 어느 해 가을날인가, 인적 드문 산길을 지나가던 아비가 통곡이라도 하듯 두 다리를 벌리고 앉아 〈수궁가〉 한 대목을 처연스럽게 뽑아 넘기고 나서 기운이 파해 드러누워 있을 때, 오라비는 용변이나 보러 가듯 **숲속으로 들어가고 나선 영영 다시 모습을 나타내지 않고** 말았다는 것이다.

"오라비가 가고 난 후 노인네는 아마 딸년마저 도망질을 칠까 봐 겁이 나지 않았겠소. 그래 아비는 딸의 눈을 멀게 한 거랍니다."

여자는 비로소 한숨 섞인 음성으로 눈이 멀게 된 사연을 털어놓고 있었다. 하지만 눈을 죽이고 나니까 그 죽은 눈빛이 다시 목청으로 살아났던지 그녀의 소리는 윤택해지고, 그 덕분에 부녀는 오라비가 곁을 떠나고 난 다음에도 힘들이지 않고 이 고을 저 고을로 구걸 유랑을 계속해 다닐 수 있었다고 했다. 그리고 그럭저럭 환갑길에 들어선 노인이 어느 겨울날 저녁 보성 고을 근처 한 헛간 같은 빈집에서 피를 토하며 마지막 숨을 거두게 되었을 때 아비는 비로소 **그녀가 모르고 있던 몇 가지 비밀**─⑩ 그녀와 그녀의 달아난 오라비 사이의 어정쩡한 인륜 관계 하며 잠든 딸에게 청강수를 찍어 넣어 그녀의 눈을 멀게 한 비정스런 아비의 업과들을 눈물로 사죄하고 갔다는 것이다.

- 이청준, 〈소리의 빛〉 -

[1-7] 윗글의 내용에 대한 설명이다. 맞으면 ○, 틀리면 ✕ 표 하시오.

1 여자에게 소리를 청한 손님은 자신이 장단을 잡아야 한다는 것을 예상하지 못했다.

2 여자와 손님의 소리는 지칠 줄 모르고 밤새도록 이어졌다.

3 여자는 손님의 의사와는 상관없이 자신이 부를 노래를 스스로 정했다.

4 여자는 오라비를 만나기 전까지 오라비의 존재를 모르고 살았다.

5 여자의 아비는 여자의 오라비에게 소리와 북장단을 모두 익히게 하였다.

6 오라비가 떠난 이후 여자와 여자의 아버지는 오라비를 찾으러 여러 마을로 유랑을 다녔다.

7 여자는 주인 사내에게 자신의 오라비와 만났음을 사실대로 말했다.

[8-10] 윗글의 내용과 관련하여 빈칸에 들어갈 적절한 내용을 쓰시오.

8 여자의 오라비는 여자의 아비가 ☐☐을 떠날 때 자신 또한 함께 있었다는 사실을 여자에게 말하지 않았다.

9 여자의 오라비는 아비가 〈☐☐☐〉 한 대목을 부른 뒤 드러누워 있던 틈을 타 용변이나 보러 가듯 숲속으로 들어가 모습을 나타내지 않았다.

10 여자의 아비는 오라비가 떠나자 딸마저 도망치는 것을 막기 위해 여자의 눈에 ☐☐☐를 찍어 넣었다.

확인 문제 정답	1 ○	2 ○	3 ✕	4 ✕	5 ✕	6 ✕	7 ○	8 마을	9 수궁가	10 청강수

01

윗글에 대한 설명으로 가장 적절한 것은?
① 서술자의 경험을 토대로 자신이 깨달은 바를 서술하고 있다.
② 인물의 내적 독백을 통해 인물 사이의 갈등을 전달하고 있다.
③ 서술자가 작품의 안에서 시간의 흐름에 따라 사건을 서술하고 있다.
④ 역순행적 구성 방식을 통해 현재와 과거의 사건을 교차하여 제시하고 있다.
⑤ 서술자가 인물 간의 갈등을 다각적으로 조명하여 사건에 내포된 다양한 의미를 탐색하고 있다.

유형	서술상의 특징 파악

☑ 헷갈린 선지 선택

①	②	③	④	⑤

☑ 정답으로 선택한 이유

☑ 오답을 선택한 이유

02

윗글의 내용에 대한 이해로 가장 적절한 것은?
① 여자는 아비의 소리를 배우지 않으려고 하였다.
② 여자는 평소 손님에게 장단을 잡아 달라고 요청하지 않았다.
③ 사내는 소리를 한 대목씩 시작할 때마다 여자에게 의향을 물었다.
④ 사내는 여자가 기억하지 못할 만한 과거의 일만을 여자에게 털어놓았다.
⑤ 천씨 사내는 여자가 고백하기 전 이미 사내가 여자의 오빠임을 알고 있었다.

유형	작품의 내용 이해

☑ 헷갈린 선지 선택

①	②	③	④	⑤

☑ 정답으로 선택한 이유

☑ 오답을 선택한 이유

03

㉠~㉤에 대한 설명으로 적절하지 <u>않은</u> 것은?
① ㉠: 사내가 여자의 요청을 전혀 예상하지 못했음을 의미한다.
② ㉡: 여자와 사내가 소리를 통해 지속적으로 교류하고 있었음을 드러낸다.
③ ㉢: 여자와 사내가 간밤 동안 나눈 이야기의 내용이다.
④ ㉣: 지난밤 사내가 여자의 소리에 북장단을 잘 맞춰줄 수 있던 이유이다.
⑤ ㉤: 과거 자신의 행동에 죄책감을 느끼던 아비의 심리를 드러낸다.

유형	구절의 의미 이해

☑ 헷갈린 선지 선택

①	②	③	④	⑤

☑ 정답으로 선택한 이유

☑ 오답을 선택한 이유

04

<보기>를 바탕으로 윗글을 이해한 내용으로 적절하지 않은 것은?

> **보기**
>
> 〈소리와 빛〉을 포함한 이청준의 '남도 사람' 연작은 한의 맺힘과 풀림보다 주체의 감내를 통해 도달할 수 있는 '창조적 생명력'에 주목한다. 이청준은 '본래의 삶의 자리와 자기 모습을 되찾아가는 적극적인 자기 회복의 도정'으로 '남도 사람'의 서사를 구성했다. 여기서 '본래의 삶의 자리와 자기 모습'의 의미는 지리적 고향에서 살아가는 자신으로 한정되지 않는다. 어떠한 사건으로 인해 주체에게 상실된 관계나 장소, 왜곡된 감성이나 인식, 좌절된 의지나 욕망 등이 모두 그가 말하는 '본래의 삶의 자리와 자기 모습'과 관련된다.

① 사내가 여자의 요청에 '자기 앞으로 북통을 끌어당'긴 것은 본래의 삶의 자리와 자기 모습을 되찾아가는 과정에 해당한다고 볼 수 있군.

② 여자와 손님이 '끊임없이 소리를 하고 장단을 몰아 나'가는 과정을 통해 미적 성취를 이뤄냄으로써 창조적 생명력을 발현하고 있군.

③ 아비가 '끝끝내 소리를 하지 않으려 했'던 오라비에게 '북채잡이'를 시킨 것은 오라비의 의지와 욕망을 좌절시킨 것이라 볼 수 있군.

④ 오라비는 '숲속으로 들어가고 나선 영영 다시 모습을 나타내지 않'은 뒤부터 본래의 삶의 자리와 자기 모습을 실현해갔다고 이해할 수 있겠군.

⑤ 여자는 아비로부터 '그녀가 모르고 있던 몇 가지 비밀'을 알게 된 이후부터 자신의 좌절된 의지와 욕망을 인식하고, 이를 감내함으로써 창조적 생명력으로 승화하였군.

05 서답형 문제

빈칸에 공통적으로 들어갈 적절한 말을 윗글에서 찾아 쓰시오.

> 〈소리의 빛〉은 운명을 거스를 수 없는 예술가의 길을 알레고리적으로 보여줌으로써 예술은 끊임없이 추구하는 과정만 존재하며, 그 길은 시련과 고통의 연속일 수밖에 없음을 드러낸다. 따라서 (   )이/가 싫어 아비로부터 도망친 사내가 결국 운명적으로 (   )을/를 찾아다니게 되는 것은 이와 같은 예술가의 길과 관련 있는 상징적 전개라고 볼 수 있다.

정답 및 해설 p.12

핵심정리

＊ 주제

전쟁의 비극과 이산가족의 아픔, 중산층의 허위의식에 대한 비판

＊ 전체 줄거리

전쟁 중 1951년 1·4 후퇴 때 피란길에서 사람들의 물결로 붐비는 때를 틈타 일곱 살 수지는 다섯 살 동생 오목(수인)을 은표주박 노리개로 한눈팔게 하여 손을 일부러 놓아 버리고 혼자서 가족에게로 돌아온다. 가족들은 오목을 찾기를 포기하고 피란을 떠나고, 세월이 흘러 전쟁이 끝난 후 성인이 된 수지와 오빠 수철은 부모가 남긴 유산의 덕택으로 유복하게 살아간다. 오목을 찾으려고 고아원 봉사를 지속해 온 수지는 오목을 만나고 결국은 그녀가 자신의 동생임을 확인하지만, 오목이 자신을 언니로 알고 둘의 관계가 밝혀지면 지난날 자신의 죄가 드러날 것이라고 생각하여 진실을 밝히지 않는다. 수철 역시 겉으로는 수소문하며 동생을 찾으려 하는 것처럼 행동하지만, 실제로 오목의 행방을 알게 되었을 때 이름 없는 독지가로 잠시 취직을 도울 뿐 그녀를 가족으로 맞아들이기를 꺼린다. 우연히 오목은 수지의 옛 애인인 인재와 인연이 닿아 짝사랑하게 되는데, 수지는 이를 알게 되자 질투를 느껴 둘을 갈라놓고, 그 후 오목은 같은 고아원 출신인 일환과 살게 되는데, 일환은 오목이 낳은 첫째 아이가 자신의 아이가 아니라고 짐작하면서 오목에게 폭력을 행사하고, 이로 인해 불행한 가정생활이 이어진다. 이후 자선 사업을 하며 사는 수지와 가난으로 고통스러워하는 오목이 다시 만나, 수지는 일환의 중동행을 주선해 주며 그것으로 마음의 빚을 갚으려 하지만 오목은 결핵으로 쓰러지고, 죽음을 앞둔 오목은 수지에게 은표주박을 감사의 표시로 건넨다. 수지는 그녀 옆에서 무릎을 꿇고 자신이 언니임을 고백하며 참회하지만 오목은 이미 죽은 뒤였다.

＊ 해제

이 작품은 전쟁으로 이산가족이 된 삼 남매 ‘수지’, ‘수철’과 ‘오목’의 이야기를 통해 근대화, 산업화 바람이 불던 1960∼70년대 사회의 눈부신 발전 속에서도 여전히 남아 있는 전쟁의 아픔을 다룬 소설이다. 전쟁 후 고아원에서 자라 가난에서 벗어나지 못하는 ‘오목’, 그를 동생인 줄 알면서도 외면하고 부유한 중산층의 삶을 영위하는 ‘수지’와 ‘수철’의 엇갈리는 모습을 통해 전쟁으로 인한 아픔과 계층 문제, 중산층의 위선과 허위의식까지도 아우르고 있다.

※ 다음 글을 읽고, 물음에 답하시오.

[앞부분 줄거리] 1·4 후퇴의 북적이던 피란길에서 수지는 먹을 것을 빼앗기기 싫어 동생 오목의 손을 일부러 놓아 버린 채 혼자 가족에게로 돌아오고 가족을 잃은 오목은 서울의 한 고아원에서 성장한다. 전쟁 중 부모를 모두 잃은 수지와 오빠 수철은 부모의 유산으로 유복한 생활을 하는데, 고아원에서 자란 오목은 입시 학원의 급사로 취직하여 그곳을 거처 삼아 지내다가 설 연휴가 되자 혼자 남게 된다.

고아로 자랐으면서도 그렇게 홀로 있어 보긴 처음이어서 목이는 그 무서움증을 이겨 보려고 이렇게 자신에게 이야기를 걸었다. 그러면 사면의 벽이 즉각 같은 물음으로 그녀를 조소했다.
〔오목은 외로움을 떨치기 위해 자기 자신에게 이야기를 걺〕
〔홀로 있는 공간에서 느끼는 외로움 때문에 벽이 자신을 비웃는다고 느낌〕

“너는 누구냐? 너는 누구냐?”

그 악랄한 조소에 그녀는 위축되고 마침내 흔적도 없이 소멸해 버릴 것 같았다. 외부를 향해 굳게 셔터가 내려진 7층 건물 속의 정적과 공허는 그녀가 홀로 감당하기엔 너무도 거대한 괴물이었다.
〔자신을 비웃는 벽〕
〔학원 건물은 오목에게 공허감을 주는 외로운 공간이 됨〕

원장 아버지가 보고 싶었다. 그가 그 독특한 목청으로 ‘목아’라고 부르는 소리를 듣고 싶었다. 잡무에 쫓겨 잊고 지내던 원장 아버지에 대한 그리움이 아무 하릴없이 홀로 있게 되자 참을 수 없이 간절해졌다.
〔오목에게 가족과도 같았던 존재〕
〔혼자가 아닌 상황을 간절히 바람〕
〔오목은 기억이 나지 않는 가족이 아닌 원장 아버지를 그리워함〕

지금보다 훨씬 어린 나이에 그 이름을 악착같이 움켜쥐고 있다가 이름으로 자기를 주장할 수 있었다는 게 얼마나 눈부신 자존심이었던가를 이제 알 것 같았다.

연휴 이틀째 되는 날, 목이는 원장 아버지를 찾아보기 위해 영광 학원을 벗어났다.

“일찍 돌아오도록 해 미스 오. 별 볼일 없이 시내 싸돌아다녀 봤댔자 지갑만 허룩해지지. 이득 될 거 하나도 없으니까.”

㉠ 나이 지긋한 수위 영감이 생각해서 해 주는 소린데도 목이 듣기엔 네 따위 고아가 외출해 봤댔자 돈 쓸 일밖에 갈 데나 있겠느냐는 비양거림으로밖에 안 들렸다.
〔「」: 고아인 자신의 자격지심 때문에 수위 영감의 조언도 좋게 들리지 않음〕

앞에서 보면 위용 당당한 7층 건물이지만 뒷문 밖은 생전 볕이 안 드는 음험하고 더러운 뒷골목이었다. 뒷골목의 구옥들은 거의가 다 싸구려 음식점이어서 쓰레기통에 넘치는 연탄재 위에 끼얹은 밥찌꺼기가 얼어 메밀꽃처럼 피어나고 있었다. ㉡ 목이는 뒷골목에 들 볕을 차단하고 떡 버티고 선 7층의 괴물스러운 등허리를 쳐다보면서 “이건 집이 아니다”라고 진저리쳤다. 번화가의 상점들은 모조리 닫혀 있었다. 철시한 거리를 색색 가지 때때옷을 입은 사람들이 보통 때와는 다르게 걸음 그 자체를 즐기듯이 천천히 걸어가고 있는 게 보기에 좋았다.
〔오목이 기거하는 학원 건물〕
〔「」: 학원 주변의 어두운 풍경〕
〔자신이 현재 거처를 집이 아니라고 부정하고 있음〕
〔시장, 가게 따위가 문을 닫고 영업을 하지 아니하는〕
〔「」: 명절을 맞아 들뜬 사람들의 모습〕

ⓒ 집에서 식구들 저희들끼리만 모여서 설을 쇤다는 건 어떤 모습일까? 식구들 저희끼리만……. 「목이는 이 세상의 모든 사람들이 식구라는 이름으로 저희끼리만 끼리끼리 뭉쳐서 자기를 따돌리고 비웃고 약 올리고 있는 것 같아 외롭고 서러웠다.」 자기만이 식구라는 집단에서 따돌림을 당하고 있다는 느낌이 그녀의 작은 가슴을 한없이 썰렁하게 했다.

(중략)

수철이 실질적인 가장 노릇을 하게 되자 제일 먼저 시작한 일이 6·25 때 잃어버린 누이동생을 찾는 일이었다. 그는 돈 아끼지 않고 신문 광고도 자주 냈거니와 전국의 고아원을 사람 시켜 또는 몸소 수소문하는 일도 게을리하지 않았다. 친척이나 친구들을 통해 어디 용한 점쟁이가 있다는 소리만 들어도 체면 불고하고 따라나서서 동생의 생사를 애타게 점쳤기 때문에 그의 드물게 착한 마음은 이미 일가문 중에 정평이 나 있었고 칭송이 자자했다.

그러나 그 무렵 그는 이미 오목이라는 성명으로 부모 형제를 찾는 광고가 난 것을 보았던 것이다. 그는 광고를 보자마자 그 진상을 알아보기 전에 우선 그것을 아무도 모르게 감추기에 급급했다.

ⓔ 발행 부수 몇십만의 신문 광고 중 한 장을 감춘 것으로 온 세상을 눈가림할 수 없다는 것쯤 그가 모를 리 없었다. 그러나 그의 주변에서 수인이나 오목이를 기억하는 친척이 과연 있을 것인지는 긴가민가했다. 더군다나 외가 외에는 다 먼 친척이었고 세상은 갈수록 제 살기에만 바빠지고 있었다.

그러니까 그가 신문 광고를 감춘 것은 순전히 수지 때문이었다. 수지와 수인의 각별한 우애를 잘 아는 그로서는 수지까지 오목이란 별명을 잊었다고 생각할 순 없었다.

사진과 함께 실린 그 신문 광고를 보자 단박 그는 오목이야말로 그가 찾는 누이동생 수인이라는 걸 알 수가 있었다.

터무니없이 앳된 사진의 얼굴은 그가 기억하고 있는 난리통에 먹을 것에 걸신이 나 식구들의 지청구를 한몸에 받던 때의 수인의 얼굴 그대로였다. 따로 알아보거나 긴가민가할 여지조차 없었다.

그때의 누이동생의 얼굴은 마치 인화한 것처럼 명료하게 그의 기억 속에 찍혀 있었다.

누이동생을 잃어버린 때가 그의 중학교 때였으니 그럴 만도 했고 또 장남으로서의 책임감 때문에 그 얼굴은 그에게서 좀체 지워지지 않았다.

수인이가 오목이란 이름으로 살아 있음을 당장 알아보았음에도 불구하고 그는 즉시 수인이한테로 달려가질 못했다. 달려갈 생각보다는 자기 말고 누가 또 수인이를 알아보았을까 그것부터 두려웠다.

그렇다고 처음부터 수인이를 영영 모른 척할 마음까지 먹은 건 아니었다. 그저 마음의 충격을 가라앉힐 시간이 필요한 정도였다.

그러나 그가 정말 필요로 한 시간은 자기 말고도 오목이가 수인임을 알아보는 사람이 있나 없나를 확인할 수 있는 동안이었다. 만일 그런 일가친척이 있어 그에게 제보를 해 준다면 그때 가서 금시초문인 척 누이를 찾아 나서도 늦지는 않을 것이다.

다행스럽게도 그런 제보를 해 준 사람은 나타나지 않았다. 마침 **이산가족 찾기 운동이 전국적으로 활발**한 때라 수철이의 갸륵한 마음을 위해 그런 기사나 광고라면 빠뜨리지 않고 훑어보았노라는 사람까지도 누이동생은 이제 죽은 셈 치라는 위로의 말을 해 줄 정도였다. 그러나 오목이가 수인임을 알 사람은 천지간에 수철이 하나밖에 없는지도 몰랐다.

오직 자기만이 오목이의 정체를 알고 있다는 데 자신이 생길수록 그는 **오목이를 찾아 나서길 망설**이게 됐다. **오목이를 오목인 채로 내버려 둔들 어떠랴** 싶었다.

그런 생각이 처음 떠올랐을 때만 해도 스스로도 섬뜩할 정도의 간지였다. ⓒ 어떻게 그런 생각까지 할 수가 있을까 참으로 망측한 심보였고, 그런 자신이 정떨어져서라도 어떤 변명을 마련하지 않으면 안 되었다.

며칠을 혼자서 궁리에 궁리를 거듭한 끝에 얻어 낸 변명은 **누이동생이 몸 담고 있는 곳이 하필 고아원**이기 때문이라는 거였다.

그는 새삼스럽게 고아원에 진저리를 쳤다. 그렇다면 고아가 고아원 아닌 어디에 있어야 한단 말인가? 그는 **자신의 억지에 실소**했지만 그 억지를 철회하진 못했다.

그때 수철이는 이미 결혼해서 아름다운 아내와 귀여운 자식을 두고 있었고, 하나 남은 누이동생 수지를 부럽지 않게 호강시켜 가며 곱게 기르고 있었다. 「그는 좋은 집안에서 고생 모르고 자라서 그에게 시집와 그의 자식을 낳아 준 아내를 누구보다도 사랑했다. 너무 사랑해서 누이동생이 하나 달린 것도 속으로 미안한데 **하나를 더 끌어들이다니, 그것도 고아원으로부터, 그건 차마 못할 일이었다.**」

– 박완서, 〈그해 겨울은 따뜻했네〉 –

[1-7] 윗글의 내용에 대한 설명이다. 맞으면 ○, 틀리면 ×표 하시오.

1 오목에게 설 명절은 고아로서의 외로움을 절감하게 하는 시간이다.

2 오목을 향한 수위 영감의 조언은 오목으로 하여금 고아인 자신의 불우한 처지를 상기시켰다.

3 오목은 명절을 맞아 원장 아버지를 만나기 위해 영광 학원으로 향했다.

4 수철은 수지가 오목을 자신의 가족으로 받아들이는 일을 두려워하였다.

5 수철은 시간이 흘러 누이동생 오목의 얼굴을 거의 잊어버린 상태였다.

6 수철은 장남으로서의 책임감 때문에 오목을 반드시 찾아낼 것이라 결심했다.

7 오목은 자신의 가족을 찾기 위해 신문에 광고를 냈다.

[8-10] 윗글의 내용과 관련하여 빈칸에 들어갈 적절한 내용을 쓰시오.

8 수철은 수지가 ☐☐이라는 수인의 별명을 잊지 않았을 것이라 여겼다.

9 수철은 자신이 실질적인 ☐☐ 노릇을 하게 되면서부터, 오목을 찾기 시작했다.

10 수철은 오목이 ☐☐☐에 있다는 변명을 들어 오목을 찾는 것을 꺼렸다.

확인 문제 정답	1 ○	2 ○	3 ×	4 ○	5 ×	6 ×	7 ○	8 오목	9 가장	10 고아원

01

윗글의 서술상 특징으로 적절한 것은?

① 빈번한 장면 전환을 통해 인물 간의 긴장감을 고조하고 있다.

② 인물 간의 대화를 통해 사건이 전개되는 과정을 제시하고 있다.

③ 이야기 외부의 서술자가 인물의 심리를 독자에게 직접 전달하고 있다.

④ 공간의 이동에 따라 인물이 경험한 사건을 관념적으로 제시하고 있다.

⑤ 현재와 과거의 장면을 교차하여 인물 간의 갈등을 입체적으로 드러내고 있다.

02

㉠~㉤에 대한 이해로 적절하지 않은 것은?

① ㉠: 자신의 처지에 불만을 가지는 오목의 심리가 드러난다.

② ㉡: 자신의 현재 거처에 만족하지 못하는 오목의 심리가 드러난다.

③ ㉢: 자신이 경험해보지 못한 것을 동경하는 오목의 심리가 드러난다.

④ ㉣: 자신의 과거 행동에 대해 죄책감을 느끼는 수철의 심리가 드러난다.

⑤ ㉤: 자신의 합리화가 옳지 않다는 것을 인식하고 있는 수철의 심리가 드러난다.

03

원장 아버지에 대한 설명으로 적절하지 않은 것은?

① 고아인 오목에게 가족과도 같은 존재이다.

② 오목이 설 연휴에 학원을 벗어나게 되는 원인이다.

③ 오목이 입시 학원에 취직하기 전 같이 생활하던 인물이다.

④ 오목이 생사를 확인하기 위해 신문에 광고를 낸 대상이다.

⑤ 오목이 학원의 정적과 공허를 감당하기 위해 필요로 하는 존재이다.

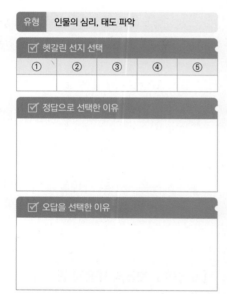

유형	서술상의 특징 파악

☑ 헷갈린 선지 선택

①	②	③	④	⑤

☑ 정답으로 선택한 이유

☑ 오답을 선택한 이유

유형	인물의 심리, 태도 파악

☑ 헷갈린 선지 선택

①	②	③	④	⑤

☑ 정답으로 선택한 이유

☑ 오답을 선택한 이유

유형	소재의 기능 파악

☑ 헷갈린 선지 선택

①	②	③	④	⑤

☑ 정답으로 선택한 이유

☑ 오답을 선택한 이유

04

\<보기\>를 참고하여 수철을 평가한 내용으로 적절하지 않은 것은?

보기

　박완서의 작품에서 가장 중요한 주제의식 중의 하나는 근대화 시기 전쟁을 쉽게 망각하고 제 살길 도모에만 바빴던 현대인의 속물적 도덕의식에 대한 비판이다. 〈그 해 겨울은 따뜻했네〉는 이산가족 문제를 전쟁이나 분단의 산물로 국한하지 않고 당대의 속물적 욕망 역시 면죄될 수 없다는 비판적 시각을 제공할 뿐만 아니라, 고아에 대한 배타적인 시선과 빈부격차가 고아의 자립을 막는 것이 당대의 현실이었음을 여실히 보여 준다. 이를 통해 이산가족의 눈물을 갈등 봉합의 도구로만 이용하였던 당대의 세태에 대한 비판의식을 드러낸다.

① '이산가족 찾기 운동이 전국적으로 활발'했음에도 '오목이를 찾아 나서길 망설'이는 모습은 당시 현대인들의 속물적 욕망을 반영한 것이라고 볼 수 있군.

② '오목이를 오목인 채로 내버려 둔들 어'떻겠느냐는 모습을 통해 이산가족의 눈물을 갈등 봉합의 도구로만 활용하던 당시의 세태를 비판하고 있군.

③ '누이동생이 몸담고 있는 곳이 하필 고아원'이라는 핑계로 오목을 찾지 않는 것은 당시 고아에 대한 배타적인 시선이 사회에 만연했음을 보여 주는군.

④ 오목을 받아들이지 않을 궁리를 하던 '자신의 억지에 실소'하는 모습을 통해 속물적 도덕의식을 회복할 여지를 확인할 수 있군.

⑤ 누이동생 '하나를 더 끌어들이'는 것은 자신의 아내에게 '차마 못 할 일'이라는 모습을 통해 이산가족 문제를 전쟁이나 분단의 산물로만 인식하지 않았음을 보여 주는군.

05 　서답형 문제

\<보기\>의 빈칸에 들어갈 적절한 말을 2어절로 쓰시오.

보기

　수철은 잃어버린 누이동생을 찾기 위해 (　　　　)을/를 내게 되지만, 정작 그곳에서 오목의 생사를 알게 되자 오목의 존재를 외면하려 한다.

정답 및 해설 p.13

핵심정리

* **주제**

타인의 고통을 이해하는 것의 어려움

* **전체 줄거리**

'나'는 1982년 라스베이거스에서 열린 복싱 경기에서 사망한 선수 김득구에 대한 이야기를 나누다가 라디오 PD 안미선을 만나고 둘은 사랑에 빠지지만, 곧 안미선의 뜻에 따라 헤어진다. 여전히 그녀를 사랑하여 그녀와의 인연을 이어 가던 '나'는 미국에서 지내고 있는 그녀의 편지를 받고 그녀의 삶에서 몰랐던 부분들을 이해하게 된다. 그녀의 아버지는 뒤늦게 성공한 코미디언 안복남이었는데, 그녀는 어린 시절부터 우스꽝스러운 연기를 하는 아버지에 대한 수치심을 안고 있었고 아버지가 행방불명된 후에는 아버지를 잃은 상처까지 안은 채로 살아가며 아버지의 공연이 담긴 영상 자료를 돌려 보고 그를 이해하고자 노력한다. 그녀는 어느 날 점자 도서관에 찾아가 녹음 스튜디오에서 일을 하다가 자신의 아버지 안복남이 사실은 시력을 거의 잃은 상태에서 코미디 연기를 해 왔다는 사실을 우연히 접하고 큰 충격을 받는다. 아버지는 1981년 이후로 무대에 서지 못하고 1982년 권투 선수 김득구가 라스베이거스로 경기를 떠날 때 후원자 기업인의 요청으로 함께 미국으로 떠나 그곳에서 돈을 훔쳐 행방불명되는데, 이때 이미 눈이 멀어 있었을 아버지의 진실을 알게 된 안미선은 미국으로 떠나 아버지의 마지막 행적을 추적해 본다. 그리고 아버지가 사라진 사막에서 소리를 녹음하여 '나'에게 보내 자신에게 아버지에 관한 진실을 알려 준 점자 도서관 관장에게 녹음 시디(CD)를 전달할 것을 부탁하며 이 이야기를 담은 편지를 동봉한다.

* **해제**

이 작품은 타인의 삶을 이해하게 되는 두 사람의 이야기를 통해 소통의 어려움과 진실에 가닿기 위해 노력하는 과정 등을 그려 내고 있다. 1977년 이리역 폭발 사고, 1981년 국풍81, 1982년 권투 선수 김득구 사건 등 잘 알려진 당시의 역사적 사건들을 언급하며 그 사건 속의 현장에서 부침을 겪는 인물들이 바로 우리 자신들이라는 점을 말하는 한편, 자신의 경험과 책, 편지, 대화 등의 각종 방법을 동원하여 사건을 진실에 가깝게 전달하기 위해 애쓰는 서술자의 모습을 통해 진실을 전달하는 일의 어려움에 대해서도 표현하고 있는 소설이다.

※ 다음 글을 읽고, 물음에 답하시오.

편지에 따르면, 2001년 9월 11일 텔레비전으로 ㉠ 뉴욕의 쌍둥이 빌딩이 무너지는 광경을 목격한 뒤, 그녀는 **오래전 미국에서 실종된 아버지의 행적을 찾아 나서기 시작했다.** 그녀가 기억하는 아버지는 알이 두꺼운 안경을 쓰고 가족들에게 신경질적으로 소리를 지르거나, 아침이면 숙취에서 깨어나지 못하고 얼음물에 담가둔 물수건을 얼굴에 뒤집어쓰고 누워 있었다. 아직 어렸던 그녀를 바라볼 때면 검정색 뿔테 안경 너머의 두 눈동자가 연민으로 젖어 드는 경우도 있었지만, 대개는 감정이 없는 짐승처럼 일없이 주르르 눈물을 흘리는 때가 더 많았다. 그녀로서는 아버지의 눈물을 단 한 방울도 이해할 수 없었다. 아버지가 안경을 쓰기 시작한 것은 1977년 이리역 폭발 사고가 일어났을 때 역 근처 삼남극장에서 공연을 앞두고 대기실에 있다가 크게 다친 뒤부터였다. 그때, 극장 지붕이 모두 날아간 삼남극장에는 하춘화도 있었고, 이주일도 있었다고 아버지는 회상했다.

늘 짜증스럽다는 듯 찌푸리거나 눈물을 흘리던 얼굴이었기 때문에 1980년 5월, 1970년대 내내 보조 MC로 지방 쇼단을 전전하면서 무명 생활을 거친 끝에 마침내 아버지가 TBC 방송국의 한 쇼 프로그램에 등장했을 때, ㉡ 그녀는 '과연 저 사람이 아버지가 맞는 걸까?' 하고 의아하게 여길 수밖에 없었다. 텔레비전에 나온 아버지의 얼굴은 어떤 일을 당해도 바보처럼 웃고 있었기 때문이었다. 일곱 살밖에 먹지 않았지만, 바보 연기를 하느라 안경을 벗은 ㉢ 검은색 뿔테 안경을 낀 바보는 없었으니까 아버지가 초점이 잡히지 않는 눈을 게슴츠레 뜨고는 다른 사람들에게 조롱당할 때 그녀는 수치심을 느꼈다. 그래서 서울 변두리 극장에서 공연할 때면 동네 골목길이나 전신주에 붙은 계란 모양 사진을 가리키며 친구들 앞에서 아버지가 연예인이라는 걸 자랑하던 두 오빠들이 마침내 아버지가 TV에 등장했다는 사실에 환호작약하는 동안, 그녀는 방 한구석에서 귀를 틀어막고 라푼젤이 나오는 동화책만 들여다봤다.

유랑 극단 시절부터 그녀 아버지의 레퍼토리는 '달나라로 간 별주부전'이었다. 그는 지구에서 토끼가 멸종한 21세기, 토끼 간을 구해 오라는 용왕의 특명으로 로켓을 타고 달까지 찾아간 별주부 역을 맡아서 시종일관 계수나무에 부딪치고, 먹다 버린 당근을 밟아 미끄러지고, 토끼의 꾀에 속아서 옷을 다 벗은 채 속옷 차림으로 엉금엉금 기어 다니는 슬랩스틱 코미디*를 선보였다.

[중략 부분 줄거리] 군부 세력이 수권했던 80년대, 코미디언 안복남은 대통령을 '성군'으로 부르는 등의 연기로 인정받아 방송 출연을 하고 정부 주도 대규모 문화 행사였던 '국풍81'을 끝으로 더 이상 등장하지 못하게 된다. 라디오 피디(PD) 일을 하며 기록물을 찾다가 영상

기록을 통해 이런 아버지의 모습을 본 그녀(안미선)는 그의 모습에 심한 부끄러움을 느끼지만, 그럼에도 실종된 아버지의 흔적을 꾸준히 찾아 나선다. '나는 점자 도서관 관장에게 시디(CD)를 전해 달라는 그녀의 편지에 적힌 부탁에 따라 점자 도서관을 방문한다.

"그렇게 목소리를 내어서 대답하기 전까지 당신이 내 앞에 있는지 없는지 나는 알 수 없어요. 청각적으로 봐서는 당신은 지금 존재하지 않습니다. 그러다가 대답하면 '아, 거기 있구나' 그렇게 생각하게 됩니다. 그래서 어떨 때는 혼자 막 떠들고 있는 거죠. 앞에 없는 줄도 모르고. 제가 사는 세계는 그런 세계예요. 하지만 잠을 잘 때는 여전히 많은 것들을 봅니다. 물론 내 무의식 속에 남아 있는 시각적 잔영이겠지만. 꿈속에서는 많은 것들을 봐요. 마찬가지로 이렇게 눈이 멀기 전까지 내가 봤던 것들에 대한 시각적 기억은 희미하나마 아직도 남아 있어요."

이 관장은 말을 끊고 문 옆에 정수기가 있으니 물 한 잔만 달라고 했다. 「나는 위에 놓인 종이컵에다 물을 받아서 탁자 위에 놓은 뒤, 그의 손을 잔까지 잡아끌었다. 이 관장이 잔을 들어 물을 마셨다.」

"좋습니다. 잘하십니다. 이렇게 하면 저희는 물을 마실 수 있죠. '거기 앞에 있잖아'라고 말하면 물을 한 모금도 마실 수 없습니다. 길을 걷다가 주차한 차에 부딪치면 '왼쪽으로 가세요'라고 말하는 사람들이 있어요. 우리에게 왼쪽은 무한대의 공간인데 그걸 아는 비장애인들은 드물죠. 어쨌든 하던 이야기를 계속하면, 결국 저는 1981년 여름까지 살았던 시각적 세계에서 한 번 죽은 뒤, 시각이 사라진 세계에 다시 태어난 셈입니다. 그건 마치 전생의 기억을 안고 사는 것과 비슷해요. 누군가 광화문 거리에 대해서 얘기할 때 제가 머릿속으로 떠올리는 광화문 거리는 1981년 여름까지의 광화문 거리죠. 안구를 적출한 뒤에는 전에 한번 가 본 곳일수록 다시 가지 않으려는 성향이 생기는데, 그건 혹시라도 제 기억과 다른 부분을 발견할까 두려워서죠. 그건 아마도 성장을 두려워하는 일과 비슷할 테죠. 완강하게 과거의 시각적 잔영만 붙들고 있는 셈입니다. 하지만 그 통에 **다른 사람들은 잘 기억하지 못하는 일도 저는 잘 기억합니다**. 예컨대 안 피디의 아버지에 대해서도 마찬가지였습니다. 안 피디의 아버지가 코미디언 안복남 씨라는 건 아시겠죠?"

"이번에 편지 받고 알게 됐습니다."

"아, 그렇습니까? 두 사람은 서로 사랑하는 사이인 것 같은데, 안 피디는 아버지에 대해서 한마디도 하지 않았군요."

나는 좀 겸연쩍었다.

"지금은 사랑하는 사이라고 말할 수 없습니다만, 어쨌든 그 이전에도 아버지에 대한 이야기를 들어 본 일은 없었어요."

※ 등장인물

'나'	과거 연인이었던 안미선의 편지를 받은 후 안미선과 그녀의 아버지인 안복남의 삶을 알게 됨.
안미선	아버지에 대한 수치심을 안고 자라 왔으나 아버지의 실종에 대해 자세히 알고자 함. 이 관장으로부터 아버지에 대한 이야기를 듣고 충격을 받음. 자신의 이야기를 편지에 담아 '나'에게 전달함.
안복남	안미선의 아버지로, 한때 잘나가는 코미디언이었으나 가족을 버리고 미국으로 도주함. 이 관장에 의해 실명에 가까운 상태였음이 밝혀짐.
이 관장	시각 장애인으로서 비장애인과 다르게 자신이 타인과 소통하고 세상을 인식하는 방법을 '나'에게 설명함. 자신의 경험으로 미루어 안복남이 겪고 있었을 어려움을 짐작하고 이를 안미선에게 전달함.

※ 작품의 서술 방식

· 안미선이 '나'에게 보낸 편지

편지 내용
· 안미선의 어린 시절과 안복남의 무명 시절
· 안복남은 이리역 폭발 사고로 눈을 다쳤음.
· 안복남은 무명 시절을 거쳐 어렵게 코미디언으로 성공하였음.
· 안미선은 아버지 안복남에게 수치심을 느껴 왔음.

'나'(자신이 읽은 내용을 요약하여 전달)

독자

· 안미선과 이 관장 사이에 있었던 일

'나'와 이 관장의 대화
· 안복남이 안미선의 아버지라는 것을 이 관장이 알게 됨.
· 안복남이 시력을 잃어가던 중이었다는 사실을 안미선이 알게 됨.
· 안미선은 아버지에 대해 알지 못하던 사실을 알게 되고 충격을 받음.

'나'(자신이 보고 들은 대화를 그대로 인용)

독자

➡ 서술자인 '나'의 감정을 배제한 채 독자들에게 자신이 알게 된 것을 전달하고 있음.

이리역 폭발 사고(1977)	
내용	1977년 11월 11일 오후 9시 15분 이리역(현 전라북도 익산시)에서 발생한 열차 폭발 사고
효과	• 안복남의 실명 원인이 되는 배경 • 구체적 장소인 삼남 극장과 실제 인물인 하춘화, 이주일을 언급함으로써 사건의 개연성을 부여함.

국풍81(1981)	
내용	1981년 5월 28일부터 6월 1일까지 전두환 정부가 민족문화의 계승과 대학생들의 국학에 대한 관심 고취라는 명분 아래 서울 여의도광장에서 주최한 문화 축제
효과	• 안복남이 코미디언으로서 활동하였던 마지막 행사 • 안복남이 시력을 잃어가는 중이었다는 것을 이 관장으로부터 안미선이 듣게 되는 계기

"제게 남은 마지막 시각적 잔영에 대해서 설명하다가 국풍81에 대한 이야기가 나왔어요. 그때는 안복남 씨가 아직 유명할 때였습니다. 그 안복남 씨가 자기 아버지라고 안 피디가 말하기에 제가 '그분은 지금 어떻게 됐느냐'고 물었습니다. 안 피디는 침을 삼키며 머뭇거리다가 '가족을 버리고 양옥집을 몰래 판 돈을 들고 애인과 함께 미국으로 도망쳐 버렸어요'라고 말하더군요. 그래서 제가 말했어요. '저런. 치료를 받아야 했을 텐데, 그렇게 애인과 도망칠 여력이 있었다니요. 연예인이니 돈도 많으셨을 텐데 빨리 치료받았더라면'이라고 중얼거렸습니다. 그랬더니 안 피디가 그게 무슨 소리냐고 묻더군요. '아버님은 시력을 잃어 가고 있는 상태였는데, 그걸 몰랐나요?'라고 말했더니 '그걸 어떻게 아시나요?'라고 안 피디가 되묻더군요. 그래서 말했어요. '그분이 하신 연기를 보면 알 수 있잖아요. 「아무리 코미디를 한다고 해도 앞이 어느 정도 보이는 비장애인들은 그런 식으로 **계수나무에 부딪치거나** 무대에서 **떨어지**지 못합니다. ㉣ 그렇게 심하게 부딪치거나 떨어진다면 눈앞이 희뿌연 상태였다고 봐야겠죠.」' 그랬더니……."

이 관장이 말을 멈췄다.

"그랬더니요?"

"그랬더니 안 피디에게서 아무런 기척이 느껴지지 않더라구요. 말했다시피 제 앞에서 누군가 얘기하다가 기척을 내지 않으면 마치 눈앞에 있던 사람이 갑자기 사라진 것처럼 당황하게 됩니다, 그래서 간 줄 알았어요. '거기 있습니까?'라고 내가 조심스럽게 물었어요. 그런데도 아무런 대답이 없었어요. 괜히 제 마음이 불안해져서 더듬더듬 손을 뻗었는데, 그랬더니 안 피디의 얼굴이 만져지더군요. ㉤ 새벽, 이슬이 맺힌 풀잎을 만질 때와 비슷한 느낌이었습니다. 젖은 목소리로 안피디가 '예, 저 여기 계속 있어요'라고 말했고, 그렇게 **안면 근육이 움직**이는 게 제 손끝으로 느껴졌습니다."

　　　　　　　　　　　　　　　　　　　　　　- 김연수, 〈달로 간 코미디언〉 -

* 슬랩스틱 코미디: 연기와 동작이 과장되고 소란스러운 희극.

[1-7] 윗글의 내용에 대한 설명이다. 맞으면 ○, 틀리면 ✕표 하시오.

1 그녀가 미국에서 실종된 아버지의 행적을 찾아 나서게 된 계기는 2001년의 사고 때문이다.

2 아버지는 이리역 폭발 사고로 인해 눈을 크게 다쳐 안경을 쓰게 되었다.

3 안미선은 아버지가 텔레비전에 얼굴을 비추기 시작하면서 안복남에게 수치심을 느꼈다.

4 이 관장은 안구를 적출하고 나서 광화문 거리를 찾아가 자신의 기억과 다른 부분을 발견했다.

5 '나'는 안미선과 연인 사이였을 당시 안복남에 대한 이야기를 자주 듣곤 했다.

6 안미선은 이 관장과 대화하기 전까지 아버지가 실명되었을 가능성을 생각하지 못했다.

7 안미선은 이 관장과의 대화를 마친 후 이 관장에게 언질도 없이 자리를 떠났다.

[8-10] 윗글의 내용과 관련하여 빈칸에 들어갈 적절한 내용을 쓰시오.

8 안복남은 유랑 극단 시절부터 ☐☐☐☐ 코미디라는 자신만의 레퍼토리를 가지고 있었다.

9 '☐'은 시각 장애인에게 있어 다른 사람과의 소통을 위한 중요한 신체 기관이다.

10 안미선과 이 관장은 ☐☐☐☐을 계기로 안복남과 관련된 대화를 나누게 된다.

| 확인 문제 정답 | 1 ○ | 2 ○ | 3 ○ | 4 ✕ | 5 ✕ | 6 ○ | 7 ✕ | 8 슬랩스틱 | 9 손 | 10 국풍81 |

01

윗글의 내용에 대한 이해로 적절하지 <u>않은</u> 것은?

① 이 관장은 안복남의 현재 행적을 안미선과 '나'에게 알려 준다.

② 이 관장은 '나'가 안미선과 안복남의 관계를 알고 있다고 예측한다.

③ 이 관장은 안미선이 안복남에 대한 정보를 이미 알고 있다고 생각한다.

④ '나'는 이 관장을 만나 과거 안미선과 이 관장 사이의 대화 내용을 알게 된다.

⑤ '나'는 안미선에게 편지를 받은 이후 안미선과 안복남의 관계를 이해하게 된다.

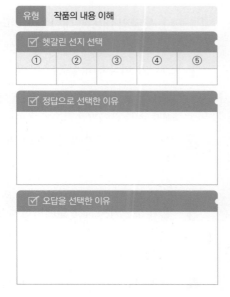

유형	작품의 내용 이해			
☑ 헷갈린 선지 선택				
①	②	③	④	⑤

☑ 정답으로 선택한 이유

☑ 오답을 선택한 이유

02

윗글의 서술상 특징으로 적절하지 <u>않은</u> 것은?

① 편지 내용을 서술하여 인물의 삶을 요약적으로 제시하고 있다.

② 인물의 감정을 직접적으로 드러내지 않고 서술이 진행되고 있다.

③ 여러 명의 서술자를 내세워 인물의 행적을 다양한 관점에서 서술하고 있다.

④ 인물의 말을 인용함으로써 대화에 언급된 다른 인물의 감정을 간접적으로 전달하고 있다.

⑤ 1인칭 관찰자 시점으로 자신이 읽고 들은 내용을 기반으로 독자들에게 이야기를 전달하고 있다.

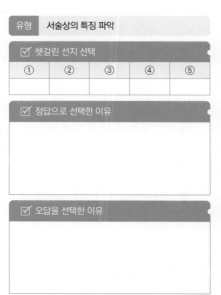

유형	서술상의 특징 파악			
☑ 헷갈린 선지 선택				
①	②	③	④	⑤

☑ 정답으로 선택한 이유

☑ 오답을 선택한 이유

03

㉠~㉤에 대한 설명으로 적절하지 <u>않은</u> 것은?

① ㉠: 안미선이 미국에서 실종된 아버지를 찾게 되는 계기가 된다.

② ㉡: 자신이 알던 아버지의 모습과 괴리감을 느끼는 안미선의 심정을 드러내고 있다.

③ ㉢: 안미선의 시선에서 과거 안복남의 행동을 평가하고 있다.

④ ㉣: 과거 안미선이 부끄러워했던 안복남의 행동에 대한 이유를 드러내고 있다.

⑤ ㉤: 이 관장의 서술을 통해 안미선의 행동을 간접적으로 제시하고 있다.

유형	구절의 의미 이해			
☑ 헷갈린 선지 선택				
①	②	③	④	⑤

☑ 정답으로 선택한 이유

☑ 오답을 선택한 이유

04

＜보기＞를 참고하여 윗글을 감상한 내용으로 적절하지 않은 것은?

보기

　　〈달로 간 코미디언〉에서는 누구에게도 이해받지 못한 코미디언 아버지의 일생이 부재를 통해 재구성되고 있다. 사라진 아버지를 찾아 나서는 것이 주요 모티프인 작품에서는 주어지는 정보만으로 아버지를 아는 것이 어렵다. 그것은 아버지에 대한 정보를 주는 화자들과 그 서술 내용이 모두 다르며, 더 믿을만한 화자가 누구인지도 모호하기 때문이다. 게다가 사라진 아버지에 대한 정보는 제삼자들, 영상 매체에 의해 전달되는 편린들이며, 그 정보를 듣고 기록하는 서술자 역시 제삼자이다. 따라서 소설 전체는 온통 사라진 아버지에 대한 이야기로 채워지지만, 그 이야기는 스펙터클로 존재했던 영상 자료만큼이나 파편적이다. 그리하여 사라진 아버지를 재구성하는 것은 편집된 정보들의 짜 맞춤이 될 수밖에 없다.

① 안미선의 편지를 통해 그녀의 삶을 전달하고, 과거 이 관장과 안미선의 대화를 전해 듣는 '나'는 안복남에 대한 정보를 제삼자의 관점에서 서술하는군.
② 안미선이 '오래전 미국에서 실종된 아버지의 행적을 찾아 나'섬으로써 안복남의 일생이 재구성되기 시작하는군.
③ '다른 사람들은 잘 기억하지 못하는 일도 저는 잘 기억'한다는 이 관장의 말은 아버지에 대한 정보를 주는 화자들 중 제일 믿음직한 인물이라는 것을 드러내는군.
④ 안미선과 이 관장이 '계수나무에 부딪치거나 무대에서 떨어지'는 안복남의 연기에 대해 상이한 인식을 가지고 있던 것은 아버지에 대한 정보를 주는 화자들과 그 서술 내용이 모두 다른 것을 나타내는군.
⑤ 이 관장의 이야기를 듣고 난 안미선의 '안면 근육이 움직'인 것은 안미선이 파편적인 이야기를 통해 사라진 아버지를 재구성하였기 때문이군.

05 　서답형 문제

＜보기＞에서 빈칸에 들어갈 적절한 말을 윗글에서 찾아 3어절로 쓰시오.

보기

　　〈달로 간 코미디언〉은 역사 속 인물들이 경험한 사건들이 가지는 의미를 소설 속 인물들이 겪는 갈등과 그들의 말과 행동을 통해 드러내고 있다. 역사적 사건을 직접 함께 겪은 이들이 아니더라도 동시대를 살아왔던 인물들이라면 그 사건이 대화 속에서의 중요한 공감대를 형성하거나 다른 인물에 대한 새로운 관점을 제공하고 인물에 대한 이해를 돕는 계기가 되기도 한다. 이러한 관점에서 안복남이 겪었던 (　　　　　　　　　)은/는 작품에 사실성과 현장성을 부여하고, 독자가 안복남에 대해 이해하도록 돕고 있다.

Ⅱ

극수필

정답 및 해설 p.15

핵심정리

＊ 주제
양반들의 허위의식에 대한 풍자와 조롱

＊ 구성

발단	말뚝이를 부르는 원양반
전개	말뚝이의 문안 인사와 양반들의 풍류 자랑
전환	양반들과 말뚝이의 근본에 대한 설명
결말	말뚝이에게 용서를 비는 양반들

＊ 해제
이 작품은 경상남도 통영에 전승되는 탈놀이로, 문둥탈, 풍자탈(말뚝이탈), 영노탈, 농창탈(제자각시탈), 포수탈 등의 다섯 과장으로 구성된다. 이 글은 둘째 과장으로, 말뚝이와 양반들의 재담으로 구성되어 있는데, 서민을 대표하는 말뚝이가 양반을 풍자하고 조롱하는 내용이 다른 탈놀이에 비해 더 직접적이고 신랄하다. 말뚝이는 교묘한 말장난으로 양반의 권위를 추락시켜 평민 관객의 웃음을 유발하는데, 이는 조선 후기 문란했던 양반 사회에 대한 비판 의식을 반영한 것이라 할 수 있다. 제시된 지문은 장재봉과 오정두가 구술한 내용을 이두현이 기록한 것이다.

＊ 등장인물

원양반	심심하다는 이유로 말뚝이를 불러 놓고서 자신은 말뚝이에게 놀림 받지 않기를 바라는 이기적인 양반 계층의 인물. 지체가 높은 데 반해, 술과 여자에 빠져 있음을 숨기지 않음.
말뚝이	양반들에게 불려 다니지만 전혀 주눅 들지 않고 결국에는 양반의 허위의식을 무너뜨리는 현명하고 재치 있는 서민 계층의 인물. 고상한 한자어를 사용하기도, 비속어를 사용하기도 하며 양반들을 에둘러 풍자하거나 솔직하게 비판함.

※ 다음 글을 읽고, 물음에 답하시오.

제2과장 풍자탈
〈봉산 탈춤〉의 '제6과장 양반춤'에 해당

원양반, 다음 양반, 홍백(紅白), 먹탈, 손님, 비뚜르미, 조리중, 말뚝이 순으로 춤을 추며
_{제2과장에 등장하는 인물들, 핵심 인물은 원양반과 말뚝이}
등장하여 새면*을 향하여 일 열로 선다.

원양반: 여러분.
_{여러 양반의 우두머리, 최고령자}
양반들: 왜요?

원양반: 오늘 심심한데 말뚝이 요놈이나 불러다가 농담이나 하여 봅시다.
_{서민을 대변하는 인물}

양반들: 그럽시다.

원양반: 이놈, 말뚝아.

말뚝이: 아— 어, 옳소이다.

원양반: 소년당상 애기 도령님은 좌우로 둘러서서 소 잡아 장고 메고 말 잡아 북
_{나중에 당상관의 벼슬에 오를 도령을 의미   소가죽으로 만든 장고, 말가죽으로 만든 북, 개가죽으로 만든 소고를 메고}
메고 개 잡아 소고 메고 안성맞춤 꽹과리 치고 운봉내기 징 치고 떡 치고 술 걸
_{운봉 지역에서 만든 징을 치고}
러 차려 놓고, 홍문연 높은 잔치 항우장사 칼춤 출 때 이내 마음이 심란하여 초
_{초한지의 내용으로, 유방을 죽이기 위해 향우가 부하 장수에게 칼춤을 추게 한 사건}
당에 비켜 앉아 높은 베개 돋워 베고 고금(古今)의 삶을 곰곰이 생각하니 어따
_{마음이 심란함}
괴롭고, 운봉 담양으로 귀양 갈 놈 양반의 철룡 뒤에서 응매 깽깽하는 소리 양
_{남을 천시하여 욕하는 말   장독대를 지키는 신   농악 소리}
반이 잠을 이루지 못하여서 이미 시끄럽게 떠드는 것을 금하려고 나온 김에 춤
_{시끄러워 잠을 이루지 못하는 상태}
이나 한번 추고 가자. (불림) 처절 철철 철철— (굿거리장단에 맞춰 모두 춤을 춘다.)
_{춤에 필요한 장단을 악사에게 청하는 노래, 또는 그때 추는 춤}

말뚝이: ㉠ 쉬— 이—, (음악과 춤 멈춘다.) 「동정(洞庭)은 광활하고 천봉만학(千峯
_{중국에 있는 매우 큰 호수   수많은 산봉우리와 산골짜기}
萬壑)은 그림을 그려 있고, 양유천만사(楊柳千萬絲)는 각유춘풍을 자랑하고, 탐
_{버드나무의 수많은 가지가 봄바람을 붙잡는다는 뜻임}
화봉접(探花峰蝶)은 춘풍에 흔들흔들, 별유천지(別有天地)는 비인간(非人間)이
_{꽃을 탐하는 벌과 나비   별천지가 따로 있어 인간 세상이 아니라는 뜻임}
로구나.」 어디서 말뚝이를 불러 계시는지 말뚝이 문안이요.
_{「」: 봄을 맞이한 아름다운 자연 경관을 예찬}
양반들: 음— 에헴!

말뚝이: 문안 아홉 가지 평안 아홉 가지 이구 십팔 열여덟 가지 문안을 잘 받아
야지 만약 문안을 잘못 받으면 양반놈들 혀를 쑥 빼리로다.
_{하층민이 자신이 모시는 양반을 '놈'이라고 표현하며 조롱함}

원양반: 예익! 엑! 이놈, 네가 상놈으로서 양반을 모욕하고 살기를 바랄쏘냐. 이
_{말뚝이의 조롱에 발끈하는 원양반}
때는 어느 때뇨, 놀기 좋다 춘삼월 호시(好時)로다. 석양은 재를 넘고 강가의
말은 슬피 울 제, 초당에 앉은 양반 본디부터 그렇게 앉았기로 가장(家長)을 불
러 훈장(訓長)을 단속하고 모모 친구 통지하여 술 한잔을 먹음차로 주점에 내
려가서, 한 잔 먹고 두 잔 먹고 삼석 잔 거듭 먹어, 일배일배 부일배로구나.
_{한 잔 한 잔 또 한 잔}

말뚝이: 주인공은 누구누구 모였던고?

원양반: <u>영양 공주, 난양 공주, 진채봉, 한일선, 백능파, 계섬월, 심모란, 김옥선</u>
_{김만중의 소설 〈구운몽〉에 나오는 여자 주인공들을 비롯한 여러 여인들을 임의로 호명}
일등 미색 고운 태도 양반 눈앞에 보이니 양반의 마음이 흔들흔들하여 <u>춤이나</u>
<u>한번 추어 보자.</u> (불림) 처절 철철 철철— (굿거리 장단에 맞춰 모두 춤을 춘다.)
_{여색을 밝히며 양반의 체통을 상실한 모습}

말뚝이: 쉬— 이—. (음악과 춤 멈춘다.) 날이 떱떠부러하여지니 양반놈들이 <u>연당</u>
<u>못에 물뱀 새끼 모이듯이 촌 골목에 도야지 새끼 모이듯이</u> 그저 주렁주렁 모아
_{떼로 모여 있는 양반을 '새끼'로 표현하며 비난}
서서 말뚝인지 쇠뚝인지 꽃 피는 삼사월 초파일날 장안만호(長安萬戶) 등 달듯
_{서울의 집집마다 달려 있는 연등제의 등}
이 **과거장(科擧場) 중에 제 의붓애비 부르듯이 그저 말뚝아 말뚝아 불러, 이놈**
_{사람들 많은 곳에서 자신을 업신여겨 부르는 태도를 표현}   _{비속어로 반항심 표출}
들—.

원양반: 저런 죽일 놈이 있느냐? 이놈 네가 상놈으로서 양반을 모욕하고 살기를
바랄쏘냐.

말뚝이: 하! 하하하!— (크게 웃는다.) 니네가 양반이여? 양반이면 양반 근본을 내
_{비웃음}
가 좀 들어 보자.

원양반: 이놈 네가 상놈으로서 양반 근본을 알아 무엇 하랴.

말뚝이: 그럴 것이었다.「니가 근본이 원래 좋지 못한 관계로써 나한테 일러 주지
_{양반이 자신의 근본을 알려 주지 않은 이유}
않을 것은 사실이었다. 내가 너의 고을에 살려고 온 지가 수십 년 되었을 제 너
의 근본을 <u>탐정</u>하였으니 내가 일러 줄 터이니 들어라. 첫째 양반 널로 두고 말
_{몰래 사정을 알아봄}
을 하니 너 역시 양반의 자손이라 하였지만 네 집 근본을 탐정하여 보니 기생
이 여덟이라. 기생이라 하는 것은 오는 관리마다 등을 긁어 네를 길렀거든 **네**
_{기생의 자식이라는 뜻}
가 무슨 양반 자손이라 자랑을 하며, 둘째 양반 널로 두고 말을 하면 너 역시
계집종의 자손으로서 계집종이라 하는 것은 많은 사람의 등을 긁어서 너를 길
렀거든 네가 무슨 양반 자손이라 자랑하며, 셋째 양반 널로 두고 말을 하면 너
한 어미에 애비가 둘이로다. 한쪽은 홍가가 만들었고 한쪽은 백가가 만들었으
니 네가 무슨 양반 자손이라 자랑하냐.」
_{「 」: 모든 양반들의 근본이 천함을 하나씩 나열하여 밝힘}

양반들: 예끼! 예끼!

(중략)

원양반: 이놈 네가 상놈으로서 양반 근본을 <u>훼파(毀破)</u>를 하다니 이놈! 그러면 너
_{헐어서 깨뜨림}
의 근본을 좀 들어 보자.

말뚝이: 그리하여라. 내 근본을 들어 보자 할 건 사실이었다.「나의 근본을 알라
_{「 」: 자신이 명문가 출신임을 나열하는 방식으로 밝힘}
며는 사대조, 오대조, 육대조, 칠대조, 팔대조 이상은 물론하고 우리 할아버지
께옵서는 소년에 등과하여 남병사, 북병사, 오한문 도대장을 계셨으니 그 근본
_{무관의 관직명}
이 어떠하뇨, 이놈들. 우리 아버지께옵서는 이십에 등과하여 평안감사, 진영감
사, 이 년을 마친 후에 흑각궁, 황각궁을 걸어 매고 오한문 도대장으로 계셨으
니 근본이 어떠하뇨, 이놈들. 요의 자식도 못난이요, 순의 자식도 못난이거든,
_{활의 종류}
내 집 <u>사랑</u>에 종놈만도 못한 놈이 <u>이놈 저놈 하는 소리에 아니꼽고 더럽도다</u>
_{양반들을 이름}   _{양반에 대한 직접적 질타}
이놈아!

＊〈통영 오광대〉 다섯 과장

제1과장	문둥탈 – 양반 출신 문둥이가 소고를 들고나와 춤을 추는 마당. 조상의 죄로 불치의 병에 걸렸다고 한탄함.
제2과장	풍자탈 – 다른 지방의 양반 마당에 해당함. 종인 말뚝이가 양반을 직접적으로 공격해 굴복시킴.
제3과장	영노탈 – 무엇이든 삼켜버리는 괴물 영노가 시골 양반을 따라다니며 잡아먹겠다고 위협함.
제4과장	농창탈 – 할미와 영감, 제자각시 사이의 삼각관계를 보여 주고, 싸움 끝에 할미가 죽음.
제5과장	포수탈 – 담비는 사자에게 잡아먹히고 사자는 포수에게 총 맞아 죽는 약육강식의 세태를 표현함.

＊원양반과 말뚝이의 차이

원양반	말뚝이
상류층	하류층
말뚝이를 함부로 부름.	자신을 함부로 부르는 양반에게 불만을 표함.
주색을 탐하려고 함.	주색을 탐하는 양반을 조롱함.
신분의 근본을 따져 말뚝이를 억압하려 함.	진짜 근본을 밝혀 양반들을 굴복시킴.
비굴하게 용서를 빎.	양반을 꾸짖음.

＊춤과 노래의 역할

시작	인물의 등장을 알림.
중간	인물의 처지나 심리를 드러냄.
끝	갈등이 해소되고 과장이 끝났음을 알림.
관객의 호응을 유도하고 극의 몰입을 도움.	

양반들: (소리) 비나이다! 비나이다! (중모리) 박 생원님 전 비나이다. 박 생원님 여보소, 들어 보시오. 황공하고 무리하여 살려 주오, **살려 주오, 제발 생원님께서 살려 주오.**

상황의 역전

말뚝이: 너 이놈, 말 들어라. 너희의 행실 볼진대는 능지처참을 할 것이로되 인간의 도리로서 차마 죽이지 못하노니 네게 **용서할 것이니** 너의 마음 개심하여 네 **집에 돌아가서 백 년 겁을 반성하라.**

말뚝이가 상전의 입장에서 양반들을 꾸짖은 후 용서함

양반들: 예―이!

말뚝이: 함께 물러가거라.

양반들: 예―이!

양반들: (소리) (중중모리) **얼씨구나절씨구 얼씨구나절씨구** 얼씨구절씨구 지화자 좋네. 얼씨구절씨구 얼씨구나 좋네. (굿거리장단에 맞추어 한바탕 덧배기춤*을 추고 퇴장한다.)

갈등이 해소되었음을 드러냄

－ 작자 미상, 〈통영 오광대〉－

＊ **새면**: 악사들이 앉는 자리.
＊ **덧배기춤**: 덧뵈기춤. 농악의 덧뵈기장단에 맞추어 추는 춤으로, 영남 지방 민속춤의 특유한 춤사위.

1 말뚝이는 비속어와 과장된 표현을 통해 양반들에 대한 불만을 직접적으로 드러내고 있다.

2 말뚝이가 원양반에게 열여덟 가지 문안을 하는 것은 원양반에 대한 말뚝이의 공경을 의미한다.

3 말뚝이와 원양반의 갈등 원인은 말뚝이에 대한 양반들의 천시와 조롱 때문이다.

4 말뚝이는 원양반과 자신의 근본을 비교함으로써 양반의 허위의식을 폭로하고 있다.

5 원양반이 말뚝이에게 자신의 근본을 알려 주지 않은 이유는 원양반 또한 자신의 근본을 알지 못했기 때문이다.

6 '요의 자식도 못난이요, 순의 자식도 못난이'라는 말뚝이의 말은 근본이 중요하지 않다는 것을 의미한다.

7 양반들이 추는 덧배기춤은 말뚝이와 양반들의 갈등이 해소되어 과장이 끝났음을 알린다.

8 말뚝이는 양반들의 근본을 □□하여 원양반의 근본이 좋지 않음을 알고 있었다.

9 말뚝이의 출신이 밝혀지자 양반들은 말뚝이를 '□ □□'이라 칭하며 용서를 빌고 있다.

10 '물뿌'과 '□□□'는 떼로 모여 있는 양반을 비하하는 단어이다.

01

유형 작품의 내용 이해

윗글에 대한 설명으로 적절하지 <u>않은</u> 것은?

① 말뚝이는 현학적인 언어와 비속어를 혼재하여 사용하고 있다.

② 말뚝이는 원양반에 대한 불만을 자연에 빗대어 돌려 말하고 있다.

③ 말뚝이와 원양반의 대사를 통해 서로에 대한 생각이 제시되고 있다.

④ 말뚝이는 양반들과 자신을 대조하며 양반들의 권위를 추락시키고 조롱하고 있다.

⑤ 말뚝이가 원양반에게 질문을 함으로써 상류층의 한심함이 확연히 드러나고 있다.

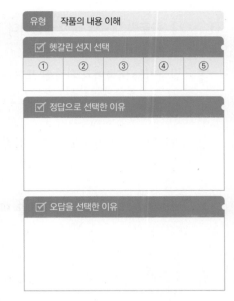

☑ 헷갈린 선지 선택

①	②	③	④	⑤

☑ 정답으로 선택한 이유

☑ 오답을 선택한 이유

02

유형 대사의 특성 이해

㉠의 기능으로 가장 적절한 것은?

① 이전까지의 장이 일단락되고 새로운 장이 시작됨을 알린다.

② 새로운 화제의 시작을 알리며 청중들이 자신을 주목하도록 한다.

③ 음악이 시작되는 지점으로 관객들이 무대에서 함께 춤을 추도록 유도한다.

④ 상황이 잠시 정지되고 인물이 관객에게 직접 말하는 방백이 시작되는 지점을 말한다.

⑤ 독백을 통해 청중이 작품에서 얻을 수 있는 교훈을 직접적으로 제시하려는 의도를 밝힌다.

☑ 헷갈린 선지 선택

①	②	③	④	⑤

☑ 정답으로 선택한 이유

☑ 오답을 선택한 이유

03

<보기>를 참고하여 윗글을 감상한 내용으로 적절하지 <u>않은</u> 것은?

유형 | 외적 준거에 따른 작품 감상

보기

> 정신 분석학에 따르면 카타르시스는 마음속에 억압된 감정의 응어리를 배설함으로써 정신의 균형이나 안정을 회복하는 것을 의미한다. 문학 작품에서 카타르시스는 독자의 마음에 내재한 스트레스가 해소되거나, 감동을 받아 눈물을 흘리거나, 인물에게 동정심과 연민의 감정을 느낄 때 경험할 수 있다. 또한, 독자들은 자신이 경험하지 못한 세계를 간접적으로 경험하며, 대리 만족으로서 카타르시스를 느끼기도 한다. 이러한 관점에서 〈통영 오광대〉는 봉건적 사회 제도하에서 억압받던 민중의 내재된 욕망을 해소하는 데 기여했다는 의의를 지닌다.

① '과거장 중에 제 의붓애비 부르듯이 그저 말뚝아 말뚝아 불러, 이놈들—'이라는 말뚝이의 말에서 관객들은 실제로 하기 힘든 행위를 간접적으로 경험하며 희열을 느꼈겠군.

② 천한 근본의 양반에게 '네가 무슨 양반 자손이라 자랑'을 하느냐는 말뚝이의 말은 당시 사회에서 신분의 근본이 민중을 억압하는 요소로 작용하고 있었음을 드러내는군.

③ '살려주오, 제발 생원님께서 살려주오.'라는 양반의 말을 들으면서 관객들은 대리 만족을 통해 감정의 배설을 경험할 수 있겠군.

④ 양반의 불량한 행실을 '용서할 것이니' '집에 돌아가서 백 년 겁을 반성하라'는 말뚝이의 말을 통해 관객들은 정신의 균형이나 안정을 회복하겠군.

⑤ 말뚝이의 명령을 듣고 '얼씨구나절씨구 얼씨구나절씨구'라며 춤을 추는 양반들의 모습에 후련함을 느끼면서 신분제 사회에서 해방되었겠군.

☑ 헷갈린 선지 선택

①	②	③	④	⑤

☑ 정답으로 선택한 이유

☑ 오답을 선택한 이유

04 서답형 문제

<보기>에서 설명하는 대상을 윗글에서 찾아 2음절로 쓰시오.

유형 | 소재의 기능 파악

☑ 정답으로 선택한 이유

보기

> • 지금껏 양반들이 말뚝이를 함부로 대할 수 있었던 이유
> • 양반들이 말뚝이를 '박 생원님'이라고 부르게 되는 원인
> • 말뚝이의 아버지, 할아버지가 '오한문 도대장'을 지냈기 때문에 생기는 것

정답 및 해설 p.16

핵심정리

*** 주제**
일제 강점기의 다양한 인간 군상과 그에 대한 비판

*** 구성**

장면 1	깔끔한 의복의 소년 A가 카스텔라를 먹고 있는 것을 보고 행색이 초라한 소년 B가 이를 빼앗으려고 한다. A는 B를 약 올리고 B는 악착같이 카스텔라를 빼앗아 먹는다.
장면 2	전문학교 학생 A와 B가 등장하여 고등룸펜이 늘어나는 현실을 개탄한다. 그들은 미래에 대한 불안으로 요행을 바라거나 마작에 대한 관심을 드러내는 등 염세주의적 태도를 보인다.
장면 3	매춘부가 어떤 남자를 향해 정조를 흥정한다.
장면 4	신사 A가 신사 B에게 파고다 공원을 불하받아서 그곳에 유흥 시설을 만들어 돈을 벌겠다고 말한다.
장면 5	과부가 아들, 딸과 함께 공원을 찾았는데 그곳에서 옛 친구를 만난다. 과부는 자식들을 위해 수치를 참아 가며 첩살이를 시작했지만 6개월 만에 쫓겨났다고 한다.
장면 6	사흘째 굶은 처자가 있는 병든 노동자가 죽어도 가족과 같이 죽어야겠으니 뚝섬까지 나가야 한다고 순사에게 말한다.
장면 7	굶주리고 행색이 초라한 룸펜들이 등장하여 벤치에 걸터앉아 있고, 변절자인 어떤 사람 A와 B가 등장하여 자신들의 변절을 합리화한다. 어떤 사람 B가 담배 토막을 버리자 룸펜들은 그것을 서로 집으려고 야단이 난다.
장면 8	북간도로 떠나는 이주민 가족이 서울을 지나던 중 공원의 사리탑을 보며 눈물을 보인다.
장면 9	술에 취해 비틀거리는 주정꾼 A, B가 등장한다.
장면 10	피에로는 '영웅 대모집'이라고 쓴 간판을 들고나와 종을 치며 영웅을 모집한다고 소리치지만 소년들의 놀림만 받을 뿐이다.

※ 다음 글을 읽고, 물음에 답하시오.

신사 A: 이 공원을 불하*를 맡을까 하는데 어떨까?

신사 B: 무엇에 쓰게?

신사 A: 다 헐어 내 버리고…….

신사 B: (가로막으며) 고적을 없애 버린다고 야단들일걸. 소위 민간 측에서.

신사 A: 글쎄. 그건 안된 생각들이란 말이야! 서울같이 땅이 귀하고 부족한 이 복
판에다가 그 승거운 탑을 고적이라고 세워 놓고 나무를 심고…… 그래서 게으
름뱅이들의 소굴을 만들었으니 그럴 손복*할 일이 어디 있겠나? 나는 이걸 아
주 훌륭하게 실질적이요 생산적으로 이용할 테야.
<small>사리탑이 있기에 아까움 / 사리탑을 저평가함 / 사리탑 근처를 전전하는 비생산적인 사람</small>

피에로: (독백) 저런 죽일 놈이!

신사 B: 어떻게!

신사 A: 「이 너절한 것을 다 털어 버리고 집을 모다 굉장하게 짓거든…… 어떤 집
을 짓느냐 하면 한편은 요릿집, 한편은 카페, 한편은 댄스홀, 그리고 또 한편에
는 오락장으로 베비골프, 다마스키*, 마작구락부…… 어때?」
<small>「」: 신사 A는 물질적 이득을 중요시함</small>

신사 B: 거참. 그랬으면 수입은 상당할걸?

신사 A: 상당만? 대번 부자가 되지. (間) 가만있게. 지금 자본주를 끄는 중이니
까. 자본주만 생기면 우선 운동비를 흠씬 들여서 불하를 맡어 가지고, 응 한바
탕할 테니…….
<small>신사 A가 사리탑을 헐어서 얻을 수 있는 이득</small>

두 사람: (지껄이며 무대의 오른쪽 후면으로 퇴장)

피에로: (성이 나서 독백) 허! 그것참! 저놈들을 어떻게 해야 잘 죽이나! (사리탑을
바라보며 감개해서) 그래 저 사리탑의 심오한 예술적 가치와 그리고 우리의 회
고적 감정을 짓밟으려 들어? 죽일 놈들! 저놈들도 조선 놈들이야! 엥!
<small>물질적 이득만 중시하는 이들에게 분노하는 피에로 / 사리탑에서 민족적인 감정을 느낌</small>

(중략)

순사: 왜 그래, 왜?

노동자: 네. 그저 설은 사정이 있어 그랬습니다.

순사: 아무리 섧더래도 여기는 우는 데가 아니야. 어서 가.

노동자: 네. 갑지요. 지금 뚝섬까지 나가야 합니다. (새 설움이 복받쳐 느낀다. 울음
섞인 소리로) 나가면 사흘째 굶은 처자가 기다리고 있습니다. (다시 운다.) 살 수
가 없어서 일전에 문안에 들어와서 가대기*를 하고 호구해 가다가 그만 다리를
다쳤답니다. 사흘째 되었어요. (더욱 운다.) 그래도 행여 무슨 벌이가 있을까 해
서 주린 창자를 졸라매도 못해서 오늘은 이 병든 다리를 끌고 첫새벽에 문안을
들어왔답니다. 들어와서 왼종일 돌아다니니 더구나 병신을 누가 일을 붙여 줍
니까. 그러다가 깜박 해가 지고 밤이 들었지요. 집에서는 굶어서 다 죽어 가는
<small>뚝섬까지 가야 하는 이유 / 뚝섬에 가기 힘든 이유 / 다리 때문에 일을 구할 수 없음</small>

처자가 눈이 빠지게 기다리고 있고 이 병든 다리를 끌고 뚝섬까지 나갈 일을 생각하니 (더욱 운다.) 나가기는 나가야지요. <u>죽어도 같이 옹기종기 모여서 죽어야겠으니 나가야겠는데.</u> (울음만 운다.)
<small>힘든 상황에도 가족을 생각하는 노동자</small>

순사: 글쎄. 사정은 딱하지만 그렇다고 여기서 울고만 있으면 수가 생기나! 일어서서 나갈 도리를 해야…… 일어서.

노동자: (그대로 울며 일어서서 순사를 따라 무대의 왼쪽 후면으로 퇴장)

피에로: (우두커니 한숨)

룸펜 3, 4인: (무대의 오른쪽 전면으로부터 등장. 모두 땟국이 괴죄죄한 조선옷을 입었다. 주린 빛이 완연하다. 전면 벤치에 죽 걸터앉아 묵묵히 말이 없다.)

어떤 사람 A와 B: (나란히 서서 무대의 왼쪽 전면으로 등장. 이야기를 하면서 오다가 중앙쯤에서 관객석을 향하여 머물러 선다. B는 담배를 피워 물었다. 둘이 다 <u>신수가 훤치르르하다.</u>)
<small>변절한 자들은 이득을 봄</small>

A: 글쎄 그렇잖소? 저이들은 나더러 변절을 했다고 죽일 놈 살릴 놈 하지만 그야말로 깊이 생각하면 오십보로 소백보지. <u>저이가 더 나을 게 무어냐 말이야.</u>
<small>변절을 합리화</small>

피에로: (두 사람을 비로소 보고 얼굴에 분노가 치밀어 올라온다.)

B: (고개만 끄덕거린다.)

A: 차라리 우리처럼 태도나 표명했으면 가령 죄라고 하더래도 덜하지.

B: 「그게 도시에 그래요. 민중이니 민족이니를 위해서 자기네들은 일을 한답시고
<small>「」: 자신들의 변절을 합리화하기 위해 다른 사람들의 행동을 비난함</small>
하지만 그것이 이익을 끼치기는 결국 돈 있는 사람과 그 밑에서 유지니 지사니 해 가시고 일한다는 그 사람들에게뿐이지 정말 일반 민중이야 어데 그 혜택을 입소?」

A: 그렇구 말구! 좌우간 자본주의 세상에서는 외인 편으로 벗어부치고 나서지 않으면 솔직하게 선명하게 바른편에 가담해 가지고 자본주의 그 세대에 알맞은 행세를 하는 게 제일이야.
<small>기회주의적인 태도</small>

B: 그렇구 말구! 중국의 장개석이가 중국을 위해서 일한다지만 그것이 중국 전 민족의 일이 아니라 토착 부르주아를 위한 일이니까……. 자 어서 갑시다. 시간이 거진 다 되었겠소. (피우던 담배를 바닥에 버린다.)

두 사람: (무대의 오른쪽 전면으로 유유히 퇴장)

피에로: (그 뒤를 흘기며 이를 간다.)

룸펜 일동: (<u>그동안에 B가 버린 담배 토막을 서로 집으려고 야단이 일어난다.</u>)
<small>담배 하나로 야단이 나는 우스꽝스러운 모습</small>

피에로: (이 꼴을 보고 더욱 성이 난다.)

룸펜 일동: (무대의 오른쪽 후면으로 퇴장)

이주민 가족: (무대의 왼쪽 전면으로 등장. 제가끔 유랑해 가는 사람들에게 알맞은 <u>보꾸러미들을 이고 들고 지고 했다.</u> 전면 중앙에서 관객석을 등지고 머물러 선다.)
<small>사정이 힘들어 살던 곳을 떠나는 사람들</small>

딸: (사리탑을 가리키며) 아버지, 저건 무엇이요?

＊ 해제

이 작품은 세태 풍자가 나타나는 희곡으로, 파고다 공원을 무대로 다양한 인물들이 등장하면서 장면을 형성한다. 극 중에 등장하는 인물들인 소년, 전문학교 학생, 타락한 남녀, 알량한 과부, 병든 노동자, 변절한 지식인, 순사 등의 대화를 통해 1930년대의 병든 현실을 제시하고 있는 것이다. 또 작가는 다양한 인물들에 대해 자신의 감정을 드러내는 피에로를 통해 현실에 대한 비판적 시각을 보여 주고 있다. 작품은 총 10개의 장면으로 구성되어 있으며, 각기 다른 인물들이 등장하는 10개의 장면에 대해 마치 피에로가 관객에게 정리를 해 주는 듯한 설정을 보여 주는 것이 특징이다.

＊ 등장인물

피에로	공원에서 사람들을 관찰하며 민족적 관점에서 평가함.
신사 A, B	공원에 상업 시설이 없음을 못마땅해 하고, 오락 시설을 세우려 함.
노동자	다리를 다쳐 일을 할 수 없지만 가족을 생각하는 마음이 극진함.
어떤 사람 A, B	변절을 합리화하며 민족을 위한다는 사람들을 비하함.
룸펜들	교육 받았지만 제대로 써먹을 수 없는 고등룸펜으로, 매우 빈곤함.
이주민 가족	빈곤 때문에 불가피하게 북간도로 이주하려 함.
주정꾼 A, B	취해서 말도 제대로 하지 못함.

＊ 파고다 공원

파고다 공원(탑골 공원)
서울특별시 종로구에 위치한 서울 최초의 근대식 공원

- 고려시대 사찰 흥복사를 조선 초에 원각사로 개명하고 중건함. 이후, 억불정책이 강해지면서 절이 철거됨.
- 1919년 3월 1일 민족대표 33인의 이름으로 독립선언서가 낭독된 3·1 운동의 발상지임.
- 일제 강점기에 시민들이 울적하면 으레 이 공원을 찾았다고 함.
- 1967년 유료 공원이 되었으나 1988년 무료가 됨.
- 1991년에 원래 지명인 '탑골'을 따서 '탑골 공원'으로 개명함.

피에로: (주의해서 바라본다.)

아버지: 오냐, 저건 사리탑이라는 탑이란다. 예전에는 여기가 절터였더란다. 그런데 불이 나서 절은 없어지고 탑만 남았다가 시방은 공원이 되었느니라. (間) 모두 잘들 보아 두어라. 인제 마지막으로 간도로 떠나면 언제 다시 와서 서울 구경들을 하겠니!
_{고향에 대한 애착이 드러남}

어머니: (불평스럽게) ⓐ 영감두 원! 북간도로 떠둥구러 가는 팔자에 서울 구경을 해서 무얼 하겠다고 가든 길품을 메이고 예서 하루를 묵는단 말이요!
_{고향에 대한 애착도 사치임}

아버지: 마누라도 원 딱한 소리 마우. 우리는 늙었으니 그런 것 저런 것 상관없지만 저것들이야 어데 그렇소? 조선서 태어나서 조선서 저만큼씩이나 자라 가지고 아무리 살 수가 없어 만리타국으로 떠가기는 할망정 그래도 조선 종자들인데 서울 구경 한번 못 한대서야 저이도 인제 원이 아니 되겠소!
_{꼭 떠나고 싶은 것은 아니지만 사정이 좋지 않음}

아들: 아버지 그런 걱정은 마세요. 인제 잘되면 돌아와서 보란듯이 살 텐데.

아버지: 아무렴 그래야지. 만리타국의 호지에 가서 영영 뿌리가 백혀서야 쓰겠니. (間) 다들 보았니? 다행히 다시 돌아오거든 시방 하든 말 이르고 잘들 살아라. (눈물이 눈에 고인다. 목멘 소리로) 가자. 인젠.
_{고향, 조국을 떠날 수밖에 없는 상황에 대한 비애와 울분}

일동: (무대의 오른쪽 전면으로 퇴장)

피에로: (방금 울 듯이 그들의 뒤를 바라본다.) 조선을 죽도록 지키잖구!
_{이주민 가족에 대한 연민과 그들이 떠날 수밖에 없는 상황에 대한 안타까움}

주정꾼 A와 B: (비틀거리며 마주 잡고 무대 왼쪽 후면으로 등장)

피에로: (이마를 찌푸린다.)

A: 어, 뛰뛰.

B: 아. 여보. 박 상!

피에로: (흘겨본다.)

B: 게 우리가 오랜만에 만나서……

A: 오랜만이구말구. 응. 긴 상!

B: ⌈아하하하하…… 누—따 주우쿠나.
_{⌈ : 술에 취해 하는 의미 없는 말들}

A: 노들강변 비둘기 한 쌍.⌋

B: 허허허허, 이런 제길.

두 사람: (여전히 비틀거리며 무대 오른쪽 전면으로 퇴장)

피에로: (흘겨보며) 망할 자식들! (고개를 숙이고 뒷짐을 지고 뚜벅뚜벅 무대 전면을
_{어려운 상황을 극복하기는커녕 술독에 빠진 사람들에 대한 분노}
왔다 갔다 거닐면서 골똘히 생각한다. 가끔가다가 고개를 갸웃거린다) 큰일 났어, 큰일 났어. 아무래도 큰일 났어. (間) 영웅이, 영웅이! 위대한 영웅이 나야만 해.
_{피에로가 생각하는 해결책}
(고개를 끄덕거린다.) 그래 영웅이 나야 해, 영웅이. 영웅이! (갑자기 무대 왼쪽 전면으로 뛰어 들어간다.)

- 채만식, 〈영웅 모집〉 -

* **불하**: 국가 또는 공공단체의 재산을 개인에게 팔아넘기는 일.
* **손복**: 복을 일부 또는 전부 잃음.
* **다마스키**: 당구장이라는 뜻의 일본말.
* **가대기**: 창고나 부두 따위에서, 인부들이 쌀가마니 따위의 무거운 짐을 갈고리로 찍어 당겨서 어깨에 메고 나르는 일. 또는 그 짐.

● **확인 문제**

[1-5] 윗글의 내용에 대한 설명이다. 맞으면 ○, 틀리면 ×표 하시오.

1 작품의 관찰자인 피에로가 다른 인물들을 관찰한 뒤 이에 대해 비판하는 구조가 반복된다.

2 피에로는 신사들의 대화를 통해 사리탑의 예술적 가치를 깨닫게 된다.

3 신사 B는 신사 A와 달리 탑이 지닌 정신적 가치를 중요시하고 있다.

4 노동자가 울게 된 이유는 다리를 다쳐 더 이상 일을 할 수 없기 때문이다.

5 노동자의 처지를 알게 된 순사는 일말의 안타까움도 느끼지 않고 있다.

[6-8] 윗글의 내용과 관련하여 빈칸에 들어갈 적절한 내용을 쓰시오.

6 변절자인 어떤 사람 B가 버린 담배 토막을 집으려는 ☐☐ 일동의 한심한 모습은 피에로를 분노하게 한다.

7 이주민 가족은 고향을 떠나 ☐☐☐로 향하기 전 자식들에게 서울을 구경시켜 주다가 공원에 왔다.

8 피에로는 암울한 상황을 극복하기 위해 ☐☐이 등장하기를 바라고 있다.

확인 문제 정답	1 ○	2 ×	3 ×	4 ×	5 ×	6 룸펜	7 북간도	8 영웅

01

윗글에 대한 설명으로 적절한 것은?

① 동시에 일어나는 사건을 병렬적으로 제시하여 긴장감을 높이고 있다.

② 무대 장치를 활용하여 역순행적 시간 구성을 효과적으로 표현하고 있다.

③ 배경을 세밀하게 묘사하여 인물 간 갈등 상황의 분위기를 조성하고 있다.

④ 소품을 활용하여 인물들이 처한 상황과 태도의 긍정적 변화 양상을 드러내고 있다.

⑤ 주로 현재 일어나는 사건을 표현하며 인물 간의 대화와 행동을 통해 이야기가 전개되고 있다.

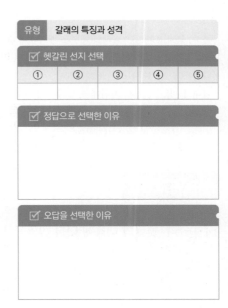

02

공원에 대한 설명으로 적절하지 않은 것은?

① 민족적인 감정이 서린 사리탑이 존재하는 장소이다.

② 공원이 생기기 전에는 종교적인 시설이 있는 장소였다.

③ 경제성을 중요시하는 사람들에게는 탐탁지 않은 장소이다.

④ 요릿집, 카페, 댄스홀, 오락장 등이 들어서는 상업지구가 될 예정이다.

⑤ 이곳을 지나가는 다양한 사람들을 통해 식민지 조선의 현실이 드러난다.

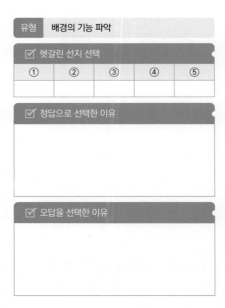

03 서답형 문제

<보기>에서 설명하는 인물을 윗글에서 찾아 쓰시오.

> **보기**
>
> • 당대 사회 현실에 분노하고 영웅이 없는 현실을 개탄한다.
> • 자신만의 해결책을 제시하지만, 구체적이거나 현실적이지 않다.
> • 관찰자로 등장하여 공원에서 벌어지는 여러 상황을 직접 논평한다.

유형 인물의 심리, 태도 파악

☑ 정답으로 선택한 이유

04

<보기>를 참고하여 윗글의 인물에 대해 설명한 것으로 적절하지 <u>않은</u> 것은?

보기

〈영웅 모집〉은 1930년대에 발표된 희곡으로, 당시의 다양한 삶의 양상들을 보여주며 세태를 풍자하고 있다. 이들은 일제 강점기의 사회·역사적 상황 속에 존재하는 다양한 삶의 모습을 드러내는 각각의 사례로 기능한다. 극 중 무대 배경으로 제시된 '공원'은 독립선언서를 낭독했던 파고다 공원으로, 독립운동을 상징하는 곳이다. 작가는 이러한 배경 속에 등장하는 다양한 인물들을 통해 부조리한 현실을 비판하고, 지켜야만 하는 중요한 가치인 민족의식을 드러내고 있다.

① 조선옷을 입은 룸펜을 통해 자기 합리화에 몰두하는 몰락한 지식인들의 태도를 비판하고 있다.

② 술에 취한 주정꾼들을 통해 심각한 현실에 대한 자각 없이, 유흥을 즐기는 무책임한 행태를 비판하고 있다.

③ 공원의 사리탑을 구경하는 이주민을 통해 조선 땅을 지키지 못하고 타국으로 떠나야만 하는 사람들의 안타까움을 드러내고 있다.

④ 공원에서 일어나는 일을 관찰하는 피에로를 통해 관객이 극 중 상황에 대해 효과적으로 이해하고 민족의식을 지닐 수 있도록 유도하고 있다.

⑤ 독립운동의 상징적인 장소를 허물고 오락시설을 세우려는 신사를 통해 일제 강점기에 사리사욕을 채우며 경제적 이익만을 좇는 사람들을 비판하고 있다.

05

다음 중 ⓐ의 심정과 가장 유사한 내용의 시조로 적절한 것은?

① 이런들 엇더ᄒᆞ며 져런들 엇더하료
만수산(萬壽山) 드렁츩이 얼거진들 엇더ᄒᆞ리
우리도 이ᄀᆞ치 얼거져 백 년(百年) ᄭᅡ지 누리리라

　　　　　　　　　　　　　　　　　　- 이방원

② 오백 년 도읍지를 필마로 도라 드니
산천은 依舊(의구)ᄒᆞ되 인걸은 간 듸 업다
어즈버 태평 연월이 ᄭᅮᆷ이런가 ᄒᆞ노라

　　　　　　　　　　　　　　　　　　- 길재

③ 강호(江湖)에 봄이 드니 미친 흥(興)이 절로난다.
탁료계변(濁醪溪邊)에 금린어(錦鱗魚) 안주로다.
이 몸이 한가해옴도 역군은(亦君恩)이샷다.

　　　　　　　　　　　　　　　　　　- 황희

④ 산슈간 바회 아래 ᄯᅱ집을 짓노라 ᄒᆞ니
그 모론 눔들은 웃난다 ᄒᆞ다마는
어리고 햐암의 뜻의ᄂᆞᆫ 내 분인가 ᄒᆞ노라.

　　　　　　　　　　　　　　　　　　- 윤선도

⑤ 가노라 삼각산(三角山)아 다시 보자 한강수(漢江水)야
고국산천(故國山川)을 떠나고쟈 하랴마ᄂᆞᆫ
시절(時節)이 하 수상(殊常)하니 올동 말동 ᄒᆞ여라

　　　　　　　　　　　　　　　　　　- 김상헌

정답 및 해설 p.17

핵심정리

＊주제

친일 지주 세력에 의해 수탈당하던 일제 강점기 농촌의 현실

＊전체 줄거리

국서는 자신이 가진 소에 대해 큰 자부심을 가지고 소를 애지중지한다. 차남 개똥이는 아버지가 그런 소를 팔아 자신에게 만주로 갈 노자를 마련해 주기를 바라지만, 국서는 그런 개똥이의 청을 무시한다. 한편 장남 말똥이는 한창 손이 많이 필요한 시기에 농사일을 내팽개치고 게으름을 피우는데, 그 이유가 그와 혼약을 맺었던 귀찬이가 일본으로 팔려 가게 되었기 때문임이 드러난다. 국서는 귀찬이를 데려올 몸값을 마련하기 위해 소를 팔 결심까지 하지만, 마름이 나타나 밀린 소작료를 대신하겠다면서 소를 끌고 가 버린다. 결국 귀찬이는 일본으로 팔려 가고, 국서는 소를 되찾을 궁리를 하지만 논임자를 상대로 소송을 하더라도 득 될 것이 없음을 알고 단념한다. 혼인이 좌절된 말똥이는 화가 나서 논임자의 곳간에 불을 지르고 주재소에 체포된다.

＊해제

이 작품은 1930년대 농촌 마을을 배경으로 '소'를 둘러싼 소작농 가족의 갈등을 그려 냄으로써 당대 농민들의 삶을 사실적으로 형상화한 희곡이다. 소는 국서네 식구들 간의 갈등을 매개하는 대상이지만, 결국 소를 차지하는 것은 국서의 가족 구성원이 아니라 제삼자인 논임자이고 소를 통해 욕망을 실현하려던 국서 가족은 몰락하고 만다. 이러한 사건의 이면에는 친일 지주 세력이 불합리한 소작 제도를 통해 농민들을 수탈하던 당시 사회의 구조적 모순이 자리하고 있다.

＊등장인물

국서	말똥이와 개똥이의 아버지, 국진의 형으로 소작농 집안의 가장임. 집안의 재산인 소를 중요시하여 말똥이의 결혼을 위해 돈이 필요함에도 소 파는 것을 주저함.
국서 아내	국서의 아내. 말똥이와 개똥이가 혼인에 대해 미리 말하지 않아서 답답해함. 국서처럼 소를 중요시함.
말똥이	국서의 첫째 아들. 혼인을 하기로 한 귀찬이가 일본에 팔려 간다는 소식을 듣게 됨.
국진	국서의 동생. 소를 팔지 않겠다는 국서를 논리적으로 설득함.

※ 다음 글을 읽고, 물음에 답하시오.

젊은 일꾼: (일하다가 들어와 보고) 아니, 댁에서들 아직 모르고 계십니다그려. <u>아래께 말똥이가 콩밭에 가는 귀찬이 짐을 받아 지고 가는 것을 나는 봤는데요.</u>
<small>말똥이와 귀찬이의 관계를 짐작하게 하는 일</small>
(말똥이 또 운다.)

국서: 콩밭에? 귀찬이? 아니, 건넛집 귀찬이란 년 말이지?

젊은 일꾼: 암요.

개똥이: 어제저녁에도 저 아래 대감 나무 밑에서 걔하고 살짜기 만나는 것을 내가 봤어요. 바로 어제저녁이야.

국서 아내: 그러면 그렇다구 왜 진작 대 주지 않구! 그저 두 놈이 똑같애!
<small>필요한 말을 하지 않은 것을 답답하게 여김</small>

개똥이: ㉠ <u>그런 소리 대 주다가 형한테 혼나게.</u> 모르는 소리 마. 형이 어떻게 힘이 세다구그래. 바로 〈대마도〉 같은데.
<small>1905년에 제작된 다큐멘터리 영화</small>

국서: (말똥이의 볼을 쥐어지르며) 에그, 이 자식! 제 주제에! 밑구멍으로 호박씨 깠구나! 이것두 사내 꼬부랑이라구 그래두 떡국 농간은 있어서 계집애 뒤꽁무니에 따라다닐 줄은 안단 말이지? 에잇, 사람못된 자식!
<small>재질은 부족하지만 오랜 경험으로 일을 잘 처리해 나간다는 뜻의 속담</small>

국서 아내: ……그런데 **귀찬이 아버지가 아까 와서 그러는데요.** 읍내 나까무라상한테 말해서 그 애를 이번에 **일본으로 팔**어먹는대요.
<small>말똥이가 우는 이유</small>

국서: 일본으로요?

늙은 일꾼: 흥, 땡잡었구나, 그 집에선.

젊은 일꾼: 간밤에 대감 나무 밑에서 말똥이가 만났다니까 그럼 그 말을 그때 귀찬이한테서 들은 게로구먼. 그래서 그런 게지? 응, 말똥아?
<small>말똥이가 우는 이유를 추측</small>

말똥이: (고개를 끄덕이며) ……네. 막 2,000냥(40원) 몸값으로 팔려 간대요. 대감 나무 밑에서 그랬어. 그 망할 년이! 그 죽일 년이! 그 빌어먹을 년이!
<small>좌절감과 분노를 드러냄</small>

구경꾼: 2,000냥? 그것 잘된 흥정이로군.
<small>인신매매가 대수롭지 않을 정도로 돈이 중요한 일제 강점기의 세태</small>

국서: 그럼 말똥아. ㉡ <u>너허구 같이 살자구 귀찬이허구 약조한 일이 있니?</u>
<small>말똥이와 귀찬이의 관계가 심상치 않다고 여긴 국서의 물음</small>

말똥이: 서로 아버지 어머니헌테 말해 가지구, 그래 가지구 같이 살자구 철석같이 약조했어. 그래 놓고 그년이 그래요.

국서 아내: 이놈아 정신 차려라! 그 집에서는 작년 재작년 흉년에 밀린 도지*를 못 갚어서 자식을 판단다.

늙은 일꾼: <u>그럼 댁에서 그 묵은 도지를 갚어 주.</u> 그러면 색시를 빼내 올 수 있지.
<small>귀찬이를 데려올 수 있는 방법</small>

(중략)

국서 아내: (방에서 튀어나오며) 벌써 다녀오셨수?

국서: 아니야, 가다가 국진이를 길에서 만났어. 맘먹은 대로 변통이 안 됐대.

국서 아내: 에그, 그러면 어떡해요? 돈이 안 되면……. 모레는 나까무라 상이 귀<u>찬이를 데리러 온다는데요.</u>
<u>돈을 구할 것이라는 기대가 어긋남</u>

국서: 저당이라는 게 뭐 해 먹는 겐지. 그걸 하지 않으면 돈을 안 꾸어 준다는 걸 어떡한단 말이야. 제기랄! 그렇게 급하거든 네 헌 속곳이나 팔어. 그래 가지구 색시 몸값 치르고 맘에 맞는 며느릴 얻으려무나. 나는 어쩔 수 없어. 대체 무얼 가지구 그놈의 저당을 헌담! 헐 게 있어야 말이지. ⓒ <u>내 상투라두 떼어 가려거든 떼어 가.</u>
<u>돈을 빌릴 방법이 없어 자포자기하는 심정</u>

국진: 그렇게 말씀헐 게 아닙니다, 형님.

국서: 그럼 어떻게 말을 허람! 내게 팔랑개비 재주가 없는 담에야 뭐라구 해?

(이때 말뚱이, 일하다가 멋도 모르고 노래하며 들어온다.)

국서: (말뚱이를 보고) 에키! <u>치독</u>을 맞을 놈의 자식 같으니라구! 무엇이 기뻐서 노랜 불러! 못난 게. 흥, 제 주제에! 꺼들대기는 잘하지! 이놈아, 보기 싫다! 저리 가서 쇠<u>진드기</u>나 잡어 줘라!
독약을 음식에 넣음
소와 말에 기생하면서 피를 빨아 먹는 진드기

(말뚱이, 부루퉁해져서 감나무 밑에 가 앉아 버린다.)

국진: 그러지 말고 형님. 저…… 우리 ⓐ <u>소를 그만 팔기로 하는 게 어떨까요.</u>
국진의 제안

국서: 아니, 자네 미쳤나? 우리 소는 저 소의 사촌의 아버지의 큰형이……
생각지도 못한 말에 당혹감을 드러냄

국진: <u>도 장관에게서 일등 상 받았단 말씀이죠?</u> 아무리 그렇더래두 여기서 저 소를 파는 게 그중 상책일 것 같습니다. 자, 여기서 누가 우리 소원대로 돈을 꾸어 준다 합시다. 그러면 생각해 보세요. 대체 그 비싼 변리(邊利)를 우리가 어떻게 갚어 낸단 말요? 변리가 본전이 되구 본전이 변리를 낳아서 급기야는, 소를 팔지 않어선 안 될 고비가 닥쳐오고야 말 겁니다. 그러니까 여기서 소를 파나, 좀 두었다가 파나 팔기는 마찬가지죠?
남에게 돈을 빌려 쓴 대가로 치르는 일정한 비율의 돈
돈을 빌리면 이자가 원금보다 불어나 감당할 수 없게 됨

국서: 안 돼! 이전부터 이르는 말이 있어. **소는 농가의 명줄이야.** 소 팔어먹구 잘되는 놈의 집안은 고금에 없거든!
국서가 소 팔기를 거부하는 이유 ②

국진: 그래두 자식보다야 소중하지 않겠지요?

국서: 말 말게. 세상에서는 자식 있는 것보다 송아지 가진 것을 더 중하게 여겨 준다네. ⓓ <u>자식이 몇 놈이 있어 봐. 누가 문간에 송아지 한 마리 매어 둔 것보다 낫게 봐주는지?</u>

국서 아내: 그건 옳은 말입네다. <u>우리 집에 소 한 마리 키운다구 동리에서 우리를 부자라구 그러지 않어요.</u> 그리고 귀찬이 집에서도 우리 소 매어 둔 걸 보고 색시를 준대요.
농촌에서 소를 기른다는 것은 부유한 것

* 말뚱이와 귀찬이의 관계

말뚱이는 귀찬이와 혼인을 약속함.

귀찬이가 2,000냥에 일본으로 팔려 가게 됨.

결혼을 위해, 팔려 가지 않기 위해 소를 팔지 않으면 안 되는 상황이 됨.

* 소의 의미

말뚱이와 귀찬이
말뚱이와 귀찬이가 결혼을 이루는 데 필요한 돈을 마련할 수 있음.

국서와 국서 아내
• 엄청난 경제적 이득을 주는 존재이며 농부에게는 꼭 필요한 재산임. • 좋은 핏줄의 소라고 생각함. • 자식보다 송아지가 있는 게 낫다고 생각함. • 남들이 부자라고 생각하고, 술집에서 외상을 놓을 수 있음. • 귀찬네 집에서도 소 때문에 혼인을 약속함.

국진
• 어차피 마름에게 뺏겨 지주의 것이 될 확률이 높음. • 자식보다는 소중하지 않음. • 지금 상황에서는 파는 수밖에 없음. • 병작 소를 사용하면 농사를 계속 지을 수 있음.

묵은 도지 때문에 소를 뺏길 바에는 말뚱이와 귀찬이를 위해 파는 것이 나음.

* 불합리한 사회구조

2,000냥	· 귀찬이가 팔려가는 대신 받을 돈 · 이를 두고 '그것 잘된 흥정'이라 말하는 구경꾼이 있음. → 빈곤과 인신매매가 팽배한 현실
어떤 법령	· 조선 총독부가 소작 문제를 해결한다는 명분으로 만든 '조선 농지령'을 가리킴. · 지주가 소를 가져갈 빌미가 됨. → 잘못된 경제 정책에 의한 폐해
묵은 도지	· 국서가 소를 팔아야 하는 이유 · 소작농이 지주에게서 피해를 입는 원인 → 아무리 노력해도 부유해질 수 없는 현실

국서: 암, 그렇겠지. 술집에서 내게 막걸리 잔 외상으로 놓는 것도 우리 집 소를 보고 놓는 거야. "국서 자네 같으면 얼마라두 외상으로 먹게. 자네헌텐 소가 있는걸." 이러거든! 그들이 어디 자식 보고 그러는 줄 아나?

국진: <u>그야 소를 가지면 안 가진 것보다야 훨씬 낫겠죠.</u> 그렇지만 형님, 이 판에는 하는 수 없어요. 색시 집에서두 도지를 못 갚어서 거리에 나앉는 변이 있더래두, 그걸 참고 계집애를 주려구 하지 않았어요. 그러니까.

소를 소유하는 것의 효용을 부정하지는 않음

국서: 정신없는 사람아. 이 조선 땅에서 누가 남을 위해서 제 몸을 바치는 사람이 있어? 그 집에서 색시를 주려는 것은 기왕 선금으로 몸값은 반이나 받어 썼겠다, 그 쓴 돈은 우리가 갚어 주려구 하겠다, 그러니까 그 집에서는 이리 구나 저리 구나 해되는 것은 없거든! 그래서 색시를 내놓는 거야.

국진: 형님, 이것 보세요. 형님이 아무리 저 소를 소중히 여겨도 <u>우리 논임자가 저걸 가만두지는 않을 겁니다.</u> 알겠어요. 거기서는 묵은 도지를 어떻게든지 금년 안으로 받어 내려구 하지 않아요? 내년부터서는 무슨 **법령**이 갈린다구. 이

소를 팔지 않더라도 빼앗길 것임

런 좋은 핑계를 코앞에 두고 그 영리한 양반들이 우리 소를 제자리에 둬 두겠

1934년 조선 총독부가 소작 문제를 해결한다는 명분으로 제정한 '조선 농지령'

어요? 쑥스러운 생각이지요.

법령이 지주 세력의 입맛에 맞게 이용되는 실상

국서 아내: 참, 아까 마름이 여간 노허구 가지를 않았다우. 그 **묵은 도지** 때문에.

국진의 예상을 뒷받침하는 사건

국진: 에그, 저것 보세요. 그 악바리헌테 걸려서 큰일 났군요. 형님. 이럴 적에 맘을 뚝 잘러 버려요? 네?

국서: ⓜ 허긴 그래……. 묵은 도지가 걱정이야…….

소를 팔아야 한다는 생각이 들기 시작한 국서

국진: 그리고 어디 자기 소가 있어야 농사를 지으란 법은 없죠. 명년부터서는 남의 병작 소*라두 먹이죠. 그래두 농사짓는 덴 걱정 없지 않아요?

– 유치진, 〈소〉 –

---

* **도지(賭只):** 풍년이나 흉년에 관계없이 해마다 일정한 금액으로 정하여진 소작료.
* **병작(竝作)소:** 어우리 소. 맡아 기르는 대신 일을 시키고 나중에 팔아 얻게 되는 이익을 주인과 나누어 가지기로 한 소.

- 확인 문제

[1-7] 윗글의 내용에 대한 설명이다. 맞으면 ○, 틀리면 ✕표 하시오.

1 젊은 일꾼은 자신이 목격한 일과 국서 아내의 말을 종합하여 말뚝이가 우는 이유를 추측했다.

2 국진은 귀찬이의 몸값을 치르기 위한 돈을 빌리려 했다.

3 말똥이는 국서가 허탕 친 것을 알고 일하다가 눈치를 보며 들어왔다.

4 국진은 국서에게 소를 팔자고 제안했다.

5 국서는 세상이 송아지를 자식보다 중요하게 여긴다고 생각했다.

6 국진은 소를 소유하는 것에 대한 효용을 부정적으로 생각했다.

7 국진은 소를 가지고 있어봤자 논임자에게 빼앗길 것이라고 생각했다.

[8-10] 윗글의 내용과 관련하여 빈칸에 들어갈 적절한 내용을 쓰시오.

8 개똥이는 어제저녁 ☐☐ ☐☐ 밑에서 말똥이와 귀찬이가 만나는 것을 보았다.

9 늙은 일꾼은 색시를 빼내 올 수 있는 방법으로 ☐☐ ☐☐를 갚아 주는 방법을 생각했다.

10 국진은 명년서부터는 남의 ☐☐ ☐라도 먹이자고 제안한다.

확인 문제 정답 1○ 2○ 3✕ 4○ 5○ 6✕ 7○ 8 대감 나무 9 묵은 도지 10 병작 소

97

01

윗글에 대한 설명으로 가장 적절한 것은?

① 젊은 일꾼은 귀찬이가 말똥이에게 이별을 통보하는 장면을 목격하였다.

② 국진은 상황의 불가피함을 설명하면서 국서의 태도 변화를 요청하였다.

③ 국서는 귀찬이가 일본으로 팔려 간다는 소식을 귀찬이 아버지에게서 들었다.

④ 말똥이는 국서와 국서의 아내에게 귀찬이네 묵은 도지를 대신 갚아달라고 부탁하였다.

⑤ 국서 아내는 귀찬이네가 순수한 마음으로 귀찬이를 자신의 집에 시집보내는 것이라 여겼다.

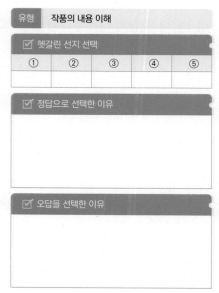

유형	작품의 내용 이해

☑ 헷갈린 선지 선택

①	②	③	④	⑤

☑ 정답으로 선택한 이유

☑ 오답을 선택한 이유

02

㉠~㉤에서 드러나는 인물의 심리와 태도에 대한 이해로 적절하지 않은 것은?

① ㉠: 말똥이와 귀찬이의 관계를 발설했을 시 형으로부터 보복을 당했을 것이라는 개똥이의 추측이 드러난다.

② ㉡: 젊은 일꾼의 말을 듣고 말똥이와 귀찬이의 관계를 확인하고픈 국서의 궁금증이 드러난다.

③ ㉢: 돈 때문에 자존심까지 버릴 수는 없다는 국서의 고집이 드러난다.

④ ㉣: 자식보다 송아지를 통해 얻는 이득이 훨씬 많다는 국서의 타산적 태도가 드러난다.

⑤ ㉤: 결국 소를 팔아야 하는 것인지 고민하는 국서의 내적 갈등이 드러난다.

유형	인물의 심리, 태도 파악

☑ 헷갈린 선지 선택

①	②	③	④	⑤

☑ 정답으로 선택한 이유

☑ 오답을 선택한 이유

03

ⓐ에 관한 설명으로 적절하지 않은 것은?

① 농민들 사이에서는 부의 상징으로 여겨진다.

② 국진에게는 자식보다 중요한 존재로 인식되지 않는다.

③ 귀찬이와 말똥이가 혼인을 약속하는 데 많은 영향을 끼쳤다.

④ 귀찬이를 위해 팔지 않는다고 해도 마름에게 빼앗길 확률이 높다.

⑤ 국서에게는 마지못해 팔아야 하는 것이지만, 국진에게는 당장 팔아야 하는 눈엣가시다.

유형	소재의 기능 파악

☑ 헷갈린 선지 선택

①	②	③	④	⑤

☑ 정답으로 선택한 이유

☑ 오답을 선택한 이유

04

\<보기\>를 바탕으로 윗글을 감상한 내용으로 적절하지 <u>않은</u> 것은?

보기

　　유치진의 〈소〉에서는 무대에 등장하지 않는 인물과 관련된 사건이 대사를 통해 드러나고 있다. 이는 새로운 인물을 등장시키기 위한 장면 전환 없이도 극의 흐름을 이해할 수 있게 하는 장치가 된다. 이러한 방식은 당시의 부정적 세태를 간접적으로 비판하면서 검열을 피하고자 하는 작가의 의도가 반영된 것이다. 유치진은 이러한 극작술을 활용하여 일제 식민 정치의 부조리함에 대한 민중의 각성을 촉구함과 동시에, 말똥이의 혼사와 소의 처분 문제를 놓고 국서 집안에서 벌어지는 갈등 이면에 놓인 사회적 갈등을 드러냈다.

① 국서 아내의 '귀찬이 아버지가 아까 와서 그러는데요'라는 대사는 장면 전환 없이 극의 흐름을 이해하도록 돕고있군.

② 귀찬이 '일본으로 팔'려 가는 것은 가족보다 돈을 우선시하는 일제 강점기의 부정적 세태를 간접적으로 비판하기 위한 설정이겠군.

③ 국서의 '소는 농가의 명줄이야'라는 대사는 빈곤한 시대적 상황 속에서 이를 극복하고자 각성한 농민의 적극적인 노력을 드러내고 있군.

④ 국진의 대사에서 '법령'이 언급되는 것은 소작농에게 가해진 일제 식민 정치의 부조리함을 드러내는 것이군.

⑤ '묵은 도지'는 소작농과 그들의 경제 사정을 아랑곳하지 않는 당대 지주 간의 사회적 갈등을 드러내는 소재겠군.

05 　 서답형 문제

\<보기\>에서 설명하는 대상을 윗글에서 찾아 2음절로 쓰시오.

보기

- 소작농에게 불리한 결과를 낳을 법령을 만든 주체다.
- 귀찬이가 조선 땅을 떠나, 가기로 예정된 곳이다.

정답 및 해설 p.18

핵심정리

＊ 주제
한국 근대사의 비극적 갈등을 극복하고 자기 개혁을
실천하는 한 인간의 결의

＊ 전체 줄거리
고현은 3·1 운동 때 일경의 총을 맞고 뒷산 동굴에
피신하였다가 죽은 아버지로 인해 할아버지인 고 영
감으로부터 현실에 순응하고 살도록 강요받고 자란
다. 현은 일본 유학 시 제국주의 찬양론자들의 주장
에 불만을 품고 귀국했다가 학병으로 끌려가게 되고,
학병 탈출 후 해방된 고향으로 돌아온다. 어린 시절
부터 친구였던 연호와 이념 문제로 대립각을 세운 현
은 인민재판에서 영순의 아버지가 처형당하는 것에
분노하여 연호를 치고 아버지가 죽은 동굴로 피신한
다. 현의 은신처를 알게 된 연호는 고 영감을 인질로
잡고 투항을 권유한다. 대치 상황에서 연호가 고 영
감을 사살하자 현은 동굴에서 나와 연호를 총으로 쏜
다. 그 과정에서 연호에게 총탄을 맞은 현은 흐려져
가는 의식 속에서도 생명의 불꽃을 느끼며, 현실과
정정당당하게 대결하면서 살아갈 것을 결심한다.

＊ 해제
이 작품은 선우휘 원작의 소설을 각색한 시나리오이
다. 작품의 내용은 원작 소설에서 크게 벗어나지 않
는 선에서 행동주의적 주제 의식을 형상화하고 있다.
일제 강점기부터 광복 이후의 한국 근대사의 중심을
꿰뚫고 지나가는 한 인물이 현실의 문제를 외면하고
현실에 순응하는 모습을 보이다 현실을 직시하고, 불
의한 현실에 맞서 싸우고자 하는 의지를 보이는 과정
을 구체화하여 보여 주고 있다.

＊ 등장인물

현	불의에 침묵하다가 불의한 현실에 맞서 저항하는 인물로, 인민재판을 거치면서 할아버지의 강요로부터 벗어남.
연호	비극적인 상황에서도 냉정한 모습을 유지하는 인물로, 자신의 목적과 의지에 따라 수단과 방법을 가리지 않음.
고 영감	3·1 운동 때 아들을 잃은 인물로, 손자인 현에게 현실에 순응하고 살라며 강요함. 하지만, 결국 불의에 맞서는 손자를 보며 흡족해함.
영순	원작에는 등장하지 않는 새로운 인물로, 조 목사의 딸로 등장하여 사건의 비극성과 슬픔을 극적으로 만듦.

※ 다음 글을 읽고, 물음에 답하시오.

S# 138. 광장

연호: 내 말 들으시오. 동무들.

광장에 끌려 나온 사람들. 인민재판의 광장. 거기 잡혀 온 현, 조경태 목사, 국민회 회장
―공포의 얼굴, 얼굴들.
　인민재판을 받아야 할 사람들
　인민재판에 회부된 사람이 느끼는 공포의 심리를 보여 줌 ①

연호: 동무들 오늘 이 자리에서 조직을 이탈하고 혁명을 반대하는 자의 말로가
　　　　　　　　　　　　　현, 조경태 목사, 국민회 회장의 죄목
어떤 것인가 보여 주겠소. (돌아보며) 진행하오.

대기했던 내무서원들, 몽둥이를 들고 나타난다. 두려운 얼굴, 얼굴들. 순간 무섭게
　　　　　　　　　　　　인민재판에 회부된 사람이 느끼는 공포의 심리를 보여 줌 ②
나는 몽둥이. 피를 토하며 쓰러지는 국민회 회장, 비명, 울부짖음. 싸늘하게 현의 얼굴
을 주시하는 연호. 움직임 없는 현의 표정. 금세 시체가 돼서 끌려 나가는 국민회 회
장. 현의 얼굴에 배는 식은땀. 다음 차례 조 목사가 끌려 올라간다.
현이 긴장되고 불편한 상황에 처해 있음을 보여 줌

영순: 아버지― 아버지―.

미친 듯 울부짖는 영순. 싸늘히 지키는 연호. 퍽. 조 목사의 머리를 강타하는 몽둥이.
　　　　　　　　　　　　냉정한 연호의 성격을 나타냄

영순: 악― 악― 아버지잇―.

힐끗 발아래 시선 던지는 현. 기다란 그림자. 내려치는 몽둥이. 순간

현: 살인이닷. 살인이야앗―.
　　불의에 침묵하지 않고 행동을 하기 시작함

왈칵 돌아보는 연호의 얼굴. 그 얼굴에 증오를 모은 현의 주먹이 무섭게 떨어지며
　　　　　　　　　　　불의에 대한 단호한 현의 응징을 보여 줌

현: 이놈, 살인이닷.

[A]

픽 쓰러지는 동시에 왈칵 열댓 놈. 소총을 빼앗아 드는 현. "응?" / "어?"

놀라는 얼굴, 얼굴들. 순식간에 일어난 일. 벌써 비호처럼 내뛰는 현의 모습. "뛴다." /
현의 용기 있는 행동에 사람들이 놀람
"잡아라."

탕― 탕― 귓전을 울리는 총성. 휘청. 다리를 맞고 쓰러진 현. 벌컥 일어나 절뚝절뚝 달
린다. 벌집 쑤신 광장. 장터는 수라장.

[중략 부분 줄거리] 장터에서 도망친 현은 3·1 운동 때 아버지가 일제에 맞서다 죽음을 맞이했던 동굴로 피신한다. 연호는 현의 할아버지인 고 영감과 현의 어머니를 끌고 동굴 앞에 와서 현을 굴복시키고자 하지만 고 영감은 동굴 앞에서 현에게 이곳에서 도망을 쳐서 살아야 한다고 말하고 연호는 그런 고 영감을 총으로 쏜다.

S# 140. 동굴 안

현: 할아버지잇—.

총을 들고 절규. 뛰어나가려는 순간, 탁 앞을 가로막는

S# 141. 이미지

검고 크게 압박하는 그 **굳은 껍질**의 환영. 순간 그것은 놀랍게도 붉고 붉은 **불덩어리가**
_{불의한 현실을 외면하라는 할아버지의 요구로 인해 현의 행동을 저지하는 심리적 기제}
되면서 화면이 깨질 것 같은 찢어지는 소리와 함께 그 거대한 불덩어리가 하늘 가득히 확
_{불의한 현실에 저항하고자 하는 현의 심리를 상징적으로 나타냄}
산되면서 (슬로 모션)

S#142. 계곡

이하 슬로 모션. 소리를 지르며 **동굴**에서 뛰어나오는 현. 총을 들어 쏜다. 응사하는 괴뢰군들. 한 발은 불발탄. 뛰어나오는 현. 다시 쏜다. 한 놈이 쓰러진다. 현의 어깻죽지에 한 발 맞는다. 그대로 뛰어나오는 현. 또 쏜다. 또 한 놈이 쓰러진다. 연호가 쏜다. 가슴에
_{죽을 수도 있는 위험한 상황을 피하려 하지 않는 현의 태도가 드러남}
맞는 현. 그래도 달려 나오며 연호를 쏜다. 가슴에 피를 뿜으며 쓰러지는 연호. 여기까지 슬로 모션.

고 영감: (넘어지며) <u>그놈 잘한다.</u>
_{손자인 현이 자신의 의지에 따라 행동하는 것에 흡족해함}

토하듯 한마디. 그대로 숨진다. 비틀비틀 가슴에 피 흘리며 쓰러지는 현. (슬로 모션)

S# 143.이미지

<u>확산되어 흩어지는 무수한 불덩어리의 조각. (슬로 모션)</u>
_{현의 의지가 더욱 확산되고 있음을 형상화함}

S# 144. 계곡

하늘을 향해 쓰러지는 현. 멀거니 뜨는 눈.

S# 145. 이미지

확산되는 **불꽃**의 수많은 조각. (슬로 모션) 그 찢는 듯한 음향. 아,「거기 넓은 꽃밭. 아
_{「」: 환상의 이미지를 통해 현이 지향하는 바가 드러남}
스라이 일어나는 뭉게구름. 백마를 타고 달려오는 현. 포진. 하늘을 향해 두 발을 들고 우

짖는 백마. 창을 빗겨 든 현의 모습. 꽃밭 속을 달려오는 현 모와 영순. 아니 그것은 아름다운 천사. 현의 백마, 구름 속을 달려간다. 그 찬란한 세계.」

S# 146. 계곡

포성, 가까워진 포성.

현: 으으……

환희의 얼굴, 이제 거기 **새로운 탄생**.
현이 자신이 벌인 행동에 대해 만족감을 느끼고 있음을 알 수 있음

현: 으으……

부릅뜬 현의 눈. 저만치 거꾸로 비탈에 처박혀 죽은 고 영감. 그 아래 선조들의 선영, 아버지가 죽은 동굴. 현, 일어선다. 총을 들고 일어선다. 그것은 강인한 의지, 초능력의 새로운 힘. 일어나는 현, 대지를 꿋꿋이 밟는 현. 아직도 그의 손바닥엔 한 알의 탄환. 가까이 오는 포성. 거기 그렇게 서 있는 현.
자신이 처한 현실에 당당하고 굳건하게 맞서는 모습

- 선우휘 원작, 이은성·윤삼육 각색, 〈불꽃〉 -

[1- 7] 윗글의 내용에 대한 설명이다. 맞으면 ○, 틀리면 ×표 하시오.

1 현은 불의에 맞서 침묵하지 않고 행동한다.

2 현은 팔에 총을 맞아 팔을 움켜쥔 채 장터에서 도망쳤다.

3 조 목사는 조직을 이탈하고 혁명에 반대했다는 죄목으로 인민재판에 회부되었다.

4 고 영감은 현이 위험한 상황을 피하지 않고 자신의 의지에 따라 행동하는 것을 끝까지 못마땅하게 여긴다.

5 총을 맞고 쓰러진 현이 떠올리는 환상의 이미지는 현이 지향하는 세계를 드러낸다.

6 현은 가까워진 포성을 듣고 자신이 벌인 행동에 대해 후회한다.

7 연호는 비극적 상황에서도 냉정한 모습으로 일관한다.

[8- 10] 윗글의 내용과 관련하여 빈칸에 들어갈 적절한 내용을 쓰시오.

8 현의 행동을 저지하는 심리적 기제를 '굳은 ☐☐의 환영'이라고 나타내었다.

9 '☐☐☐☐'는 불의한 현실에 저항하고자 하는 현의 의지를 상징한다.

10 현은 동굴에서 뛰쳐나와 총을 쐈지만 ☐☐☐☐에 총알을 한 발 맞았다.

확인 문제 정답	1○	2×	3○	4×	5○	6×	7○	8 껍질	9 불덩어리	10 어깻죽지

01

윗글의 서술상 특징으로 적절하지 <u>않은</u> 것은?

① 상징적 소재를 사용하여 주제를 형상화하고 있다.

② 장면의 전환이 희곡보다 자유롭게 이루어지고 있다.

③ 현실과 환상을 교차하여 인물의 지향점을 드러내고 있다.

④ 슬로 모션을 사용하여 인물이 느끼는 절망감을 극대화하고 있다.

⑤ 인물의 행동을 통해 독자에게 바람직한 삶의 자세를 제시하고 있다.

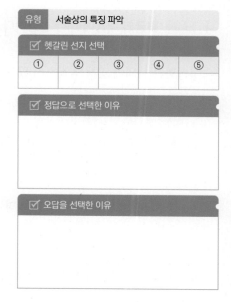

02

윗글의 인물에 대한 설명으로 적절하지 <u>않은</u> 것은?

① 고 영감은 자신의 말을 듣지 않은 현의 모습에 흡족함을 느낀다.

② 영순은 아버지인 조 목사의 죽음을 목격하고 비통한 심정을 감추지 못한다.

③ 연호는 자신의 이념을 위해 사람들의 목숨을 빼앗는 무자비한 모습을 보인다.

④ 현은 동굴에서 죽음을 맞이한 자신의 아버지와 달리 죽음의 위기에서 벗어난다.

⑤ 현은 연호의 살인에 분노하지만, 자신 또한 할아버지의 복수로 살인을 한 이후 죄책감을 느낀다.

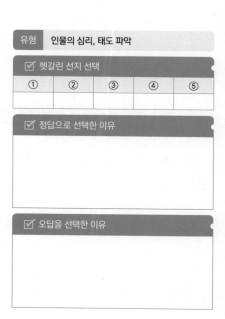

[A]는 원작인 <보기>를 각색한 것이다. <보기>를 [A]로 각색하며 고려한 사항으로 적절하지 않은 것은?

| 유형 | 극적 형상화 방식의 이해 |

☑ 헷갈린 선지 선택				
①	②	③	④	⑤

☑ 정답으로 선택한 이유

☑ 오답을 선택한 이유

보기

첫째 번의 희생자, 국민회 회장이 언도를 받자 군중의 까닭 모를 아우성과 함께 집행자들의 손에 쥐어졌던 굵다란 곤봉이, 얼굴이 거의 흙빛이 된 반백의 머리 위에 쏟아졌다. 뼈가 부서지는 소리, 살이 떨어져 나가는 무딘 소리.

'어떠냐?'

연호는 현을 뚫어질 듯이 쏘아보았다. 그러나 그는 현의 얼굴에서 한 오리의 공포의 빛도 찾아낼 수 없었다. 경화(硬化)된 현의 얼굴에서는 다만 땀이 흘러내리고 있을 뿐이었다.

'이런!'

그러나 그것은 연호의 오진이었다. 현의 얼굴을 흐르는 땀은 더위 때문이 아니라 가슴에서 타는 분노의 불길 때문이었다. 두 번째의 희생자가 끌려 나왔을 때 현이 흘린 땀은 땀이 아니라 전신의 혈관에서 배어 나오는 피였다. 희생자는 다름 아닌 조 선생의 부친이었다. 다만 어울리지 않는 생활 양식을 거부하고 남으로 내려온 것 외에 아무런 반항도 꾀하지 않은, 한 무력한 늙은이에 지나지 않았다. 순간적으로 현의 뇌리를 조 선생의 모습이 스쳐 갔다. 현은 땀이 흐르고 있는 얼굴을 돌려 연호를 쳐다보았다. 그 야릇한 눈동자와 입가에 띄운 까닭 모를 웃음, 이것이 같이 자라난 친구—인간의 얼굴이라니. 그 얼굴이 눈앞에서 크게 확대되는 착각을 느끼자 현의 입에서 찢는 듯한 비명이 터져 나왔다.

"살인이다!"

– 선우휘, 〈불꽃〉

① 차갑게 현을 주시하는 연호의 태도는 그대로 유지한다.

② 기존의 인물들을 그대로 활용하여 구성적 안정감을 유지한다.

③ 국민회 회장이 죽는 장면을 간략히 제시하여 극의 흐름을 빠르게 진행한다.

④ 현의 심리에 대한 설명을 생략하여 마지막 현의 태도 변화를 더욱 강렬하게 드러낸다.

⑤ 군중들의 두려움을 표현하여, 사건이 벌어지는 장소의 긴장감을 부여함으로써 관객의 몰입을 꾀한다.

04

<보기>를 참고하여 윗글을 감상한 내용으로 적절하지 <u>않은</u> 것은?

보기

　〈불꽃〉에서 고 영감은 아들이 일제에 저항하다 죽음을 맞이하자, 손자인 현에게 안온한 삶을 위해 현실의 문제에 개입하지 않도록 강요한다. 현은 불의한 현실 상황을 마주칠 때마다 이로 인해 심리적 갈등을 겪게 되고, 결국 할아버지의 요구에 따라 현실을 외면하고 만다. 하지만 마지막 순간 불의한 현실에 맞서야 한다는 의지가 안온한 삶을 지키고자 하는 의지를 압도하는 모습을 보이는데, 이와 같은 현의 행동은 이 작품을 행동주의 문학으로 불리게 하는 근거가 되기도 한다. 한편 이 작품에서 이와 같은 현의 심리 상태나 행동의 심리적 동기 등은 인물의 행동이나 표정, 말투 등을 통해 제시되기도 하지만 때로는 추상적 이미지를 통해 상징적으로 제시되기도 한다.

① 현을 압박하던 '굳은 껍질'은 안온한 삶을 지키고자 하는 의지를 상징하는군.

② 불의한 현실에 맞서야 한다는 현의 행동주의적 태도는 '불덩어리'로 표현되었군.

③ '동굴'은 은신처로서의 역할도 있으나, 죽음과 새로운 삶이 함께 드러나는 이중적 의미를 띠는 상징적 공간이군.

④ '불꽃'의 수많은 조각들이 흩어지는 것을 통해, 신념을 따르고자 하는 현의 의지가 연호에 의해 꺾이고 말았음을 암시하는군.

⑤ 현이 환희의 얼굴로 '새로운 탄생'을 하는 것은 각성의 결과로 이상적인 삶을 추구하고 정의와 양심을 회복한 모습임을 암시하는군.

05 　서답형 문제

<보기>에서 설명하는 대사를 윗글에서 찾아 4음절로 쓰시오.

보기

불의에 침묵하지 않고 행동을 하기 시작한 현의 발언

정답 및 해설 p.19

※ 다음 글을 읽고, 물음에 답하시오.

S#181. (F.I) 조준구의 방

준구: 김 생원께선 어떤 계획을 세우셨소?

김 훈장: 무기가 없으면 죽창으로라도 싸울 채비를 차려야지요.

준구: 죽창으로?!

김 훈장: 우리는 일어서야 하오. 나라 없는 백성이 어디 있으며 일찍이 왜란, 호
란을 겪었으되 우리 주권을 빼앗긴 일은 없었소. 싸움 한번 없이 고스란히 이
럴 수는 없소.
> 주권을 빼앗긴 상황의 심각성을 말하며 저항하는 행동을 시작하자고 말하는 김 훈장

준구: …….

김 훈장: 실은 내가 여기 온 것은 다행히 조 공께서 계시니. 아니 어느 면으로 보
나 조 공이야말로 지체 높으시고 우리네들과는 달라서 새로운 문물에도 통할
하시고 조 공께서 재량하실 수 있는 재물도 그렇고, 달리 또 누가 적격자가 있
겠소. 뭐니 뭐니 해도 우선 여러 사람이 움직이려면…….

준구: 김 생원. 아 그래 내게 의병장이 되라 그 말씀이오? 낭도들을 이끌고 산에
들어가서 개죽음을 하라 그 말씀이오? 어림도 없는.
> 의병 행위에 대해 가치를 인정하지 않는 조준구

김 훈장: …….

㉠ 뜻밖이다. 부릅뜬 눈으로 조준구를 쏘아보는 김 훈장의 턱수염이 파르르 떨고 있다.
김 훈장은 자리를 박차고 일어선다.

준구: 아, 아니 왜 일어나시오? 약주나 함께.

팔 잡은 손을 뿌리치고 방을 나가는 김 훈장.
> 조준구의 태도에 깊이 실망한 김 훈장

S# 182. 타작마당

넓은 마당에 모인 마을의 장정들.

봉기: 그라믄 우찌되는 깁니까, 우리는.
> 『』: 주권을 빼앗긴 상황에 대해서 자신들에게 실질적으로 미칠 영향만을 우선 궁금해하고 걱정하는 백성들의 모습

영팔: 생원님. 나라를 뺏겼으니 우리는 땅도 부치묵을 수 없다, 그 말씸입니까?

한조: 제사도 못 모시게 합니까?

두만 아비: 그예 상투도 잘라야 합니까?』

김 훈장: 이, 이 사람들아. 그게 무슨 소린고? 이 철없는 백성들아.
> 나라의 주권을 빼앗겼음에도 상황을 이해하지 못하는 백성들에게 실망하여 분노하는 김 훈장

김 훈장은 울음을 터뜨린다.

핵심정리

＊주제
국권 피탈과 일제 강점기의 역사적 격랑을 이겨 내는
민중들의 모습

＊전체 줄거리
경남 하동 평사리 일대의 대지주인 최 참판가, 주인
인 최치수와 어머니 윤씨 부인이 지키고 있는 이 집
은 윤씨 부인이 겁탈을 당해 혼외 아들을 낳았다는
비밀을 안고 있다. 치수가 10여 세였던 옛날에 동학
우두머리 김개주에게 겁탈당한 후 절로 피신해 목숨
을 부지하고 김환을 낳은 것. 그 김환이 후에 치수 집
머슴으로 들어오는데, 공교롭게도 그가 치수의 처인
별당 아씨와 정을 통하여 함께 도망치고, 치수의 딸
서희는 어머니를 이유도 모른 채 잃고 몸종 봉순이와
함께 외롭게 자라난다. 최치수는 만석꾼 살림을 눈독
들인 귀녀와 평산, 칠성 일당에게 살해당하고, 고종
40년에 전국을 휩쓴 호열자(콜레라)로 윤씨 부인도
죽고 만다. 혈혈단신 남겨진 서희는 최 참판가의 재
산을 눈독 들여온 조준구와 그의 처 홍 씨의 아래에
서 자라나는데, 조준구 부부는 악독 지주로 행세하며
농민들을 괴롭히고 을사늑약이 체결되자 들고일어난
농민들 손에 의해 죽을 뻔했다가 가까스로 살아난다.
마을 사람들은 의병으로 나갔다가 여럿이 죽고 부상
입어 마을로 돌아오지만, 조준구의 밑에서 땅을 부치
기도 어려운 처지가 되어 간도로 떠나게 되는데, 최
서희도 자신의 땅과 재산을 되찾을 각오를 다지며 간
도로 떠난다.

＊해제
이 작품은 1974년 개봉한 영화 〈토지〉의 시나리오이
다. 박경리 원작의 대하소설 〈토지〉의 1부를 각색한
작품으로 일본에 의해 국권이 피탈당하는 19세기 말
과 20세기 초, 경남 하동 평사리 일대의 만석꾼 대지
주 최 참판 일가가 무너지는 과정을 그리고 있다. 이
와 함께 평사리 농민들의 애환과 남녀 간의 치정, 갈
등과 음모, 전염병 등의 여러 사건들이 일제의 침략
이라는 역사적인 사건과 맞물리면서 입체적으로 그
려져 있다.

김 훈장: ⓛ 지금 서울서는 민영환 대감이 댁의 마당에서 선혈이 낭자하게 자결하시고 조 대감은 왜놈 헌병한테 쫓겨나다 가마 안에서 독약을 삼키고 목숨을 끊었는데 나라 잃고 일가권속 가문은 뭐 하는 것이며 땅돼기는 뭐 한단 말인가. 이 어리석은 사람들아.

[중략 부분 줄거리] 조준구와 부인 홍 씨는 <u>어린 최서희만 남기고 모든 어른이 사망한 최참판 댁의 재물을 혈육이라는 이유로 무도하게 차지하고</u>, <u>지주로 행세하며 사람들의 땅을 빼앗고</u> <u>가뭄으로 흉년이 들어 사람들이 굶어 죽는 중에도 기민미*를 공평하게 배분하지 않아</u> 마을 사람들의 원성이 높다. 용 등의 마을 사람들은 의병을 일으킬 궁리를 하고, 서울로 일하러 갔던 곰보 목수 윤보가 돌아와 마을의 이런 사정을 알게 된다.

<small>조준구 부부의 악행 ①</small>
<small>조준구 부부의 악행 ②</small>
<small>조준구 부부의 악행 ③</small>

S#190. 영산댁의 주막(밤)

윤보와 용은 술잔을 놓고도 먹지도 않으면서 <u>은근히 귀를 기울이고 있다.</u>
<small>대화를 듣고 있음을 표현하도록 지시함</small>

사내 3: 까놓고 하는 말이지마는 우리가 머심살이보다 나을 기이 머가 있노? 아 남으 집 머심이라도 산다믄 새경은 꼬박꼬박 안 나오겄나? <u>이놈의 세가 빠지게 농살 지어 봐야 뽀닷이* 입치레가 될까 말까. 등빼기는 머로 가리고 덮노 말이다. 찬물 떠 놓고 코방아나 찧는다믄 모를까 제사고 혼사고 엄두도 못 내겄구마.</u>
<small>조준구과 부과하는 과한 소작료 때문에 생활고를 겪고 있는 농민들의 모습</small>
사내 4: 코방아만 찧으라모.
사내 3: 엄두도 못 내지러. 그러니 도지 빚이고 장리 빚이고 안 낼 재주가 있나 말이다. 나중에사 가랑이가 찢어지든 말든 말이다.
「**사내 4**: 흥. 덕분에 살찌는 놈은 조가 놈뿐이지.
<small>「」: 생활고로 인해 조준구에 대한 분노를 느끼고 있는 농민들</small>
사내 2: 숭년 들었을 때 그만 뽀사 부리는 건데.」
사내 3: 이자는 별수 없구마. 벼락이나 한분 믿어 보는 수밖에.

얼굴을 마주 보는 용과 윤보.

영팔: 머 지금도 늦었다고만 할 수도 없을 기구마.
<small>'이자는 별수 없구마.'라고 말한 사내에게 늦지 않았다고 하며 조준구에 대한 저항 행동이 가능하다고 말하는 영팔</small>

술잔에서 얼굴을 들며 천천히 말하는 영팔. 영팔은 용과 윤보를 본다. ⓒ <u>세 사람의 눈이 마주치고 빛이라도 발하듯 번쩍한다.</u>
<small>세 사람의 뜻이 통하여 어떤 일이 벌어질 것임을 예고하는 표현을 하도록 지시함</small>

* 등장인물

김 훈장	마을의 대소사를 관장하는 서희의 글 선생으로, 봉건적 사고를 지닌 엄격한 보수주의자임. 나라가 위기에 처하자 일제에 저항하려 함.
준구	최치수의 재종형으로, 최치수와 윤씨 부인이 연달아 세상을 떠나는 것을 기회로 최 참판 댁의 재물을 모두 차지함. 가로챈 재물과 땅을 이용해 마을 사람들을 괴롭히며, 의병장 제의를 거절하고 자신의 안위만을 생각할 정도로 교활함.
윤보	서울로 일하러 갔다 돌아온 곰보 목수. 조준구 부부의 악행으로 마을 사람들의 살림이 어려워지자, 그들을 이끌고 최 참판 댁으로 쳐들어가 조준구의 재물을 탈취하려 함.

* 인물의 갈등 상황

김 훈장		조준구
나라를 잃은 백성으로서 저항하는 것이 도리이며, 재력과 지위를 갖춘 조준구가 의병장이 되길 바람.	↔	나라를 잃었다고 해서 의병이 되어 무력 저항을 하는 것은 죽음을 자처하는 일이므로 의병장이 될 의사가 전혀 없음.

* 마을 사람들의 결집 과정

주막
사내 2, 3, 4가 조준구의 소작료로 생활고에 시달리고 있음을 토로하며 불만스러워함. → 영팔이 늦지 않았다며 윤보, 용과 함께 저항의 뜻을 모을 눈짓을 함.

마을
사람들이 긴 행렬을 이루어 횃불을 들고 감.

조준구의 집
조준구 부부를 벌하고 재물을 빼앗기 위해 사람들이 습격함.

S# 191. 마을(원경, 밤)

ⓔ 소리 (테마 뮤직)

　하나, 둘 불꽃이 핀다. 그 횃불들의 일렁임이 하나로 모여 기인 횃불 행렬을 이룬다. 서서히 움직이기 시작하는 횃불 행렬, 그 횃불의 물결은 반만년을 참아 왔던 무지한 농민들의 최후의 분노 같다.

S#192. 다리 위(밤)

　다리를 덮는 횃불 행렬. 분노한 농민들의 얼굴.

S#193. 김 훈장의 집 마당(밤)

　김 훈장이 뒷짐을 지고 마을을 내려다보고 있다. 집들은 보이지 않고 어둠 속을 움직이고 있는 긴 횃불의 행렬이 멀리 보인다. 그 가물가물하는 횃불의 행렬을 내려다보고 있는 김 훈장의 모습. ⓜ 김 훈장의 작은 눈동자에 뜨거운 것이 흥건해진다. 그런 얼굴을 <u>끄덕이는 김 훈장.</u>

S# 194. 최 참판가 전경(밤)

　<u>수십 개의 횃불에 빙 둘러싸인 최 참판의 집.</u>
<small>마을 사람들의 공격의 대상이 된 조준구와 부인 홍 씨</small>

S# 195. 동대문(밤)

　안에서 대문을 열어 주는 <u>삼수.</u> 낫, 도끼, 쇠스랑, 대창 등 각기 연장과 횃불을 든 군중이
<small>조준구의 하수인 노릇을 했으나 마을 사람들의 공격 사실을 사전에 알고도 발설하지 않았음</small>
대문 안으로 쇄도해 들어온다. 삼수를 살기등등하게 에워싸는 몇몇 장정.

윤보 : 그놈으 자석, 알고도 발설 안 했으니 우찌됐던 직이지는 마라.

　우루루 사랑으로 쇄도해 가는 윤보들.

S# 196. 동 사랑 안(밤)

　흙신발째로 난입해 들어오는 장정들. 빈방, 벽장, 협실, 마루 밑을 수색한다, 준구는 없다.

S# 197. 안채(밤)

　비단필육이며 패물들을 보자기에 싸 걸머진 장정들이 방을 나온다. 황급히 뛰어 들어오는 길상. 열어젖혀서 흐트러진 농짝 반닫이 문갑들을 미친 듯이 헤치면서 무언가를 찾는다.

– 박경리 원작 · 이형우 각색, 〈토지〉 –

* **기민미** : 굶주린 백성을 구제하는 쌀.
* **뽀닷이** : 간신히.

---

* **지시문에 드러난 인물의 표정과 행동에 담긴 의미**
사람들의 대화를 엿듣다가 서로 눈길을 주고받는 영팔, 용, 윤보는 바로 다음 장면에서 이어지는 횃불 행렬을 준비하는 핵심 인물임이 드러남.

* **서사 전개 방식**

몽타주 기법
· 프랑스어로 '조립하는 것' · 'A 장면 + B 장면 = C 장면' · A 장면과 B 장면을 합치면 C라는 해석이 가능한 장면이 되는 것

S#191~ S#192	원경으로 농민들의 감정을 횃불의 행렬로 표현
S#192~ S#193	농민들의 저항을 요구했던 김 훈장이 횃불을 바라보는 심경을 표현
S#193~ S#194	멀어져 가던 횃불이 향한 곳이 조준구의 집인 것을 표현
S#194~ S#197	조준구와 홍 씨를 잡아서 벌을 주고 그들의 재물을 빼앗기 위해 횃불 행렬이 조준구의 집으로 간 것을 표현

* **소설 〈토지〉의 전체 구성**

1부	· 구한말의 농촌 마을 평사리를 배경으로 함. · 지주인 최치수가 살해됨. · 조준구는 최 참판 집안의 재산을 빼앗을 계략을 꾸밈.
2부	· 서희는 조준구에게 집안의 재산을 모두 빼앗김. · 서희가 가문을 되찾으려는 일념으로 간도로 이주함. · 서희가 길상의 도움을 받아 토지 거래로 큰돈을 모음.
3부	· 서희는 진주에 정착함. · 조준구에게 빼앗긴 토지와 재산을 되찾음. · 길상과 서희는 결혼하지만, 길상이 독립운동을 하다가 투옥됨.
4부	· 3·1 운동이 시작되자 서희의 두 아들은 자신들의 풍족한 처지와 현실 사이에서 갈등함. · 서희의 아들 윤국은 시위에 참여했다가 정학 처분을 받음.
5부	· 길상은 출옥한 뒤 암자에서 탱화를 그려 사상범으로 재투옥됨. · 히로시마에 원자 폭탄이 투하되고 조선의 해방을 앞둔 시점에 서희는 가족과 서울로 올라갈 결심을 함.

[1 -7] 윗글의 내용에 대한 설명이다. 맞으면 ○, 틀리면 ✕표 하시오.

1 김 훈장은 나라의 심각성을 언급하며 저항 활동을 시작해야 한다고 주장한다.

2 준구는 의병 행위를 가치 있다고 여긴다.

3 봉기 등의 백성들은 나라의 주권을 빼앗겼음에도 불구하고 상황을 이해하지 못하고 있다.

4 김 훈장은 마을 사람들의 무지함에 실망하고 울음을 터뜨린다.

5 윤보와 용은 술잔을 놓고도 먹지 않으며 대화를 듣지 않고 있다.

6 생활고로 인해 농민들은 조준구에게 분노를 느끼고 있다.

7 삼수는 마을 사람들의 공격을 사전에 알고 있었음에도 발설하지 않았다.

[8 -10] 윗글의 내용과 관련하여 빈칸에 들어갈 적절한 내용을 쓰시오.

8 김 훈장은 무기가 없으면 ⬚⬚ 으로라도 싸울 준비를 해야 한다고 말했다.

9 준구는 ⬚⬚⬚ 이 되어 달라는 김 훈장의 제안을 거절했다.

10 사람들은 긴 행렬을 이루어 ⬚⬚ 을 쳐들고 최 참판의 집으로 갔다.

확인 문제 정답	**1** ○ **2** ✕ **3** ○ **4** ○ **5** ✕ **6** ○ **7** ○ **8** 죽창 **9** 의병장 **10** 햇불

01

윗글에 대한 이해로 적절한 것은?

① 풍자적 어조를 통해 부정적 현실을 희화화하고 있다.

② 과장된 표현을 통해 작품 내 긴장감을 완화하고 있다.

③ 인물들의 대화를 통해 현실의 비참함을 보여 주고 있다.

④ 현재와 과거를 오가는 구성으로 인간관계를 드러내고 있다.

⑤ 병렬적 사건 구성으로 사건을 다양한 시각으로 조명하고 있다.

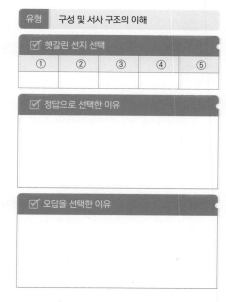

02

㉠~㉤에 대한 설명으로 적절하지 않은 것은?

① ㉠: 준구가 의병장을 거절할 것이라 예상치 못한 김 훈장의 당황과 분노가 드러난다.

② ㉡: 실제 역사적 사건을 삽입함으로써 극의 사실성과 몰입감을 높이고 있다.

③ ㉢: 눈을 마주침으로써 추후 세 인물이 사건을 일으킬 것을 암시한다.

④ ㉣: 농민들의 비극적 최후를 드러낼 수 있도록 슬프고 처량한 음악을 삽입해야 한다.

⑤ ㉤: 조준구의 악행에 맞서는 농민들의 행동에 감동한 김 훈장의 심리가 드러난다.

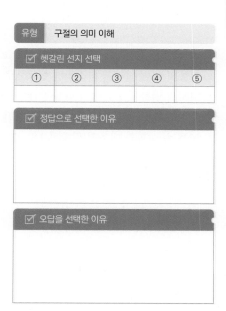

03

윗글과 <보기>의 공통점으로 적절하지 않은 것은?

보기

> 징이 울린다 막이 내렸다
> 오동나무에 전등이 매어달린 가설 무대
> 구경꾼이 돌아가고 난 텅 빈 운동장
> 우리는 분이 얼룩진 얼굴로
> 학교 앞 소줏집에 몰려 술을 마신다
> 답답하고 고달프게 사는 것이 원통하다
> 꽹과리를 앞장세워 장거리로 나서면
> 따라붙어 악을 쓰는 건 쪼무래기들뿐
> 처녀애들은 기름집 담벽에 붙어 서서
> 철없이 킬킬대는구나
> 보름달은 밝아 어떤 녀석은
> 꺽정이처럼 울부짖고 또 어떤 녀석은
> 서림이처럼 해해대지만 이까짓
> 산구석에 처박혀 발버둥친들 무엇하랴
> 비료값도 안 나오는 농사 따위야
> 아예 여편네에게나 맡겨 두고
> 쇠전을 거쳐 도수장 앞에 와 돌 때
> 우리는 점점 신명이 난다
> 한 다리를 들고 날나리를 불거나
> 고갯짓을 하고 어깨를 흔들거나
>
> – 신경림, 〈농무〉

① 비참한 당대 현실을 문학적 방식으로 고발하고 있다.
② 인물의 내면 심리를 직접적인 행동으로 표출하고 있다.
③ 역사적 인물을 언급하여 현실에 대한 비판적 의식을 드러내고 있다.
④ 아무리 열심히 일해도 보상받지 못하던 농민들의 모습을 알 수 있다.
⑤ 작품 속 상황과 대조적인 방식으로 분노를 표출함으로써 역설적 의미를 나타내고 있다.

04

인물에 대한 설명으로 적절하지 <u>않은</u> 것은?

① 김 훈장: 애국심이 높은 인물로 일제의 침략에 대항하려 의병을 모집하고자 한다.

② 조준구: 탐욕스런 인물로, 최 참판 댁의 재물을 차지하고 악덕 지주로 악명이 높다.

③ 영팔: 나라를 빼앗겼다는 말에 나라에 미칠 영향보다 자신에게 실질적으로 미칠 영향을 궁금해한다.

④ 두만 아비: 나라를 빼앗겼다는 것이 어떤 의미인지 현실을 정확히 파악하지 못하는 모습을 보인다.

⑤ 사내 3: 이전에 머슴살이를 했을 때를 그리워하며, 힘든 현실 탓에 제사를 지내는 것도 힘들다고 한탄한다.

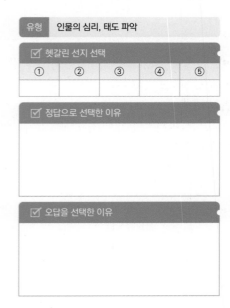

✓ 헷갈린 선지 선택

①	②	③	④	⑤

✓ 정답으로 선택한 이유

✓ 오답을 선택한 이유

05 [서답형 문제]

<보기>에서 설명하는 말을 윗글에서 찾아 2어절로 쓰시오. (단, 단수형 명사로 끝날 것)

보기

나라의 주권을 빼앗겼음에도 상황을 이해하지 못하는 백성을 일컫는 말로, 김 훈장의 대사에 나타난다.

✓ 정답으로 선택한 이유

정답 및 해설 p.20

핵심정리

＊주제
경주의 밤 풍경에 대한 감회

＊구성

처음	경주를 구경하러 나서는 밤 산책
중간	경주의 밤 풍경과 달에 대한 감상, 씨름판의 모습
끝	씨름판을 나와 홀로 배회하는 경주에서의 달밤

＊전체 줄거리
이 글은 1930년에 경주를 여행하고 쓴 기행 수필로, 신라의 역사가 숨 쉬고 있는 경주의 일제 강점기 풍경이 드러나 있다. 몇 번째 와 보는 경주이지만 모든 것이 새롭게 느껴져서 밤에 여관을 나선 글쓴이는 경주 여기저기를 둘러본다. 길에서 관찰한 사람들의 모습, 멀고 가까운 곳의 풍경, 옛날부터 한결같이 경주를 비춰주던 달 등에 대해 이런저런 생각을 떠올리던 글쓴이는 북천 백사장에 이르러 풍년 축하 씨름판을 구경하고, 실제로 보기는 처음인 씨름이 순박한 농민의 성격이 잘 드러나는 유희라고 생각한다.

＊기행문
기행문은 여행하면서 체험하거나 느낀 것을 자유롭게 쓴 글로, 기행 수필로도 볼 수 있다. 기행문에는 글쓴이가 보거나 들은 것을 사실 그대로 드러나 있다. 글쓴이의 솔직한 마음과 여행지에서 느낀 특별한 감상도 잘 드러나 있으므로, 기행문을 쓸 때는 견문과 감상을 잘 구분하여 기록해야 한다. 기행문을 읽을 때는 글쓴이의 견문을 통해 여행지에 함께 있는 것 같은 느낌을 받을 수 있다. 이에 따라 기행문은 글쓴이에게는 여행의 기록이 되고, 읽는 이에게는 여행의 안내서가 될 수 있다.

※ 다음 글을 읽고, 물음에 답하시오.

　나는 여관을 나섰다, 저녁을 먹고.
　　　어순을 도치한 문장. 시간적 배경을 드러냄
　이 경주는 벌써 두어 번이나 본 곳이건만 지금도 처음 보는 것같이 모든 것이 새롭고 이상하게시리 생각난다. 딴은 온종일 차에 시달려 온몸이 아니 피곤한 건 아니나 방 안에 누워 있기는 싫고 자꾸 밖으로 밖으로 나가고만 싶다.

[A]
　　여관 옆에는 새로 난 요릿집이 있어 장구 소리와 노랫소리가 난다. 가만히 귀를 기울이고 들어 보았다. 경주다운 노래나 아닌가 하고. 그러나 나의 요구
　　　경주 고유의 문화적 전통을 경험하고 싶은 글쓴이의 심리를 짐작할 수 있음
와는 아주 다르다. 어디서든지 들을 수 있는 이 근래 유행하는 노래 그것이다. 실패다. 다른 데로 나가 볼 수밖에 없다.
　　　실망감으로 인해 경주 고유의 문화를 맛보기 위한 산책에 나섬　　▶처음: 경주를 구경하러 나서는 밤 산책

[B]
　　침침한 좁은 골목을 나서 제법 전등깨나 켜 있는 큰길로 걸어갔다. 좌우에 있는 상점, 포목점, 잡화점, 사기점, 철물점, 과자점 따위가 역시 일인(日人)
　　　배나 무명 따위의 옷감을 파는 가게
이 아니면 지나인(支那人)*의 것이고 물러 터진 감, 능금, 배나 그 옆에 몇 개 놓고 파는 것만은 그들이 아니다. 하나 어느 것이든지 거기에는 먼지 하나 움직이지 않고 전등은 가물가물하고 상인은 졸고 있고 이따금 어디서 쿨룩쿨룩
　　　활기를 잃은 거리의 풍경을 통해 당시의 경제적 상황을 엿볼 수 있음
기침 소리만 날 뿐이다.

[C]
　　나는 봉황대로나 올라갈까 하고 발을 멈추고 망설이다가는 다시 그 반대의 방향으로 나아갔다. 점점 전과 같은 가로(街路)도 아니고, 상점도 없고, 부조화하여 보이는 일본집 또는 고옥과 공지가 보이고, 흰 저고리 검정 치마 입은 젊은 여자 오륙 인이 길에 서서 가는 웃음을 치며 소곤소곤하고, 머리 땋은 총각 상투 꼽은 늙은이 몇 사람은 앞으로 어슬렁어슬렁 걸어간다. 나도 그 뒤를 따라간다. 이제는 인가도 드물고 볏논, 콩밭, 수수밭 가운데 커다란 신
　　　활유법 → 시가지를 벗어난 공간의 한적한 분위기 표현
작로만 고요히 누워 있는 곳이다. 나는 이곳에 서서 사면을 둘러보았다. 멀리 둘러 있는 산과 산이며 전등이 가물거리는 시가며 둥긋둥긋한 봉화대들이며 또는 계림이며 첨성대며 반월성이며 안압지며 그 한편의 빈 들판들을, 그리고 동천에 떠오르는 저녁달을 바라보았다.

　이때 이 달은 다만 나를 위하여 비쳐 주는 것 같다. 어�찌나 그리도 고마운지 모르겠다. 이때까지 보던 달에는 이때 이곳에서 본 달처럼 귀엽고 사랑스러운 달이
　　　과거 경험과의 비교 → 경주에서 보는 달에 대한 예찬
없었다. 다만 밝다, 아름답다는 간단한 말로는 도저히 형용할 수 없다. 아무리 표정을 잘하는 미인이라도 이때 이 달과 같은 얼굴은 할 수 없으리라고 했다.

　생각하면 육부(六部)*의 여자가 한가위 놀이를 하던 달도 저 달이요, 태종 무열대왕과 문명 황후의 사랑이 열매를 맺게 하던 달도 저 달이요, 천삼백육십 방(坊)* 십팔만 호(戶) 비치던 달도 저 달이요, 임해전 놀음에 밤 가는 줄을 모르게 하던 달도 저 달이요, "동경 밝은 달에……" 하고 처용이로 하여 노래를 부르게
　　　신라의 향가 〈처용가〉의 첫 부분
　　　　　　인용. 설의적 표현으로 글쓴이의 감회를 강조

하던 달도 또한 저 달이 아닌가.

과연 저 달을 어디에다 비할까. 심양강 상(上)에나 회수 동변(東邊)에 비치던 달로도 비할 수 없는 저 달이다.

과거의 경주에 비친 달도 그렇고 장래의 경주에 비칠 달도 이러하다면 지금 나를 중심으로 한 저 달이 그 얼마나 무한한가. ㉠ 저 달을 보는 이때에 그 무한한 느낌을 아니 가질 수 없으며 백 년의 인생이나 천 년의 신라도 한 찰나에 지나지 못함을 알게 한다…….

이렇게 생각을 하고 고개를 숙이고 있을 때 저편에서 남자와 소곤거리는 소리가 점점 가까이 나더니,

"……이것이 인생이 아니고 무언가."

하는 여자의 말만 분명히 들리며 어떤 청년 하나 이 여자의 손목을 잡고 내 옆으로 살짝이 비껴서 지나간다. 그러고는 다시는 오고가는 이도 보이지 않고 달만 달만 한 모양으로 보인다.

[D]
나는 처음 오는 이 길이 아무 굴곡도 없고 고하도 없고 가도록 한 모양으로 평탄하여 가기가 싫으나 그것이 얼마나 연장이 되었나, 그 그치는 곳까지 가서 보리라 하는 희망에 끌려 앞으로 다시 발길을 내디뎠다. 또 콩밭, 수수밭, 볏논을 몇을 지났는지 알 수 없고 수없는 벌레 소리는 요란히 들린다.

가 보니 딴은 머잖은 길이다. 바로 넓은 백사장 하나가 보이고 그 건너는 거뭇한 숲과 조그마한 산이 가로막혀 있고 백사장 한편에서는 불빛이 반짝이고 여러 사람의 떠드는 소리며 북장구, 노랫소리가 난다. 아하, 이것이 북천(北川) 내인가, 씨름판이 아닌가. 올해는 풍년이라 풍년을 축하하기 위하여 이 근처 농민들이 모여 북천 내에 씨름판을 열었다 함은 이 경주를 찾아올 때 차 속에서 누구에겐가 들은 법하다. 옳지, 이것이 그것이다. 나는 일종 새로운 흥미를 일으켜 우선 그 씨름판을 향해 간다.

백사장으로 보이던 곳은 사뭇 조약돌 판이다. 한편에 물이 좀 흐르는 듯 마는 듯하고는 반들반들한 조약돌뿐이다. 한참 밟아 가니 발이 아프다. 거의 숲이 있는 데까지 가서야 씨름판이 나선다.

「씨름판은 한가운데에는 모래를 듬뿍 깔아 놓고 그 가장자리로는 뺑 둘러앉은 이, 선 이, 수가 없으며, 기다란 횃불을 잡은 두 사람이 양쪽에 하나씩 서서 그 테두리 안으로 들어서는 이가 있으면 횃불을 내둘러 쫓아내기도 하며, 한쪽에는 높이 시렁을 매어 놓고 그중 특수한 이가 그 위에 앉은 모양이며, 씨름은 아무나 자원대로 나와서 하며, 이긴대야 나중 결승하는 날이 아니면 상품은 아니 준다 하는데 씨름꾼은 대개 상투쟁이가 아니면 머리 땋은 총각들이다. 구경하러 온 이도 또한 그런 이들이고 간혹 기생을 데리고 온 양복쟁이 몇 사람이 있을 뿐이다.」순

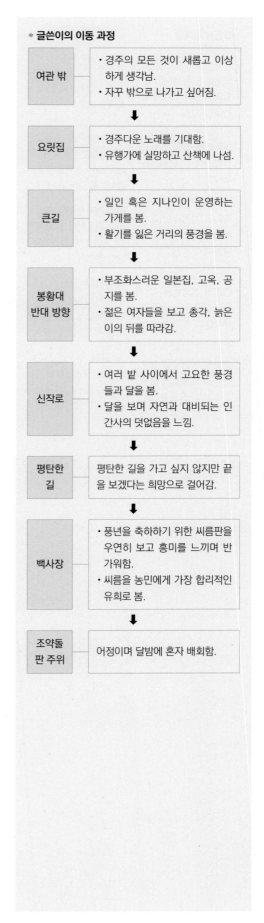

* 글쓴이의 이동 과정

여관 밖	· 경주의 모든 것이 새롭고 이상하게 생각남. · 자꾸 밖으로 나가고 싶어짐.
요릿집	· 경주다운 노래를 기대함. · 유행가에 실망하고 산책에 나섬.
큰길	· 일인 혹은 지나인이 운영하는 가게를 봄. · 활기를 잃은 거리의 풍경을 봄.
봉황대 반대 방향	· 부조화스러운 일본집, 고옥, 공지를 봄. · 젊은 여자들을 보고 총각, 늙은이의 뒤를 따라감.
신작로	· 여러 밭 사이에서 고요한 풍경들과 달을 봄. · 달을 보며 자연과 대비되는 인간사의 덧없음을 느낌.
평탄한 길	평탄한 길을 가고 싶지 않지만 끝을 보겠다는 희망으로 걸어감.
백사장	· 풍년을 축하하기 위한 씨름판을 우연히 보고 흥미를 느끼며 반가워함. · 씨름을 농민에게 가장 합리적인 유희로 봄.
조약돌 판 주위	어정이며 달밤에 혼자 배회함.

특징	해당 부분
도치법을 활용하여 여정의 시작과 시간적 배경을 드러냄.	'나는 여관을 나섰다. 저녁을 먹고.'
활유법을 활용하여 고요한 공간의 분위기를 묘사함.	'이제는 인가도 드물고 볏논, 콩밭, 수수밭 가운데 커다란 신작로만 고요히 누워 있는 곳이다.'
과거의 경험과 비교하여 현재 보고 있는 달에 대한 애착을 강조함.	'이때까지 보던 달에는 이때 이곳에서 본 달처럼 귀엽고 사랑스러운 달이 없었다.'
인용과 설의법을 활용하여 달을 보는 감회를 부각함.	"동경 밝은 달에 ……." 하고 처용으로 하여 노래를 부르게 하던 달도 또한 저 달이 아닌가.'
청각적 이미지를 활용하여 낯선 밤길의 분위기를 감각적으로 묘사함.	'또 콩밭, 수수밭, 볏논을 몇을 지났는지 알 수 없고 수없는 벌레 소리는 요란히 들린다.'

경주 사투리를 써 가지고 함부로덤부로 떠드는 소리는 귀에 설기는 하지만 토속

〔마음 내키는 대로 마구. 또는 대충대충〕

연구의 재료로는 이 밖에 다시없을 것 같다.

그리고 또 한옆으로는 좌우로 나가며 가갯막*을 벌여 놓고 음식도 팔고 잡화도

〔흥겹게 북적이는 씨름판 주변의 분위기〕

팔고 가지가지 오락도 한다. 이렇게 하여 밤을 새우고 낮을 이어 삼사일 동안을

보내는 것이다.

[E] 씨름법도 여러 가지가 있다 하나 보기에는 퍽 단순하다. 원시적 유희라, 향촌의 농민들이 오월 단오 팔월 추석 같은 명절을 당하여 일반적으로 하던 유희라, 아무 설비도 없이 간단히 되는 유희라, 이 유희야말로 농민에게는 가장 합리적으로 된 것 아닌가. 나는 이 씨름을 단원(檀園)의 풍속화에서 보았고 그 실물은 지금 여기서야 보게 된다. 다른 경기장에 가서 얻은 감상으로는 여기에 비길 수 없다. 씨름, 단순한 그것이 좋아 보인다. 천진스러워 보인다. 순

〔씨름에 대한 글쓴이의 긍정적 인식〕

박한 농민의 성격이 그대로 잘 드러나 보인다.

▶ 중간: 경주의 밤 풍경과 달에 대한 감상, 씨름판의 모습

나는 다시 조약돌 판으로 나와 이리저리 어정이었다. 달은 중천에 떠 있다.

〔천천히 걸어 다녔다〕

나를 따르는 이는 다만 나의 그림자만이다.

〔달밤에 혼자서 배회하는 글쓴이의 모습〕

▶ 끝: 씨름판을 나와 홀로 배회하는 경주에서의 달밤

- 이병기, 〈경주의 달밤〉 -

* 지나인: 중국 국적을 가진 한족, 몽골족, 터키족, 티베트족, 그리고 만주족 따위를 통틀어 이르는 말.

* 육부: 신라 때에, 씨족을 중심으로 나눈 경주의 여섯 행정 구역.

* 방: 부(部)를 다시 나눈 행정 구역.

* 가갯막: 허름하게 대강 얽어 임시로 만든 집.

[1-7] 윗글의 내용에 대한 설명이다. 맞으면 ○, 틀리면 ×표 하시오.

1 글쓴이는 경주에서 일제 시대의 문화를 경험하고 싶어한다.

2 글쓴이는 경주에서 본 달의 모습을 예찬했다.

3 글쓴이는 달을 보며 인간사의 덧없음을 느끼고 있다.

4 윗글은 청각적 이미지로 공간적 분위기를 묘사하고 있다.

5 씨름판이 벌어진 것은 올해 풍년이 들었기 때문이다.

6 글쓴이는 우연히 벌어진 씨름판에 흥미를 느끼지 못하였다.

7 글쓴이는 달밤에 씨름판에서 나와 혼자 걸어다녔다.

[8-10] 윗글의 내용과 관련하여 빈칸에 들어갈 적절한 내용을 쓰시오.

8 글쓴이는 □□□에 올라갈까 하다가 반대의 방향으로 나아갔다.

9 씨름꾼은 대게 □□□□가 아니면 머리를 땋은 총각들이었다.

10 밤에 혼자 나와 어정이는 글쓴이를 따르는 이는 글쓴이의 □□□밖에 없었다.

확인 문제 정답	1 ×	2 ○	3 ○	4 ○	5 ○	6 ×	7 ○	8 봉황대	9 상투쟁이	10 그림자

01

유형 | 서술상의 특징 파악

윗글의 내용에 대한 이해로 적절하지 <u>않은</u> 것은?

① 여행지의 정경과 그곳의 세태 및 풍경을 담아냈다.

② 자신의 경험을 토대로 1인칭의 고백체로 서술하였다.

③ 여행지에서만 느낄 수 있는 독특한 문화에 대한 기대감을 드러내고 있다.

④ 여행 과정에서 일제 강점기의 현실에 대한 안타까움이 직접적으로 드러나 있다.

⑤ 관찰한 자연물을 서술하는 데 있어 자신의 배경지식을 적극적으로 활용하고 있다.

☑ 헷갈린 선지 선택				
①	②	③	④	⑤

☑ 정답으로 선택한 이유

☑ 오답을 선택한 이유

02

유형 | 작품 간의 공통점, 차이점 파악

㉠에서 느낄 수 있는 글쓴이의 감정과 유사한 것으로 적절한 것은?

① 오백년 도읍지를 필마로 돌아드니
   산천은 의구ᄒ되 인걸은 간ᄃᆡ 업다
   어즈버 태평연월이 쑴이런가 ᄒ노라

② 두류산 양단수를 녜 듯고 이제 보니
   도화 뜬 묽은 물에 산영조차 잠겻셰라
   아희야 무릉이 어듸오 나는 옌가 ᄒ노라

③ 창 밧긔 워석버석 님이신가 일어나 보니
   혜란 혜경에 낙엽은 무슨 일인고
   어즈버 유한한 간장이 다 끊길까 하노라

④ 산촌에 눈이 오니 돌길이 무쳐셰라
   시비롤 여지 마라 날 ᄎᆞᆽᄋᆞ리 뉘 이시리
   밤중만 일편명월이 긔 벗인가 ᄒ노라

⑤ 고인도 날 몯 보고 나도 고인을 몯 뵈
   고인을 몯 뵈도 녀던 길 알픠 엇니
   녀던 길 알픠 잇거든 아니 녀고 엇덜고

☑ 헷갈린 선지 선택				
①	②	③	④	⑤

☑ 정답으로 선택한 이유

☑ 오답을 선택한 이유

03

<보기>를 참고하여 글쓴이의 경로에 따라 [A]~[E]를 감상한 내용으로 적절하지 <u>않은</u> 것은?

보기

　　〈경주의 달밤〉은 1930년 일제 강점기에 경주를 여행하고 쓴 기행(紀行) 수필이다. 기행 수필은 경수필에 속하며, 주로 시간과 장소를 나타내는 표현인 여정, 어떤 장소를 방문해 보고 들은 것을 나타낸 견문, 그리고 여행하면서 든 생각이나 느낌을 표현하는 감상으로 구성되어있다. 기행 수필에는 여행지에서 여행자가 느끼는 쓸쓸함이나 낯섦도 표현되어 있는데, 이를 '나그네가 느끼는 감정'이라는 의미의 객창감이라고 한다. 또한, 여행지에 관련된 역사적 사실이나 전설, 지역적인 특색이 드러나게 쓰는데 예를 들면, 그 지역에서만 볼 수 있는 독특한 풍습이나 사투리 등을 적는 것이다.

① [A]: 경주 고유의 문화적 전통을 경험하지 못한 글쓴이의 실망감이 드러나고 있으므로 감상에 속하는군.
② [B]: 글쓴이가 큰길을 걸으며 본 것과 들은 것을 묘사하고 있다는 점에서 견문에 속하는군.
③ [C]: 글쓴이의 장소 이동에 따라 글이 전개되고 있으므로 기행 수필의 특성 중 여정에 속하는군.
④ [D]: 글쓴이는 청각적 이미지로 공간의 분위기를 묘사하고 우연히 마주친 광경에 대한 반가움을 드러내고 있군.
⑤ [E]: 글쓴이는 객관적인 시선으로 서술하여 글에 사실성을 부여하기 위해 주관적인 시선은 최대한 배제하였군.

04 　서답형 문제

<보기>에서 설명하는 문장을 찾아 쓰시오.

보기

도치법이 사용된 문장으로, 시간적 배경을 드러낸다.

정답 및 해설 p.21

핵심정리

* 주제
노년에 맞이하는 봄의 기쁨과 봄을 바라보는 자세

* 구성

기	창에 드는 볕을 통해 봄을 느끼며 지나간 가을과 겨울을 회상함.
승	경주의 밤 풍경과 달에 대한 감상, 씨름판의 모습
전	과거에 대한 회한 및 밀감나무에 대한 예찬
결	봄을 봄답게 느끼며 과거를 되새기는 것의 가치

* 해제
이 작품은 봄을 어떻게 바라볼 것인지에 대한 상념을 주로 노년의 시선에서 서술하고 있는 수필이다. 사계절 중 하나로서의 봄, 청춘을 비유적으로 이를 때의 봄, 희망찬 앞날을 비유적으로 이를 때의 봄의 의미를 결합하여 봄을 맞이하는 상념을 절묘하게 드러내고 있다.

* 나무와 사람

나무	사람
해를 거듭하며 연륜(나이테)이 늘어 감.	해를 거듭하며 흰 터럭이 늘어 감.
지나간 봄과 가을이 둘레에 남아 금을 그음.	지나간 봄과 가을이 터럭에 쌓이고 쌓임.

* 젊은이의 봄과 늙은이의 봄

젊은이의 봄	늙은이의 봄
꽃을 보고 반기는 소녀의 봄 → 꽃뿐	꽃을 캐는 소녀를 아울러 봄으로 느끼는 봄 → 꽃과 소녀들
사랑을 노래하는 청춘의 봄 → 화려하고 찬란한 봄	그것을 바라보고 느끼는 봄 → 인생의 끝없는 봄
기쁨으로 차 있는 홑겹의 봄	기쁨과 슬픔을 아울러 지닌 겹겹의 봄

↓

봄도 늙은이의 것이 될 수 있음.

※ 다음 글을 읽고, 물음에 답하시오.

창에 드는 볕이 어느덧 봄이다.

봄은 맑고 고요한 것. 비원의 가을을 걸으며 낙엽을 쥐어 본 것이 작년이란 말인가. 나는 툇마루에서 봄볕을 쪼이며 비원의 가을을 연상한다. <u>가을이 가고 봄이 온 것은 아니다. 가을 위에 겨울이 오고 또 봄이 온 것이다.</u> 그러기에 지나간 가을은 해가 멀어 갈수록 아득하게 호수처럼 깊어 있고, **오는 봄**은 해가 거듭될수록 쌓이고 쌓여 **더욱 부풀어** 가지 않는가.
▶ 기: 창에 드는 볕을 통해 봄을 느끼며 지나간 가을과 겨울을 회상함

「나무는 해를 거듭하면 연륜이 하나씩 늘어 간다. 그 연륜을 보면 지나간 봄과 가을이 하나도 빠지지 않고 둘레에 남아 금을 긋고 있다. 가을과 봄은 가도 그들이 찍어 놓고 간 자취는 가시지 않고 기록되어 있다. 사람도 흰 터럭이 하나하나 늘어 감에 따라 지나간 봄과 가을이 터럭에 쌓이고 쌓여 느낌이 커 간다.」

<u>꽃을 보고 반기는 소녀의 봄은 꽃뿐이지만, 꽃을 캐는 소녀를 아울러 봄으로 느끼는 봄은 꽃과 소녀들이다.</u> <u>사랑을 노래하는 청춘의 봄은 화려하고 찬란한 봄이지만, 그것을 바라보고 느끼는 봄은 인생의 끝없는 봄이다.</u> 누가 봄을 젊은이의 것이요, 늙은이의 것이 아니라 하던가. 젊은이의 봄은 기쁨으로 차 있는 홑겹의 봄이지만 **늙은이의 봄**은 기쁨과 슬픔을 아울러 지닌 **겹겹의 봄**이다. 과거란 귀중한 재산, 과거라는 재산이 호수에 가득 찬 물결같이 고이고 고여서 오늘을 이루고 있는 것, 물 위에 호수가 따로 없듯이 과거를 떠나서 오늘이 따로 없는 것. 그러므로 물이 많을수록 호수가 아름답고 과거가 길수록 오늘이 큰 것이다.
▶ 승: 시간의 흐름에 따라 쌓여 가는 연륜과 늙은이의 봄이 갖는 가치

늙어서 봄을 맞으며 봄을 앞으로 많이 못 볼까 슬퍼할 필요는 없다. 그동안 많이 가져 본 봄이 또 하나 느는 것을 대견하게 생각할 일이다. 「산에 오르거나 먼 길을 걸을 때, 십 리고 이십 리고 가서 뒤를 돌아다보고는 내가 저기를 걸어왔구나 하며, 흐뭇하고 자랑스러운 때도 있다. 그리고 돌아다보는 경치가 걸어올 때보다 놀랍게 아름다움을 발견하는 때도 있다.」 다만 지나온 추억을 더듬어 **한 개의 진주**를 발견하지 못하고 거친 모래알만 쥐어질 때, 그것이 슬프다. 보잘것없는 내 과거가 항상 오늘을 슬프게 할 뿐이다.

뜰 앞에 한 그루 밀감나무가 서 있다. 「동쪽 가지 끝에 파릇파릇 싹이 움 돋기 시작한다. 굵은 가지에서도 푸른 생기가 넘쳐흐른다. 미구에 잎이 퍼지고 꽃이 피고 열매가 맺힐 것이다. 집안사람들의 기대가 사뭇 크다.」 그러나 서쪽 가지에서는 소식이 없다. 나무의 절반은 죽은 가지다. 죽은 가지에 봄은 올 리 없다. 지난겨울에 잎이 다 떨어지고 검은 등걸만 남았을 때, 혹 죽지나 아니했나 염려도 했고, 봄이 되면 살아나겠지 믿기도 했었다. 그러나 같은 나무 한 등걸에서 한 가지는 살고 한 가지는 죽었으리라고는 생각하지 못했다. 하지만, 눈보라 추운 속

에서도 한 가지는 생명을 기르며 겨울을 살아왔고, 한 가지는 그 속에서 자기를
_{동쪽 가지는 살았으나 서쪽 가지는 죽음}
살리지 못했던 것이다. 저 동쪽 가지의 씩씩하고 발랄한 생의 의지. 지난겨울 석
_{겨울을 이겨 낸 동쪽 가지에서 긍정적인 가치를 발견함}
달 동안, 마음속으로의 안타까운 저항. 그리고 남모르는 분투와 인내! 이에 대한
무한한 경의와 찬사를 보내고 싶다. 「**봄이 가면 봄이 없다**고 슬퍼함은 일 년을 사
_{「 」: 일 년을 사는 곤충과 교목을 대조함}
는 **곤충**의 슬픔이다. 교목은 봄이 열 번 가면 열 개의 봄을, 가을이 백 번 가면 백
개의 가을을 지닌다.」

▸ 전: 과거에 대한 회한 및 밀감나무에 대한 예찬

생활에 따라서는 인류 역사 억만년의 봄이 다 내 몸에 간직된 봄이요, 생각에
따라서는 잊지 못할 뚜렷한 봄이란 또 몇 날이 못 될 것이다. 그러므로 오래 세
상에 머물러 봄을 여러 번 보는 것이 귀한 게 아니라, 봄을 봄답게 느끼고 **지나온**
_{단순히 오래 살기만 하는 것은 중요하지 않음}
모든 봄을 회상하며 과거를 잊지 않고 되새기는 것도 우리의 생활을 풍부하게 해
_{삶에 일정한 의미를 부여함으로써 삶을 풍요롭게 할 수 있음}
줄지언정 섭섭할 것은 없다.

다만 봄은 나를 잊지 않고 몇 번이라도 찾아와 세월을 깨우쳐 주었건만, 둔감
과 태만이 그를 저버린 채 헛되게 늙은 것이 아쉽고 한스러워 다시 찾아 주는 봄
_{글쓴이가 아쉬워하는 것}
에 죄의식조차 느낀다. 그러나 이제 발버둥쳐 봐도 미칠 수 없는 일, 고요히 뜰
앞을 거닐며 지나간 봄의 가지가지 추억과 회상에 잠겨 보는 것이다. 오늘따라
_{지나간 봄을 되새김}
주위는 말할 수 없이 고요하고 따스한 햇빛이 백금처럼 빛나고 있다.

▸ 결: 봄을 봄답게 느끼며 과거를 되새기는 것의 가치

- 윤오영, 〈봄〉 -

＊ 밀감나무의 가지

동쪽 가지	서쪽 가지
살아 있는 가지	죽은 가지
겨울에도 생명을 기름.	겨울에 자기를 살리지 못함.
봄이 오자 싹이 움 돋기 시작함.	봄이 오지 않음.

↓

동쪽 가지의 생의 의지,
안타까운 저항, 분투와 인내를 예찬함.

[1-7] 윗글의 내용에 대한 설명이다. 맞으면 ○, 틀리면 ×표 하시오.

1 글쓴이는 시간은 흘러가는 것이 아니라 그 위에 누적되고 쌓이는 것이라고 생각한다.

2 글쓴이는 젊은이의 봄과 늙은이의 봄은 다르다고 생각한다.

3 글쓴이는 시간은 축적될수록 더 큰 가치를 갖는다고 여긴다.

4 글쓴이는 보잘것없는 과거 때문에 슬픔을 느끼지는 않는다.

5 글쓴이는 한 그루의 나무에서 어떤 가지는 죽고 어떤 가지는 살아날 것이라고 예상하고 있었다.

6 글쓴이는 혹독한 겨울을 이겨낸 자연물에서 가치를 발견하였다.

7 봄은 잊지 않고 글쓴이에게 계속 찾아와 세월을 깨우치게 하였다.

[8-10] 윗글의 내용과 관련하여 빈칸에 들어갈 적절한 내용을 쓰시오.

8 글쓴이는 □□□에서 봄볕을 쪼이며 가을을 연상했다.

9 글쓴이는 지나온 추억을 더듬어 한 개의 □□를 발견하지 못한 것을 슬퍼한다.

10 글쓴이는 둔감과 태만이 봄을 저버려 헛되이 늙었기 때문에 봄이 찾아오는 것에 □□□을 느낀다.

| 확인 문제 정답 | **1** ○ | **2** ○ | **3** ○ | **4** × | **5** × | **6** ○ | **7** ○ | **8** 툇마루 | **9** 진주 | **10** 죄의식 |

01

윗글에 대한 설명으로 가장 적절한 것은?

① 분석의 방법을 사용하여 대상의 문제점을 지적하고 있다.

② 전문가의 견해를 인용하여 주장의 근거로 사용하고 있다.

③ 자연물을 관찰하고 이를 통해 깨달은 삶의 의미를 서술하고 있다.

④ 질문의 형식을 통해 다가오는 봄에 대한 회의감을 이야기하고 있다.

⑤ 시간의 흐름에 따른 신체 변화에 대한 지식 전달을 목적으로 하고 있다.

유형	서술상의 특징 파악

☑ 헷갈린 선지 선택

①	②	③	④	⑤

☑ 정답으로 선택한 이유

☑ 오답을 선택한 이유

02

글쓴이의 입장으로 적절하지 <u>않은</u> 것은?

① 생에 대한 씩씩한 의지와 인내, 분투는 마땅히 찬사받을 만하다.

② 이미 늙어 버려 앞으로 볼 수 있는 봄이 많이 남지 않은 것이 슬프다.

③ 어떻게 생각하는지에 따라 자신의 봄이 길 수도 있고 짧을 수도 있다.

④ 생의 의지에 따라 저마다 다른 봄을 맞이할 수 있음을 깨달아야 한다.

⑤ 지나온 과거가 길수록 오늘이 크며, 오늘은 과거와 떼어 생각할 수 없다.

유형	화자의 태도 및 어조, 정서 파악

☑ 헷갈린 선지 선택

①	②	③	④	⑤

☑ 정답으로 선택한 이유

☑ 오답을 선택한 이유

03

윗글에 대한 감상으로 적절하지 <u>않은</u> 것은?

① '오는 봄'이 '더욱 부풀어' 간다는 것은, 시간이란 단절되는 것이 아니라 계속해서 축적되는 것임을 뜻하는 것이겠군.

② '늙은이의 봄'이 '겹겹의 봄'이라는 것은, 늙은이의 봄에는 과거의 기쁨과 슬픔이 모두 담겨 있음을 뜻하는 것이겠군.

③ '한 개의 진주'를 발견하지 못했다는 것은, 과거를 회상하며 가치 있는 경험을 떠올리지 못했음을 뜻하는 것이겠군.

④ '곤충'이 '봄이 가면 봄이 없다'고 슬퍼한다는 것은, 곤충의 봄은 인간의 봄과 달리 무의미함을 뜻하는 것이겠군.

⑤ '지나온 모든 봄'을 회상하는 것은, 삶에 의미를 부여하여 생활을 풍요롭게 하는 행위를 뜻하는 것이겠군.

유형	구절의 의미 파악

☑ 헷갈린 선지 선택

①	②	③	④	⑤

☑ 정답으로 선택한 이유

☑ 오답을 선택한 이유

04 서답형 문제

㉠, ㉡에 들어갈 말을 윗글에서 찾아 쓰시오. (단, ㉠은 1어절, ㉡은 2어절로 쓸 것.)

㉠	→	연륜
사람	→	㉡

시간의 흐름

유형	소재의 기능 파악

☑ 정답으로 선택한 이유

정답 및 해설 p.21

※ 다음 글을 읽고, 물음에 답하시오.

그 집에는 자그마한 뜰이 있었다. 처음으로 집을 장만했다는 기쁨보다도 무언가 심고 가꿀 수 있는 몇 평의 땅이 생겼다는 기쁨이 내게는 더 컸다. 「그곳엔 이미 목련, 라일락, 감나무, 대추나무, 장미 등이 한두 그루씩 심어져 있었다. 그 나무들이 서로 썩 어울리는 편은 아니었지만 그래도 크고 작은 그늘을 만들며 기대어 있는 모습이 보기 좋았다.」 어디서나 볼 수 있는 흔한 그 나무들은 이제 내 뜰에 있다는 이유만으로 내게 특별한 존재로 자리 잡기 시작했다.

시간이 날 때마다 나는 그 나무들을 돌보았다. 「이파리만 무성하고 열매가 부실한 감나무 아래에는 거름을 넉넉히 넣어 주고, 웃자란 라일락 가지들은 전지를 해 주고, 장미는 베란다 쪽으로 넝쿨을 올려 주었다. 계절이 바뀔 때마다 쥐똥나무 울타리를 가지런하게 잘라 주는 일도 잊지 않았다. 반 넘게 말라버린 목련 나무는 남은 부분을 살려 내느라 얼마나 애를 태웠는지 모른다.」 겨울을 보내고 난 어느 날 마른 가지 위로 단 한 송이의 ⊙ 목련이 피어났을 때, 내게는 그 한 송이가 다른 뜰의 수백 송이 꽃보다 더 눈물겹게 아름다웠다.

나무에 쏟은 내 정성도 적지 않은 것이었지만, 그 나무들이 내게 준 위안과 기쁨은 그보다 훨씬 컸다. 그 그늘 아래서 풀을 뽑아 주고 벌레를 잡아 주고 있노라면 시름도 불안도 그렇게 뜰 밖으로 던져지곤 했으니까. ⓒ 한편으로는 어디론가 자꾸만 달아나려는 내 마음을 그 뿌리들 속에 붙잡아 매려는 안간힘 같은 것이 있었는지도 모르겠다. 그렇지 않았다면 왜 그토록 나무 몇 그루에 **애착을 넘어선 집착**을 보였겠는가. 몇 송이의 꽃과 몇 줌의 열매, 그리고 향기와 그늘을 내어 주던 그 나무들이 내게는 하나의 피난처처럼 느껴지던 무렵이었다. 그러면서 생각했다. 나에게 그런 그늘과 향기를 준 사람, 그러니까 그 나무들을 여기에 처음 심은 사람은 누구였을까, 하고.

그럴 때마다 나는 장 지오노의 소설 〈나무를 심은 사람〉을 떠올렸다. 프로방스 지방의 황무지에 하루도 쉬지 않고 떡갈나무와 자작나무를 심었던 엘제아르 부피에. 아내와 아들을 잃은 그가 참담한 고독 속에서 뿌려 낸 씨앗은 황무지를 풍요로운 숲과 마을로 변화시켜 놓았다. 자신이 나무를 심고 씨를 뿌리는 땅이 누구의 소유인지는 그에게 그리 중요한 문제가 아니었다. 다만 자신을 버텨 내고 세계를 살릴 수 있는 방법으로 그는 나무 심는 일을 선택했던 것이다.

이처럼 나무를 심는다는 것은 당장 자기가 무엇을 얻고 누리기 위해서가 아니라 **먼 훗날의 다른 누군가**를 위해서 하는 일이다. 나무를 가꾸는 동안의 수고로움 역시 그 아름다움이 굳이 자기의 것이 아니어도 좋다는 생각에서 비롯된다. 사람이 나무보다 아름다워지는 때가 있다면 바로 그런 순간일 것이다.

핵심정리

* **주제**
절망과 고독 속에서 행하는 이타적 행동의 가치

* **구성**

처음	처음 장만한 집의 뜰에 심어진 나무들에 강한 애착을 느낌.
중간 ①	소설 〈나무를 심은 사람〉의 엘제아르 부피에를 떠올리며 나무 심는 일의 의의를 생각함.
중간 ②	잃게 된 뜰에 살구나무를 새로 심으면서 엘제아르 부피에의 행동을 이해하게 됨.
끝	이타적 삶에 대한 지향과 세상의 모든 존재가 자신과 연결되어 있다는 생각을 드러냄.

* **해제**
이 작품은 글쓴이가 좌절을 겪은 경험을 드러내면서, 그 경험을 통해 이타적인 삶의 가치를 깨닫게 된 과정을 진솔하게 형상화하고 있는 수필이다. 글쓴이는 소설 〈나무를 심은 사람〉의 주인공 엘제아르 부피에를 떠올리며 그가 절망과 고독 속에서 행한 이타적 행동의 가치를 되새긴다. 그럼으로써 자신이 소유한 나무에 집착하고 그로부터 위안을 얻던 모습에서 벗어나, 새로 심은 살구나무가 타인의 마음에 위안을 주기를 바라게 된다. 그리고 나아가서 온 세계가 자신이 긍정적인 영향을 줄 수 있는 존재들로 가득 차 있음을 깨닫는다.

* 글쓴이의 경험과 깨달음

뜰에서 나무를 가꾸며 위안을 얻고 기쁨을 느낌.

↓

〈나무를 심은 사람〉의 엘제아르 부피에를 떠올림.

↓

뜰을 잃게 된 상황에서 스스로를 버텨 내기 위해 살구나무를 사서 뜰에 심음.

↓

절망과 고독이 엘제아르 부피에로 하여금 나무를 심게 했음을 이해함.

↓

뜰을 떠나고서도 살구나무가 타인에게 도움이 되기를 기원함.

↓

소유에 대한 집착을 극복하고 깨달음을 얻음.

* 〈나무를 심은 사람〉 줄거리

1913년, '나'는 황무지를 여행하던 중, 물이 다 떨어지고 만다. 우물가를 찾으려 하지만 주위는 사람의 흔적이라고는 보이지 않는 황량한 계곡이다. 다행히 '나'는 오래된 마을에 사는 중년 양치기를 만나 개울을 안내받는다. 양치기가 왜 이런 곳에서 혼자 살고 있는지 궁금해진 '나'는 양치기의 집에 머물며 이야기를 나누기로 한다. 양치기의 이름은 엘제아르 부피에로, 아내가 죽은 후 이 계곡에 나무를 한 그루씩 심으며 황량한 풍경을 되살리고 있다고 말한다. 땅에다 작은 구멍을 파고, 도토리를 구멍에 넣음으로써 떡갈나무를 손수 심고 있었던 것이다.
1920년, 제1차 세계대전에 참전했다가 돌아온 '나'는 후유증에 시달리다가 그 계곡을 다시 찾아간다. 계곡은 '나'에게 아름답고 평화로운 광경을 보여 주고, 기운을 차린 '나'는 매년 부피에의 집을 방문한다. 이후에도 부피에는 계속해서 나무를 심는다. 전쟁 후 만 명이 넘는 사람들이 계곡에 들어와 살게 되며 계곡은 생명력이 넘치는 공간이 된다. 부피에는 1947년 요양원에서 평화롭게 눈을 감는다.

ⓒ 그러나 나는 내가 덜 불행해지려고 나무를 가꾸었던 것 같다. 마음에 잔뜩 품고 있는 독을 중화시키고 내 병을 대신 앓게 하려고 그 푸른 것들에 머물렀던 것만 같다. 엘제아르 부피에처럼 처음 그 나무들을 심은 누군가를 생각하면서 나는 내 집착의 뿌리를 서서히 더듬기 시작했다.

▶ 중간 ①: 소설 〈나무를 심은 사람〉의 엘제아르 부피에를 떠올리며 나무 심는 일의 의의를 생각함

그런데 뜰에 대한 집착을 스스로 버리기도 전에 우리 식구는 그 집을 떠나게 되고 말았다. 일 년 남짓이나 살았을까, 갑자기 닥친 빚 때문에 집을 포기해야만 했을 때, 나에게 가장 포기가 안 되는 것은 집보다도 그동안 정들여 키운 나무들이었다. 그 봄날 내 주머니에는 삼만 원이 남아 있을 따름이었다. 그런데 무슨 결심이라도 한 사람처럼 나는 나가서 이만 오천 원 하는 **살구나무 한 그루**를 사 가지고 돌아왔다. 나는 살구나무가 아니라 이만 오천 원짜리 '희망' 한 그루를 내 뜰에 옮겨 심고 싶었으리라. 그 살구나무 한 그루를 땅에 꽂음으로써 스스로를 버텨 내고 싶었으리라.

ⓔ 나는 그제서야 엘제아르 부피에를 이해할 것 같았다. 모든 걸 잃어버렸다는 생각이 들 때, 자신이 살아 있다는 것을 어떤 식으로든 확인하지 않고는 견딜 수 없을 때, 사람은 스스로를 포기하지 않기 위해 나무를 심는다는 것을. 엘제아르 부피에로 하여금 나무를 심게 한 것은 어떤 거창한 목표나 선견지명이 아니라 모든 것을 잃은 자의 **절망과 고독**이었다는 것을. 그리고 간절히 믿고 싶었다. 엘제아르 부피에가 심은 떡갈나무가 그랬던 것처럼 이 살구나무 한 그루가 잘 커 나가기를.

살구나무 묘목에는 벌써 흰 꽃망울들이 자잘하게 맺혀 있었다. 그러나 뿌리를 제대로 못 내렸는지 꽃망울들은 활짝 펴 보지도 못하고 땅에 우수수 떨어져 내리고 말았다. 우리 식구는 결국 여름이 시작될 무렵 그 집을 떠나게 되었고, 살구나무는 거기 남게 되었다. 이삿짐을 싣고 떠나기 전 마지막으로 돌아본 살구나무의 모습이 아직도 눈에 선하다. 나도 모르게 눈에 그렁 고이던 눈물. 돌아올 거라고, 다시 돌아와 얼마나 자랐는지 만져 볼 거라고 중얼거리며 돌아서던 내 뒷모습을 그 나무는 보고 있었을까.

그 후로 마치 식구 하나를 남겨 두고 온 것처럼 이따금 그 나무의 안부가 궁금해지고는 한다. 처음엔 과일 가게에서 노란 살구를 보고도 마음이 울컥해서 한참을 그 앞에서 머뭇거린 때도 있었다. ⓕ 그러나 시간이 지나고 마음이 그 뜰에서 멀어질수록 살구나무 생각이 그리 고통스럽지만은 않았다. 「지금쯤 꽃이 피었겠지…… 올해는 그래도 열매를 꽤 달지 않았을까…… 꼭 내 뜰에서가 아니더라도 그곳에 잘 뿌리 내려 **꽃과 열매를 전해 주기를**…… 누군가의 마음을 환하고 서늘하게 만들어 주기를…… 그래야 너와 더불어 살던 이만 오천 원짜리 내 희망도 꿋꿋하게 살아 있을 테니까.」

▶ 중간 ②: 잃게 된 뜰에 살구나무를 새로 심으면서 엘제아르 부피에의 행동을 이해하게 됨

126

「조그마한 뜰을 잃어버리고 나서야 나는 모든 땅이 내가 씨 뿌리고 일구어야 할
「」: 역설적 표현 – 나무를 통해 알게 된 가치 있는 삶
터전임을 알게 되었다. 그토록 편애하던 나무들을 잃어버리고 나서야 나는 더 많
은 나무들을 얻게 되었다.」 이제 세상에 살아 있는 모든 나무들이 내 나무인 것 같
다. 아니 죽어 가는, **죽어 있는 나무들**조차 나와 무관한 존재가 아니라는 생각이
든다.

 산 나무와 죽은 나무의 향기. 그것은 나무 자체가 가지고 있는 향기이면서 동
시에 나무를 심고 만지는 인간의 손끝에서 나온 향기이기도 하다.「내가 떠나온
　　　　　　인간의 이타적인 행위가 지니는 영향력　　　　　「」: 역설적 표현 – 소유에 대한 집착을 극복하고 깨달음을 얻음
집, 내가 잃어버린 나무들. 그러나 나는 그들을 잃어버리지 않았다. 그들은 나보
다 더 오래 그 자리에 남아 햇빛을 향해 몸을 기울일 것이기에.」
　　　　　　　　　　　　▶ 끝: 이타적 삶에 대한 지향과 세상의 모든 존재가 자신과 연결되어 있다는 생각을 드러냄
　　　　　　　　　　　　　　　　　　　　　　　　　　　　　 - 나희덕, 〈내가 잃어버린 나무들〉 -

● 확인 문제

[1-4] 윗글의 내용에 대한 설명이다. 맞으면 ○, 틀리면 ✕표 하시오.

1 글쓴이는 자신이 나무에 쏟은 정성이 나무들에게 받은 위안과 기쁨보다 적다고 느꼈다.

2 글쓴이는 뜰에 심어져 있던 나무들에 강한 애착을 느꼈다.

3 글쓴이가 처음 살구나무를 심은 것은 타인을 위해서였다.

4 글쓴이는 뜰에 심은 살구나무가 타인에게 이로움을 줄 수 있기를 희망했다.

[5-6] 윗글의 내용과 관련하여 빈칸에 들어갈 적절한 내용을 쓰시오.

5 글쓴이에게는 그늘을 내어 주던 나무들이 하나의 ☐☐☐ 처럼 느껴졌다.

6 글쓴이는 ☐☐☐을 잃고 나서 더 많은 나무들을 얻게 되었다.

확인 문제 정답	1 ○　2 ○　3 ✕　4 ○　5 피난처　6 나무들

01

윗글에 대한 설명으로 적절하지 <u>않은</u> 것은?

① 자신의 경험에서 깨달은 교훈을 독자들에게 전달하고 있다.

② 비유적 표현을 활용하여 자신이 위로를 얻었던 경험을 묘사하고 있다.

③ 역설적 표현을 활용하여 글쓴이가 처한 현실의 비참함을 드러내고 있다.

④ 소설 속 인물의 행동에 대해 평가하며 자신의 행위와의 동질성을 발견하고 있다.

⑤ 시간의 순서에 따라 경험을 서술하여 행위를 대하는 관점이 변화하는 과정을 보여 주고 있다.

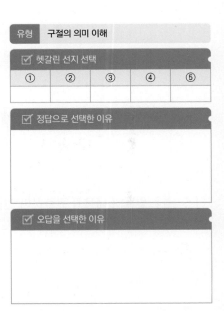

유형   서술상의 특징 파악

☑ 헷갈린 선지 선택

①	②	③	④	⑤

☑ 정답으로 선택한 이유

☑ 오답을 선택한 이유

02

㉠~㉤에 대한 이해로 적절하지 <u>않은</u> 것은?

① ㉠: 글쓴이는 목련을 살려 내고 보람과 기쁨을 느꼈다.

② ㉡: 글쓴이는 나무를 통해 방황하는 마음을 잠재우려 했다.

③ ㉢: 글쓴이는 이타적인 마음에서가 아니라 자신을 위해 나무를 가꾸었다.

④ ㉣: 글쓴이는 잃게 된 뜰에 나무를 심음으로써 엘제아르 부피에를 이해했다.

⑤ ㉤: 글쓴이는 두고 온 살구나무에 대해 더 이상 전과 같은 애정을 품지 않게 되었다.

유형   구절의 의미 이해

☑ 헷갈린 선지 선택

①	②	③	④	⑤

☑ 정답으로 선택한 이유

☑ 오답을 선택한 이유

03

<보기>를 참고하여 윗글을 감상한 내용으로 적절하지 <u>않은</u> 것은?

유형 외적 준거에 따른 작품 감상

> **보기**
>
> 〈나무를 심은 사람〉의 엘제아르 부피에는 몇십 년에 걸쳐 황량한 땅에 나무를 심는다. 황무지는 생명의 땅으로 거듭나고, 원래부터 살던 사람들과 새로 이주해 온 사람들이 어울려 활력 넘치게 살아간다. 엘제아르 부피에의 나무가 희망을 가져다 준 것이다. 서술자인 '나'는 엘제아르 부피에를 가리켜 위대한 혼과 고결한 인격을 지닌 사람이라고 평한다. 〈내가 잃어버린 나무들〉의 글쓴이는 나무를 심으며 엘제아르 부피에를 떠올리고, 자신이 심은 살구나무가 타인에게 위안을 주기를 바라게 된다. 그리고 세상의 모든 존재가 자신과 연결되어 있다는 생각을 드러내며 이타적인 삶의 가치를 깨닫는다.

① 글쓴이가 나무에 '애착을 넘어선 집착'을 보인 것은, 이타적인 삶의 가치를 깨닫지 못했기 때문이겠군.

② 엘제아르 부피에가 나무를 심은 것은, '먼 훗날의 다른 누군가'를 위한 이타적인 행동이라고 볼 수 있겠군.

③ 글쓴이가 '살구나무 한 그루'를 심은 것은, 희망을 품었던 엘제아르 부피에와 달리 '절망과 고독'에서 비롯된 것이겠군.

④ 글쓴이가 살구나무가 '꽃과 열매를 전해 주기를' 바라는 것은, 타인이 살구나무로부터 위안을 받기를 바라기 위해서겠군.

⑤ 글쓴이가 '죽어 있는 나무들'에게 연대감을 느끼는 것은, 세상의 모든 존재가 자신과 연결되어 있다고 느끼기 때문이겠군.

☑ 헷갈린 선지 선택

①	②	③	④	⑤

☑ 정답으로 선택한 이유

☑ 오답을 선택한 이유

04 서답형 문제

유형 소재의 기능 파악

글쓴이가 살구나무에 대한 그리움을 떠올리게 한 소재를 윗글에서 찾아 2어절로 쓰시오.

☑ 정답으로 선택한 이유

Ⅲ

갈래복합

정답 및 해설 p.23

핵심정리

가 설장수, 〈어옹〉

* 주제

평생 동안 강호에서 은거하는 삶에 대한 예찬

* 구성

1~2행	헛된 명예를 멀리하는 강호에서의 삶
3~4행	강호의 봄과 가을에 보이는 풍경
5~6행	번잡한 세속과 거리를 둔 소박한 삶
7~8행	강호의 삶에서 느끼는 만족감

* 해제

이 작품은 평생 동안 벼슬을 멀리한 채 한적한 강호에서 은거하는 인물의 삶을 그린 한시이다. 헛된 명예를 바라지도 않는다는 진술 등을 고려해 보면 어옹은 사대부 출신이면서도 벼슬살이에 나서지 않은 인물로 짐작된다. 작가인 설장수는 고려 말과 조선 초에 걸쳐 여러 벼슬을 지낸 인물로서, 벼슬살이 도중에 유배를 당한 적이 있다. 이 작품을 유배를 당한 시기에 지었다면 자신의 고난에 대한 회한을 깔고 있는 것으로 볼 수 있고, 은퇴 후에 지었다면 평생 동안 벼슬을 하지 않고 은거하는 이의 삶에 대한 예찬으로 볼 수 있다.

* 시상 전개 방식

· 수미상관

'헛된 명예'
'세속적 가치'의 추상적 표현

↓

'인간 세상 옥당 벼슬'
'세속적 가치'가 구체화되어 표현됨.

· 색채 부여를 통한 이미지 대비

긍/부정	대상	색채
긍정적	강호에서의 삶	초록빛 도롱이
부정적	속세의 헛된 명예	자줏빛 거리

※ 다음 글을 읽고, 물음에 답하시오.

가

헛된 명예 이루려 조급하게 살지 않고   不爲浮名役役忙
_{화자가 멀리하는 것}

평생 동안 **수운향***을 좇으며 살아가네   生涯追逐水雲鄉
_{화자가 지향하는 삶의 태도}   ▶ 1~2행: 헛된 명예를 멀리하는 강호에서의 삶

「넓은 호수에 봄은 따사로워 **안개**가 천리에 퍼지고   平湖春暖煙千里
_{「」: 자연의 아름다움을 시각적으로 표현}

예스런 언덕에 가을은 높아 달이 한 척의 배로구나」   古岸秋高月一航
_{은유법}   ▶ 3~4행: 강호의 봄과 가을에 보이는 풍경

자줏빛 거리*의 홍진엔 꿈자리에서도 가지 않으니   紫陌紅塵無夢寐
_{세속에 발을 들이지 않겠다는 화자의 의지}

초록빛 도롱이에 **삿갓**으로 함께 걷고 함께 사라지네   綠簑青蒻共行藏
_{소박한 복식}   ▶ 5~6행: 번잡한 세속과 거리를 둔 소박한 삶

「**뱃노래** 한 가락이 흥취에 젖었으니   一聲欸乃歌中趣
_{「」: 강호에서 살아가는 삶 예찬 → 설의법을 활용해 강조}

㉠ 어찌 인간 세상 **옥당 벼슬** 부러워하겠는가」   那羨人間有玉堂
     ▶ 7~8행: 강호의 삶에서 느끼는 만족감

     - 설장수, 〈어옹(漁翁)〉 -

* 수운향: 호숫가나 바닷가에 위치하여 풍경이 그윽한 지방.

* 자줏빛 거리: 벼슬아치들이 자줏빛 의관을 한 채 다니는 거리로서, 도성의 거리를 뜻함.

나

어떤 지날 **손[客]**이 ⓐ **성산(星山)**에 머물면서

서하당(棲霞堂) 식영정(息影亭) 주인아 내 말 듣소.
_{손이 주인에게 말을 건넴}

인생 세간(世間)에 좋은 일 하건마는
_{속세}

어찌한 강산을 갈수록 낫다 여겨
_{주인의 생각에 대한 손의 추측}

적막 산중에 들고 아니 나시는고
_{산중에서 생활하며 밖으로 나오지 않음}

송근(松根)을 다시 쓸고 죽상(竹床)에 자리 보아

잠깐 올라앉아 어떤고 다시 보니

「천변(天邊)에 떴는 **구름** 서석(瑞石)을 집을 삼아
_{식영정 근처의 서석대를 가리킴}

나는 듯 드는 양이 주인과 어떠한고」
_{「」: 주인을 구름에 비유함}

창계(滄溪) 흰 물결이 정자 앞에 둘렀으니
_{정자 앞 물결을 비유한 대상}

㉡ **천손운금(天孫雲錦)***을 뉘라서 베어 내어
_{야단스럽기도 야단스럽구나 = 매우 아름답구나}

잇는 듯 펼치는 듯 헌사하기도 헌사할샤

「산중에 책력(冊曆) 없어 사시(四時)를 모르더니
_{「」: 달력이 없어도 경치를 보고 사계절을 알 수 있음}

눈 아래 헤친 경(景)이 철철이 절로 나니」

듣거니 보거니 일마다 **선간(仙間)***이라
_{성산을 신선의 세계에 비유}   ▶ 서사: 서하당과 식영정의 자연 경관 예찬

매창(梅窓) 아침 볕에 향기에 잠을 깨니

선옹(仙翁)의 할 일이 곧 없도 아니하다
_{주인}

울 밑 양지 편에 외씨를 뿌려 두고
　　　　행동의 나열
매거니 돋우거니 비 온 김에 다루어 내니
진나라 때 소평이라는 인물이 벼슬을 하다가 진나라가 망하자 서민이 되어 청문 부근에서 오이를 심고 지냈다는 고사
청문고사(靑門故事)를 이제도 있다 하리
　　　　　　고사를 통해 자연에서 사는 삶의 즐거움을 나타냄
망혜(芒鞋)를 죄어 신고 죽장(竹杖)을 흩짚으니
　　　　　　길을 나섰음을 의미
도화(桃花) 핀 시내 길이 방초주(芳草洲)에 이었어라
　　　　　　　　　　향기로운 풀들이 우거진 모래사장
닦고 닦은 명경(明鏡) 중 절로 그린 석병풍(石屛風)
　　　　　커다란 바위로 이루어진 산이 시내에 비친 장면
그림자 벗을 삼아 서하(西河)로 함께 가니

도원(桃源)은 어드메오 **무릉(武陵)**이 여기로다
　　　　　성산을 무릉도원에 비유함
　　　　　　　　　　　　　　　　(중략)

공산(空山)에 쌓인 잎을 삭풍(朔風)이 거둬 불어
　아무도 없는 산　　　　　　　북풍
떼구름 거느리고 눈조차 몰아오니

ⓒ 천공(天公)이 호사로워 옥으로 꽃을 지어

만수천림(萬樹千林)을 꾸며곰 내었도다
　　　　　눈 내린 풍경의 아름다움 예찬
앞 여울 덮어 얼어 외나무다리 비꼈는데

막대 멘 늙은 중이 어느 절로 간단 말고

산옹(山翁)의 이 **부귀**를 남더러 자랑 마오
　　　아름다운 자연을 벗하여 즐기는 마음의 부귀
경요굴(瓊瑤窟)* 숨은 세계 찾을 이 있을세라
　　성산의 아름다운 경치를 혼자서만 즐기도록 하고 싶은 마음
산중에 벗이 없어 서책을 쌓아두고
　　외로운 화자의 처지
만고(萬古) 인물을 거슬러 헤아리니
　　서책을 보며 옛 인물들을 생각함
성현(聖賢)도 많거니와 호걸(豪傑)도 많고 많아라
　　　　　　　지혜와 용기가 뛰어나고 기개와 풍모가 있는 사람
하늘 삼기실 제 곧 무심할까마는

어찌한 시운(時運)이 흥과 망이 있었는고
　　　　　　변화가 심한 인간사
모를 일도 많거니와 애달픔도 그지없다
　　　　　　　어지러운 소리를 들었다며 귀를 씻어 자신의 고결함을 보였다고 하는 고사
ⓓ 기산(箕山)의 늙은 허유(許由) 귀는 어찌 씻었던고

박 소리 핑계 대고 지조가 가장 높다
　　허유의 무욕과 탈세속적 가치관 예찬
인심이 낮 같아야 볼수록 새롭거늘

세사는 구름이라 험하기도 험하구나
　　　인간사에 대한 비판적 태도
엊그제 빚은 술이 어느 만큼 익었나니
　　화자의 흥취, 풍류를 보여 주는 대상 ①
잡거니 밀거니 실컷 기울이니

마음에 맺힌 시름 조금은 풀리나다

거문고 줄에 얹어 풍입송(風入松) 타자꾸나
태평성대를 기원하고 왕덕을 찬양하는 내용의 가요, 화자의 흥취, 풍류를 보여 주는 대상 ②
손인동 주인인동 다 잊어버렸어라

공중에 떴는 학이 이 골의 진선(眞仙)이라

요대(瑤臺) 월하(月下)에 행여 아니 만났는가
옥으로 만든 집, 또는 훌륭한 궁전

▶ 본사: 봄, 여름, 가을, 겨울의 자연 경관

🌙 정철, 〈성산별곡〉

＊주제
성산에 묻혀 사는 삶의 흥취

＊구성

서사	서하당과 식영정의 자연 경관 예찬
본사	봄, 여름, 가을, 겨울의 자연 경관
결사	호걸의 흥망에서 오는 비회와 신선 같은 삶에 대한 예찬

＊해제
이 작품은 정철이 벼슬길에 나서기 전 전라남도 담양의 성산에 있는 서하당과 식영정 주변의 자연 경관과 더불어 그 주인에 해당되는 김성원 등의 은거와 풍류 생활을 예찬한 가사 작품이다. 작가 자신으로 추정되는 손님과 김성원으로 추정되는 주인의 문답 형식을 빌려 성산의 외적인 생활 환경과 내적인 정신세계를 그려냈다. 이 지문의 '(중략)' 부분에는 여름과 가을의 풍경과 이에 대한 찬탄을 그린 대목이 있다.

＊현대어 풀이
어떤 지나가는 나그네가 성산에 머물면서
서하당과 식영정 주인아 내 말을 들어 보소
인간 세상에 좋은 일이 많건마는
어찌 강산을 갈수록 좋게 여겨
적막한 산중에 들어가고 아니 나오시는고?
소나무 뿌리를 다시 쓸고 대나무 평상에 자리를 보아
잠깐 올라앉아 어떠한가 하고 다시 보니
하늘가에 떠 있는 구름이 서석을 집을 삼아
나가는 듯 드는 모습이 주인과 비교하여 어떠한고?
시내의 흰 물결이 정자 앞에 둘러 있으니
하늘의 은하수를 누가 베어 내어
잇는 듯 펼쳐 놓은 듯 야단스럽기도 야단스럽구나
산중에 달력이 없어 사계절을 모르더니
눈 아래 펼쳐진 경치가 철따라 절로 생겨나니
듣고 보는 것이 모두 신선이 사는 세계로구나
매화 핀 창의 아침 볕 받으며 향기에 잠을 깨니
늙은 신선의 할 일이 아주 없지도 아니하다
울타리 밑 양지 편에 오이씨를 뿌려 두고
김을 매고 북을 돋우면서 비 온 김에 가꾸어 내니
청문고사가 지금도 있다 할 것이로다
짚신을 죄어 신고 대나무 지팡이를 흩어 짚으니
복숭아꽃이 핀 시내 길이 방초주까지 이어졌구나
잘 닦은 거울 속에 절로 그린 돌병풍
그림자를 벗 삼아 서하당으로 함께 가니
무릉도원이 어디인가? 여기가 바로 그곳이로다
　　　　　　　　(중략)
빈산에 쌓인 잎을 삭풍이 거둬 불어
떼구름을 거느리고 눈까지 몰아오니
조물주가 일 꾸미기를 좋아하여 옥으로 꽃을 지어
온갖 살림을 잘도 꾸며 내었구나
앞 여울물이 다 얼어붙어 외나무다리만 비스듬히 놓였는데
막대를 멘 늙은 중이 어느 절로 간단 말인가?

133

산속 늙은이의 이 부귀를 남에게 자랑하지 마오
경요굴의 숨은 세계를 찾아올 사람이 있을까 염려되오
산중에 벗이 없어 서책을 쌓아 두고
만고의 인물을 거슬러 헤아려 보니
성현도 많거니와 호걸도 많고 많구나
하늘이 만드실 제 어찌 무심할까마는
어찌된 시절의 운수가 흥했다 망했다 하였는가?
모를 일도 많거니와 애달픔도 끝이 없다
기산의 늙은 허유는 귀는 어찌 씻었는가?
박 소리 난다고 핑계를 댄 지조가 가장 높구나
인심이 사람의 얼굴 같아 볼수록 새로운데
세상일은 구름처럼 험하기도 험하구나
엊그제 빚은 술이 얼마쯤 익었느냐?
잡거니 권하거니 실컷 기울이니
마음에 맺힌 시름이 조금이나마 풀어지는구나
거문고 줄에 얹어 풍입송을 타자꾸나
손인지 주인인지 다 잊어버렸도다
공중에 떠 있는 학이 이 골의 참 신선이라
요대 달 아래에서 행여 만나지 아니하였는가?
손이 주인더러 이르되 그대가 그인가 하노라

* **손이 주인을 바라보는 태도**

'어찌한 강산을 갈수록 낫다 여겨 ／ 적막 산중에 들고 아니 나시는고'
자연에 은거하여 밖으로 나오지 않는 삶을 의아해함.

↓

'손이 주인더러 이르되 그대 그인가 하노라'
자연에서의 즐거움을 맛보고 주인의 삶을 예찬함.

 유종호, 〈고향〉

* **주제**
어린 시절 고향에 대한 기억에 기대어 구상하는 나의 낙원

* **구성**

도입	에덴동산과 무릉도원의 가치 및 인공 낙원에 대한 거부감
전개	살구꽃, 감자꽃, 노고지리, 강과 모래 톱에 대한 기억
마무리	초라하지만 아름다운 나의 낙원

* **해제**
이 글은 인간이 구상하는 낙원이 결국은 어린 시절 고향에 대한 기억의 재구성에 지나지 않는다는 주제 의식을 담고 있는 수필이다. 글쓴이는 자신이 구상하는 낙원의 구체적인 장면을 보여 주기 위해 고향에서 겪은 어린 시절의 체험들을 병렬적으로 묘사한다. 그러면서도 고향을 오직 평화롭고 낭만적인 공간으로만 형상화하지는 않고 전쟁과 가난으로 짐작되는 어린 시절의 고통도 은연중에 드러내고 있다.

자연에 사는 주인이 바로 신선이라고 느낌
손이 주인더러 이르되 그대 그인가 하노라

▶ 결사: 호걸의 흥망에서 오는 비회와 신선 같은 삶에 대한 예찬
- 정철, 〈성산별곡(星山別曲)〉-

* 천손운금: 직녀가 짠, 구름 같은 비단.
* 선간: 신선이 사는 세계.
* 경요굴: 아름다운 구슬로 만들었다는 달나라의 동굴.

다

[A] 무릉도원 얘기를 전하는 도연명이 복사꽃 지천으로 피는 마을의 복숭아나
도연명이 복숭아꽃을 소재로 무릉도원이라는 낙원을 그려낸 것은 그의 어린 시절 경험에서 비롯되었으리라고 짐작함
무 집 아들이었을 거라고 생각해 보는 것은 결코 부질없는 공상이 아니다. 그런 의미에서 종달새도 뜨지 않고 꽃나무도 없는 삭막한 아파트 단지에서 자
삭막한 아파트 단지에서 자란 어린이가 그린 낙원은 삭막한 아파트 단지의 모습일 것임
란 어린이가 뒷날 구상할 낙원을 상상해 본다는 것은 섬뜩한 일이다. 자연이 없는 인공 낙원은 편리할는지는 몰라도 아무래도 마음의 고향은 되지 못할 것
인공 낙원에 대해 불편함을 느낌
같다. 이렇게 말하는 것도 사실은 내 자신이 시골 출신이기 때문일 것이다.
○: 글쓴이가 구상하는 낙원의 구성물
나의 낙원에서 만발하는 봄꽃은 살구꽃이다. 우리가 구차했던 시절, ⓑ 고향
글쓴이의 어린 시절 기억 중 남아 있는 것이 살구꽃에 관한 것이기 때문
의 4월을 그나마도 살 만하게 했던 것은 여기저기 뭉게구름처럼 댕그랗게 피어 있던 그 살구꽃이었다. 그리고 그 살구나무 아래 섰을 때 온통 머리를 취하게 했던 꿀벌 소리였다. 살구꽃이 없는 낙원은 내 자리가 마련되어 있지 않
글쓴이가 그리는 낙원에는 반드시 살구꽃이 있음
은 낙원처럼 벌써 '낙원'이 아니리라.

내 낙원의 길가에는 푸른 나무들이 줄지어 서 있다. 그것은 플라타너스도 아니고 은행나무도 아니다. 현사시나무는 더더구나 아니다. 그것은 바람에 나부끼는 키 큰 미루나무이다. 열매를 맺지 못하고 재목으로 쓸모없다 치더라도 그것은 상
글쓴이가 어린 시절에 미루나무에 대한 경험이 있었음을 알 수 있음
관이 없다. 누가 뭐라건 내 낙원의 가로수는 단연코 미루나무이다. 집을 나서서
낙원을 이루는 자연물의 가치는 그 유용성에 있지 않음
무작정 표표히 길을 떠나고 싶었던 일이 어디 한두 번이던가. 그때 남북으로 뻗어 있는 신작로에서 어서 오라고 이파리를 흔든 것이 미루나무였다. 미루나무는 나그네의 홀홀함과 설움을 아는 고향의 바람잡이였다. 고향 마을의 '소리 없는
역설법, 유치환의 시 〈깃발〉에서 바람에 펄럭이는 깃발의 형상을 비유적으로 표현한 구절을 인용
아우성'이었다.

(중략)

나의 낙원에는 말할 것도 없이 새소리가 흔하다. 종달새라고 하기보다 노고지
글쓴이가 어린 시절에 새소리에 대한 경험이 있었음을 알 수 있음
리라고 적는 것이 더 어울리는 저 초봄 새의 지저귐이 떠오른다.

보리 이삭 돋아나면 / 종달새 간다지 / 떠나는 그날에도 / 보리피리 불어 주마

보리밭 가에서 이런 노래를 불렀던 시절이 다시 올 리는 없다. 다시 돌려준다 하더라도 우리 편에서 받아들일지는 의문이다. 험난한 세월이 안겨 준 쓴잔의 뒷맛이 아직도 혀끝에 남아 있지 않은가. 그러나 초봄의 노고지리와 초여름의 뻐꾸기,

그들 없이 나의 낙원은 완결되지 못한다. 그리고 또 있다. 소리보다도 모양으로 우리들의 어린 시절을 장식했던 여름철의 황새와 가을날의 기러기 떼. 이들이 낙원을 떠난 지는 참으로 오래되었다.

나의 낙원에는 또 강이 흐르고 모래톱이 있다. 모래톱에서 만리성을 쌓은 적이
_{글쓴이가 어린 시절에 강과 모래톱에 대한 경험이 있었음을 알 수 있음}
있다. 무엇을 위한 것이었는지는 모르지만 쌓으며 헐며 긴 만리성을 쌓았다. 또 강가에서 팔매질을 하였다. 멀리 가는 것이 미래의 행복의 지표인 양 던지고 또 던지곤 하였다. 회수할 길 없는 팔맷돌과 무너진 지 오래인 성벽을 나의 낙원은 지금껏 간수하고 있을까? 알 수 없는 일이다.

여기까지 적고 보니 나의 낙원은 너무나 초라하고 너무나 가난하다. 냉장고가
_{가난하고 초라했던 어린 시절의 반영}
없고 자동차가 없고 아스팔트가 없다. 있는 것은 푸른 하늘과 청명한 나날과 맑
_{'나'의 낙원은 문명의 이기들이 없어 불편할 수 있음을 암시}
은 공기와 구차한 이웃들뿐이다. 노고지리 뜨는 보리밭과 소리 없는 아우성으로 몸이 기울어진 미루나무와 나룻배가 떠 있는 강물이 있을 뿐이다. ⓜ 낙원의 구상은 아무래도 고향과 어린 시절의 재구성임을 면치 못하는 것인가 보다.

- 유종호, 〈고향〉 -

※ 글쓴이가 생각하는 낙원의 모습

글쓴이가 생각하는 '낙원'
어린 시절 고향에 대한 기억을 재구성하는 것에 지나지 않음.

↓

낭만적인 공간으로만 형상화하는 것이 아닌, 불편이나 결핍을 동반하는 삶의 공간으로 인식

※ 글쓴이가 구상하는 낙원의 구성물

글쓴이가 어린 시절 경험했던 것들

=

글쓴이가 구상하는 '낙원'의 구성물
살구꽃, 꿀벌 소리, 미루나무, 노고지리, 뻐꾸기, 황새, 기러기 떼, 강, 모래톱

● 확인 문제

[1-3] (가)~(다)에 대한 설명이다. 맞으면 ○, 틀리면 ×표 하시오.

1 (가)에서 화자는 꿈에서라도 세속에 발을 들이지 않겠다는 의지를 보이고 있다.

2 (나)에서 주인은 손님에게 바깥의 풍경은 어떠한지 묻고 있다.

3 (다)에서 글쓴이는 아파트 단지에서 자란 어린이는 아름다운 낙원을 구상할 수 있을 것이라고 믿고 있다.

[4-5] (나), (다)와 관련하여 빈칸에 들어갈 적절한 내용을 쓰시오.

4 (나)에서 서하당과 식영정의 봄날 경치는 □□과 무릉에 비유되고 있다.

5 (다)에서 글쓴이는 낙원의 구상이 □□과 어린 시절의 재구성이라고 생각하고 있다.

확인 문제 정답	1 ○ 2 × 3 × 4 도원 5 고향

01

(가)~(다)에 대한 이해로 가장 적절한 것은?

① (가)와 (나)에는 글쓴이가 생각하는 바람직한 삶의 모습이 나타나 있다.

② (가)는 (다)와 달리 부정적 세태를 바꾸고자 하는 글쓴이의 생각이 드러나 있다.

③ (나)와 (다)에는 현실과 신념의 불일치에서 오는 안타까움의 정서가 드러나 있다.

④ (나)와 (다)에는 세상사의 어려움이 구체적 경험을 통해 암시적으로 드러나 있다.

⑤ (가)~(다)는 자연과 조화를 이루지 못하는 인간의 삶을 비판적으로 그리고 있다.

☑ 헷갈린 선지 선택

①	②	③	④	⑤

☑ 정답으로 선택한 이유

☑ 오답을 선택한 이유

02

(가)의 시어에 대한 이해로 적절하지 않은 것은?

① '헛된 명예'와 '옥당 벼슬'은 화자가 멀리하고자 하는 세속적 가치를 의미한다.

② '수운향'은 화자가 추구하는 공간이며 '안개'는 이 공간에 닿는 것을 가로막는 장애물이다.

③ '자줏빛 거리'와 '초록빛 도롱이'는 색상을 통해 시어의 이미지가 대비되고 있다.

④ '홍진'은 화자가 꺼린다는 점에서 '흥취에 젖'은 삶을 살 수 있는 곳이 아니다.

⑤ '삿갓', '뱃노래'는 화자가 추구하는 소박한 삶이 투영된 것으로 화자의 만족감을 더해 준다.

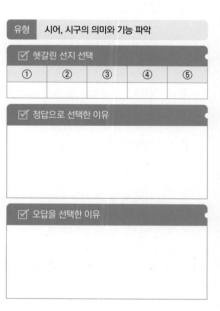

☑ 헷갈린 선지 선택

①	②	③	④	⑤

☑ 정답으로 선택한 이유

☑ 오답을 선택한 이유

03

〈보기〉를 바탕으로 (나)를 감상한 내용으로 적절하지 <u>않은</u> 것은?

보기

　　정철은 을축사화로 말미암아 귀양 다니던 아버지를 따라 16세 때 낙향하여, 등과한 27세까지 전남 창평 지곡리(지금의 전남 담양군 남면 지곡리)에서 지냈다. (나)는 정철이 25세 때 창평 지곡리 성산에서 서하당을 짓고 사는 처외재당숙인 김성원을 경모하여 현실에 물들지 않고 강호에서 살아가는 그의 삶을 예찬하고, 성산의 풍물을 사계절에 따라 읊은 글이다.

① 화자는 자신을 '손', 김성원을 '선옹'으로 칭하고 있다.

② 화자는 김성원을 '구름'에 비유하여 속세에 얽매이지 않는 자유로움을 예찬하고 있다.

③ 성산을 '도원'과 '무릉'에 비유한 것을 통해 화자가 김성원의 풍류를 긍정적으로 인식하고 있음을 알 수 있다.

④ '산옹의 이 부귀'는 과거 김성원이 속세에서 누린 삶으로 화자는 이것을 남에게 알려서는 안 된다고 생각한다.

⑤ '세사'에 대한 화자의 인식은 강호에서 살아가는 것을 선택한 김성원의 삶을 긍정적으로 바라보는 이유로 볼 수 있다.

04

(다)의 글쓴이에 대한 이해로 적절하지 <u>않은</u> 것은?

① 자연이 함께 하지 않는 낙원은 진정한 낙원이 될 수 없다고 여기고 있군.

② 자신이 구상하는 낙원을 보여주기 위해 어린 시절의 체험을 나열하고 있군.

③ 사람들이 구상하는 낙원은 어린 시절의 경험에서 비롯된 것이라 생각하는군.

④ 글쓴이가 생각하는 낙원에는 플라타너스, 현사시나무, 미루나무 등이 줄지어 있겠군.

⑤ 글쓴이의 낙원은 아름다운 경험만이 존재하는 것이 아니라 결핍이 동반될 수 있겠군.

05

ⓐ와 ⓑ에 대한 설명으로 가장 적절한 것은?

① ⓐ와 ⓑ는 만족감을 주는 동시에 아쉬움을 느끼게 하는 공간이다.

② ⓐ와 ⓑ는 과거의 잘못을 반성하고 새롭게 거듭나는 깨달음의 공간이다

③ ⓐ는 화자에게 부끄러움을 주는 공간이고, ⓑ는 속세와 대비되는 공간이다.

④ ⓐ는 유유자적한 삶의 공간이고, ⓑ는 글쓴이의 상처를 치유해주는 공간이다.

⑤ ⓐ는 자연의 아름다움을 즐기는 공간이고, ⓑ는 글쓴이가 구상하는 낙원에 반영되는 공간이다.

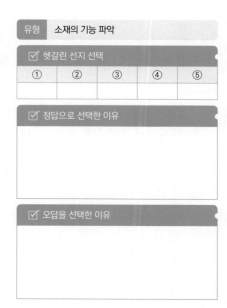

06

㉠~㉤을 이해한 내용으로 적절하지 <u>않은</u> 것은?

① ㉠: 의문의 형식을 통해 강호의 삶에 대한 만족감을 드러내고 있다.

② ㉡: 화자는 성산의 아름다운 자연경관을 '천손운금'에 비유하고 있다.

③ ㉢: 비유적 표현을 활용하여 눈 내린 풍경의 아름다움을 예찬하고 있다.

④ ㉣: 산옹의 삶과 대비되는 고사를 활용하여 산옹의 삶의 긍정적 가치를 강조하고 있다.

⑤ ㉤: 어린 시절의 경험이 초라할지라도 '나'의 낙원에는 이것이 반영될 수밖에 없음을 인정하고 있다.

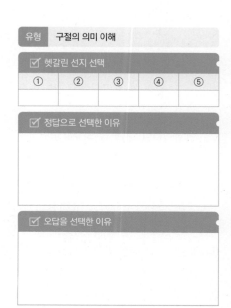

07 　서답형 문제

밑줄 친 부분에 해당하는 소재 2개를 [A]에서 찾아 쓰시오. (단, 지문에 등장한 순서대로 쓸 것.)

> **보기**
>
> (다)는 고향에서의 유년 체험을 구성하는 <u>다양한 소재들</u>을 이미지를 중심으로 병렬적으로 제시하고 있다. 마무리에서는 이것이 글쓴이 자신이 구상하는 낙원을 구성하는 자연물이라는 가치 평가를 내리고 있다.

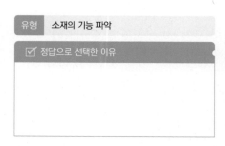

정답 및 해설 p.24

※ 다음 글을 읽고, 물음에 답하시오.

가

슬프나 즐거우나 옳다 하나 그르다 하나
　　　　　　　　임금을 위한 충성　　　　옳지 못하다
내 몸의 할 일만 닦고 닦을 뿐이언정
　　　　　　화자의 신념과 소신
그 밖의 여남은 일이야 분별할 줄 있으랴
임금을 위해 충성을 다하는 것 이외의 일　걱정과 시름

〈제1수〉
▶ 제1수: 자신의 신념을 지키려는 의지

내가 한 일 망령된 줄을 나라고 하여 모를쏜가
　　　　말이나 행동이 정상을 벗어나고 분수에 지나침
이 마음 어리석음도 님 위한 탓이로세
　　　　　　　　　　임금
다른 사람 아무리 말해도 님이 헤아려 보소서
　　　　　　　비방해도

〈제2수〉
▶ 제2수: 자신에 대한 자조와 임금의 올바른 판단 호소

추성(楸城) 진호루(鎭胡樓) 밖에 「울어 예는 저 ㉠ 시냇물아」
함경도 경원의 옛 이름　　　　「」: 의인화　　　감정이입의 대상
무엇을 하려고 주야로 흐르느냐
　　　　　시냇물의 지속성
님 향한 내 뜻을 좇아 그칠 때를 모르는도다
시냇물의 영속성을 통해 자신의 충성심을 강조함

〈제3수〉
▶ 제3수: 임금을 향한 변함없는 충심

㉡ 「뫼는 길고 길고 물은 멀고 멀고」
　「」: 화자와 부모 사이의 장애물 → 거리감
어버이 그리워하는 뜻은 많고 많고 크고 크고
　　망운지정 → 효심
어디서 외기러기는 울고 울고 가나니
　　　　　감정 이입

〈제4수〉
▶ 제4수: 어버이를 그리워하는 마음

어버이 그리워할 줄을 처음부터 알았건마는
　　　　　효심
㉢ 임금 향한 뜻도 하늘이 생기게 했으니
진실로 임금을 잊으면 그것도 불효(不孝)인가 여기노라
충을 효의 연장선으로 인식함

〈제5수〉
▶ 제5수: 임금에 대한 충심
- 윤선도, 〈견회요(遣懷謠)〉-

나

　하루는 나귀를 탄 한 소년이 하인 수십 명을 거느리고 관아의 문밖에 와 감사
　　　　　　　　　　　　　　　　　　　　관리들이 나랏일을 보던 곳
뵙기를 청했다. 감사가 들어오라 하니 그 소년이 마루 위에 올라와 절하며 인사
를 올리거늘, 감사가 눈을 들어 자세히 보니 항시 기다리던 길동이었다. 크게 놀
라고 기뻐 좌우를 물리치고 그 손을 잡고 목이 메어 눈물을 흘리며 말했다.
　"길동아, 네 한번 집을 나간 후로 살았는지 죽었는지 알지 못하여 아버님께서
병이 깊어지셨거늘, 너는 갈수록 불효를 끼칠 뿐 아니라 나라에 큰 근심이 되니,
　　　　　　　　　　　　　　　　　감사가 충효를 중시함이 드러남 (충효 사상의 반영)
네 무슨 마음으로 불충불효를 행하며, 또한 도적이 되어 세상에 비할 수 없는
　　　　　　　홍길동의 죄 ①　　　　　　　　홍길동의 죄 ②
죄를 짓는 것이냐? 이런 이유로 전하께서 진노하시어 나에게 너를 잡아들이라
길동을 잡아들이려 하는 이유

가 윤선도, 〈견회요〉

＊ **주제**
어버이를 향한 효심과 임금에 대한 충심

＊ **구성**

제1수	자신의 신념을 지키려는 의지
제2수	자신에 대한 자조와 임금의 올바른 판단 호소
제3수	임금을 향한 변함없는 충심
제4수	어버이를 그리워하는 마음
제5수	임금에 대한 충심

＊ **해제**
이 작품은 조선 광해군 때에 고산 윤선도가 지은 5수
의 연시조이다. 작가가 이이첨(李爾瞻)을 비롯한 권
신들의 죄를 규탄하는 병진소(丙辰疏)를 올렸으나 반
대 세력의 모함으로 오히려 함경도 경원(慶源)으로
유배되었을 때 지은 작품이다. 타인들의 말에 아랑곳
하지 않고 자신이 옳게 여기는 신념을 지키려는 작가
의 모습과 패기가 선명히 나타나 있으며, 임금을 향
한 충절과 어버이를 생각하는 효성을 유학자로서의
의연한 태도와 목소리로 노래했다.

＊ **〈견회요〉에 나타난 자연물의 속성과 상징적 의미**

자연물	속성	상징적 의미
시냇물	주야에 흐름. → 지속성, 불변성	화자의 충성심이 변함없이 지속됨.
뫼, 물	길게 이어지고 멀리 이어짐.	지리적 거리와 공간적 단절감
외기러기	무리에서 이탈하여 외롭게 날아감.	유배 생활에서 느끼는 외로움

ㄴ 허균, 〈홍길동전〉

＊주제

불합리한 사회 제도에 저항하는 홍길동의 영웅적 활약

＊ 전체 줄거리

조선 세종 때 홍 판서와 그의 시비 춘섬 사이에서 서자로 태어난 길동은 총명하면서 도술을 익혀 장부로서의 남다른 모습을 보인다. 하지만 천생(賤生)이기에 호부호형(呼父呼兄)하지 못하는 것을 한으로 품고 살아가다가 가출한 후 도적 무리의 두목으로 추대된다. 길동은 기발한 계책과 도술로써 팔도의 탐관오리들이 부정하게 모은 재물을 탈취하여 가난한 사람들에게 나누어 준다. 임금이 전국에 길동을 잡으라는 명령을 내리지만 길동은 뛰어난 도술로 신출귀몰하며 조정을 농락한다. 이에 조정에서는 어쩔 수 없이 길동의 소원대로 길동에게 병조 판서를 제수한다. 소원을 이룬 길동은 임금에게 하직 인사를 하고 조선을 떠난다. 길동은 산수 경관이 매우 수려한 율도국을 발견하고 그곳에서 왕이 되어 나라를 다스린다.

＊ 해제

이 작품은 조선 광해군 때에 허균이 쓴 것으로 알려진 한글 소설이다. 적서 차별과 같은 사회의 제도적 결함이나 탐관오리의 부패와 같은 권력층의 부정에 대한 비판 등 사회·정치적 문제를 직접적으로 다루었다. 이에 이 소설은 당대 사회의 현실적 문제를 여실히 반영하고 있다는 점에서 사실주의적이라 할 수 있으며, 적서 차별 등의 신분적 불평등을 비롯한 사회 모순을 안고 있는 사회는 마땅히 개혁되어야 한다는 주제 의식을 가지고 율도국이라는 대안을 제시하였다는 점에서 사회 소설로서 문학사적인 의의가 매우 큰 작품이다.

＊ 등장인물

홍길동	홍 공의 서자로, 일찍이 무예와 도술을 익혀 재주가 뛰어나고 부조리한 사회 현실에 저항하는 의지적인 인물
홍 공	홍길동의 아버지로 길동을 아끼지만, 가문과 체통을 중시하며 사회 통념을 따르는 보수적이고 현실 순응적인 인물
경상 감사	홍 공의 적자로, 홍길동의 이복 형. 나라에 대한 충성과 부모에 대한 효를 강조하는 인물로 가문의 이익을 우선시함.

하셨으니, 이는 피하지 못할 일이라. 너는 일찍 서울로 나아가 전하의 명을 순순히 받으라."

말을 마치자 눈물이 비 오듯 흘렸다. 길동이 머리를 숙이고 말하기를,

"제가 여기 온 것은 아버님과 형을 위태로움에서 구하고자 함이니 어찌 다른 말이 있겠습니까. 대저 대감께서 당초에 천한 길동을 위해 아버지를 아버지라 하고 형을 형이라 부르도록 하셨던들 어찌 이 지경에 이르렀겠습니까. 지난 일은 말해 봤자 쓸데없거니와, 이제 아우를 결박하여 서울로 올려 보내소서."

하고는 다시 말이 없었다. 감사가 이 말을 듣고 슬퍼하면서도 장계를 지어 길동의 목에 칼을 씌우고 발에 족쇄를 채워 수레에 싣고, 건장한 장교 십여 명을 뽑아 죄인을 호송하게 했다. 밤낮으로 쉬지 않고 부지런히 가게 하니, 각 읍 백성들이 길동의 재주를 들었는지라, 잡혀 온다는 말을 듣고 길을 메울 정도로 나와 구경했다.

이때 팔도에서 다 길동을 잡아 올리니, 조정과 장안의 백성들은 당황하여 어찌할 줄 모르고 누가 길동인지 알 사람이 없었다. 임금께서도 놀라 신하들을 모두 모으고 친히 심문하고자 하셨다. ⓐ여덟 길동을 잡아 올리니, 저희끼리 서로 다투며 아뢰기를,

"네가 진짜 길동이요, 나는 아니라."

하며 싸우니 누가 진짜 길동인지 분간할 수 없었다. 임금께서 괴이하게 여겨 즉시 홍 아무개를 불러 말씀하셨다.

"아들 알아보는 데는 아버지만 한 사람이 없다 하니, 저 여덟 중에서 경의 아들을 찾아내라."

홍 공이 황공하여 머리를 조아리고 죄를 청하며 말하기를,

"신의 천생 길동은 왼쪽 다리에 ⓒ 붉은 혈점이 있사오니, 이를 보면 알 것이옵니다."

하고, 여덟 길동을 꾸짖었다.

"네 지척에 임금님이 계시고 아래에 아비가 있는데도, 이렇게 천고에 없는 죄를 지었으니 죽기를 아까워하지 말라."

홍 공이 피를 토하고 엎어져 기절하니, 임금께서 크게 놀라 약원에게 구하도록 하셨으나 차도가 없었다. 여덟 길동이 이 광경을 보고 동시에 눈물을 흘리며 주머니에서 ⓓ 환약을 한 개씩 꺼내어 입에 넣어 드리니, 홍 공이 반나절 후에 정신을 차리게 되었다.

(중략)

길동이 초인을 없애고 두루 다니다가 사대문에 방을 붙였다.

요신 홍길동은 아무리 해도 잡지 못할 것이나, 병조 판서로 임명하시면 잡힐 것입니다.

임금께서 그 방문을 보시고 조정 신하들을 모아 의논하셨다. 신하들이 말했다.

"이제 그 도적을 잡으려 하다가 잡지 못하고 도리어 병조 판서에 제수하는 것은 아니 되옵니다."

임금은 그 말이 옳다고 여겨 다만 경상 감사에게 길동을 잡을 것을 재촉하시니, 경상 감사는 임금의 ㉤ 엄한 명령을 받고 놀랍고 두려워 어찌할 줄 몰랐다.

하루는 길동이 공중에서 내려와 절하고 말했다.

"지금은 진짜 길동이오니 형님은 아무 염려 마시고 아우를 결박하여 서울로 보내소서."

감사가 이 말을 듣고 손을 잡고 눈물을 흘리며 말했다.

"이 철없는 아이야! 너도 나와 형제인데, 아버지와 형의 교훈을 듣지 않고 온 나라를 소란케 하니 어찌 애달프지 않으리오. 네 이제 진짜 몸으로 와 나를 보고 잡혀 가기를 자원하니, 도리어 기특한 아이로다."

급히 길동의 왼쪽 다리를 보니 과연 붉은 혈점이 있었다. 즉시 팔다리를 결박해 수레에 넣고 건장한 장교 수십 명을 뽑아 철통같이 에워싸고 비바람같이 몰아 갔으나, 길동의 안색은 조금도 변하지 않았다.

여러 날 만에 서울에 다다랐다. 대궐 문에 이르러 길동이 한 번 몸을 흔들어 움직이니 굵은 쇠줄이 끊어졌다. 수레를 깨고 길동이 공중에 올라 표연히 구름과 안개에 묻혀 사라지니, 장교와 군사들이 어이없이 공중만 바라보며 다만 넋을 잃을 따름이었다. 어찌할 수 없어 이 일을 임금께 아뢰니, 임금께서 듣고 말씀하셨다.

"천고에 이런 일이 어디 있으리오?"

임금께서 크게 근심하시니, 신하들 중 한 사람이 아뢰었다.

"길동이 자신의 소원인 병조 판서를 한번 하면 조선을 떠나겠다고 하옵니다. 한번 소원을 풀면 저 스스로 감사할 것이니, 이때를 틈타 잡는 것이 좋을까 하옵니다."

임금께서 이 말을 옳다고 여기시어 즉시 홍길동을 병조 판서에 제수하시고 사대문에 방을 붙였다.

이때 길동이 이 말을 듣고 즉시 사모관대에 무소뿔로 장식한 띠를 두르고는 높은 수레를 타고 큰길로 버젓이 들어오면서 외치기를,

"지금 홍 판서가 임금께 인사하러 온다."

하니, 병조의 하급 관리들이 맞아 호위하여 궐 안으로 들어갔다. 신하들이 모두 모여 의논하기를,

"길동이 오늘 사은하고 나올 것이니, 칼과 도끼로 무장한 군사를 매복하였다가 나오거든 지체 없이 쳐 죽이자."

하고 약속을 정했다.

＊소재의 의미와 기능	

환약	길동이 기절한 아버지를 살리기 위해 사용 → 아버지를 향한 길동의 효심을 나타냄.
붉은 혈점	진짜 길동을 가려내는 데 사용된 길동의 신체적 특징 → 길동의 정체를 나타냄.
무소뿔로 장식한 띠	길동이 병조 판서를 제수받고 임금 앞에 나아갈 때의 복장 → 입신양명을 이루게 되었음을 나타냄.

길동은 궐 안으로 들어가 임금께 절하고 아뢰었다.

"소신의 죄악이 지중하거늘, 도리어 임금의 은혜를 입어 평생 한을 풀고 돌아
                            _{나라의 대장부로서 병조 판서가 되는 것}
가옵니다. 전하 곁을 영원히 떠나고자 하오니, 엎드려 바라건대 전하는 만수무

강하소서."

말을 마치자 길동이 몸을 공중으로 솟구쳐 구름에 싸여 가니, 가는 곳을 알 수

없었다.

- 허균, 〈홍길동전〉 -

● **확인 문제**

[1-2] (가)에 대한 설명이다. 맞으면 ○, 틀리면 ✕표 하시오.

1 화자는 자신을 내친 임금을 원망하고 있다.

2 화자는 시냇물을 통해 자신의 충심을 강조하고 있다.

[3-4] (나)에 대한 설명이다. 맞으면 ○, 틀리면 ✕표 하시오.

3 임금은 여덟 명 중 진짜 길동을 가려내기 위해 길동의 아버지를 불렀다.

4 벼슬을 받아 궐 안으로 들어간 길동은 신하들의 계략에 속아 잡히게 되었다.

[5-6] (가), (나)와 관련하여 빈칸에 들어갈 적절한 내용을 쓰시오.

5 (가)에서 화자는 □□□에 자신의 감정을 이입하고 있다.

6 (나)에서 경상 감사는 길동의 왼쪽 다리에 있는 □□을 보고 진짜 길동임을 확인하였다.

확인 문제 정답	1 ✕ 2 ○ 3 ○ 4 ✕ 5 시냇물 6 혈점

01

유형 | 표현상의 특징 파악

(가)에 대한 설명으로 적절하지 <u>않은</u> 것은?

① 대구의 방식을 통해 대상을 예찬하고 있다.

② 자연물을 의인화하여 화자의 정서를 구체화하고 있다.

③ 설의적 표현을 사용하여 화자의 심정을 드러내고 있다.

④ 유사한 통사 구조를 활용하여 화자의 현실을 형상화하고 있다.

⑤ 열거의 방식을 통해 화자가 취할 태도를 분명히 드러내고 있다.

☑ 헷갈린 선지 선택

①	②	③	④	⑤

☑ 정답으로 선택한 이유

☑ 오답을 선택한 이유

02

유형 | 외적 준거에 따른 작품 감상

<보기>를 참고하여 (가)를 감상한 내용으로 적절하지 <u>않은</u> 것은?

> **보기**
>
> 〈견회요〉는 윤선도가 권신 이이첨의 죄를 규탄하는 상소문을 올렸다 도리어 모함을 받아 함경도로 유배되었을 때 지은 작품이다. 제목의 '견회'는 '시름을 쫓다'의 뜻으로, 작품에는 유배를 당한 작가의 정서와 생각이 드러나 있다. 즉, 상소를 올린 일에 대한 소회, 신념을 지키려는 의지, 임금과 부모에 대한 그리움, 충과 효에 대한 인식 등이 형상화되어 있는 것이다.

① 〈제1수〉에는 어떤 상황에서도 자신의 신념을 지키려는 화자의 의지가 드러난다.

② 〈제2수〉에는 상소를 올린 일이 어리석은 일이었음을 깨닫고 임금의 용서를 구하는 심정을 토로하고 있다.

③ 〈제3수〉에서는 임금에 대한 변함없는 충성심을 드러내고 있다.

④ 〈제4수〉에는 유배지에서 부모를 그리워하는 화자의 마음이 드러나 있다.

⑤ 〈제5수〉에는 충과 효가 하나라는 깨달음과 임금에 대한 충심이 나타나 있다.

☑ 헷갈린 선지 선택

①	②	③	④	⑤

☑ 정답으로 선택한 이유

☑ 오답을 선택한 이유

03

(나)에 대한 설명으로 가장 적절한 것은?

① 작중 인물의 회상을 통해 과거와 현재를 연결하고 있다.

② 비현실적인 내용을 통해 인물의 비범함을 부각하고 있다.

③ 개인적 욕망으로 인한 인물들의 갈등과 파멸, 권선징악이 나타나 있다.

④ 현재형 어미를 사용하여 사건의 진행 과정을 현장감 있게 서술하고 있다.

⑤ 같은 시간에 서로 다른 공간에서 일어나는 사건을 대비하며 주제 의식을 형상화하고 있다.

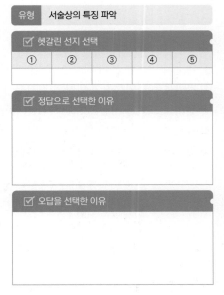

유형	서술상의 특징 파악			

☑ 헷갈린 선지 선택

①	②	③	④	⑤

☑ 정답으로 선택한 이유

☑ 오답을 선택한 이유

04

ⓐ에 대한 이해로 가장 적절한 것은?

① 길동이 상대를 위협하기 위해 택한 수단이다.

② 길동이 자신을 잡으려는 상대를 포기시키기 위한 수단이다.

③ 길동이 자신의 아버지인 '홍 공'을 시험하기 위한 수단이다.

④ 길동이 자신의 위엄을 드러내고 상대를 회유하기 위한 수단이다.

⑤ 길동이 자신을 잡아들인 임금을 희롱하고 혼란을 야기하기 위한 수단이다.

유형	소재의 기능 파악			

☑ 헷갈린 선지 선택

①	②	③	④	⑤

☑ 정답으로 선택한 이유

☑ 오답을 선택한 이유

05

(가)의 화자인 '나'와 (나)의 '길동'에 대한 설명으로 가장 적절한 것은?

① '나'와 '길동'은 충보다 효에 더 큰 가치를 부여하고 있다.

② '나'와 '길동'은 집을 떠나 부모를 원망하는 마음이 커졌다.

③ '나'와 달리 '길동'의 욕망은 임금에게 전달되어 이루어지고 있다.

④ '나'의 '한 일'과 '길동'이 죄를 지은 것은 모두 임금을 위해 행해진 것이다.

⑤ '나'와 '길동'은 임금이 자신에 대한 잘못된 평가를 바로잡아 주기를 바라고 있다.

유형	작품 간 공통점, 차이점 파악			

☑ 헷갈린 선지 선택

①	②	③	④	⑤

☑ 정답으로 선택한 이유

☑ 오답을 선택한 이유

06

⑤~⑩에 대한 이해로 적절하지 <u>않은</u> 것은?

① ⑦: 청각적 이미지를 활용하여 화자의 정서를 드러내고 있다.

② ⑥: 대상과 화자 사이를 가로막는 장애물로 단절감을 느끼게 한다.

③ ⑥: 인물의 정체를 판별할 수 있는 근거이면서, 인물의 비범함을 상징한다.

④ ②: 인물의 의식을 회복하게 하는 수단으로 주인공의 효심이 담겨 있다.

⑤ ⑩: 경상 감사를 곤란하게 만든 것이나 주인공의 행위로 인해 문제가 해결된다.

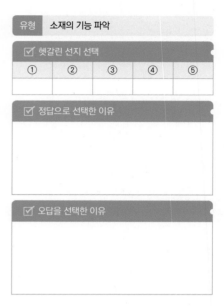

유형 소재의 기능 파악

☑ 헷갈린 선지 선택

①	②	③	④	⑤

☑ 정답으로 선택한 이유

☑ 오답을 선택한 이유

07 서답형 문제

<보기 2>의 빈칸에 들어갈 적절한 말을 <보기 1>에서 찾아 쓰시오.

보기 1

(가)는 조선 시대에 창작된 작품으로 당시의 지배적 이념이었던 유교의 충효 사상을 바탕으로 하고 있다. 유교에서는 어버이와 자식의 관계는 천륜(天倫)이라 하여 어버이의 자녀에 대한 사랑과 자녀의 부모에 대한 효도의 실천은 가장 자연스러운 사랑의 체험이며 이러한 사랑이 확장되어 겨레를 사랑하고 임금과 나라에 충성하게 된다고 보았다.

보기 2

㉮는 부모와 자식 간의 인연과 같이 임금과 신하 간의 인연도 (   )(이)라고 생각하는 믿음에서 비롯된 것이라고 볼 수 있다.

유형 구절의 의미 이해

☑ 정답으로 선택한 이유

정답 및 해설 p.25

핵심정리

가 변계량, 〈내가 좋다 하고~〉

＊ 주제

의로움을 따르고 천성을 지키며 살 것을 권함.

＊ 구성

초장	내가 좋다고 해서 남이 싫어하는 일을 함부로 하지 말 것을 권함.
중장	남이 한다고 해도 의로운 일이 아니면 함부로 좇지 말 것을 권함.
종장	천성을 지키며 천성에 따라 행동할 것을 권함.

＊ 해제

조선 세종 때 변계량이 지은 교훈가이다. 평시조 형식을 따르고 있으며 〈청구영언〉에 전한다. 공자의 〈논어〉에 나오는 '자기가 하기 싫은 일은 남에게도 하게 해서는 안 된다.'라는 구절에 담긴 교훈을 쉽고 재미있는 우리말로 바꾸어 일깨워 주고 있다.

나 정호승, 〈나는 희망을 거절한다〉

＊ 주제

절망을 극복한 희망의 진정한 가치

＊ 구성

1연	진정한 바람이 바탕이 되지 않은 '희망이 없는 희망'을 거절함.
2연	절망을 통해 얻는 간절함이 바탕이 되지 않은 '절망이 없는 희망'을 거절함.
3연	절망스러운 순간을 견뎌 내고 '희망의 절망'을 희망으로 바꾸어 내는 이들에 대한 사랑

＊ 해제

이 작품은 '희망이 없는 희망'과 '절망이 없는 희망'을 떠올리며 그 두 가지가 다 거절해야 하는 대상임을 이야기하는 현대시이다. '희망이 없는 희망'은 희망해도 소용없는 것이며, '절망이 없는 희망'은 간절함이나 진정성이 부족하여 이루기 힘든 것이다. 이루고자 하는 마음이 부족한 희망의 무가치함과, 절망을 통해 간절함을 가지게 된 진정한 희망의 가치를 드러내면서 '희망의 절망'을 '희망'으로 만들어 내는 삶의 태도가 중요하다는 것을 강조하고 있다.

※ 다음 글을 읽고, 물음에 답하시오.

가

내가 좋다 하고 남 싫은 일 하지 말며
　　　〈논어〉의 '기소불욕 물시어인' ▶ 초장: 내가 좋다고 해서 남이 싫어하는 일을 함부로 하지 말 것을 권함
남이 한다 하여도 ㉠ 아니면 좇지 말리
'옳은 일'이 아니면 좇지 말라는 교훈을 '-리'라는 어미로 드러냄　○: 의(義)는 '사람으로서 마땅히 지키고 행하여야 할 바른 도리'를 통칭
　　　　　　　　　　　　　　　▶ 중장: 남이 한다고 해도 의로운 일이 아니면 함부로 좇지 말 것을 권함
우리는 천성을 지키여 생긴 대로 하리라
하늘이 준 성품. 여기서는 타고난 착한 성품을 의미함　　▶ 종장: 천성을 지키며 천성에 따라 행동할 것을 권함

　　　　　　　　　　　　- 변계량, 〈내가 좋다 하고~〉 -

나

　　　현재가 개선되어 더 나은 상황이 올 것이라는 기대가 전제됨
나는 희망이 없는 희망을 거절한다
① 장차 그렇게 되기를 바라는 마음이 절실하지 않음 ② 개선에 대한 기대나 노력이 전제되지 않음
희망에는 희망이 없다

희망은 기쁨보다 분노에 가깝다
'희망이 없는 희망'은 이룰 가능성이 없으므로 분노로 귀결될 가능성이 큼
「나는 절망을 통하여 ㉠ 희망을 가졌을 뿐
현재를 인식하며 한계를 깨닫고, 문제점을 파악하며 좌절하는 상황
㉡ 희망을 통하여 희망을 가져 본 적이 없다」
「」: 절망을 통해 희망을 가질 때 비로소 암담한 현실과 자신의 한계를 뛰어넘기 위한 간절한 노력이 가능함
　　　　　▶ 1연: 진정한 바람이 바탕이 되지 않은 '희망이 없는 희망'을 거절함

나는 절망이 없는 희망을 거절한다
　　　　좌절과 실패의 과정을 거치지 않은 것
희망은 절망이 있기 때문에 희망이다

㉢ 희망만 있는 희망은 희망이 없다
아무런 좌절이나 실패의 경험 없이, 그저 잘될 것이라 막연하게 믿고 기대하는 희망
희망은 희망의 손을 먼저 잡는 것보다

㉣ 절망의 손을 먼저 잡는 것이 중요하다
'절망'을 겪고 난 후 한계를 뛰어넘기 위한 간절한 노력을 각오한 '희망'이 중요함
　　　　　▶ 2연: 절망을 통해 얻는 간절함이 바탕이 되지 않은 '절망이 없는 희망'을 거절함

희망에는 절망이 있다

나는 희망의 절망을 먼저 원한다

「희망의 절망이 절망이 될 때보다

희망의 절망이 희망이 될 때」「」: '절망'을 견뎌 낸 스스로의 각오와 다짐, 계속되는 노력과
　　　　　　　　　　　　행동이 현재를 변화시키며 진정 달성 가능한 것으로 바뀌
당신을 사랑한다　　　　어 나갈 때, 그것이 가치 있고 의미 있는 순간임을 강조함
　　　　　▶ 3연: 절망스러운 순간을 견뎌 내고 '희망의 절망'을 희망으로 바꾸어 내는 이들에 대한 사랑
　　　　　　　　　　　　- 정호승, 〈나는 희망을 거절한다〉 -

다

「자기가 하고 싶지는 않으나 부득이 해야 하는 것은 그만둘 수 없는 일이요, 자
「」: 하고 싶지 않으나 그만둘 수 없는 일도 있고, 하고 싶으나 그만두어야 하는 일도 있음
기는 하고 싶으나 남이 알지 못하게 하기 위해 하지 않는 것은 그만둘 수 있는 일
이다.」 그만둘 수 없는 일은 항상 그 일을 하고는 있지만, 자기가 하고 싶지 않기
때문에 때로는 그만둔다. 하고 싶은 일은 언제나 할 수 있으나, 남이 알지 못하게
하려고 하기 때문에 또한 때로는 그만둔다. 진실로 이와 같이 된다면 천하에 도
　　　　　　　　때와 상황에 맞춰, 해야 할 일과 그만둘 일을 판단하고 그에 따라 행동한다면
무지 일이 없을 것이다.
　　　　　▶ 처음: 세상천지에 자기 마음대로 할 수 있는 일이란 없음을 알게 됨

ⓘ 나의 병은 내가 잘 안다. 나는 용감하지만 지모가 없고 선(善)을 좋아하지만 가릴 줄을 모르며, 맘 내키는 대로 즉시 행하여 의심할 줄을 모르고 두려워할 줄을 모른다. 「그만둘 수도 있는 일이지만 마음에 기쁘게 느껴지기만 하면 그만두지

<small>「」: 자신을 돌아보며 그만둘 수 있는 일, 하고 싶지 않은 일을 그만두지 못하고 살아왔음을 밝힘</small>

못하고, 하고 싶지 않은 일이지만 마음이 꺼림칙하여 불쾌하게 되면 그만둘 수 없다.」 그래서 어려서부터 세속 밖에 멋대로 돌아다니면서도 의심이 없었고, 이미 장성하여서는 과거 공부에 빠져 돌아설 줄 몰랐고, 나이 삼십이 되어서는 지난 일의 과오를 깊이 뉘우치면서도 두려워하지 않았다. 이 때문에 선을 끝없이 좋아

<small>선을 좋아하면서 다른 이들로부터 비방을 계속 받은 이유를 떠올리고 있음</small>

하였으나, 비방은 홀로 많이 받고 있다. 아, 이것이 또한 운명이란 말인가. 이것은 나의 본성 때문이니, 내가 또 어찌 감히 운명을 말하겠는가.

내가 노자의 말을 보건대. "겨울에 시내를 건너는 것처럼 신중하게 하고[與],

<small>노자의 말에서 '여유당'의 이름인 '여유'를 가져왔음을 밝힘 → '여'와 '유'는 어떤 일을 할 때 항상 '신중하고 경계하라'라는 의미</small>

사방에서 나를 엿보는 것을 두려워하듯 경계하라[猶]."라고 하였으니, 아, 이 두 마디 말은 내 병을 고치는 약이 아닌가. 대체로 겨울에 시내를 건너는 사람은 차

<small>자신의 문제점을 고치기 위하여 항상 '여유'의 의미를 가슴에 품어야 함</small>

가움이 뼈를 에듯 하므로 매우 부득이한 일이 아니면 건너지 않으며, 사방의 이웃이 엿보는 것을 두려워하는 사람은 다른 사람의 시선이 자기 몸에 이를까 염려한 때문에 매우 부득이한 경우라도 하지 않는다.

▶ 중간 1: 하고 싶은 일에 나서다가 주위의 비방을 받았던 자신의 삶을 떠올리며 노자의 말을 되새김

편지를 남에게 보내어 경례(經禮)의 이동(異同)*을 논하고자 하다가 이윽고 생각하니, 그렇게 하지 않더라도 해로울 것이 없었다. 하지 않더라도 해로울 것이 없는 것은 부득이한 것이 아니므로, 부득이한 것이 아닌 것은 또 그만둔다. 남을

<small>□: '여유'의 기준으로 볼 때 그만두는 것이 나은 행위들을 구체적으로 열거함</small>

논박하는 소(疏)를 봉(封)해 올려서 조신(朝臣)의 시비(是非)*를 말하고자 하다가 이윽고 생각하니, 이것은 남이 알지 못하게 하려는 것이었다. 남이 알지 못하게 하려는 것은 마음에 크게 두려움이 있어서이므로, 마음에 크게 두려움이 있는 것은 또 그만둔다. 진귀한 옛 기물을 널리 모으려고 하였지만 이것 또한 그만둔다. 관직에 있으면서 공금을 농간하여 그 남은 것을 훔치겠는가. 이것 또한 그만둔다. 「모든 마음에서 일어나고 뜻에서 싹트는 것은 매우 부득이한 것이 아니면 그만두

<small>「」: 어떤 일을 하고 싶은 마음이 일어날 때 기준점을 '여유'에 두어 매우 부득이한 것이 아닌 것, 남의 시선을 신경 쓰는 것들은 하지 않는 것이 나음</small>

며, 매우 부득이한 것일지라도 남이 알지 못하게 하려는 것은 그만둔다.」 진실로 이와 같이 된다면, ⓗ 천하에 무슨 일이 있겠는가.

▶ 중간 2: 부득이한 경우가 아니면 그만두고, 매우 부득이하더라도 남들이 알까 두려운 일을 그만두면 세상살이에 어려움이 없을 것임을 깨달음

내가 이 뜻을 얻은 지 6~7년이 되는데, 이것*을 당(堂)에 편액으로 달려고 했다가, 이윽고 생각해 보고는 그만두었다. 초천(苕川)에 돌아와서야 문미(門楣)에

<small>초천에 있는 자신의 집에 '여유당'이라는 이름을 붙임</small>

써서 붙이고, 아울러 ⓢ 이름 붙인 까닭을 적어서 어린아이들에게 보인다.

▶ 끝: 자신의 깨달음을 글로 써서 문미에 써 붙이고 아이들에게 보여 줌

– 정약용, 〈여유당기〉 –

* **경례의 이동**: 경전이나 예법 해석의 같고 다름.
* **조신의 시비**: 신하들이 낸 의견의 옳고 그름.
* **이것**: 앞에서 언급한 '여유(與猶)'라는 노자의 말을 이름.

🄓 정약용, 〈여유당기〉

* **주제**
항상 조심하고 경계하며 살아야 함을 깨달음.

* **구성**

처음	세상천지에 자기 마음대로 할 수 있는 일이란 없음을 알게 됨.
중간 1	하고 싶은 일에 나서다가 주위의 비방을 받았던 자신의 삶을 떠올리며 노자의 말을 되새김.
중간 2	부득이한 경우가 아니면 그만두고, 매우 부득이하더라도 남들이 알까 두려운 일을 그만두면 세상살이에 어려움이 없을 것임을 깨달음.
끝	자신의 깨달음을 글로 써서 문미에 써 붙이고 아이들에게 보여 줌.

* **해제**
조선 정조 때 정약용이 지은 한문 수필로 갈래적으로는 기(記)에 해당한다. 정조 사후 정약용이 고향 마현으로 내려가 머물게 되는데, 이때 그가 머문 집의 이름이 여유당이다. '여유(與猶)'라는 이름은 노자의 말에서 오는데, '신중하고 경계하라.'라는 의미이다. 항상 조심하고 경계하고 지내면서 남의 비방을 자초하지 않겠다는 글쓴이의 다짐이 나타난다.

* **〈여유당기〉의 전체 흐름**

① 어떠한 일을 그만두어야 하는 두 가지 경우가 있음.
② 나의 문제는 두려워할 줄 모르고 그만두어야 하는 것들을 제때 그만두지 못했던 것임.
③ 앞으로 노자가 한 '여유'라는 말을 떠올리며 항상 신중하고 경계하며 살 것임.
④ 하고자 하는 일 중에 매우 부득이한 것이 아니면 그만두며, 남이 알지 못하게 하려는 두려운 마음이 생기는 것은 그만둘 것임.
⑤ 나의 깨달음을 문미에 써서 붙이고, 어린아이들에게 전하고자 함.

[1-6] (가)~(다)의 내용에 대한 설명이다. 맞으면 ○, 틀리면 ×표 하시오.

1 (가)에서 화자는 남들이 하는 일이라면 무엇이든지 따라 해야 한다고 말하고 있다.

2 (나)에서 화자는 절망이 없는 희망을 희망이 없는 희망보다 높게 평가하고 있다.

3 (나)에서 화자는 절망의 손을 잡는 것을 희망의 손을 잡는 것보다 중시하고 있다.

4 (다)에서 글쓴이는 해야 하는 일은 그만둘 수 없는 일이라고 말하고 있다.

5 (다)에서 글쓴이는 노자의 말을 인용하며 하고 싶지 않은 일을 했던 경험을 떠올리고 있다.

6 (다)에서 글쓴이는 자신이 하는 일을 남이 알지 못하게 해야 한다고 말하고 있다.

[7-10] (가)~(다)의 내용과 관련하여 빈칸에 들어갈 적절한 내용을 쓰시오.

7 (가)에서 화자는 □□을 지키며 살 것을 권하고 있다.

8 (나)에서 화자는 □□을 통해서만 희망을 가졌다.

9 (다)에서 글쓴이는 자신이 □을 좋아하면서도 끝없이 비방 받고 있음을 인식하고 있다.

10 (다)에서 글쓴이는 자신의 깨달음을 □□□□들에게 보이고자 자신의 집에 '여유당'이라는 이름을 붙였다.

확인 문제 정답	1 ×	2 ×	3 ○	4 ○	5 ×	6 ×	7 천성	8 절망	9 선	10 어린아이

01

유형 | 서술상의 특징 파악

(가)~(다)에 대한 설명으로 적절하지 않은 것은?

① (가)는 대구적 표현을 활용하여 올바른 삶의 자세를 나타내고 있다.

② (나)는 역설적 표현을 활용하여 바람직한 삶의 태도를 강조하고 있다.

③ (다)는 자신의 경험을 나열하며 그만두지 못한 일에 대한 태도를 반성하고 있다.

④ (가)와 달리 (나)는 타인에게 바람직한 삶의 자세를 알려주려 한다.

⑤ (나)와 달리 (다)는 구체적 사례를 통해서 자신의 생각을 드러내고 있다.

유형 | 서술상의 특징 파악

☑ 헷갈린 선지 선택

①	②	③	④	⑤

☑ 정답으로 선택한 이유

☑ 오답을 선택한 이유

02

(가)의 화자에 대한 이해로 적절하지 않은 것은?

① 이기적인 삶에 대한 경계심을 가질 것을 권하고 있다.

② 천성에 맞지 않는 일은 적극적으로 권하고 있지 않다.

③ 남이 하는 것은 의로운 것이므로 따를 것을 권하고 있다.

④ 어떤 행동을 할 때 '의'를 판단의 기준으로 삼을 것을 강조하고 있다.

⑤ 남의 판단이 반드시 자기 행동의 기준이 되는 것은 아니라 생각한다.

유형 | 화자의 태도 파악

☑ 헷갈린 선지 선택

①	②	③	④	⑤

☑ 정답으로 선택한 이유

☑ 오답을 선택한 이유

03

㉠~㉐에 대한 설명으로 적절하지 않은 것은?

① ㉠과 ㉡은 의미하는 바가 다른 것으로 보아야 한다.

② ㉢으로는 ㉠을 가질 수 없기 때문에 ㉣이 필요하다.

③ '나'는 ㉤을 고칠 수 있는 방법을 찾지 못해 안타까워한다.

④ ㉥은 그만두는 행위가 제대로 이루어진다면 세상살이에 어려움이 없을 것임을 의미한다.

⑤ ㉦을 통해 작가의 집필 의도를 확인할 수 있다.

유형 | 구절의 의미 이해

☑ 헷갈린 선지 선택

①	②	③	④	⑤

☑ 정답으로 선택한 이유

☑ 오답을 선택한 이유

04

<보기 1>의 설명을 참고로 (다)의 내용 전개 방법을 <보기 2>와 같이 이해할 때, ㄱ~ㄹ 중 적절한 내용으로만 묶인 것은?

보기 1

선생님 : (다)는 교술 갈래에 속합니다. 교술 갈래는 견문과 사실을 기술하고 사물의 이치를 따지며, 교훈을 주고자 하는 의도가 명백한 갈래입니다. 특히 이 글에서 글쓴이는 자신에 대한 독자들의 공감을 이끌어내기 위해 효과적인 방법을 쓰고 있는데 그 방법이 무엇인지 찾아볼까요?

보기 2

ㄱ. 자신의 과거를 진솔하게 밝혀 설득력을 높이고 있어요.
ㄴ. 잘못된 통념을 지적한 후 올바른 인식을 유도하고 있어요.
ㄷ. 예시를 구체적으로 열거하여 자신의 생각을 드러내고 있어요.
ㄹ. 현재의 상황과 과거의 상황을 비교하면서 미래를 예측하고 있어요.

① ㄱ, ㄴ   ② ㄱ, ㄷ   ③ ㄷ, ㄹ   ④ ㄱ, ㄴ, ㄷ   ⑤ ㄴ, ㄷ, ㄹ

유형	서술상의 특징 파악

☑ 헷갈린 선지 선택

①	②	③	④	⑤

☑ 정답으로 선택한 이유

☑ 오답을 선택한 이유

05

(다)에 대한 설명으로 적절하지 않은 것은?

① '노자'의 말을 인용하여 '여유당'의 의미를 밝히고 있다.
② '나'는 자신의 삶을 돌아보며 자신이 추구하는 삶의 태도를 강조하고 있다.
③ '나'는 용감하고 선(善)을 좋아하는 자신의 성품을 자랑스럽게 생각하고 있다.
④ '나'는 항상 조심하고 경계하며 살아야 함을 깨닫고 이를 어린아이들에게 전하고자 한다.
⑤ '나'는 일을 절제하지 못해 낭패 본 지난날을 반성하면서, 앞으로는 매사 신중하고 조심하며 살기를 다짐하고 있다.

유형	작가의 관점, 주제 의식 파악

☑ 헷갈린 선지 선택

①	②	③	④	⑤

☑ 정답으로 선택한 이유

☑ 오답을 선택한 이유

06

<보기>를 바탕으로 (나)를 감상한 것으로 적절하지 <u>않은</u> 것은?

유형 | 외적 준거에 따른 작품 감상

☑ 헷갈린 선지 선택

①	②	③	④	⑤

☑ 정답으로 선택한 이유

☑ 오답을 선택한 이유

보기

(나)는 '희망이 없는 희망'과 '절망이 없는 희망' 두 가지가 다 거절해야 하는 대상이라고 말한다. '희망이 없는 희망'은 희망하는 마음이 절실하지 않은 것이며, 이루어질 가능성이 없어 '분노'로 변할 가능성이 크다. '절망이 없는 희망'은 간절한 노력에 대한 다짐이 충분하지 않은 상태로, 절망을 충분히 겪지 못해 그로 인한 좌절과 실패의 경험을 거치지 않은 것이다. 이루고자 하는 마음이 부족한 희망의 무가치함과 절망을 통해 간절함을 가지게 된 진정한 희망의 가치를 드러내면서 '희망의 절망'을 '희망'으로 만들어 내는 삶의 태도가 중요하다는 것을 강조하고 있다.

① 화자는 절망이 존재하는 희망은 있을 수 없다고 생각한다.
② 절망은 진정한 희망을 이루기 위해 먼저 겪어야 할 좌절과 실패의 경험이다.
③ 희망이 없는 희망은 이룰 수 있는 가능성이 없으므로 희망해도 소용이 없는 것이다.
④ 희망의 절망을 절망으로 끝내지 않고 그것을 희망으로 바꾸려는 삶의 태도를 긍정하고 있다.
⑤ 부정적 상황에 대한 경험과 극복 의지가 긍정적인 상황을 위한 전제가 되어야 함을 강조하고 있다.

07 서답형 문제

(다)를 참고하여, <보기>의 빈칸에 들어갈 적절한 말을 쓰시오.

유형 | 작품의 내용 파악

☑ 정답으로 선택한 이유

보기

기(記)는 대상을 관찰하고 기록하여 영구히 기억하고자 하는 것을 목적으로 하는 한문 양식이다. 이를 통해 (다)는 정약용이 지은 '기'의 하나로, 초천에 돌아와 살게 된 집에 (   )(이)라는 이름을 붙인 까닭을 밝히며 자신이 왜 그러한 이름을 붙이려고 했는지를 기록하여 잊지 않고 기억하려는 글이라고 이해할 수 있다.

정답 및 해설 p.26

핵심정리

가 작자 미상, 〈상사별곡〉

＊주제

독수공방의 외로움과 임에 대한 상사의 정

＊구성

1~7행	독수공방의 서러움과 임에 대한 그리움
8~38행	임을 기다리는 마음과 안타까움
39~46행	임에 대한 의심과 재회의 기원

＊해제

이 작품은 조선 후기의 대표적인 애정 가사이자, 십이 가사 중 하나이다. 18세기에는 양반 사대부들의 풍류방에서 기녀들에 의해 가창(歌唱)되다가 19세기에 시정에서 널리 향유되었으며 20세기 초에는 잡가집에 폭넓게 수록되어 전파되었다. 초창기 사설본은 49장의 장형이었는데 시정에서 불리기 쉽게 13장의 단형으로 축소되기도 하였으며 이 외에도 수십 종의 이본(異本)이 존재한다. 원형적 상징어와 일상어, 순우리말 표현과 상투적 표현 등을 통해 남녀 간의 상사(相思)의 정을 진솔하게 노래했다는 측면에서 대중의 공감을 얻어 현재까지 그 가치를 인정받고 있다.

＊시어의 의미

'근원 흘러 물이 되어 깊고 깊고 다시 싶고 사랑 모여 뫼가 되어 높고 높고 다시 높고'	
물, 뫼	깊고 크며 영원한 화자의 사랑을 의미함.

'꽃은 피어 절로 지고 해도 다 저물것다'	
꽃, 해	자연의 생성과 소멸 과정을 통해 인생무상을 느끼는 화자의 심정을 부각함.

'오동 추야 밝은 달에 밤은 어이 수이 가며 녹음방초 저문 날에 해는 어이 더디 가노'	
오동 추야, 녹음방초	여름, 가을에 볼 수 있는 자연 현상을 통해 화자의 그리움을 드러냄.

※ 다음 글을 읽고, 물음에 답하시오.

가

화자의 처지 - 독수공방의 서러움을 느끼고 있음

㉠ 인간이별(人間離別) 만사 중(萬事中)의 독수공방(獨守空房)＊ 더욱 섧다

상사불견(相思不見) 이내 진정(眞情) 그 뉘 알리
서로 그리워하면서도 보지 못함　　참되고 애틋한 정이나 마음

맺힌 설움 이렁저렁 헛튼 근심 다 후리쳐 던져두고

자나 깨나 깨나 자나 임 못 보니 가슴 답답
임을 보지 못하는 상황에 대한 답답함을 토로함　　음성 상징어

㉡ 어린 양자(樣子)＊ 고운 소리 눈에 암암 귀에 쟁쟁
임을 잊지 못하고 그리워하고 있음

듣고 지고 임의 소리 보고 지고 임의 얼굴
대구법, 임을 만나고 싶은 마음을 드러냄

비나이다 하나님께서 이제 보게 해 주소서
기원의 대상　　　임과의 재회를 기원함 ▶ 1~7행: 독수공방의 서러움과 임에 대한 그리움

전생차생(前生此生) 무슨 죄로 우리 둘이 생겨나셔
임과의 인연을 강조함

그린 상사(想思) 한데 만나 잊지 말자 백년 기약(百年期約)

죽지 말고 한데 있어 이별 말자 처음 맹세(盟誓)
값비싼 보물　　　귀에 들리지 않음　　　설의법

㉢ 천금 주옥(千金珠玉) 귀 밖이고 세상 일불 관계하랴＊
임에 대한 상사의 정으로 인해 온갖 보물과 세상사에는 관심이 없음을 드러냄

근원(根源) 흘러 ⓐ 물이 되어 깊고 깊고 다시 깊고
대구법, 임에 대한 사랑이 깊은 물과 높은 산처럼 충만한 상태임을 의미함

사랑 모여 뫼가 되어 높고 높고 다시 높고
설의법

무너질 줄 모르거든 끊어질 줄 게 뉘 알리
임에 대한 사랑이 변함없음을 강조함

「화옹(化翁)조차 시샘하고 귀신(鬼神)조차 희짓는다
조화옹. 조물주를 의미함　　　　　남의 일에 방해가 되게 하다

일조 낭군(一朝郎君) 이별 후에 소식조차 돈절(頓絶)하니＊
「 」: 임과의 이별을 '화옹'과 '귀신'의 탓으로 돌림

오늘이나 기별 올까 내일이나 사람 올까

기다린 지 오래더니 무정세월(無情歲月) 절로 간다
시간의 흐름

소년 청춘(少年靑春) 다 보내고 옥빈홍안(玉鬢紅顔) 공노(空老)로다＊
임을 기다리며 젊은 시절을 보낸 자신의 처지에 대한 한탄

「오동 추야(梧桐秋夜) 밝은 달에 밤은 어이 수이 가며
가을의 계절감을 드러내는 표현

녹음방초(綠陰芳草) 저문 날에 해는 어이 더디 가노」「 」: 계절의 변화와 상관없이 부재하는 임을 느끼는 상황이 드러남
여름의 계절감을 드러내는 표현

이내 상사 알으시면 임도 응당 느끼리라

독수공방 홀로 앉아 반야 잔등(半夜殘燈) 벗을 삼아
화자의 상황-임과 이별하여 홀로 지내고 있음

「일촌간장(一寸肝腸) 썩은 물이 솟아나니 눈물이라
「 」: 과장법-불가능한 상황을 설정하여 답답함과 애달픔을 표현함

가슴속에 물이 나서 피어나니 한숨이라

눈물이 바다 되면 배를 타고 아니 가랴
설의법, 임과의 재회를 원하는 마음

한숨 끝에 불이 나면 임의 옷에 당기리라」
임과 함께 있던 시절을 회상함

교태(嬌態) 겨워 웃던 웃음 생각하니 목이 멘다
임이 머물던 방을 의미함

지척(咫尺) 동방(洞房) 천리(千里) 되어 바라보니 암암(暗暗)하도다
공간적 거리감을 통해 임과 이별한 화자의 상황이 드러남

만첩 천희(萬妾千姬) 그려 낸들 한 붓으로 다 그리랴
수많은 여자, 임을 기다리는 화자의 여러 모습을 의미함　　　설의법, 임에 대한 그리움

날개 돋친 학이 되면 날아가다 아니 가랴
　　　　임에게 가고 싶은 마음이 투영된 대상　　　　설의법
　　　산은 첩첩 고개 지고 ⓑ 물은 중중(重重) 흘러 근원 되니
　　　　　△: 임과 화자 사이의 장애물 → 임을 만나기 어려운 상황임이 드러남
　　　천지 인간(天地人間) 이별 중에 나 같은 이 또 있는가
　　　　　　　　　　설의법. 비애감을 느끼는 화자의 처지가 부각됨
[A]　　　꽃은 피어 절로 지고 해도 다 저물것다
　　　　　　흘러가는 시간 속에서 인생무상을 느낌
　　　초로(草露) 같은 이내 인생(人生) 무슨 죄로 못 죽는가
　　　　비유적 표현 → 이별한 임에 대한 그리움만으로 살아가는 자신의 처지에 대한 비애감
　　　바람 불어 궂은비 와 구름 끼어 저문 날에
　　　　　　임과 이별하여 암울한 현재 상황
　　　「오락가락 빈방으로 혼자 서서 바장이며
　　　「」: 임을 그리워하는 마음을 화자의 행동 묘사로 나타냄
　　　임 계신 데 바라보니 이내 상사 허사(虛事)로다
　　　　　　　　　헛된 일　　　　▶ 8~38행: 임을 기다리는 마음과 안타까움

　　공방 미인(空房美人) 독상사(獨相思)는 예로부터 있건마는
　　　　독수공방하며 홀로 임을 그리워하는 것
　　「나 혼자 그리는가 임도 나를 그리는가
　　「」: 임의 변심에 대한 의구심
　　노류장화(路柳墙花)* 꺾어 들고 봄빛을 다니는가

　　날 사랑하던 끝에 남 사랑하시는가

　　산계야목(山鷄野鶩) 길을 들어 놓을 줄을 모르는가
　　　산 꿩과 들오리라는 뜻으로, 성질이 사납고 거칠어서 제 마음대로만 하며 다잡을 수 없는 사람을 비유적으로 이르는 말
　　노류장화 꺾어 들고 봄빛을 다니는가
　　임에게 가는 길
　　가는 길이 자취 나면 오는 길이 무디리라
　　　　　　화자의 상사의 정이 부각됨
　　한번 죽어 돌아가면 다시 오기 쉬울런가
　　　　　　　　　　　　　　▶ 39~46행: 임에 대한 의심과 재회의 기원
　　　　　　　　　　　　　- 작자 미상, 〈상사별곡(相思別曲)〉 -

* 독수공방: 아내가 남편 없이 혼자 지내는 것.
* 양자: 얼굴의 생긴 모양.
* 세상 일불 관계하랴: '세사 일분(世事一分) 관계하랴'의 착오인 듯함. 세상일에 대해서는 전혀 관심을 두지 않겠다는 뜻임.
* 돈절하니: 편지나 소식 따위가 딱 끊어지니.
* 옥빈홍안 공노로다: 옥 같은 귀밑머리와 붉은 얼굴의 아름다운 젊은이가 헛되이 늙었도다.
* 노류장화: 아무나 쉽게 꺾을 수 있는 길가의 버들과 담 밑의 꽃이라는 뜻으로, 기생 등을 비유적으로 이르는 말.

나

　　나무는 이 세상에 나올 때부터 그 본성이 곧게 마련이다. 따라서 어떻게 막을 수도 없이 생기(生氣)가 충만한 가운데 직립(直立)해서 위로 올라가는 속성으로
　　　　　　　　나무의 본성
말하면, 어떤 나무이든 간에 모두가 그렇다고 해야 할 것이다. 그러나 하늘 높이
우뚝 솟아 고고(孤高)한 자태를 과시하면서 결코 굴하지 않는 모습을 보여 주는
　　　　　　곧게 자라는 것은 나무의 본성이기 때문임
것으로는 오직 송백(松栢)을 첫손가락에 꼽아야만 할 것이다. 그렇기 때문에 많
　　　　소나무와 잣나무. 나무의 본성을 가장 잘 보여 주는 사례
은 나무들 중에서도 송백이 유독 옛날부터 회자(膾炙)되면서 인간에 비견(比肩)
되어 왔던 것이다.
　　　　　　　　　　　　　　　　　▶ 송백의 곧은 성질에 대한 '나'의 생각
　　어느 해이던가 내가 한양(漢陽)에 있을 적에 거처하던 집 한쪽에 소나무 네다
　　　　　　　　　　　　　　　　　　　　　　　　　　　왜송
섯 그루가 서 있었다. 그런데 그 몸통의 높이가 대략 몇 자 정도밖에 되지 않는

* 시적 화자의 상황

| 시적 화자 = 여인 | → 상사의 정을 토로 ⋮ | 떠난 임 |

・임에 대한 그리움
・임과 함께했던 추억 회상
・기다림
・임을 만날 수 없는 안타까움과 답답함
・임에 대한 의심
・재회의 기원

* 12가사

개념	가사체의 장가에 곡을 붙여 국악에서 전창되어 온 12편의 속악. 조선 중종 이후 선조 사이에 무르익어 향토적인 가락에 옮겨진 것으로 점잖고 유장한 맛이 있으며 풍류적인 서정을 담고 있음.
특징	① 주로 여성이 부름. ② 전통적인 가사보다 길이가 짧음. ③ 십이잡가와 같이 단조로운 가락의 반복이 많음. ④ 평화스럽고 장중한 우조가 아닌 시조와 같이 애절한 계면조로 음계가 이루어짐. ⑤ 〈상사별곡〉, 〈처사가〉, 〈양양가〉를 제외한 나머지 작품은 굿거리장단의 변형인 4분의 6박자의 도드리장단에 속함. ⑥ 〈죽지사〉, 〈행군악〉, 〈황계사〉, 〈어부사〉 등은 분절체라는 전통적 시가 형식을 따르면서도 후렴이 붙음.
작품	〈수양산가〉, 〈처사가〉, 〈백구사〉, 〈죽지사〉, 〈춘면곡〉, 〈상사별곡〉, 〈어부사〉, 〈행군악〉, 〈황계사〉, 〈권주가〉, 〈양양가〉, 〈매화타령〉

나 이식, 〈왜송설〉

* 주제
곡학아세하는 세태에 대한 비판, 본성을 지키는 일의 중요성

* 구성
・송백의 곧은 성질에 대한 '나'의 생각
・한양에서 왜송을 본 경험
・왜송의 성질에 대한 '나'와 주인의 문답
・'나'의 깨달음: '왜송'과 '곡학아세'를 일삼는 사람의 공통점을 인식하며 '송백'과 같이 각자의 본성을 닦아야 함을 언급함.

* '왜송'과 '송백'의 의미

왜송

곧게 자라는 본성을 잃은 나무
=
본성을 잃어 곡학아세를 일삼고 이득을 얻으려 하며 외물을 따르는 사람들
↓
사랑(장차 천하게 여기며 모멸을 가할 수 있음)의 대상이 됨.

↕

송백

곧게 자라는 본성을 지키고 있는 나무
=
평이하고 정직한 본성과 호연지기를 지키며 사는 사람들
↓
공경(덕을 존경함)의 대상이 됨.

↓

'왜송'과 '송백'을 통해 자신을 굽히며 시류에 편승하려는 삶의 태도를 경계해야 한다는 교훈을 얻게 됨.

* 설

설(設)

- 한문학 양식의 한 갈래
- 사물의 이치를 풀이하고 자신의 의견을 덧붙여 서술하는 것
- 상세하게 해설하여 이해시키는 것이 목적

구성

사실	의견
구체적인 사물에 대한 소개나 인물이 겪은 일로 구성됨.	이야기에 대한 논평, 저자의 생각을 서술함.
↓	↓
체험	성찰(깨달음)

상태에서, 「모두가 작달막하게 뒤틀린 채 탐스러운 모습을 갖추고만 있을 뿐 더 이상 자라지 못하고 있었다. 그리고 그 나뭇가지들도 한결같이 거꾸로 드리워진 채, 긴 것은 땅에 끌리고 있었으며 짧은 것은 몸통을 가려 주고 있었다. 그리하여 이리저리 구부러지고 휘감겨 서린 모습이 뱀들이 뒤엉켜서 싸우고 있는 것과도 같고 수레 위의 둥근 덮개와 일산(日傘)이 활짝 펴진 것처럼 보이기도 하였는데, 마치 여러 가닥의 수실이 엉겨 붙은 듯 서로 들쭉날쭉하면서 아래로 늘어뜨려져 있었다.」
└ : 곧게 자라는 본성을 잃은 왜송의 모습

내가 이것을 보고 깜짝 놀라 어떤 사람에게 말하기를,

"타고난 속성이 이처럼 다를 수가 있단 말인가. 어찌해서 생긴 모양이 그만 이렇게 되었단 말인가."
소나무 네다섯 그루가 기이하게 자라게 된 이유를 물음(문)

하니, 그 사람이 대답하기를,

「"이것은 그 나무의 본성이 그러해서가 아니다. 이 나무가 처음 나왔을 때에는
└ : 소나무 네다섯 그루가 기이하게 자라게 된 이유에 대한 대답(답) - 사람에 의해 곧게 자라는 본성을 잃고 괴이한 모습을 갖게 됨
다른 산에 심어진 것과 비교해 보아도 다를 것이 없었다. 그런데 조금 자라났을 적에 사람이 조작(造作)할 수 없을 정도로 견고한 것들은 골라서 베어 버리고, 여려서 유연(柔軟)한 가지들만을 끌어와 결박해서 휘어지게 만들었다. 그리하여 높은 것은 끌어당겨 낮아지게 하고 위로 치솟는 것은 끈으로 묶어 아래를 향하게 하면서, 그 올곧은 속성을 동요시켜 상하로 뻗으려는 기운을 좌우로 방향을 바꾸게 하였다. 그리고는 오랜 세월 동안 그러한 상태를 지속하게 하면서 바람과 서리의 고초(苦楚)를 실컷 맛보게 한 뒤에야, 그 줄기와 가지들이 완전히 변화해 굳어져서 저토록 괴이한 모습을 보이게 된 것이다. 하지만 가지 끝에서 새로 싹이 터서 돋아나는 것들은 그래도 위로 향하려는 마음을 잊지 않고서 무성하게 곧추서곤 하는데, 그럴 때면 또 돋아나는 대로 아까 말했던 것처럼 베고 자르면서 부드럽게 휘어지게 만들곤 한다. 이렇게 해서 사람들이 보기에 참으로 아름답고 참으로 기이한 소나무가 된 것일 뿐이니, 이것이 어찌 그 나무의 본성이라고야 하겠는가."」

▶ 왜송의 성질에 대한 '나'와 주인의 문답

하였다. 내가 이 말을 듣고는 크게 탄식하면서 다음과 같이 말하였다.

"아, 어쩌면 그 물건이 우리 사람의 경우와 그렇게도 흡사한 점이 있단 말인가.
본성을 잃은 나무
「세상에서 일찍부터 길을 잃고 헤매는 자들을 보면, 그 용모를 예쁘게 단장하고
└ : 본성을 잃은 왜송을 통해 평이하고 정직한 본성을 잃은 사람들의 모습을 떠올림
그 몸뚱이를 약삭빠르게 놀리면서, 세상에 보기 드문 괴팍한 행동을 하여 세상 사람들을 놀라게 하고, 아첨하는 말을 늘어놓아 세상 사람들이 칭찬해 주기를 바라고 있다.

그리하여 남의 비위를 맞추려고 애쓰면서 이를 고상하게 여기기만 할 뿐, 자신을 잃어버리는 것이 부끄러운 일인 줄은 잊고 있으니, 평이(平易)하고 정직
사람의 본성(참모습)
(正直)한 그 본성에 비추어 보면 과연 어떠하다 할 것이며, 지극히 크고 지극히
호연지기

강한 호기(浩氣)에 비추어 보면 또 어떠하다 할 것인가. 「비곗덩어리나 무두질한 가죽처럼 아첨을 하여 요행히 이득이나 얻으려고 하면서, ㉣ 그저 구차하게 외물(外物)을 따르며 남을 위하려고 하는 자들을」 저 왜송(矮松)과 비교해 본다면 또 무슨 차이가 있다고 하겠는가.

설의적 표현, 본성(참모습)을 잃은 사람들과 왜송은 차이가 없다는 생각이 드러남
「」: 본성(참모습)을 잃은 사람들의 모습, 곡학아세하는 세태가 반영됨

아, 사람이나 다른 생물이나 각각 항상 지니고 있는 본성이 있는 만큼, 곧게 잘 기르면서 해침을 당하는 일이 없게끔 한 연후에야 사람이 되고 생물이 된 그 이름을 더럽히는 일이 없게 될 것이다. 그런데 지금 그만 본성이 손상을 입고 녹아 없어진 나머지, 이처럼 정상적인 것과는 정반대로 참모습을 완전히 잃어버리고 말았으니, 이 어찌 '곧게 길러지지 않은 채 살아 있는 것은 요행히 죽음을 면한 것일 뿐이다[岡之生也 幸而免].'라는 말에 해당되는 것이라고 해야 하지 않겠는가. 아, 그리고 보면 저 나무의 입장에서 볼 때에도 역시 슬픈 일이라고 해야 할 것이다.

본성(참모습)의 중요성을 역설함
공자의 말을 인용하여 본성을 잃게 되는 것에 대한 경계의 메시지를 전달함
왜송

내가 일찍이 산속에서 자라나는 송백을 본 일이 있었는데, 그 나무들은 하늘을 뚫고 곧장 위로 치솟으면서 뇌우(雷雨)에도 끄떡없이 우뚝 서 있었다. 「이쯤 되고 보면 사람들이 그 나무를 쳐다볼 때에도 자연히 우러러보고 엄숙하게 공경심이 우러나는 느낌만을 지니게 될 뿐, 손으로 어루만지거나 노리갯감으로 삼아야겠다는 마음은 별로 들지 않을 것이니, 이를 통해서도 사람들의 호오(好惡)에 대한 일반적인 생각을 엿볼 수 있다 하겠다.」

본성을 지키고 있는 대상
곧게 자라는 본성을 유지하고 있음
좋음과 싫음
「」: 본성을 지킨 자에게는 공경심을 갖게 된다는 글쓴이의 생각이 드러남

그것은 그렇다 하더라도, 사랑이라고 하는 것은 장차 그 대상을 천하게 여기면서 모멸을 가할 수 있는 가능성이 그 속에 있는 반면에, 공경이라고 하는 것은 그 자체 내에 덕을 존경한다는 뜻이 들어 있는 개념이라 하겠다. 「대저 그 본성을 해친 나머지 남에게 모멸을 받게 되는 것이야말로 남에게 잘 보이려고 한 행동의 결과라고 해야 할 것이요,」 **자기의 본성**대로 따른 결과 존경을 받게 되는 것은 바로 위기지학(爲己之學)의 효과라고 해야 할 것이다. 따라서 ㉤ 군자라면 이런 사례를 통해서 자기 자신을 돌이켜 보기만 하면 될 것이니, 저 왜송을 탓할 것이 또 뭐가 있다고 하겠는가."

'사랑'에 대한 글쓴이의 생각
'공경'에 대한 글쓴이의 생각
「」: 왜송과 같이 본성을 잃은 사람들에 대한 비판적 인식이 드러남
자기 자신의 본질을 밝히기 위한 학문으로 성인이 되는 것을 목적으로 함
송백과 같이 본성을 지킨 사람들에 대한 긍정적 인식이 드러남
「」: 왜송의 사례를 통해 사람들에게 깨달음을 주고자 하는 글쓴이의 의도가 드러남

청사(靑蛇, 을사년) 납월(臘月)* 대한(大寒)에 쓰다.

▶ '나'의 깨달음: '왜송'과 '곡학아세'를 일삼는 사람의 공통점을 인식하며 '송백'과 같이 각자의 본성을 닦아야 함을 언급함

– 이식, 〈왜송설(矮松說)〉 –

* **납월**: 음력 섣달을 달리 이르는 말.

작품의 구조

사물에 대한 의견
송백의 곧은 성질을 예찬함.

↓

개인적 체험
거처하던 집 한쪽에서 기이하게 자란 소나무(왜송)를 발견함.

↓

체험과 관련된 인식
• 본성을 잃은 왜송을 통해 평이하고 정직한 본성을 잃고 아첨을 하여 이득을 얻고 외물을 따르며 남을 위하려는 자들을 떠올림. • 송백과 같이 본성을 지킨 자에게는 공경심을 가지게 됨.

↓

체험에서 얻은 깨달음
왜송과 곡학아세를 일삼는 자들의 공통점을 인식하고 송백처럼 각자의 본성을 닦아야 함.

공자의 말을 통한 주제 의식 강화

'곧게 길러지지 않은 채 살아 있는 것은 요행히 죽음을 면한 것일 뿐이다.[岡之生也 幸而免]'
왜송에 대한 부정적 인식을 드러내면서, 본성을 잃게 되는 것에 대한 경계의 메시지를 전달함.

[1-3] (가)에 대한 설명이다. 맞으면 ○, 틀리면 ×표 하시오.

1 화자는 독수공방을 하며 서러움을 느끼고 있다.

2 화자는 임과의 이별을 화옹과 귀신의 탓으로 돌리고 있다.

3 화자는 임도 자신을 그리워할 것이라고 확신하고 있다.

[4-6] (나)에 대한 설명이다. 맞으면 ○, 틀리면 ×표 하시오.

4 글쓴이는 나무의 본성은 곧게 자라는 것이라고 믿고 있다.

5 글쓴이는 휘어져 자란 나무에서도 아름다움을 느끼고 있다.

6 글쓴이는 정직한 본성을 잃은 사람을 보며 기이하게 생긴 나무를 떠올리고 있다.

[7-10] (가), (나)와 관련하여 빈칸에 들어갈 적절한 내용을 쓰시오.

7 (가)에서 화자는 ☐☐☐에게 임을 보게 해 줄 것을 기원하고 있다.

8 (가)에서 여름의 계절감을 드러내는 표현은 ☐☐☐☐이다.

9 (나)에서 글쓴이는 아첨하는 사람들을 비곗덩어리나 ☐☐에 비유하고 있다.

10 (나)에서 글쓴이는 ☐☐에는 그 대상에게 모멸을 가할 가능성이 내재하여 있다고 보고 있다.

확인 문제 정답	1 ○	2 ○	3 ×	4 ○	5 ×	6 ○	7 하나님	8 녹음방초	9 가죽	10 사랑

01

(가), (나)에 대한 설명으로 적절한 것은?

① (가)와 (나)는 비판적 정서를 드러내기 위해 대상을 희화화하고 있다.

② (가)와 (나)는 현실에 대한 긍정적 인식을 바탕으로 시상을 전개하고 있다.

③ (가)와 (나)는 언어유희를 사용하여 화자가 처한 상황의 어려움을 드러내고 있다.

④ (가)는 시간의 흐름에 따라 대상에 대한 믿음이 강해지고, (나)는 대상에 대한 의심이 커진다.

⑤ (가)는 자연물을 통해 화자의 정서를 드러내고 있고, (나)는 자연물을 통해 삶의 방식에 대한 글쓴이의 생각을 드러내고 있다.

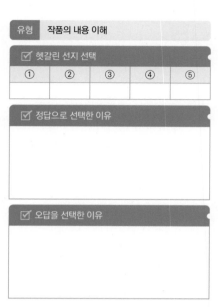

☑ 헷갈린 선지 선택				
①	②	③	④	⑤

☑ 정답으로 선택한 이유

☑ 오답을 선택한 이유

02

(가)의 화자에 대한 설명으로 적절하지 않은 것은?

① 부재하는 대상과 재회하고 싶은 마음을 드러내고 있다.

② 화자는 독백적 목소리로 자신의 심경을 토로하고 있다.

③ 흘러가는 시간 속에서 인생에 대한 무상감을 드러내고 있다.

④ 임과 사랑을 나눌 수 없는 처지로 인한 답답함을 나타내고 있다.

⑤ 이별의 원인을 임에게 돌리며 임을 원망하는 마음을 드러내고 있다.

☑ 헷갈린 선지 선택				
①	②	③	④	⑤

☑ 정답으로 선택한 이유

☑ 오답을 선택한 이유

03

ⓐ, ⓑ에 대한 이해로 적절한 것은?

① ⓐ는 화자의 암울한 현실 세계를, ⓑ는 화자가 바라는 이상세계를 의미한다.
② ⓐ는 임에 대한 화자의 그리움을, ⓑ는 화자에 대한 임의 그리움을 상징한다.
③ ⓐ는 임에 대한 화자의 사랑을, ⓑ는 임과 화자가 단절되어 있음을 보여 준다.
④ ⓐ는 화자의 심리적 갈등을, ⓑ는 화자의 심리적 갈등이 해소되었음을 나타낸다.
⑤ ⓐ는 시련에 굴하지 않는 화자의 절개를, ⓑ는 화자에 대한 임의 변심을 드러낸다.

유형 소재의 기능 파악

☑ 헷갈린 선지 선택

①	②	③	④	⑤

☑ 정답으로 선택한 이유

☑ 오답을 선택한 이유

04

<보기>를 참고하여 (나)를 이해한 내용으로 가장 적절한 것은?

> **보기**
>
> 설(說)은 일반적으로 두 단계의 구조로 나뉜다. 글쓴이의 개인적인 경험을 들려주는 ⓐ 전반부와 그로부터 얻은 결과를 바탕으로 독자에게 교훈을 전하는 ⓑ 후반부로 구분된다. 설(說)은 대개 우화적인 사건이나 사물에 관한 경험담을 제시하고 이로부터 글쓴이의 견해를 끌어내는 우회적 방식을 채택하기 때문에 현대의 수필과 성격적인 측면에 있어서 닮은 점이 많다.

① ⓐ는 문답을 통해 문제의 해결책을 제시하고 있다.
② ⓐ는 ⓑ에서 얻은 깨달음을 자신의 삶에 반영하고 있다.
③ ⓑ는 글쓴이가 ⓐ에서 경험한 것을 토대로 서술하고 있다.
④ ⓐ와 ⓑ에서 '나'는 대상에 대한 상반된 평가를 제시하고 있다.
⑤ ⓐ가 대상에 대한 부정적 인식이라면 ⓑ는 그 결과에 해당한다.

유형 외적 준거에 따른 작품 감상

☑ 헷갈린 선지 선택

①	②	③	④	⑤

☑ 정답으로 선택한 이유

☑ 오답을 선택한 이유

05

(나)를 통하여 알 수 있는 내용으로 적절하지 않은 것은?

① 송백의 곧은 성질에 대한 '나'의 생각이 드러난다.

② '어떤 사람'은 왜송의 기이한 모습을 그 나무의 본성이라 생각한다.

③ '나'는 왜송은 사랑의 대상이고, 송백은 공경의 대상이 된다고 생각한다.

④ '나'는 본성에 손상을 입은 왜송이 요행히 죽음을 면한 대상이라고 생각한다.

⑤ '나'는 자기의 본성을 지켜야 존경의 대상이 될 수 있음을 역설하며 자기 수양의 중요성을 강조한다.

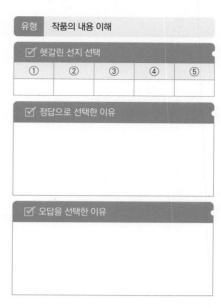

06

㉠~㉤에 대한 이해로 적절하지 않은 것은?

① ㉠: 화자의 현재 처지와 정서가 요약적으로 드러난다.

② ㉡: 감각적 시어를 활용하여 임에 대한 그리움을 효과적으로 표현하고 있다.

③ ㉢: 임에 대한 사랑이 너무나 커서 온갖 보물과 세상사에는 관심이 없음을 드러내고 있다.

④ ㉣: 본성을 잃은 왜송과 본성을 잃은 사람들이 차이가 없음을 설의적 표현을 통해 강조하고 있다.

⑤ ㉤: 왜송의 사례를 통해 본성을 지키는 일의 어려움과 자연 질서에 순응하는 삶의 필요성을 설명하고 있다.

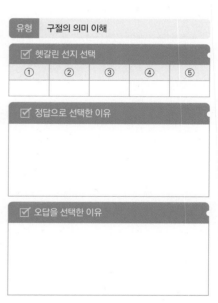

07 서답형 문제

[A]에서 임에게 가고 싶은 화자의 마음이 투영된 대상을 찾아 3어절로 쓰시오.

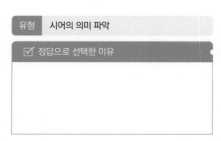

핵심정리

가 이황, 〈도산십이곡 발〉

＊ 주제

〈도산십이곡〉을 지은 이유와 우리말 시가의 중요성

＊ 구성

1문단	이전의 우리 시가에 대한 비판
2문단	우리말 시가의 중요성과 〈도산십이곡〉의 창작 이유
3문단	〈도산십이곡〉에 대한 반응을 신중히 기다림.

＊ 해제

이 글은 퇴계 이황이 지은 연시조 〈도산십이곡〉의 발문(跋文)으로, 이황이 〈도산십이곡〉을 짓게 된 연유와 우리 시가에 대한 비평을 담고 있다. 특히 그는 이 글을 통해 이전의 우리 시가 문학을 비판하고 온유돈후한 내용을 담은 우리말 시가의 중요성을 강조하며, 이를 위해 자신이 〈도산십이곡〉을 지어 즐기려 하였음을 밝히고 있다.

＊ 작가의 문학관

이전의 우리 시가에 대한 비판	〈한림별곡〉
	· 교만하고 방탕함. · 점잖지 못하고 장난기가 있어 군자가 숭상해야 할 바가 아님.
	〈이별의 6가〉
	· 세상을 희롱하고 불공한 뜻만 있음. · 온유돈후한 내용이 적음.

화자가 생각하는 문학의 본분
· 정성에 감동이 있는 것을 시로 나타내야 함. · 읊는 것뿐만 아니라 노래할 수 있어야 하며, 이를 위해서는 시속 말(우리말)로 엮어야 함. · 익혀 노래하게 하고 춤추게 하여 비루한 마음을 씻어 버리게 해서 감화되고 마음이 화락해져야 함. · 노래하는 자와 듣는 자가 서로 유익해야 함.

※ 다음 글을 읽고, 물음에 답하시오.

가

〈도산십이곡〉은 도산 노인이 지은 것이다. 노인이 이 곡을 지은 것은 무엇 때문인가. 우리 동방의 노래는 대부분 음란하여 족히 말할 것이 없다. 〈한림별곡(翰林別曲)〉과 같은 유는 글하는 사람의 입에서 나왔으나, 교만하고 방탕하며 겸하여 점잖지 못하고 장난기가 있어 더욱 군자(君子)가 숭상해야 할 바가 아니다. 오직 근세에 이별(李鼈)의 6가(歌)가 세상에 성대하게 전하니 오히려 그것이 이보다 좋다고는 하나, 그래도 세상을 희롱하고 불공(不恭)한 뜻만 있고, 온유돈후(溫柔敦厚)＊한 내용이 적은 것을 애석하게 여긴다.

노인은 평소 음률(音律)을 알지는 못하나 그래도 세속의 음악은 듣기를 싫어하였다. 한가히 살면서 병을 돌보는 여가에 무릇 정성(情性)에 감동이 있는 것을 매양 시로 나타내었다. 그러나 지금의 시＊는 옛날의 시와는 달라서 읊을 수는 있어도 노래하지는 못한다. 만약 노래하려면 반드시 시속 말＊로 엮어야 되니, 대개 나라 풍속의 음절이 그렇게 하지 않을 수가 없는 것이다. 그래서 내가 일찍이 이 씨의 노래를 모방하여 도산 6곡이란 것을 지은 것이 둘이니, 그 하나는 뜻을 말한 것이요, 그 하나는 학문을 말한 것이다. 이 노래를 아이들로 하여금 조석으로 익혀서 노래하게 하여 안석에 기대어 듣기도 하고, 또한 아이들이 스스로 노래하고 춤추고 뛰기도 하게 한다면 거의 비루한 마음을 씻어 버리고, 감화되어 분발하고 마음이 화락해져서 노래하는 자와 듣는 자가 서로 유익함이 있을 것이라 본다.

그러나 나의 처신이 자못 세상과 맞지 않으니, 이 같은 한가한 일이 혹시나 말썽을 일으키는 단서가 되는지 알 수 없고, 또 이 곡조가 노래 곡조[腔調]에 들어가며, 음절에 화합할지 그렇지 않을지를 스스로 믿지 못하기 때문에 당분간 한 부를 써서 상자에 넣어 놓고, 때때로 내어 스스로 반성해 보고 또 훗날에 열람해 보는 자의 취사선택을 기다릴 뿐이다. 가정년 을축 늦봄 16일[旣望]에 도산 노인[山老]이 쓴다.

– 이황, 〈도산십이곡 발〉 –

＊ **온유돈후**: 온화하고 부드러우며 인정이 두터움.

＊ **지금의 시**: 중국의 한시를 뜻하는 것으로, 특히 당나라 때 형식이 완성된 근체시를 이름.

＊ **시속 말**: 그 시대의 풍속에 맞는 말이라는 의미로, 여기서는 우리말을 뜻함.

나

「천리 길 고향은 첩첩 산 너머라」
「」: 과장: 심리적, 물리적 거리감
가고픈 마음에 **밤마다 꿈속에 찾아가**네.
꿈속에서 현실에서 가지 못한 곳을 찾아감
「한송정」 가에는 하늘과 물속에 달이 걸려 있고
□: 고향(친정)인 강릉의 특징을 드러내는 대상
「경포대」 앞에는 한 줄기 바람 불어오네.
「갈매기」는 모래톱에 모였다 흩어졌다
「고깃배」들은 파도 위로 왔다 갔다.」
「」: 꿈에서 본 고향의 정경
언제나 강릉 길을 다시 밟고 가
고향(친정)
색동옷 입고 **어머니 곁에서 바느질**할까?
화자의 소망

千里家山萬疊峰

歸心長在夢魂間
▶ 1~2행: 멀리 떨어져 있는 고향을 그리워하는 마음

寒松亭畔雙輪月

鏡浦臺前一陣風

沙上白鷗恒聚散

波頭漁艇每西東
▶ 3~6행: 꿈속에서 떠올려 본 고향의 모습

何時重踏臨瀛路

綵舞斑衣膝下縫
▶ 7~8행: 고향에 있는 어머니를 그리워하는 마음

— 신사임당, 〈사친〉 —

다

「봄」은 오고 또 오고 「풀」은 푸르고 또 푸르니
○: 변하지 않는 자연   유사한 구절의 반복(음악성 ↑)
나도 이 봄 오고 이 풀 푸르기같이

어느 날 고향에 돌아가 노모께 뵈오려뇨.
～: 화자의 그리움의 대상

노모와 단절된 상황으로 인한 안타까운 심정   〈제1수〉
▶ 제1수: 고향으로 돌아가지 못하는 처지에 대한 한탄
기러기 아니 나니 **편지**를 뉘 전하리
소식을 전하는 자연물
시름이 가득하니 꿈인들 이룰쏜가
시름으로 인해 잠을 이루지 못함
매일에 노친 얼굴이 눈에 삼삼하야라.
노모에 대한 걱정과 그리움

〈제6수〉
▶ 제6수: 고향에 계신 노모에 대한 간절한 그리움

「하늘」이 높으시나 「낮은 데」를 들으시네
□: 천지신명, 절대자, 임금 △: 화자가 처한 세상(현실)
「일월」이 가까우샤 하토(下土)에 비추시니

아모라타 우리 모자지정을 살피실 제 없사오랴.
하늘과 일월이 자신의 근심을 보살펴 줄 것이라는 기대

〈제11수〉
▶ 제11수: 모자지정을 살피어 줄 것이라는 기대
— 이담명, 〈사노친곡(思老親曲)〉 —

나 신사임당, 〈사친〉

＊주제

고향과 어머니에 대한 그리움

＊구성

1~2행	멀리 떨어져 있는 고향을 그리워하는 마음
3~6행	꿈속에서 떠올려 본 고향의 모습
7~8행	고향에 있는 어머니를 그리워하는 마음

＊해제

이 작품은 혼인으로 인해 출가외인이 된 화자가 고향인 강릉과 어머니에 대한 간절한 그리움을 드러낸 한시이다. 오늘날과 같이 자유롭게 친정이나 고향을 방문하지 못하고 마음속으로만 그리워해야 했던 여인의 정서가 고향의 정경과 어린 시절의 추억에 대한 회상을 통해 효과적으로 드러나 있다.

다 이담명, 〈사노친곡〉

＊주제

고향에 계신 노모에 대한 그리움

＊구성

제1수	고향으로 돌아가지 못하는 처지에 대한 한탄
제6수	고향에 계신 노모에 대한 간절한 그리움
제11수	모자지정을 살피어 줄 것이라는 기대

＊해제

관서 지방으로 유배를 간 화자가 노모에 대한 간절한 그리움을 노래하고 있는 작품이다. 자연은 늘 다시 본래의 모습으로 돌아오지만 화자는 유배지에서 고향으로 돌아가지 못하고 고향의 노모를 그리워한다. 이러한 처지로 인해 화자는 수심이 가득하여 잠을 이루지 못한다. 자신의 처지에 대한 한탄과 함께 노모를 걱정하고 그리워하는 마음이 애절하게 표현되어 있는 작품이다.

[1-6] (가)~(다)에 대한 설명이다. 맞으면 ○, 틀리면 ✕표 하시오.

1 (가)에서 글쓴이는 한자로 된 시를 국문으로 된 시보다 높게 평가하고 있다.

2 (가)에서 글쓴이는 자신이 지은 노래가 아이들에게 유익할 것이라 생각하고 있다.

3 (나)에서 화자는 꿈속에서 어머니가 계신 고향을 찾아가고 있다.

4 (나)에서 화자는 어릴 때 색동옷을 입지 못한 것을 서러워하고 있다.

5 (다)에서 화자는 늙으신 어머니를 그리워하고 있다.

6 (다)에서 화자는 어머니와 자신의 만남을 가로막는 하늘을 원망하고 있다.

[7-10] (가)~(다)와 관련하여 빈칸에 들어갈 적절한 내용을 쓰시오.

7 (가)에서 글쓴이는 〈□□□□〉이 교만하고 방탕하다고 하며 비판하고 있다.

8 (가)에서 글쓴이는 자신의 노래가 □□에 화합할지 확신하지 못하고 있다.

9 (나)에서 화자는 고향과 연관된 장소인 한송정과 □□□를 떠올리고 있다.

10 (다)에서 화자는 □□□가 날지 않아 편지를 전할 수 없다고 안타까워하고 있다.

확인 문제 정답									
1 ✕	**2** ○	**3** ○	**4** ✕	**5** ○	**6** ✕	**7** 한림별곡	**8** 음절	**9** 경포대	**10** 기러기

01

(가)에 대한 이해로 적절하지 않은 것은?

① '도산십이곡'이 훗날 문제의 소지가 될 수 있음을 염려하고 있다.
② '도산십이곡'의 창작 계기와 우리말 시가의 중요성을 설명하고 있다.
③ '도산십이곡'은 노래할 수 있게 지은 것으로 사람들에게 긍정적 영향을 부여한다.
④ 도산 노인은 '도산십이곡'을 모방한 이별의 6가에 대한 비판적 인식을 드러내고 있다.
⑤ 한시가 '도산십이곡'과 달리 읊을 수는 있지만 노래할 수 없는 것은 우리말로 엮지 않았기 때문이다.

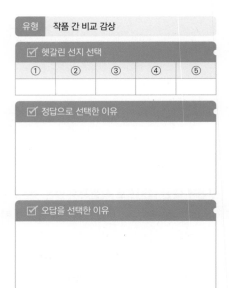

유형	작품의 내용 이해			
☑ 헷갈린 선지 선택				
①	②	③	④	⑤

☑ 정답으로 선택한 이유

☑ 오답을 선택한 이유

02

(가)의 도산 노인의 관점에서 (나), (다)를 평가한 내용으로 적절하지 않은 것은?

① (나)는 한시와 우리나라의 음률을 절충하여 지은 것이겠군.
② (나)는 '한림별곡'과 달리 방탕하거나 점잖지 못한 내용이 아니군.
③ (다)는 사람들이 익혀 일상에서 부를 수 있는 노래가 될 수 있겠군.
⑤ (다)로 하여금 아이들이 비루한 마음을 씻어 버리고 마음이 화락해질 수 있겠군.
④ (나)와 (다)는 모두 망운지정과 관련되어 있으므로 군자의 입장에서 보면 부적절한 내용이 아니군.

유형	작품 간 비교 감상			
☑ 헷갈린 선지 선택				
①	②	③	④	⑤

☑ 정답으로 선택한 이유

☑ 오답을 선택한 이유

03

(나), (다)의 공통점으로 가장 적절한 것은?

① 과거의 체험을 바탕으로 화자의 정서를 드러낸다.
② 감각적 이미지를 활용하여 시적 대상을 예찬한다.
③ 대화의 방식을 통해 시적 장면을 생생하게 제시한다.
④ 부드럽고 차분한 어조로 몽환적인 분위기를 조성한다.
⑤ 부재하는 대상에 대한 그리움과 재회에 대한 소망이 드러난다.

유형	작품 간의 공통점 파악			
☑ 헷갈린 선지 선택				
①	②	③	④	⑤

☑ 정답으로 선택한 이유

☑ 오답을 선택한 이유

04

(나)에 대한 설명으로 적절하지 <u>않은</u> 것은?

① 시각적 이미지를 통해 화자의 감정을 형상화하고 있다.

② 대구를 통해 고향의 정경을 감각적으로 묘사하고 있다.

③ 화자와 대비되는 자연물을 통해 작품의 주제를 부각하고 있다.

④ 고향의 자연 경물에 대한 회상을 통해 정서를 구체화하고 있다.

⑤ 공간적 거리감이 드러난 시어를 통해 화자의 정서적 거리감을 표현하고 있다.

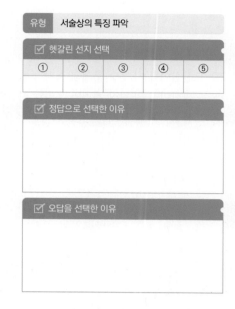

05

(다)에 대한 설명으로 적절하지 <u>않은</u> 것은?

① 〈제1수〉에서는 고향의 노모를 뵙고자 하는 화자의 그리움이 드러나고 있다.

② 〈제1수〉에서는 화자의 처지와 대비되는 상징물을 활용하여 화자의 정서를 심화하고 있다.

③ 〈제6수〉에서 화자는 현실적 한계를 극복할 방안이 없음에 슬퍼하고 있다.

④ 〈제6수〉에서는 원하는 바를 이루지 못하는 화자의 상황이 꿈을 통해 해소되고 있다.

⑤ 〈제11수〉에는 하늘이 자신과 노모를 살펴주길 바라는 화자의 소망이 나타나고 있다.

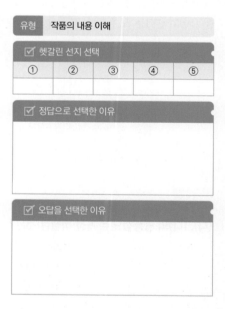

06

<보기>를 참조하여 (나), (다)를 감상한 내용으로 적절하지 <u>않은</u> 것은?

유형 외적 준거에 따른 작품 감상

☑ 헷갈린 선지 선택

①	②	③	④	⑤

☑ 정답으로 선택한 이유

☑ 오답을 선택한 이유

보기 1

　'부모'는 우리 문학의 소재로 자주 등장하곤 하는데, 이러한 작품의 주제는 대부분 원치 않는 이유로 부모와 멀리 떨어져 생활할 때나 결혼 등의 이유로 고향을 떠나 다른 곳에서 살 때 부모님께 가까이 가고자 하는 간절한 마음을 형상화하는 경우가 많다. (나)는 혼인을 한 여성이, (다)는 귀양을 간 상황의 남성이 부모를 그리워하는 심정을 표현하고 있는데 이들의 소망은 사회적 제약으로 인해 이루어지지 못하고 있다.

① (나)에서 '밤마다 꿈속에 찾아가' '천리 길 고향'을 그리는 화자의 행위를 통해 사회적 제약에 의한 부모와의 이별을 극복할 가능성을 암시하는군.

② (나)에서 화자가 고향의 '갈매기'와 '고깃배'를 떠올리는 것은 부모에 대한 그리움의 정서를 심화하는 계기가 되는군.

③ (나)에서 '강릉 길을 다시 밟고 가' '어머니 곁에서 바느질'하고자 하는 화자의 바람은 부모에게 가까이 가고자 하는 간절한 마음을 드러내는군.

④ (다)에서 '기러기'가 날지 않아 '노모'에게 '편지'를 전하지 못하는 화자의 상황은 사회적 제약으로 인해 노모와의 재회가 이루어지지 않음을 드러내는군.

⑤ (다)에서 '시름이 가득하'고 '매일에 노친 얼굴이 눈에 삼삼하'여 잠을 이루지 못하는 화자의 상황은 부모님의 부재에서 비롯된 것이군.

07 서답형 문제

유형 구성 및 서사 구조의 이해

☑ 정답으로 선택한 이유

<보기>는 '도산십이곡'의 한 부분이다. 빈칸에 들어갈 적절한 말을 쓰시오.

보기

　연하(煙霞)로 집을 삼고 풍월(風月)로 벗을 삼아
　태평성대에 병으로 늙어 가네
　이 중에 바라는 일은 허물이나 없고자

〈제2수〉

　뜻(자연에서 느끼는 심정)을 말하는 '언지 6곡'과 학문을 닦고 수양하는 심경을 말하는 '언학 6곡'을 엮어 만든 도산십이곡의 특징에 따르면, 〈보기〉는 도산십이곡 중 '(　　　) 6곡'에 해당하겠군.

정답 및 해설 p.30

핵심정리

 가 작자 미상, 〈운영전〉

* 주제

신분을 초월한 남녀 간의 비극적 사랑

* 전체 줄거리

폐허가 된 수성궁에 놀러 갔다가 술에 취해 잠이 든 '유영'은 깨어나면서 '운영'과 '김 진사'를 만나고, 두 사람에게 그들의 비극적인 사랑에 관한 이야기를 듣는다. 수성궁의 궁녀인 운영은 안평 대군을 찾아온 김 진사라는 선비를 보고 연정을 느끼고, 두 사람은 시를 전하며 사랑하는 사이가 된다. 두 사람의 만남은 김 진사의 하인인 특과 운영의 동료인 궁녀들의 도움을 받아 위태롭게 이어지고 그들의 사랑은 깊어진다. 하지만 안평 대군이 운영과 김 진사의 시에서 연정의 마음을 알아채고 특이 김 진사를 배신하면서 두 사람의 만남은 탄로가 난다. 이에 운영은 죽음의 길을 택하고 김 진사 또한 같은 길을 간다. 이야기가 끝난 후 세 사람은 함께 술을 마시고, 잠깐 잠이 들었다가 깨어난 유영은 운영과 김 진사의 일을 기록한 책만을 발견한다.

* 해제

이 작품은 수성궁의 궁녀인 운영과 선비인 김 진사의 비극적 사랑을 형상화한 소설로, '수성궁 몽유록'으로도 불린다. 유영이라는 인물이 수성궁에서 잠이 들었다가 깨면서 운영과 김 진사를 만나고 그들의 이야기를 듣는 설정으로, 몽유록의 액자식 구성을 취하고 있다. 이때 외화에 해당하는 이야기는 전지적 서술자가 들려주지만, 내화는 이야기의 당사자인 운영과 김 진사가 서술하는 점은 이 소설의 특징 중 하나이다. 학문의 장이면서 억압의 공간인 수성궁을 배경으로 펼쳐지는 두 남녀의 사랑과 비극적 결말을 통해 제도와 관습이 개인의 자유를 구속하고 감정을 억압하는 당대 사회를 비판하고 있다.

※ 다음 글을 읽고, 물음에 답하시오.

가

진사는 그날 몰래 수성궁을 살펴보았는데, ㉠ 담장이 높고 험준해서 몸에 날개를 달지 않으면 넘어갈 수가 없었습니다. 그래서 집으로 돌아와 묵묵히 말을 하지 않고 근심스런 얼굴로 앉아 있었습니다. 진사의 노비 가운데 이름이 특(特)이라는 자가 있었는데, 본래 재주가 많기로 소문이 나 있었습니다. 특이 진사의 안색을 보더니 앞으로 나와 무릎을 꿇고 말했습니다.

> 담장을 통해 외부와 단절된 수성궁의 폐쇄성이 부각됨
> 수성궁의 높은 담장으로 인해 운영과의 만남이 어렵다는 사실을 알게 된 진사의 낙담한 모습
> 특이 진사의 어려움을 해결해 줄 수 있음을 암시함

"진사 어른! 필히 세상에 오래 머물지 못할 것입니다."

말을 마친 특은 뜰에 엎드려 울었습니다. 이에 진사가 마음에 품고 있던 이야기를 모두 털어놓자, 특이 말했습니다.

> 운영과의 만남과 그에 대한 마음

"어찌 일찍이 말을 하지 않으셨습니까? 제가 마땅히 그 일을 도모하겠습니다."

특이 즉시 사다리를 만들었는데 아주 가볍고 단순했으며, 능히 접거나 펼 수 있었습니다. 둘둘 말면 병풍을 접은 것과 같고, 펼치면 대여섯 길 정도 되어 손으로 운반할 수도 있었습니다. 특이 사용법을 가르쳐 주며 말했습니다.

> 운영과의 만남을 돕는 도구

"이 사다리를 가지고 궁궐 담에 오르고, 다시 안에서 접었다 폈다 하십시오. 내려올 때도 역시 그와 같이 하십시오."

> 수성궁에 몰래 들어가야 하는 상황이 반영된 사다리의 기능

진사가 특에게 뜰에서 시험해 보게 하니, 과연 그의 말과 같아서 진사는 매우 기뻤습니다. 그날 저녁 진사가 가려고 할 때, 특이 또 품속에서 ㉮ 짐승의 털가죽으로 만든 버선을 꺼내며 말했습니다.

"이것이 없으면 가기 어려울 것입니다."

> 털가죽으로 만든 버선

진사가 털가죽 버선을 신고 걸어가니, 나는 새처럼 가벼워 땅을 밟아도 발자국 소리가 나지 않았습니다. 진사는 이러한 꾀로 궁궐 안팎의 담을 넘어 들어와 대나무 숲속에 엎드려 있는데, 달빛은 낮처럼 밝고 궁궐 안은 조용하기만 했습니다. 조금 후에 어떤 사람이 안에서 나와 산보를 하면서 낮게 시를 읊조렸습니다. 진사는 대나무를 헤치고 머리를 내밀며 말했습니다.

> 수성궁에 몰래 들어가야 하는 상황이 반영된 버선의 특징

"오시는 분은 누구신지요?"

그 사람이 웃으면서 대답했습니다.

"낭군께서는 나오십시오! 나오십시오!"

진사는 성큼성큼 걸어 나와 절하며 말했습니다.

(중략)

이때 대군은 이전에 지은 비해당에 현판(懸板)을 달기 위해 아름다운 글을 얻으려고 했습니다. 그러나 여러 손님들의 시가 모두 마음에 차지 않자, 굳이 진사를 초대하여 잔치를 베풀고 시를 지어 달라고 간청을 했습니다. 진사는 붓을 한

> 진사의 역량에 대한 대군의 믿음이 드러남

번 휘둘러 써 나갔는데, 글이 썩 잘되어 글자 한 자도 덧붙일 것이 없었습니다. 그 시에는 산수의 경치와 비해당의 모습이 극진하게 표현되지 않은 것이 없었으니, 비바람을 놀라게 하고 귀신을 통곡하게 할 만했습니다. 대군은 구절마다 칭찬하며 말했습니다.
<u>진사가 쓴 시의 높은 수준을 비유적으로 이르는 말</u>

"뜻밖에 오늘 왕자안*을 다시 보는구나!"

대군은 읊기를 그치지 않았습니다. 다만, 진사가 지은 시에 '담장을 좇아서 그윽이 풍류곡(風流曲)을 훔치네'라는 구절이 있었는데, 대군은 이 구절에서 읊기를 멈추고 진사를 의심했습니다. 이에 진사가 자리에서 일어나 대군에게 절하며 말했습니다.
<u>진사가 궁인을 좋아하는 것은 아닌지 대군이 의심함</u>

ⓛ <u>"제가 취해서 인사불성이 되었습니다. 원컨대 물러나고자 합니다."</u>
<u>대군이 자신을 의심하고 있다는 점을 진사가 알고 물러나기 위한 변명</u>
대군은 시종에게 진사를 부축하여 전송토록 했습니다.

다음 날 밤에 진사가 궁궐로 들어와 저에게 말했습니다.

"달아나는 것이 좋겠소. 어제 내가 지은 시를 보고 대군이 의심하셨으니, 오늘 밤 떠나지 않으면 후환이 있을까 두렵소."

제가 대답했습니다.

"어젯밤 꿈에 한 사람을 보았는데, 생김새가 영악하였습니다. 그 사람은 스스로 묵돌선우라고 일컬으면서, '이미 오래된 약속이 있었기 때문에 장성(長城) 아래서 기다린 지 오래도다.'라고 말했습니다. 저는 놀라 잠에서 깨어났는데, 아무래도 꿈의 징조가 상서롭지 않습니다. 낭군께서는 이를 어떻게 생각하시는지요?"

진사가 말했습니다.

"허망한 꿈속의 일을 어떻게 믿을 수가 있겠소?"

제가 말했습니다.

"그가 장성이라고 한 것은 궁궐의 담장이요, 그가 묵돌이라고 한 것은 노비 특입니다. 낭군은 이 노비의 속내를 잘 알고 있는지요?"
<u>특이 믿을 만한 사람인지에 대해 운영이 의심함</u>

진사가 말했습니다.

"이 노비는 본래 흉악한 놈이나 나에게는 충성을 다하였소. 오늘 낭자와 이렇듯 좋은 인연을 맺게 된 것도 모두 이 노비의 꾀 때문입니다. 어찌 처음에는 충성을 바치고, 뒤에 악행을 저지를 리가 있겠소?"
<u>사다리와 버선을 만들어 수성궁의 담을 몰래 넘도록 한 일</u>
<u>특의 마음을 의심하지 않는 진사의 믿음이 드러남</u>

이에 저는 말했습니다.

"제가 어떻게 감히 낭군의 말씀을 거절하겠습니까? 다만, 자란은 저와 형제처럼 정이 두텁기 때문에 자란에게 알리지 않을 수는 없습니다."

저는 즉시 자란을 불러와, 세 사람이 삼발처럼 둘러앉았습니다. 제가 진사의 계획을 자란에게 말하자, 자란이 크게 놀라 꾸짖으며 말했습니다.
<u>운영이 수성궁을 떠나는 것</u>

"서로 즐긴 지 오래되어서 이제 스스로 화를 빨리 부르려고 하는 것이 아니냐?

* 등장인물

운영 ('나')	안평 대군의 시궁인 수성궁에 속한 궁녀. 궁녀에게 가해지는 금기와 김 진사와의 애정 사이에서 갈등함.
김 진사	수려한 용모와 문재를 갖춘 선비. 안평 대군의 초대로 수성궁을 방문하다가 운영을 만나 사랑에 빠지게 되며, 안평 대군에게 들킬 위험에 처하자 운영과 도망가고자 함.
대군	세종 대왕의 아들인 안평 대군으로, 수성궁에서 선비들과 학문을 논하고 궁녀들의 학문적 성취를 격려함. 김 진사의 시를 통해 김 진사와 운영의 만남을 눈치챔.
특	김 진사의 노비. 김 진사와 운영의 만남을 도움.
자란	수성궁에 속한 궁녀 중 한 명으로, 운영과 김 진사의 만남을 돕지만 운영이 수성궁을 떠나고자 할 때 현실적인 조언을 하며 만류함.

* 공간적 배경의 성격

이 소설의 주요 공간은 안평 대군이 궁녀들과 함께 거처하는 수성궁이다. 수성궁은 인물에 따라 다르게 인식되는데, 문인들과 어울려 시를 짓고 궁녀들의 학문적 성취를 격려하는 안평 대군에게는 자신의 이상을 실현하는 문학의 장이지만, 궁녀들에게는 학문적 성취를 위해 외부와 철저히 단절되고 여러 금기를 부과받는 금기의 장으로 인식되었다.

* 담장의 묘사

'담장이 높고 험준해서 몸에 날개를 달지 않으면 넘어갈 수가 없었습니다.'

· 진사와 운영의 만남을 방해하는 현실적 장애물로 작용함.
· 궁녀들의 삶을 억압하는 수성궁의 폐쇄성을 강조함.

* 작품의 구조

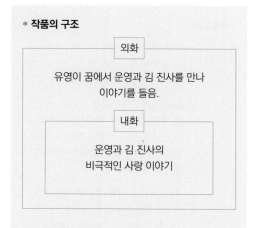

외화

유영이 꿈에서 운영과 김 진사를 만나 이야기를 들음.

내화

운영과 김 진사의 비극적인 사랑 이야기

* 주제의 양면성

표면적 주제

이루어질 수 없는 남녀의 비극적인 사랑

이면적 주제

억압된 삶(관습과 제도)에 대한 저항

ᄂ 함세덕, 〈동승〉

* 주제
어머니에 대한 그리움과 종교적 삶 사이에서 고민하는 한 소년의 성장

* 전체 줄거리
깊은 산골, 오래된 절에 사는 도념은 어린 시절 떠나간 어머니를 그리워하며 어머니와 재회할 날만을 기다리는 열네 살의 동자승이다. 도념은 죽은 아들의 재를 지내기 위해 절을 찾은 미망인에게 모성을 느끼고 미망인도 도념에게 정을 느껴 그를 입양하고자 한다. 하지만 주지는 도념의 부모가 쌓은 죄업으로 인해 도념의 업보가 무겁다는 점을 들어 도념의 입양을 허락하지 않는다. 미망인의 끈질긴 설득으로 주지도 마음을 돌리려 하지만 도념이 다시 만날 어머니를 위해 토끼를 잡아 목도리를 만들었다는 사실이 탄로 나면서 도념의 입양은 좌절된다. 하지만 도념은 절을 떠나기로 한 마음을 꺾지 않고 주지를 위한 한 움큼의 잣을 산문 앞에 놓은 후 길을 떠난다.

1, 2개월 서로 사귀는 것만으로도 충분한데, 어떻게 사람으로서 차마 담을 넘어 달아나는 짓을 저지르려고 하느냐? 「주군이 너에게 마음을 기울이신 지 이미 오래되었으니 그것이 떠날 수 없는 첫째 이유요, 부인이 사랑하심이 매우 깊으니 그것이 떠날 수 없는 둘째 이유요, 화가 양친(兩親)에게 미칠 것이니 그것이 떠날 수 없는 셋째 이유요, 죄가 서궁 사람들에게까지 미칠 것이니 그것이 떠날 수 없는 넷째 이유이다.」 게다가 천지가 곧 하나의 그물인데, 하늘로 오르고 땅속으로 들어가지 못한다면 달아나 어디로 가려고 하느냐? 혹시 붙잡히게 된다면 그 화가 어찌 네 한 몸에만 그치겠느냐? 꿈의 징조가 상서롭지 못한 것은 말할 필요도 없다. 만약 꿈이 길조(吉兆)였다면 너는 기꺼이 가려 했더냐? 네가 할 일은 마음을 굽히고 뜻을 억누르며, 정절을 지키고 편안히 앉아서 하늘의 뜻에 귀를 기울이는 것뿐이다. 네가 점점 나이가 들어 늙게 되면 주군의 은혜와 사랑이 점차 느슨해질 것이다. ⓒ 이러한 형편을 보고 있다가 칭병(稱病)하고 오래도록 누워 있으면, 주군께서 반드시 고향으로 돌아가라 할 것이다. 이때 낭군과 함께 손을 잡고 돌아가 백년해로(百年偕老)하는 것보다 좋은 계획이 없으리라. 이러한 생각은 하지 않고 감히 도리에 어긋난 꾀를 내니, 네가 누구를 속이며 하늘마저 속이려 하느냐?"

진사는 일이 성사되지 않을 줄 알고 탄식하며 눈물을 머금은 채 궁궐 밖으로 나갔습니다.

- 작자 미상, 〈운영전〉 -

* 왕자안: 7세기 중반에 태어난 중국 당나라의 대표적 시인으로 오언 절구에서 뛰어난 작품을 남김.

ᄂ

[앞부분 줄거리] 깊은 산중의 절에 사는 동자승인 도념은 어린 시절 떠나간 어머니를 그리워하며 간절히 그녀를 기다린다. 도념은 죽은 자식을 위해 불공을 드리러 오는 미망인에게 마음이 끌리고 미망인 또한 도념에게 정을 느끼며 양자로 삼고자 한다. 도념은 미망인의 목도리를 예쁘다고 생각하면서 자신을 데리러 올 어머니를 위해 토끼를 잡아 목도리를 만든다. 하지만 주지가 이 토끼 목도리를 발견하게 되고 도념의 살생에 대해 크게 분노한다.

정심을 따라 미망인, 원내로 들어간다.

도념: (홀연히) 스님, 전 세상에 가서 살구 싶어요.
주지: 닥뒤려. 무얼 잘했다구 또 그런 소릴 하구 있니?
도념: 절더러 거짓말한다구만 마시구, 저한테 어머니 계신 데를 가르쳐 주십쇼.

168

주지: 네 어미란 대죄를 지은 자야. 너에겐 어미라기보다 대천지원수라는 게 마땅하겠다. 파계(破戒)를 한 네 어미 죄의 피가 그 피를 받은 네 심줄에 가득 차

<u>파계(破戒)를 한 네 어미 죄의 피가 그 피를 받은 네 심줄에 가득 차</u>
<small>주지가 생각하기에 그의 어머니가 도념에게 '대천지원수'인 이유</small>

있으니까, 너는 남이 한 번 헤일 염주면 두 번 헤어야 한다.

도념: 왜 밤낮 어머니 욕만 하십니까? 아름다운 관세음보살님은 그 얼굴처럼 마음두 인자하시다구 하시지 않으셨어요? 절에 오는 사람마다 모두들 우리 어머니는 이뻤을 것이라구 허는 걸 보면 스님 말씀 같은 그런 무서운 죄를 지으셨을

<u>니는 이뻤을 것이라구 허는 걸 보면 스님 말씀 같은 그런 무서운 죄를 지으셨을</u>
<small>관세음보살이 아름다우면서 인자하다는 점을 근거로 자신의 어머니에 대한 주지의 말을 수용하지 않음</small>

리가 없어요.

주지: 그건 부처님에게만 여쭙는 소리야. 너 <u>유식론(唯識論)</u>에 쓰인 경문을 알지?
<small>법상종의 주요 경전</small>

도념: 네.

주지: 외면사보살 내면여야차(外面似菩薩 內面如夜叉)라 하셨느니라. 네 어미는 바루 이 경문과 같이, 얼굴은 보살님같이 아름답지만, 마음은 야차같이 무서운 독물이야.

도념: 스님, 그렇게 악마 같을 리가 없습니다.

주지: 네 아비의 죄가 네 어미에게두 옮아서 그러니라. / **도념**: 옮다니요?

주지: 네 아비는 <u>사냥꾼이거든, 하루에두 산짐생을 수십 마리씩 잡어,</u> 부처님의
<small>살생을 금하는 종교적 관점에서 도념의 아버지가 지은 죄</small>
가슴을 서늘하시게 한 대악무도한 자야. 빨리 법당으로 들어가자. 냉수에 목욕하구, 내가 부처님께 네가 저지른 죄를 모다 깨끗이 씻어 주도록 기도해 주마.
<small>목도리를 만들기 위해 토끼를 살생한 일</small>

도념: ㉣ <u>싫어요, 싫어요. 하루 종일 향불 냄새를 쐬면 골치가 어찔어찔해요.</u>
<small>도념의 마음이 이미 절에서 떠나 있음을 알 수 있음</small>

주지: 이게 무슨 죄 받을 소리니? (조용히 달래며) 도념아, 너 저 <u>연못</u>을 봐라. 5월
<small>도념이 가고자 하는 세상의 본질을 일깨우기 위해 주지가 선택한 화제</small>
이 되면 꽃이 피고, 잎사귀엔 구슬 같은 이슬이 구르고 있지 않니? 저렇게 잔잔한 연못두 한 겹 물만 퍼내구 보면 시꺼먼 개흙투성이야. 그것뿐인 줄 아니? 십년 묵은 이무기가 용이 돼서 하늘루 올라갈랴구 혓바닥을 낼름거리며 비 오기만 기다리구 있단다. 동네두 꼭 저 연못과 마찬가지야. 겉으루 보면 모두 즐겁구 평화한 듯하지만 속에는 모든 죄악과 <u>진애(塵埃)</u>가 들끓는, 그야말루 경문에
<small>띠끌과 먼지를 뜻하는 말로, 세상의 속됨을 비유적으로 이르는 말임</small>
아로새겨 있는 글자 그대루 오탁(五濁)의 사바(娑婆)니라.

도념: 아니에요. 모두들 그렇지 않대요. 연못 속에는 연근이라는 뿌럭지가 있지, 이무기는 없대요.

주지: 누가 그러든? 누가 그래?

도념: 동네 사람들 올라올 적마다 물어봤어요.
<small>도념은 절의 주지가 하는 말보다 세상의 동네 사람들이 하는 말을 신뢰함</small>

주지: 그럼, 동네 녀석들 하는 소리는 정말이구 내 말은 거짓말이란 말이지? 경전이, 부처님 말씀이 모두 거짓말이란 말이지? 오! 이런 불가사리 같은 녀석 봤나? (하고 펄펄 뛴다.)

도념: 스님, 바른대루 말이지, 저는 이 절에 있기가 싫습니다.

주지: 듣자 듣자 하니까 나중엔 못 하는 소리가 없구나? 오, 그 눈으로 날 보지 마

＊ 등장인물

도념	열네 살의 동승으로, 어머니에 대한 그리움과 동승으로서의 삶 사이에서 갈등하는 인물.
주지	도념과 갈등을 겪는 인물. 도념의 어머니와 아버지가 죄가 많음을 이유로 들어 도념의 서울행을 막고자 함.
미망인	남편과 아들을 잃은 불행한 인물. 주지의 반대에도 불구하고 도념을 수양아들로 삼고자 함.
친정 모	주지의 말에 동조하여 도념을 수양아들로 받아들일 것을 반대하는 인물.

＊ '절'에 대한 주지와 도념의 인식

'절'은 승려 등 출가한 수행자들이 거주하면서 불경의 가르침을 따르는 율법의 공간이다. 또한, 속세의 인간이 지은 죄를 씻고자 하는 정화의 공간이자, 죽은 사람의 극락왕생을 비는 기원의 공간이기도 하다. 그러나 작품에서는 이러한 '절'에 대해 주지와 도념의 상반된 인식과 이에 따른 두 인물의 갈등을 보여 준다. 주지는 '절'은 파계를 하고 절을 떠난 도념의 어머니와 그의 아들인 도념의 죄를 씻어 낼 수 있는 신성한 공간이라 인식하지만, 도념에게 '절'은 그저 어머니를 기다리는 공간이면서 동시에 어머니를 찾기 위해 떠나야 하는 공간이다.

＊ '토끼 목도리'의 의미와 기능

도념이 훗날 자신을 데리러 올지 모를 어머니를 위해 만든 것이라는 점에서 어머니에 대한 도념의 깊은 그리움을 상징한다. 그러나 토끼로 목도리를 만든다는 것은 살생을 금지하는 절의 계율을 어긴 것으로, 주지가 도념이 미망인의 수양아들로 들어가는 것과 서울로 떠나는 것을 반대하는 이유가 된다.

표면적 주제
절을 떠나 속세로 나가려는 도념과 이를 말리는 주지의 갈등

이면적 주제
어머니를 그리워하는 인간적인 감정과 종교적 삶을 살아야 하는 숙명 사이에서 고민하는 도념의 갈등

＊동승(童僧)의 의미

동승은 작품의 제목으로 어린 승려라는 뜻이다. 이는 나이가 어린 아이라는 정체성과 승려라는 종교인의 정체성을 함께 담고 있다. 이는 도념의 마음과 처지를 잘 드러내는 것으로, 도념은 열네 살의 아이로서 어머니에 대한 깊은 그리움을 가지고 있다. 하지만 동시에 도념은 승려로서 그에 걸맞은 규율과 자격을 갖춰야 한다. 도념에 대한 주지의 인식이 그렇다. 즉, 동승이라는 제목은 어머니를 그리워하는 아이의 인간적 감정과, 속세와 인연을 끊고 수행해야 하는 종교적 계율 사이에서 괴로워하는 도념의 갈등을 함축한다. 이러한 갈등은 참된 사랑이 무엇인지 주제를 다시금 생각해보게 한다.

＊〈동승〉의 전체 구성

발단	깊은 산속 오래된 절의 동승인 도념이 파계로 절을 떠난 어머니를 그리워하며 기다림.
전개	죽은 아들의 재를 지내기 위해 절을 방문한 미망인은 도념에게 정을 느끼며 도념을 수양아들로 삼고자 함.
위기	주지는 미망인이 도념을 데리고 가는 것에 반대하지만 미망인은 자신의 외로운 처지를 호소하며 주지를 설득함.
절정	도념이 불상 뒤에 숨긴 토끼 목도리가 발각되면서 주지는 도념을 크게 꾸짖고 이 일을 계기로 주지는 세상으로 내려가려는 도념과 도념을 입양하려는 미망인을 단호하게 반대함.
결말	도념은 초부의 만류에도 불구하고 어머니를 찾기 위해 절을 떠남.

라. 살생을 하드니, 전신에 살이 뻗친 모양이다.

미망인, 원내에서 나온다. 뒤따라 그의 모(母).

도념: (미망인에게 매달리며) 어머니, 저를 데려가 주세요. / **미망인:** 응, 염려 마라.

주지: 염려 말라니요? 아씨는 그저 얘를 데려가실 작정이십니까?

미망인: 그럼은요.

친정 모: 못한다. 넌 얘 하는 짓을 지금껏 두 눈으로 똑똑히 보구두 이러니?
_{도념이 목도리를 만들기 위해 토끼를 살생한 일과 이에 대해 거짓말한 일 등}

미망인: 어머니, 봤기에 더 한층 데려가구 싶은 생각이 솟았어요. ㉠ 얼마나 어머니를 그리워했으면 그런 짓을 다 했겠어요? 지금 이 애를 바른길루 이끌어 갈
_{도념이 어머니를 그리워하여 한 행동에 대해 연민을 느낌}
려면 내 사랑 속에서 키우는 것밖에 딴 도리가 없어요.

친정 모: 얘는 전생에 제 부모의 죄를 받구 태어났기 때문에, 아무리 구할라구 해두 구할 수가 없단다. 홍역 마마하듯 이렇게 피하지 못할 죄가 하나씩 둘씩 발
_{도념의 아버지와 어머니가 사냥꾼과 파계승이라는 점과 관련이 있음}
생하지 않니? 얘보담, 우리 인철이 영혼 축원할 도리나 걱정해라.

미망인: 인철인 기왕 죽은 애니까 재를 다시 지내면 그만 아니에요?
_{미망인과 친정 모가 절을 방문한 것은 죽은 아들의 재를 지내기 위함임}

친정 모: 얘가 ㉡ 토끼 목도리를 존상 뒤에다 감춰만 뒀다면 모를까, 젊은 별좌(別坐) 얘길 들으니까 어젯밤엔 떡 그 더러운 것을 관세음보살님 목에다 걸어 놓구 물끄러미 바라다보구 있었다는구나.

미망인: (울며 미칠 듯이) 어머니, 난 얘 없이는 살 수가 없어요. 애당초에 생각이 나 안 먹었다면 모를까, 한번 먹어 논 것이라 잃구는 살 수가 없어요.
_{도념을 수양아들로 삼고자 한 계획}

주지: 아씨께서 진정으로 얘를 사랑하신다면, 눈앞에 두구 노리개를 삼으실랴구 하시지 말구 얘 매디매디에 사무쳐 있는 전생의 죄 속에서 영혼을 구하게 이 절
_{도념을 수양아들로 삼으려는 미망인의 계획을 미망인의 이기적인 생각으로 보는 주지의 관점이 드러남}
에 둬 주십시요. 자기 한 몸의 죄만 아니라 제 아비 제 어미 죄두 씻어야 할 테
_{도념이 속세보다는 절에서 살아야 하는 이유를 종교적 관점에서 설명함}
니까 얘는 여간한 공덕을 쌓기 전에는 저승에 가서 무서운 지옥을 면치 못하게 될 것입니다.

도념: 스님, 죽어서 지옥에 가드래두 난 내려가겠어요. 찾아오는 사람을 막지 않구 떠나는 사람을 붙들지 않는 것이 우리 절 주의라구 늘 말씀하시지 않으셨습
_{도념은 절을 떠나야 한다는 자신의 주장을 정당화하기 위해 주지가 평소에 한 말을 근거로 제시함}
니까?

주지: (열화같이 노하며) 수다스러. 한번 못 간다면 못 가는 줄 알어라. (미망인을 보고 선언하듯) 아씨께서 서방님을 잃으시고 외아들마저 잃으신 것두 다 전생에
_{미망인이 전생에 저지른 죄 때문에 가족을 잃게 된 것이라 주장하는 주지}
죄가 많으셨던 탓입니다. 아씨 죄두 미처 벗지 못하시구 이 죗덩이를 데려다가 어떻게 하실랴구 이러십니까? 두 번 다시 이 이야기를 끌어내시랴거든 다신 이
_{미망인의 생각에 대해 분명하게 반대의 의사를 표함}
절에 오시지 마십시오.

- 함세덕, 〈동승〉 -

[1-3] (가)에 대한 설명이다. 맞으면 O, 틀리면 X표 하시오.

1 진사는 수성궁을 지키는 군사가 많아 몰래 들어갈 수 없자 낙담하였다.

2 '나'는 자신의 꿈이 길조라고 생각하여 하루빨리 수성궁을 나가고자 하였다.

3 자란은 수성궁의 담을 넘어 달아나려 하는 '나'를 꾸짖었다.

[4-6] (나)에 대한 설명이다. 맞으면 O, 틀리면 X표 하시오.

4 주지는 사냥꾼인 도념의 아버지의 죄가 어머니에게도 옮았다고 말하고 있다.

5 도념은 주지의 말보다 동네 사람들의 말을 더 믿고 있다.

6 미망인은 도념이 토끼를 잡은 일로 인해 입양을 단념하게 되었다.

[8-10] (가), (나)의 내용과 관련하여 빈칸에 들어갈 적절한 내용을 쓰시오.

7 (가)에서 대군은 □□을 달기 위해 진사에게 시를 청했다가 진사를 의심하게 되었다.

8 (가)에서 '나'는 꿈속에서 본 묵돌이 노비 □이라고 생각하였다.

9 (나)에서 주지는 □□의 비유를 들어 도념에게 속세의 본질을 일깨우려 하고 있다.

10 (나)에서 주지는 미망인이 가족을 잃은 것이 □□의 죄 때문이라고 말하고 있다.

확인 문제 정답	1 X	2 X	3 O	4 O	5 O	6 X	7 현판	8 특	9 연못	10 전생

01

(가)의 서술상의 특징으로 가장 적절한 것은?

① 신이한 인물의 발화를 통해 주인공의 운명을 예고하고 있다.

② 여러 개의 이야기를 나열하여 다양한 관점에서 사건을 재구성하고 있다.

③ 대립된 공간을 설정하여 대상을 향한 원망을 직접적으로 표출하고 있다.

④ 비유적인 표현을 활용하여 인물 간의 갈등이 심화되는 과정을 보여 주고 있다.

⑤ 대화를 통해 인물의 심리를 제시하며, 사회적 환경에 따른 행동 제약이 드러나고 있다.

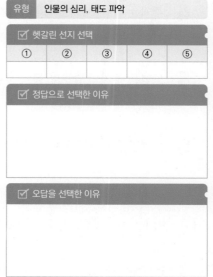

02

(가)의 인물에 대한 이해로 적절하지 않은 것은?

① 운영은 진사에게 특이 믿을 만한 사람인지 확인하고 있다.

② 특은 진사가 수성궁으로 몰래 들어갈 수 있도록 돕고 있다.

③ 진사는 운영에게 대군의 의심을 피해 도망갈 것을 제안했다.

④ 진사는 특이 자신에게 해가 되지 않을 사람이라고 믿고 있다.

⑤ 대군은 진사가 지은 시를 보고 진사와 운영의 사이를 의심했다.

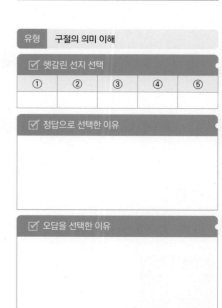

03

㉠~㉤에 대한 이해로 적절하지 않은 것은?

① ㉠: 수성궁의 폐쇄성과 출입의 어려움이 담장을 통해 부각되고 있다.

② ㉡: 술에 취한 진사가 대군에게 실수를 범하지 않기 위해 물러나기를 청하고 있다.

③ ㉢: 자란은 운영이 진사와 함께 할 수 있는 현실적인 방법을 제시하며 운영을 만류하고 있다.

④ ㉣: 도념의 마음이 주지의 의도와 달리 절을 떠나려는 쪽으로 기울어 있음을 알 수 있다.

⑤ ㉤: 어머니에 대한 그리움으로 비롯된 도념의 행동이 미망인의 연민을 불러 일으키고 있다.

04

㉮와 ㉯에 대한 설명으로 가장 적절한 것은?

① ㉮는 대상과의 만남을 방해하는 소재이고, ㉯는 대상과의 만남을 도와주는 소재이다.

② ㉮는 그리워하는 대상과의 재회를 돕는 소재이고, ㉯는 증오하는 대상과의 이별을 돕는 대상이다.

③ ㉮는 대상에게 전달하기 위해 직접 제작한 소재이고, ㉯는 대상에게 전달하기 위해 전달받은 소재이다.

④ ㉮는 건네준 인물에 대한 인식이 전환되는 소재이고, ㉯는 소지한 인물에 대한 인식이 전환되는 소재이다.

⑤ ㉮는 대상과 재회하길 바라는 소망과 관련된 소재이고, ㉯는 떠나간 대상을 생각하는 그리움과 관련된 소재이다.

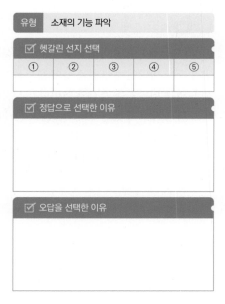

05

<보기>를 참고하여 (나)를 감상한 내용으로 적절하지 <u>않은</u> 것은?

> **보기**
>
> 〈동승〉에는 '세상'과 '절'이라는 두 개의 공간이 설정되어 있는데, 인물에 따라 공간에 대한 인식이 다르게 나타난다. 이러한 인식으로 인해 인물들은 갈등을 겪기도 하며, 인물 간의 삶의 태도가 다르게 나타나는 것을 포착할 수 있다.

① 친정 모는 '절'을 영혼을 축원하는 공간이라 인식하고 있군.

② 도념은 '절'과 달리 '세상'이야말로 자신의 소망을 이룰 수 있는 공간으로 여기고 있군.

③ '세상'을 더러움을 감추고 있는 공간이라 여기는 주지의 의견에 도념은 동의하지 않는군.

④ 미망인은 '세상'보다는 '절'이 도념에게 더욱 어울리는 공간이라 여기며 내적 갈등을 겪고 있군.

⑤ 주지는 '세상'과 '절'을 대립적인 공간으로 인식하며 '절'에 대한 절대적 신뢰를 보이는 인물이군.

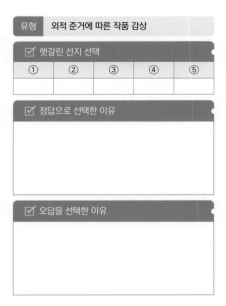

06

(나)의 내용에 대한 이해로 적절하지 <u>않은</u> 것은?

① 주지는 미망인의 결점을 들어 도념을 데리고 가려는 미망인의 의지를 꺾으려 한다.
② 도념은 미망인을 자신의 어머니라 생각하고 세상으로 나아가 이를 확인하고자 한다.
③ 도념은 세상에 있을지도 모르는 자신의 어머니에 대한 그리움으로 절을 떠나고 싶어 한다.
④ 주지는 도념이 부모의 죄를 갚아야 함을 이유로 들어 세상으로 나가는 것을 반대하고 있다.
⑤ 친정 모는 도념의 업보와 불경스러운 행동 때문에 딸이 도념을 데려가는 것을 반대하고 있다.

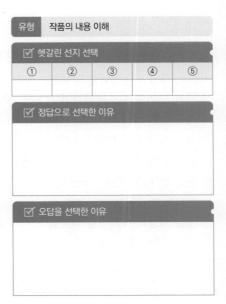

07 서답형 문제

<보기>에서 설명하는 '이곳'에 해당하는 장소를 윗글에서 찾아 쓰시오.

> **보기**
>
> 작품의 주요 공간에 해당하는 '이곳'은 절대 권력을 지닌 안평 대군이 거처하는 곳으로 중세적 질서가 지배하는 공간이다. 안평 대군은 '이곳'을 학문의 장으로 삼아 문화적 욕망을 추구하려 하지만, '이곳'의 궁녀들은 자신의 의지와 상관없이 자신이 섬기는 왕족을 위해 경전을 익혀야 하고, 마음대로 움직일 수도 없는 현실적 장벽, 또는 사회적 제약을 지녀야만 했다.

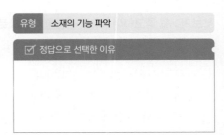

정답 및 해설 p.31

※ 다음 글을 읽고, 물음에 답하시오.

가

이인국 박사의 병원은 두 가지의 전통적인 특징을 가지고 있다.

병원 안이 먼지 하나도 없이 정결하다는 것과, 치료비가 여느 병원의 갑절이나
_{이인국 박사 병원의 특징 ①-정결함}   _{이인국 박사 병원의 특징 ②-고액의 치료비}
비싸다는 점이다.

그는 새로 온 환자의 초진(初診)에서는 **병에 앞서 우선 그 부담 능력을 감정하**
_{환자의 병을 고치는 의사의 사명보다는 수지 타산에 민감한 속물적 모습}
는 데서부터 시작한다. 신통치 않다고 느껴지는 경우에는 무슨 핑계를 대든, 그
것도 자기가 직접 나서는 것이 아니라 간호원더러 따돌리게 하는 것이다.

그렇게 중환자가 아닌 한 대부분의 경우 예진(豫診)은 젊은 의사들이 했다. 원
장은 다만 기록된 진찰 카드에 따라 환자의 증세에 아울러 경제 정도를 판정하는
최종 진단을 내리면 된다.

상대가 지기나 거물급이 아닌 한 외상이라는 명목은 붙을 수 없었다. 설령 있
다 해도 이 양면 진단은 한 푼의 미수나 결손도 없게 한 그의 반생을 통한 **의술**
_{경제적 손실을 보지 않는 것을 의술 생활에 관한 이인국의 신조와 비결이라고 설명함. 이인국에 대한 서술자의 풍자적 시선이 엿보임}
생활의 신조요 비결이었다.

그러기에 그의 고객은, 왜정 시대는 주로 일본인이었고 현재는 권력층이 아니
_{자신의 이익과 성공을 위해 지배층과 권력층을 위해서만 일하는 권력 지향적 모습}
면 재벌의 셈속에 드는 측들이어야만 했다.

그의 일과는 아침에 진찰실에 나오자 손가락 끝으로 창틀이나 탁자 위를 훑어
_{이인국 박사 병원의 첫 번째 특징과 관련된 행동}
무테안경 속 움푹한 눈으로 응시하는 일에서 출발한다.

이때 **손가락 끝에 먼지만 묻으면 불호령**이 터지고, 간호원은 하루 종일 원장의
신경질에 부대껴야만 한다.

아무튼 단골 고객들은 그의 정결한 결백성에 감탄과 경의를 표해 마지않는다.

1·4 후퇴 시 청진기가 든 손가방 하나를 들고 월남한 이인국 박사다. 그는 수복
되자 재빨리 셋방 하나를 얻어 병원을 차렸다. 그러나 이제는 평당 오십만 환을
호가하는 도심지에 타일을 바른 이 층 양옥을 소유하게 되었다. 그는 자기 전문의
외과 외에 내과, 소아과, 산부인과 등 개인 병원을 집결시켰다. 운영은 각자의 호
주머니 셈속이었지만 종합 병원의 원장 자리는 의젓이 자기가 차지하고 있다.
_{한국 전쟁의 과정에서 유엔군이 압록강, 두만강까지 북진했으나}
➡ _{중국군의 참전으로 인해 1950년 11월부터 1951년 1월까지}
_{서울 이남 지역까지 철수한 사건}

이인국 박사는 양복 조끼 호주머니에서 십팔금 회중시계를 꺼내어 시간을 보
았다.

2시 40분!

미국 대사관 브라운 씨와의 약속 시간은 이십 분밖에 남지 않았다. 이 시계에
도 몇 가닥의 유서 깊은 이야기가 숨어 있다. 이인국 박사는 시계를 볼 때마다 참
_{회중시계를 매개로 이인국이 '기적'이라고 생각하는 과거의 사건을 회상하는 모습}

핵심정리

가 전광용, 〈꺼삐딴 리〉

* **주제**

시류에 타협하며 출세 지향적 삶을 사는 영악한 기회
주의자에 대한 비판

* **전체 줄거리**

이인국은 일제 강점기에 제국 대학을 졸업하고 평양
에서 개업한 의사이다. 그는 의술 실력과 함께 가정
과 직장에서 철저하게 일본어만을 사용하는 등 친일
적인 행동으로 일제 강점기 내내 안정된 삶을 누린
다. 하지만 해방과 함께 소련군이 평양에 진군하면
서 이인국은 친일의 죄목으로 체포되어 감옥에 갇힌
다. 하지만 이인국은 러시아어를 익히고 소련군 장교
의 혹을 수술하면서 그의 환심을 얻고 풀려나며 그의
배려로 아들을 소련으로 유학까지 보내게 된다. 이후
1·4 후퇴를 계기로 월남하면서 친미파로 거듭난 이
인국은 의사로서 자신의 위상을 높이고자 미국으로
건너가려고 하며 이를 위해 미국 대사관의 브라운에
게 값비싼 고려청자를 선물하며 환심을 얻고자 한다.

* **해제**

이 작품은 일제 강점기부터 해방 이후 한국 전쟁에
이르기까지 일신의 안위만을 위해 시류에 편승한 의
사 이인국의 삶을 그리고 있다. 이인국은 일제 강점
기에는 철저하게 친일파(親日派)로 살고 해방 직후에
는 재빨리 소련에 빌붙어 친소파(親蘇派)로 변모하며
한국 전쟁의 1·4 후퇴 이후에는 월남하여 친미파(親
美派)로 돌변한다. 작가는 이인국의 삶을 통해 권력
에 빌붙어 출세에 연연하며 개인적 영화에만 몰두한
기회주의자의 속물성과 노예근성을 폭로하면서 한국
현대사의 어두운 일면을 고발한다.

* **등장인물**

이인국	종합 병원의 원장으로, 자신의 안위와 이익만을 추구하는 기회주의적인 인물임. 상황에 따라 친일파, 친소파, 친미파로 변모함.

＊서술상의 특징

- 시점의 유형은 삼인칭 전지적 시점의 서술자이지만, 주로 이인국의 시각을 드러내면서 이야기를 서술
- 이인국을 적극적으로 논평하지 않고, 이인국의 생각과 행동을 생생하게 묘사하는 데 주력

↓

- 이인국의 속물적이면서 기회주의적인 내면을 생생하게 드러냄.
- 독자가 능동적으로 이인국의 속물적이면서 기회주의적인 면모를 확인하고 비판할 수 있는 거리를 제공함.

＊회상의 효과

회상
• 이인국의 주된 행위 중 하나
• 시간상 앞서 일어났던 사건이 순서상으로는 뒤에 제시되는 소급 제시가 빈번하게 일어남.
• 서사의 전개가 역순행적 구조를 취하게 됨.
• 끝부분의 역순행적 구조는 이인국과 브라운의 만남에 대한 독자의 궁금증과 씁쓸함을 불러일으킴.
• 이인국의 기회주의적인 면모를 집약적으로 드러냄.

＊소재의 의미

종합 병원	이인국의 성공한 삶을 상징
왕진 가방	이인국의 어려웠던 시기를 상징
회중 시계	과거를 회상하는 매개체로, 역순행적 시간 구조로 전개되는 계기
비상용 캐비닛	조심성 많은 이인국의 성격을 상징
종잇장	이인국의 친일적 행적을 상징

말 '기적'임에 틀림없었던 사태를 연상하게 된다.

왕진 가방과 함께 삼팔선을 넘어온 피란 유물의 하나인 시계. 가방은 미군 의사에게서 얻은 새것으로 갈아 매어 흔적도 없게 된 지금, 시계는 목숨을 걸고 삶의 도피행을 같이한 유일품이요, 어찌 보면 인생의 반려(伴侶)이기도 한 것이다.
<small>회중시계가 이인국에게 지니는 의미 – 인생의 반려</small>

밤에 잘 때에도 그는 시계를 머리맡에 풀어 놓거나 호주머니에 넣은 채로 버려 두지 않는다. 반드시 풀어서 등기 서류, 저금통장 등이 들어 있는 비상용 캐비닛 속에 넣고야 잠자리에 드는 것이었다. 거기에는 또 그럴 만한 연유가 있었다. 이
<small>귀중품을 비상용 캐비닛 속에 넣고 나서 잠자리에 드는 것에서 그의 조심성 많은 성격을 엿볼 수 있음</small>
시계는 제국 대학을 졸업할 때 받은 영예로운 수상품이다. 뒤쪽에는 자기 이름이
<small>제국 대학을 졸업하여 받은 수상품을 영예롭다고 여기는 것에서 그의 친일적 사고관을 엿볼 수 있음</small>
새겨져 있다.

그 후 삼십여 년, 자기 주변의 모든 것은 변하여 갔지만 시계만은 옛 모습 그대로다. 주변뿐만 아니라 자기 자신은 얼마나 변한 것인가. 이십 대 홍안을 자랑하던 젊음은 어디로 사라진 것인지 머리카락도 반백이 넘었고 이마의 주름은 깊어만 간다. 일제 시대, 소련군 점령하의 감옥 생활, 6·25 사변, 삼팔선, 미군 부대,
<small>이인국이 삼십여 년 동안 겪었던 역사의 장면들</small>
그동안 몇 차례의 아슬아슬한 죽음의 고비를 넘긴 것인가.

'월삼 십칠석＊.'

우여곡절 많은 세월 속에서 아직도 제 시간을 유지하는 것만도 신기하다. 시간을 보고는 습성처럼 째깍째깍 소리에 귀 기울이는 때의 그의 가느다란 눈매에는 흘러간 인생의 축도가 서리는 것이었다. 그 속에서도, 각모(角帽)와 쓰메에리 학생복을 벗어 버리고 신사복으로 갈아입던 그날의 감회를 더욱 새롭게 해 주는 충동을 금할 길 없는 것이었다.

(중략)

㉠ 國語常用의 家.
<small>일본어를 항상 사용하는 집이라는 뜻</small>

해방되던 날 떼어서 집어넣어 둔 것을 그동안 깜박 잊고 있었다.

그는 액자 틀 뒤를 열어 음식점 면허장 같은 두터운 모조지를 빼내어 글자 한
<small>해방 이후 친일파를 처벌해야 한다는 분위기가 고조되는 가운데 이인국이 친일파였던 자신의 과거를 지우기 위한 행위</small>
자도 제대로 남지 않게 손끝에 힘을 주어 꼼꼼히 찢었다.

이 종잇장 하나만 해도 일본인과의 교제에 있어서 얼마나 떳떳한 구실을 할 수 있었던 것인가. 야릇한 미련 같은 것이 섬광처럼 머릿속을 스쳐 갔다.

환자도 일본 말 모르는 축은 거의 오는 일이 없었지만 대외 관계는 물론 집 안에서도 일체 일본 말만을 써 왔다. **해방 뒤 부득이 써 오는 제 나라 말이 오히려 의사 표현에 어색**함을 느낄 만큼 그에게는 거리가 먼 것이었다.

마누라의 솔선수범하는 내조지공도 컸지만 애들까지도 곧잘 지켜 주었기에 이
<small>개인의 성공만을 바라보면서 민족의식을 버리고 일제의 정책에 적극 호응하는 이인국 박사 가족의 모습</small>
종잇장을 탄 것이 아니던가. 그것을 탄 날은 온 집안이 무슨 큰 경사나 난 것처럼 기뻐들 했었다.

"잠꼬대까지 국어로 할 정도가 아니면 이 영예로운 기회야 얻을 수 있겠소."
하던 국민총력연맹 지부장의 웃음 띤 치하 소리가 떠올랐다.

_{일제가 중일 전쟁을 계기로 국민 총력 운동을 통해 한국인을 전쟁으로 끌어내기 위해 만든 조직}

그 순간, 자기 자신은 **아이들을 소학교부터 일본 학교에 보낸 것**을 얼마나 다행으로 여겼던 것인가.

그는 후 한숨을 내뿜었다. 그러고는 저금통장의 잔액을 깡그리 내주던 은행 지점장의 호의에 새삼 고마움을 느끼는 것이었다.

그것마저 없었더라면…… 등골에 오싹하는 한기가 느껴 왔다.

무슨 정치가 오든 그것만 있으면 시내 사람의 절반 이상이 굶어 죽기 전에야 우
_{어떠한 상황에서도 자기의 이익과 가족의 생존만을 우선시하는 태도로, 기회주의자의 면모를 엿볼 수 있음}
리 집 차례는 아니겠지. 그는 손금고가 들어 있는 안방 단스를 생각하면서 혼자 중얼거렸다.

ⓛ 이인국 박사는 무슨 일이 일어나도 꼭 자기만은 살아남을 것 같은 막연한 기대를 곱씹고 있다.

– 전광용, 〈꺼삐딴 리〉 –

---

* **월삼 십칠석**: Waltham 17 Jewels. 월섬(Waltham)은 미국에서 1850년에 시작한 시계 제조 회사이며 십칠석(17 Jewels)은 시계에 사용된 보석의 수를 가리킴.

나

남자: (ⓒ 이야기책을 낭독한다.) 옛날에, 옛날에 한 사기꾼이 살고 있었습니다. 그는 젊고 잘생겼으나 땡전 한 닢 없는 빈털터리였습니다. 어느 날 그는 외로워졌으므로 결혼하고 싶어졌습니다. 누구나 젊음의 한 시기엔 외로워지기 마련입니다. 그래서 그런지 누구나 결혼한다고들 합니다. 하지만 그 사기꾼에겐 엄청난 고민이 있었습니다. 그 고민은 이렇습니다. 이 세상의 어떤 처녀가, 자기 같은 빈털터리 남자와 결혼해 줄 리 있겠습니까? 없습니다. 아무도 없다고
_{결혼의 조건으로 경제적 가치를 중시하는 당시 세태를 드러냄}
생각했습니다. 그래서 그런지 그는 몹시 절망적인 기분이 들었습니다. (중략)
_{자신의 조건으로는 누구와도 결혼할 수 없다고 예상하기 때문}
마침내 그 젊은 사기꾼의 소망은 이루어졌습니다. 정원이 딸린 최고급 저택을
_{결혼을 위해 자신을 부유한 사람처럼 꾸미는 것}
빌릴 수 있었으며, 모자와 넥타이, 호사스런 의복, 그리고 이 건장한 하인까지
빌렸던 것입니다. 단, 조건이 있었습니다. 이 저택은 사십오 분 동안만 그가 주인이며 다음엔 되돌려 줘야 합니다. 넥타이는 이십팔 분, 모자는 십구 분 오십
_{빌렸다가 되돌려 주기-작품의 핵심 모티프}
초, 그 밖에 다른 물건에도 제각기 정해진 시간이 있었습니다. 그러나 젊은 사기꾼은 매우 만족했습니다. 그래서 즉시 여성 잡지를 뒤져 사교란에 주소를 낸 여자에게 전보를 쳤습니다. 여자로부터 즉각 답신이 왔습니다. 맞선을 볼 의향이 있다는 것입니다. 바로 그것은 이쪽이 바라는 바이기도 했습니다. (혼잣말처럼) 왜 아직 안 온담? (다시 책을 낭독한다.) 오겠다 약속한 시간이 벌써 지났습니다. (하
_{이야기책의 상황과 남자의 반응을 중첩시켜 이야기책의 젊은 사기꾼이 남자일 수 있음을 암시함}
인, 시계를 본 채 손가락 다섯 개를 펼친다.) 딱 오 분 지났습니다. 그는 초조해졌습
_{이야기책과 관련된 약속된 오 분이 지났음을 알리는 행위}

나 이강백, 〈결혼〉

* **주제**
잠시 빌렸다가 되돌려 주는 과정으로서 삶의 본질과 사랑의 가치

* **전체 줄거리**
남자는 외로움을 느끼고 결혼을 생각한다. 하지만 빈털터리라는 자신의 조건으로는 누구도 자신을 결혼 상대자로 여기지 않을 것이라고 생각한다. 이에 돌려주어야 하는 시간이 정해진 여러 물건을 빌려 부자인 척 꾸미고 여자와 맞선을 본다. 여자는 맞선을 보는 남자가 부자라고 생각하지만 갑자기 나타난 하인이 그의 물건을 빼앗자 당황한다. 남자는 부자인 척 꾸민 물건들이 사실 빌린 것이라고 고백하고, 떠나가려는 여자를 향해 삶의 본질과 사랑의 진심을 전하면서 청혼한다. 마음이 움직인 여자는 고심 끝에 남자의 청혼을 받아들이고 두 사람은 하인의 구둣발을 피해 서둘러 결혼하러 간다.

* 해제

이 작품은 빈털터리인 남자가 부자인 척 자신을 꾸민 후 여자와 결혼하려는 과정을 담고 있는 단막의 희곡이다. 이 작품에서 눈에 띄는 것은 다양한 실험적 기법인데, 특별한 무대 장치가 없는 점, 배우가 객석의 관객에게 말을 걸고 물건을 빌리는 등 무대와 객석의 구분이 엄격하지 않은 점, 무대의 시간과 상연 시간이 일치하도록 설정한 점 등이 대표적이다. 남자가 부자인 척 소유한 물건이 모두 빌린 물건이며 시간이 되면 돌려주어야 한다는 설정, 다시 빈털터리가 되었으나 더 커진 사랑의 마음을 고백하면서 결혼이 이뤄지자 결말 등을 통해 삶의 본질과 사랑의 가치 등을 생각하게 한다.

* 등장인물

남자	빈털터리이지만 결혼하고 싶어하는 인물로, 빌린 물건으로 부자 행세를 하여 여자와 결혼하고자 함. 빌린 물건을 돌려주는 과정에서 여자에게 진실을 고백하고 여자에게 청혼함.
여자	남자에게 전보를 받고 맞선을 보는 인물로, 남자의 물질적 조건에 흡족해함. 하지만 그것이 모두 빌린 것임을 알고 충격을 받음.
하인	남자 주변을 맴돌다 약속된 시간에 맞춰 남자가 빌린 물건을 돌려받는 인물로, 자신의 임무를 정확하고 냉정하게 수행함. 이를 통해 극의 긴장감을 더함.

니다. 책을 읽어 마음을 달래 보려 하였으나 초조해지기만 했습니다.

하인, 아무 말 없이 책을 빼앗아 버린다. 감정이 전혀 나타나지 않는 기계적인 동작이다. ㉣ 이 극의 마지막까지 하인의 동작은 그러하다. 남자가 항의하려 하자 하인은 무뚝뚝하게 자기의 회중시계를 내밀어 보일 뿐이다. 그러고는 남자가 미처 수긍하기도 전에 돌아서더니 빼앗은 물건을 가지고 나간다. 잠시 후, 하인은 돌아와서 남자 곁에 서서 부동자세를 취한다.

남자: 여봐, 자네는 인정사정도 없긴 한가?

하인: (묵묵부답)

남자: 그래? 아 참, 자넨 말을 않는다며? 자네 주인께서도 그러시더군. "빌려는 드리지요. 하지만 아무것도 묻지는 마십시오. 이 하인은 절대 대답하지 않습니다." 난 그걸 잊을 뻔했네. 그러나저러나 웬일이야? (하인의 회중시계를 들여다본다.) 이제 십 분째 지나가구 있어. 황금 같은 내 인생이 이 꼴로 그냥 허무하게 지나가다니 안타깝지 뭔가?

남자, 어떻게 했으면 좋을지 모르겠다는 듯 낭패한 표정으로 관객석 사이를 어슬렁거리며 왔다 갔다 한다.

남자, 한 여성 관객에게 말을 건다. 언뜻 무슨 생각이 떠오르는 듯 미소를 짓고 있다.

(중략)

여자: 왜 난폭한 하인을 그냥 두시죠? 당장 해고하세요.

남자: 하인은 아무 잘못도 없습니다.

여자: 그냥 두시니까 자꾸 빼앗기잖아요.

남자: 빼앗기는 건 아닙니다. 내가 되돌려 주는 겁니다.

여자: 당신은 너무 착하셔요.

남자: 글쎄요. 내가 착한지 어쩐지는 잘 모르겠습니다만, 내 태도 하나만은 분명히 좋다구 봅니다. 이렇게 하나둘씩 되돌려 주면서도 당신에 대한 사랑은 줄어들지 않았습니다. 아니, 줄기는커녕 오히려 불어나고 있습니다. 아, 나의 천사님, 아니 넘이여! 구두와 넥타이와 모자와 자질구레한 소지품과 그리고 옷에 대해서 내 사랑은 분산되어 있었습니다. 그런데 지금은 어떤지 아십니까? 오로지 당신 하나에로만 모아지고 있는 겁니다! 내 청혼을 받아주지 않으시겠습니까?

하인, 돌아와서 두 남녀에게 우뚝 선다.

여자: 어마, 또 왔어요!

남자: 염려 마십시오. 나도 이젠 <u>그의 의무를 방해하지 않겠습니다.</u>
빌린 것을 소유하고자 하는 마음에서 벗어나겠다는 뜻이 드러남

여자: 그의 의무? 의무가 뭐죠?

남자: 내가 빌린 물건들을 이 하인은 주인에게 가져다주는 겁니다.

　　하인, 남자에게 봉투를 하나 내민다.

　　남자는 봉투에서 쪽지를 꺼내 읽더니 아무 말 없이 여자에게 건네준다.

여자: "나가라!" 나가라가 뭐예요?

남자: 네. 주인으로부터 온 경고문입니다. 시간이 다 지났으니 나가라는 거지요.
남자는 무대 공간으로 설정된 저택을 사십 오 분 동안 빌린 것이며 시간이 다 되었기 때문에 추방의 위기에 놓임

여자: 나가라…… <u>그럼 당신 것이 아니었어요?</u>
남자가 빈털터리라는 사실을 알게 된 여자

남자: 내 것이라곤 없습니다.

여자: (충격을 받는다.)

남자: 모두 빌린 것들뿐이었지요. 저기 ⓜ <u>두둥실 떠 있는 달님도, 저 은빛의 구름도, 이 하늬바람도, 그리고 어쩌면 여기 있는 나마저도, 또 당신마저도……</u>
빌린 대상을 자연물과 인간으로 확대하여 소유와 시간의 문제를 삶의 본질적 문제로 확대하고 있음

(미소를 짓고) 잠시 빌린 겁니다.

여자: 잠시 빌렸다고요?

남자: 네. 그렇습니다.

　　하인, 엄청나게 큰 구두 한 짝을 가져오더니 주저앉아 자기 발에 신는다. 그 구둣발로
하인이 남자를 쫓아내기 위해 사용하는 소품
차 낼 듯한 험악한 분위기가 조성된다.

남자: 결혼해 주십시오. 당신을 빌린 동안에 오직 사랑만을 하겠습니다.

– 이강백, 〈결혼〉 –

＊ 회중시계의 역할

회중시계		역할
· 하인이 시간을 확인하는 도구 · 남자에게 약속된 시간임을 알리는 도구	➡	· 남자가 빌린 도구를 반납해야 하는 시기를 알림. → 사건 전개의 긴장도를 높임. · 시간의 경과를 가시화 → 시간 속에서 유한한 존재인 인간의 조건을 성찰하는 주제의 형상화에 기여함.

＊ 제목의 의미

결혼
· 외로운 남자가 결혼을 결심하고 계획하는 것으로 시작 · 여자가 남자의 청혼을 승낙하는 것으로 끝 · 남자의 바람대로 결혼이 이뤄짐. · 남자의 계획대로 결혼이 성사된 것은 아님. · 어떤 것도 소유하지 못했으나 남자의 진심을 전함으로 결혼이 성사됨.

⬇

· 삶은 잠시 빌렸다가 되돌려 주는 과정임. · 삶을 아름답게 하는 것은 소유의 욕망이 아닌 진실된 사랑의 마음임을 환기함.

(가)에 대한 설명이다. 맞으면 O, 틀리면 X표 하시오.

1 이인국 박사는 새로 온 환자가 있으면 그 환자의 경제 상황을 파악하고는 한다.

2 이인국 박사는 삼팔선을 넘어올 때 들었던 가방을 소중히 보관하고 있다.

3 이인국 박사의 가족들은 '國語常用의 家' 종이를 받은 것을 기뻐하지 않았다.

[4-6] (나)에 대한 설명이다. 맞으면 O, 틀리면 X표 하시오.

4 남자는 결혼을 하기 위해 저택과 옷, 하인 등을 빌렸다.

5 남자는 자신의 물건을 빼앗으려 하는 하인에게 물리적으로 저항하였다.

6 여자는 남자가 가진 것들이 남자의 소유가 아니라는 사실을 알고 충격을 받았다.

[7-10] (가), (나)의 내용과 관련하여 빈칸에 들어갈 적절한 내용을 쓰시오.

7 (가)에서 이인국 박사의 이름이 새겨진 ☐☐는 이인국 박사의 친일적 사고관을 드러낸다.

8 (가)에서 이인국 박사는 ☐☐ 후 부득이하게 조선말을 사용하였다.

9 (나)에서 여자는 남자에게 ☐☐을 해고하라고 말하고 있다.

10 (나)에서 하인이 커다란 ☐☐를 신으며 험악한 분위기가 조성되고 있다.

| 확인 문제 정답 | 1 ○ | 2 × | 3 × | 4 ○ | 5 × | 6 ○ | 7 시계 | 8 해방 | 9 하인 | 10 구두 |

01

유형　서술상의 특징 파악

(가)의 서술상 특징에 대한 설명으로 가장 적절한 것은?

① 역순행적 시간 구성을 통해 인물의 과거 행적을 드러내고 있다.
② 작품 속 서술자가 인물의 행동과 심리를 추측하여 서술하고 있다.
③ 여러 사건들을 나열하여 다양한 주제 의식을 엿볼 수 있게 하고 있다.
④ 공간적 배경에 따라 서술자를 달리하여 상황을 입체적으로 드러내고 있다.
⑤ 인물의 회상을 통해 인물 간에 벌어지고 있는 갈등의 원인을 제시하고 있다.

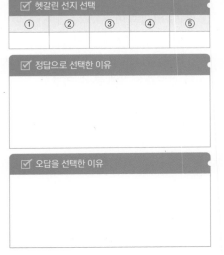

☑ 헷갈린 선지 선택

①	②	③	④	⑤

☑ 정답으로 선택한 이유

☑ 오답을 선택한 이유

02

유형　소재의 기능 파악

(가)의 회중시계에 대한 이해로 가장 적절한 것은?

① 고조되던 갈등이 차차 해소될 것임을 암시한다.
② 공간적 배경이 바뀌고 있음을 알려주는 지표가 된다.
③ 인물이 과거에 있었던 일을 떠올리게 되는 계기가 된다.
④ 시간적 배경이 되는 역사적 사건의 의미를 총체적으로 서술한다.
⑤ 새로운 사건을 전달하면서 인물의 내적 갈등을 유발하는 원인이 된다.

☑ 헷갈린 선지 선택

①	②	③	④	⑤

☑ 정답으로 선택한 이유

☑ 오답을 선택한 이유

03

유형　인물의 심리, 태도 파악

(나)에 대한 이해로 적절하지 않은 것은?

① 여자는 하인을 대하는 남자의 태도에 당혹감을 느끼고 있다.
② 하인은 남자가 빌린 물건을 회수하기 위해서 위협적인 행동을 하고 있다.
③ 남자는 결혼을 위해 물건을 빌렸다는 사실을 여자에게 감추려 하지 않는다.
④ 여자는 하인이 주인의 명령을 수행하고 있다는 사실을 오래전부터 알고 있었다.
⑤ 주인으로부터 온 경고문은 남자가 빌렸던 모든 것을 돌려주어야 한다는 것을 의미한다.

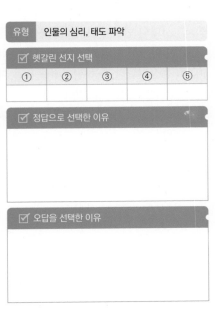

☑ 헷갈린 선지 선택

①	②	③	④	⑤

☑ 정답으로 선택한 이유

☑ 오답을 선택한 이유

04

<보기>를 고려할 때, (가)에 담긴 서술자의 심리적 태도에 대한 이해로 적절하지 <u>않은</u> 것은?

> 보기
>
>   풍자는 현실의 문제를 간접적으로 비판하면서 독자가 그러한 현실에 냉소하게 하는 문학 양식이다. 풍자를 구체적으로 실현하는 주체는 대부분 서술자이다. 작가는 현실의 문제를 직설적으로 설명하기보다는 자신의 의식을 대변하는 서술자를 내세우거나 인물의 행동을 우회적으로 제시함으로써 부정적 인물의 행동을 희화화하여 독자의 비판적 인식을 끌어낸다. 따라서 독자는 이러한 작가의 의도를 파악하며 작품을 감상해야 한다.

① '병에 앞서 우선 그 부담 능력을 감정하는' 것에서 인물의 속물적 모습에 대한 서술자의 비판적 인식을 엿볼 수 있군.

② '의술 생활의 신조요 비결'에는 의사의 사명감보다 돈에 집착하는 인물을 풍자하려는 서술자의 의도가 담겨 있다고 볼 수 있겠군.

③ '손가락 끝에 먼지만 묻으면 불호령'을 하는 인물의 행동에서 서술자는 인물의 시대착오적인 직업 정신을 비판하고 있음을 알 수 있군.

④ '해방 뒤 부득이 써 오는 제 나라 말이 오히려 의사 표현에 어색'하게 느껴지는 인물의 모습에는 기회주의적 처세술을 비판하고자 하는 서술자의 의도가 반영되어 있군.

⑤ '아이들을 소학교부터 일본 학교에 보낸 것'에 대한 인물의 심리 서술에서 서술자의 비판적 의도를 생각해 볼 수 있겠군.

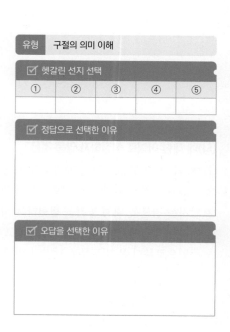

05

㉠~㉤에 대한 이해로 적절하지 <u>않은</u> 것은?

① ㉠: 이인국이 일제에 얼마나 협조적이었는지 알 수 있다.

② ㉡: 시대의 변천에 따라 가치관이 흔들리던 이인국이 마음을 고쳐먹고 있다.

③ ㉢: 이야기책 속의 사건을 극 중 현실로 바꾸어 관객에게 보여 주고 있다.

④ ㉣: 등장인물의 행동이 지속될 것을 예고하는 것으로, 한정된 시간 동안만 물건을 소유할 수 있음을 알려 주고 있다.

⑤ ㉤: 빼앗긴 소유물들과 같은 의미를 지닌 상징물로, 소유에 대한 인물의 가치관을 드러내고 있다.

06

<보기>를 참고하여 (나)를 감상한 내용으로 적절하지 않은 것은?

보기

　일반적으로 희곡은 무대화를 전제로 창작된다. 작가는 무대의 제약을 고려하여 관객의 눈앞에 드러나는 무대 공간을 중심으로 극 중 사건을 전개하고 무대 위에서 보여줄 수 없거나 보여 주지 않아도 되는 사건은 무대 밖의 공간에서 일어나는 것으로 처리한다. 인물의 등장과 퇴장은 이 두 공간을 연결하여 무대 공간에서의 사건 전개에 영향을 미친다. 현대극에서는 무대 공간과 관객석의 경계를 허물고 관객석까지 무대 공간으로 설정하여 표현하는 경우도 있다.

① 무대 밖의 사건이 남자, 여자, 하인에게 영향을 미쳐 세 사람 사이에 조성된 갈등이 해소되고 있다.

② 무대 공간을 벗어난 하인이 잠시 후 되돌아오는 것은 무대에서 보여주지 않는 공간이 있음을 알려준다.

③ 무대 위의 남자가 여성 관객에게 말을 건네는 것은 무대 공간과 객석의 경계를 허문 것이라고 볼 수 있다.

④ 하인의 등장과 퇴장은 남자가 빌린 물건들이 하나둘씩 없어지는 사실과 결부되어 남자의 초조함을 고조시킨다.

⑤ 하인은 이 연극의 보조적 인물로 시간에 맞춰 물건을 회수해 가는 기계적 역할을 하며 극의 긴장감을 고조시킨다.

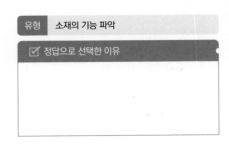

07 　서답형 문제

<보기>의 빈칸에 들어갈 말로 적절한 것을 (나)에서 찾아 4음절로 쓰시오.

보기

　(　　　　　　)은/는 (나)의 주요 소재 중 하나로, 시간의 경과를 알리면서 사건 전개의 긴장감을 높이는 역할을 한다. (나)가 인간의 조건을 시간 속에 유한한 존재로 성찰하고 있다는 점에서 주제의 형상화에도 기여한다.

정답 및 해설 p.32

핵심정리

가 이한직, 〈낙타〉

＊주제
동심을 잃고 세상을 쓸쓸하게 살아가는 존재들에 대한 인식

＊구성

1~2연	학창 시절 선생님에 대한 기억
3연	낙타를 닮은 선생님의 모습
4연	봄볕을 쬐며 낙타를 바라보는 나
5연	동심을 잃어버리고 살아가는 안타까움

＊해제
이 작품은 동물원에서 낙타를 보며 학창 시절의 은사를 회고하는 시이다. 화자는 과거를 추억하는 듯한 낙타의 모습이 늙으신 선생님과 닮았다고 생각한다. 그러다 화자 자신 역시 낙타와 같이 과거를 추억하고 있다는 것을 인식하고, 자신도 어느새 동심에서 멀어져 추억하듯 세상을 살아가고 있음을 깨닫는다. 이러한 심리적 전이 과정을 통해 선생님과 낙타와 '나' 사이의 공통점이 표현된다.

나 이수익, 〈방울 소리〉

＊주제
유년 시절 고향에 대한 그리움

＊구성

1연	골동품 가게에서 방울을 삼.
2연	소를 몰고 산을 내려왔던 유년 시절을 회상함.
3연	시끄러운 일상에서 따스했던 고향을 그리워함.

※ 다음 글을 읽고, 물음에 답하시오.

가

눈을 감으면

「어린 시절, **선생님**이 걸어오신다
『 」: 도치법, 어린 시절을 회상함
회초리를 들고서」
▶ 1~2연: 학창 시절 선생님에 대한 기억

선생님은 **낙타**처럼 늙으셨다

「늦은 봄 햇살을 등에 지고
『 」: 선생님의 모습을 회상함
낙타는 항시 추억한다」
선생님
—옛날에 옛날에—
선생님의 음성을 회상함
▶ 3연: 낙타를 닮은 선생님의 모습

낙타는 어린 시절, 선생님처럼 늙었다
시적 화자가 바라보고 있는 대상
「**나도** 따뜻한 봄볕을 등에 지고
『 」: '나'와 낙타 모두 봄볕을 쬐고 있음
㉠ 금잔디 위에서」 낙타를 본다
▶ 4연: 봄볕을 쬐며 낙타를 바라보는 나

내가 여읜 **동심의 옛이야기**가
동심을 여읜 자신의 처지를 안타깝게 여김
여기저기

떨어져 있음직한 **동물원**의 오후
▶ 5연: 동심을 잃어버리고 살아가는 안타까움

– 이한직, 〈낙타〉 –

나

㉡ 청계천 7가 골동품 가게에서

나는 어느 황소 목에 걸렸던 방울을
작품 표면에 '나'를 드러냄   유년 시절의 기억을 환기하는 소재
하나 샀다.
▶ 1연: 골동품 가게에서 방울을 삼

그 영롱한 소리의 방울을 딸랑거리던
유년 시절 소를 몰고 내려왔을 때 들었던 방울 소리를 환기
소는 이미 이승의 짐승이 아니지만,

나는 소를 몰고 여름 해 질 녘 하산하던
저녁이 되어 배가 고팠던 기억
그날의 소년이 되어, 배고픈 저녁연기 피어오르는
유년 시절 기억 속의 자신으로 되돌아 감   고즈넉하고 평화로운 마을의 모습
마을로 터덜터덜 걸어 내려왔다.
기운 없이 걷는 걸음걸이
▶ 2연: 소를 몰고 신을 내려왔던 유년 시절을 회상함

장사치들의 흥정이 떠들썩한 문명의

골목에선 지금, 삼륜차가 울려 대는 경적이
　　　　　　복잡하고 바쁘게 사는 번화한 도시의 모습
저자바닥에 따가운데

내가 몰고 가는 소의 딸랑이는 방울 소리는
　　　　　　떠들썩한 문명, 삼륜차 경적과 대비
ⓒ 돌담 너머 옥분이네 안방에
　　행복했던 고향의 기억 ①
들릴까 말까,

사립문 밖에 나와 날 기다리며 섰을
　　　　　　다정했던 누나의 모습
누나의 귀에는 들릴까 말까.
행복했던 고향의 기억 ②
　　　　　　　　　　　　　　　 ▶ 3연: 시끄러운 일상에서 따뜻했던 고향을 그리워함
　　　　　　　　　　　　　　　 - 이수익, 〈방울 소리〉 -

다

[앞부분 줄거리] 어른들은 '나'를 아들이 없는 당숙의 양자로 들이고, 당숙 내외는 '나'에게 학비, 옷, 용돈 등을 보내며 지극한 정성을 쏟는다.

　그러다 결정적으로 나빴던 건 어느 토요일 오후, 하굣길에서의 일이었다. 남대
　　　아부제가 집을 나가게 된 결정적 사건이 발생함
천에서 모래를 퍼 실어 나르다 길옆 버드나무 그늘 아래 마차를 세우고 다른 마부
　　　　　　　　　　　　　　　　　　　　　당숙의 직업이 마부임이 드러남
들과 함께 담배를 피우며 땀을 들이던 당숙이 같은 반의 다른 동무들과 함께 둑길
을 걸어오는 나를 보았던 것이었다. 내가 고개를 팍 꺾고 가면 그런 내 모습이 마
음에 언짢더라도 못 본 척해야 되는데 그날은 웬일인지 그 자리에서 당숙이 나를
　　　　　　　　　　　　　　　　　나는 당숙을 못마땅하게 여기고 있음
붙잡았다. 어쩌면 다른 마부들 앞에서 뭔가 낯을 내고 싶었던 것인지도 모른다.
　　　　　　　　　　　당숙이 '나'를 붙잡은 것에 대한 '나'의 짐작
　"학교 마치고 오나?" / "야."

　나는 친구들 앞에서 쥐구멍에라도 들어가고 싶은 마음이었다.

　"점심은 먹은?" / "토요일이잖아요."

　"가마이 있어 봐라. 그래도 뭘 먹고 가야제. 안 봤다면 몰라두……."

　그러면서 당숙은 품에서 빳빳한 100원짜리 한 장을 꺼내 주었다. ⓐ 나는 고맙
　　　　　　　　　　　　　　　학생인 '나'에게는 제법 큰 돈
다는 생각보다는 그 자리에서 얼른 벗어날 생각으로 돈을 받았다.
　　　　　　　　친구들과 함께 있어서 창피하다고 느낌
　"어이, 은별이, 갸는 누구야?"

　당숙보다 대여섯 살쯤은 아래로 보이는 다른 마부가 당숙에게 물었다. 당숙 말
고는 대부분 말만 끄는 사람들이었다. 그들은 서로의 호칭도 얼룩이, 점박이, 하
는 식으로 노새의 이름으로 불렀다. 훗날 어이, 몇 호, 몇 호, 하고 자동차 끝 번
호 두 자리를 이름 대신으로 부르던 택시 회사 사람들을 본 적이 있지만, 사람 이
름을 은별이, 점박이, 하고 노새 이름으로 부르던 것도 내게는 낯선 일이었다.

　"장래 우리 집 대주시다."
　'나'에 대한 아부제의 자랑스러움이 드러남
　"대주라니?"

＊ 해제
이 작품은 골동품 가게에서 구입한 소 방울을 통해 유년 시절 고향에서의 기억을 떠올리는 시이다. 화자는 방울 소리를 들으며 꼴을 먹인 소를 몰고 산을 내려왔던 유년 시절의 여름날 저녁을 떠올린다. 바쁘고 시끄러운 소음으로 상징되는 현재의 일상과 달리 소 방울 소리가 들리는 고즈넉한 고향의 모습은 기억 속에 아련하게 남아 있다.

다 이순원, 〈말을 찾아서〉

＊ 주제
양부와의 갈등과 화해를 통한 내면의 성장

＊ 전체 줄거리
'나'는 소설 〈메밀꽃 필 무렵〉에 대한 원고를 써 달라는 청탁을 받지만 어린 시절의 고향에서의 기억으로 썩 내키지 않는다. 어린 시절 '나'는 '은별'이라는 이름의 노새를 끄는 당숙의 양자가 된다. 자식이 없는 당숙과 당숙모는 '나'를 자랑스럽게 여기며 정성을 기울이지만 '나'는 노새를 끄는 당숙이 부끄러워 양자가 되길 거부한다. '나'의 완강한 저항에 당숙은 집을 나가고 '나'는 봉평까지 찾아가 당숙을 만나 '아부제'라고 부르기로 약속한다. 함께 노새를 끌고 메밀꽃이 핀 밤길을 걸어 돌아오면서 당숙과 많은 대화를 나눈 '나'는 이후 당숙의 집에서 양자로 살게 되지만 '은별'을 받아들이지는 못한다. '나'가 중학교 3학년이 되었을 때 '은별'은 다리를 다쳐 죽게 되고, 그때 울고 있는 당숙을 보게 된다.

＊ 해제
이 작품은 주인공인 이수호라는 인물의 유년 시절을 통해 자아의 성장 과정을 보여 준다. 중학생 시절 수호는 집안 어른들의 일방적인 결정에 따라 당숙네 양자가 되지만 노새를 끄는 당숙이 몹시 부끄러워 양자가 되길 거부한다. 결국 당숙을 '아부제'라 부르게 되고 양자로 들어가지만 근본적으로 아버지와 아들의 관계를 인정한 것이 아니다. 이 작품은 이효석의 〈메밀꽃 필 무렵〉과 상호 텍스트 관계에 있는 소설로, 〈메밀꽃 필 무렵〉의 공간적 배경과 분위기를 살리면서도 그와는 달리 인위적으로 양부와 양자를 맺는 과정에서 겪는 갈등을 통해 끈끈하고 애달픈 사랑을 보여 주고 있다.

* 등장인물

나 (이수호)	아이가 없는 당숙의 양자로 들여짐. 처음에는 노새를 몰고 다니는 당숙을 부끄럽게 생각하여 거부하였으나, 결국 당숙을 '아부제'라 부르며 아버지로 받아들이게 됨. 그러나 여전히 당숙이 노새를 모는 것을 못마땅하게 여김.
당숙 (아부제)	노새 '은별이'를 몰고 다니며 마부들 사이에서 '은별이'로 불림. '나'를 양자로 들인 것에 대해 자랑스러워하지만, '나'가 이를 거부하자 상처를 받고 집을 나가게 됨. 이후 '나'와 대화를 통해 갈등을 해소하고 '나'를 아들로 받아들임.

* 〈말을 찾아서〉와 〈메밀꽃 필 무렵〉의 연관성

〈말을 찾아서〉	〈메밀꽃 필 무렵〉
당숙(아부제)	허 생원
나(이수호)	동이
노새	나귀

* 당숙의 질문의 의도

당숙의 질문
"니 아버지, 어머이가 이렇게 해서 날 데리구 오라구 시키든?" "날 아부제라고 부르라구 시킨 것도 아니구?" "어른들이 그렇게 하라고 시키든?"

↓

표면적으로는 '나'가 자신을 아버지로 받아들인 것처럼 보이지만 '나'의 본심이 무엇인지 재차 확인하고자 함.

ⓑ "우리 맏상주라구."

당숙은 보란 듯이 내 모자를 바로 씌어 주면서 말했다.

"뭐야, 그렇게 큰 아들이 있었단 말이야?"

아들 소리를 듣자마자 갑자기 눈앞이 아득해져 오는 느낌에 나는 손에 들고 있던 돈을 당숙에게 도로 내밀었다. 대주니, 맏상주니 하는 말을 할 때만 해도 얼른 그 자리를 벗어나야겠다는 생각만 했는데 이제 동무들 앞에서 노새를 끄는 마부의 아들 소리까지 나온 것이었다. 아이들은 이제 대번에 그 사람 느 아버지나, 하고 물을 것이었다.

"뭘 사 먹고 가라니까."

"싫어요. 나 이제 아재 양재 안 해요!"

나는 기어이 그 돈을 당숙 앞에 던지고 냅다 가방을 옆구리에 끼고 뛰었다. ⓒ 뒤에 다른 마부들 앞에 당숙이 어떤 얼굴이 되었을까는 생각할 틈도 없었다. 당장 동무들 앞의 내 얼굴이 문제였다. 정말 그것만은 감추고 싶었고, 감추어 왔던 일이었다. 나는 동무들에게 먼 친척 아저씨인데 아들이 없으니까 분수를 모르고 나한테 찝쩍거리는 거라고 말했다. 그러니 우리 동네 애들한테도 물어보라고. 내가 어느 집에 누구하고 살고 우리 아버지가 말을 끄는 사람인지 아닌지……

아마 그 일이 있고 나서였을 것이다. 처음엔 밤마다 술에 취해 마차를 끌고 들어오던 당숙이 어느 날 집을 나간 다음 한 달이 되고 두 달이 되고 방학의 반이 지나 세 달이 되도록 집에 들어오지 않는 것이었다. 처음엔 집안 어른들도 무슨 일인가 몰랐다가 당숙모가 당숙이 떠나기 전의 일들을 얘기해 모두 그 일을 알게 되었다.

"집 나가기 전에 술을 잔뜩 먹고 와 그런 말을 하잖우. 어디 가서 여자를 사서라도 애 하나를 낳아 와야겠다구. 그러면서 또 나한테 그러잖우. 내가 오죽하면 아 못 낳는 자네 가슴에 못 지를 말을 하고 있겠느냐구, 그러면서 대구 울구……."

(중략)

"그러믄 나두 니한테 뭐 물어봐두 되겠?" / "야."

"니 아버지 어머이가 이렇게 해서 날 데리구 오라구 시키든?"

"데리고 오라고 시키긴 했는데, 이렇게 데리고 오라고 시키지는 않았어요."

"날 아부제라고 부르라구 시킨 것두 아니구?" / "야."

"그럼, 니가 니 마음으루다 부른 말인?" / ⓓ "야, 아부제."

"그러믄 하나 더 물어두 되겠?" / "야."

"니 내가 말 끄는 게 싫은?" / "……."

그 말만은 대답하지 못했다. 아부제도 그 말을 두 번 묻지 않았다.

"아부제." / "어."

"나 내려가면 이제 아부제 집에 가서 살려구 해요."

"우리 집에?" / "야."

"어른들이 그렇게 하라구 시키든?" / "아뇨. 지 마음으로요."
　　　진심인지 아닌지 물음

"니 마음으로?" / "야, 그래서 올라올 때 하생골 어머이한테 내 방 하나 치워
놓으라고 했어요."
　　당숙의 양자라는 사실을 받아들이고 함께 생활하기를 스스로 결정함

"수호야." / "야."

"아부제는 고맙다. 무슨 말인 줄 알제?" / "야."

"그래, 내려가믄 나두 이 짐승 치우지 뭐. 니 싫어하는 걸 계속할 게 뭐 있겐."

"……"

"허, 이눔이 말귀 알아듣나. 절 치운다니까 대가리를 흔들게."

「"안 치워도 나 ⓔ 아부제 집에 가 살아요……."」
「」: '나'의 진심 – 아부제가 노새를 끄는 일을 하는 것을 못마땅하게 여기지만, 아부제를 이해하고 받아들임

"그래, 치우지 뭐. 치울 거야. 이제 이거 힘두 제대로 못 써 사람 망신시키는
거. 늙어서 고집두 늘구……."

그날 아부제와 나는 온 하늘과 온 산이 붉게 동틀 무렵 하생골 집에 닿았다.
　　　　　'나'와 아부제가 밤새 이야기를 하며 함께 길을 걸음

그러나 그날 ⓜ 밤길에도 그랬고, 먼저 살던 집에서 아부제 집으로 살림을 옮기
듯 책상과 책가방, 입던 옷가지들과 내가 쓰던 물건들을 옮겨 온 후에도 ⓔ 끝내
말과는, 그리고 아부제가 그것을 끄는 것과는 화해가 되지 않았다. 예전보다 덜
　　　　　　성인이 된 '나'가 과거의 기억을 회상함
부끄럽다고 해도 그랬다. 「그때 나는 중학교 1학년이었고, 동네에서 아이들과 싸
우다가도 '노새집 양재 새끼'라는 말을 들으면 그 말을 이 세상에서 가장 심한 욕
　　　　　　　「」: 성인이 된 '나'가 과거 자신의 미숙함을 인정함
으로 느끼던 열세 살의 소년이었다.」

그 말은 내가 중학교 3학년일 때까지 집에 있었다. 내가 저를 핍박하고 서러움
줄 때 그는 이미 늙어 있었다. 그가 죽던 마지막 모습도 그랬다. 「말굽을 박았는데
　　　　　　　　　　　　　　　　　　　　　　　　　「」: 노새(은별이)가 죽게 된 사연
도 공사장에서 벽돌을 내릴 때 땅에서 바로 선 대못을 밟아 오른쪽 앞다리부터
못 쓰게 되더니 한 해 겨울을 한쪽 다리를 늘 구부린 채 서서 앓다가 어느 날 배를
땅에 대고 만 것이었다.」 알리지 않았는데도 어떻게 알고 시내의 마부들이 마차를
　　　　　　　　　　　　　　　　　　　　　당시 마부들의 문화
끌고 와 죽은 그를 싣고 내려갔다. 아부제는 따라가지 않았다. 마부들이 그럼 저
녁때 고기라도 보낼까, 하고 묻자 아부제는 그러지 말라고 했다. 작은할아버지가
돌아가신 이후 그날 처음으로 나는 남몰래 감추는 아부제의 눈물을 보았다.
　　　　　　　　　　　　　　노새(은별이)를 향한 아부제의 마음이 드러남

한 지붕 아래에서 사는 동안 그는 내게 참으로 많은 설움과 눈총과 미움을 받
았다. 내가 누리는 것 모든 것이 그의 등에서 나왔는데도 그랬다. 아마 그가 죽어
　　노새(은별이)와 아부제 모두 해당됨
정말 하늘의 은별이 되었다 해도 나는 앞으로도 말에 대해 자유롭지 못하고, 그
　　　　　　　　　　　　　　노새(은별이)뿐만 아니라 일반적인 말에 대해서도 자유롭지 못함을 나타냄
에 대해 자유롭지 못할 것이다.

- 이순원, 〈말을 찾아서〉 -

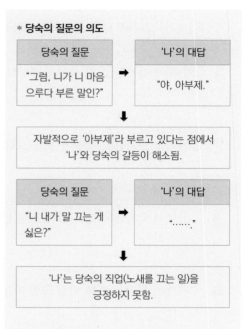

* 당숙의 질문의 의도

당숙의 질문		'나'의 대답
"그럼, 니가 니 마음으로다 부른 말인?"	→	"야, 아부제."

↓

자발적으로 '아부제'라 부르고 있다는 점에서 '나'와 당숙의 갈등이 해소됨.

당숙의 질문		'나'의 대답
"니 내가 말 끄는 게 싫은?"	→	"……."

↓

'나'는 당숙의 직업(노새를 끄는 일)을 긍정하지 못함.

* 문학 작품 속 동물의 역할

문학 작품 속에서 동물은 단순한 소재를 넘어, 다양한 맥락 속에서 인간과 삶에 대한 인식을 드러내는 경우도 있다. 동물은 인간과는 차별성을 가지는 존재로 타자화된다. 인간의 속성이나 삶의 문제에 대한 성찰을 이끌어 내는 대상이 되기도 한다. 또한, 인간의 외적과 내적 특성에 기반하여 동물이 인간과 동일시되면서 인간에 대한 다양한 감정을 불러일으키기도 한다. 즉, 문학 작품 속에서 동물은 인간과 삶에 대해 이야기하기 위한 매개로 기능한다고 볼 수 있다.

* 당숙과 은별

- 자식을 낳지 못함.
- '나'에게 사랑을 주지만 '나'에게 인정받지 못하고, 충분한 사랑을 받지 못함.

↓

당숙과 은별은 외적, 내적으로 동일시되는 존재임.

[1-6] (가)~(다)에 대한 설명이다. 맞으면 ○, 틀리면 ✕표 하시오.

1 (가)에서 화자는 어린 시절을 회상하고 있다.

2 (가)에서 화자는 동물원에 갔던 경험을 떠올리고 있다.

3 (나)에서 화자는 어린 시절에 소를 몰았다.

4 (나)에서 화자는 변해 버린 고향 마을의 모습을 안타까워하고 있다.

5 (다)에서 '나'는 당숙에게 100원을 받고 동무들에게 자랑했다.

6 (다)에서 '나'는 당숙이 끄는 노새 은별을 끝내 받아들이지 못했다.

[7-10] (가)~(다)와 관련하여 빈칸에 들어갈 적절한 내용을 쓰시오.

7 (가)에서 화자는 어린 시절의 선생님을 '☐☐'에 비유하고 있다.

8 (나)에서 '☐☐☐ ☐☐'는 화자가 과거를 회상하는 계기가 되는 공간이다.

9 (다)에서 당숙은 다른 마부들 앞에서 '나'를 '☐☐☐'라고 자랑한다.

10 (다)에서 당숙을 받아들인 '나'는 당숙을 '☐☐☐'라고 부른다.

| 확인 문제 정답 | 1 ○ | 2 ✕ | 3 ○ | 4 ✕ | 5 ✕ | 6 ○ | 7 낙타 | 8 골동품 가게 | 9 맏상주 | 10 아부제 |

01

유형 작품의 종합적 이해와 감상

(가)~(다)의 '나'에 대한 설명으로 가장 적절한 것은?

① (가)와 (나)의 '나'는 특정 대상을 통해 과거를 회상하며 추억하고 있다.
② (가)와 (나)의 '나'는 현실과 대비되는 이상 세계에 대한 동경을 드러내고 있다.
③ (가)와 (다)의 '나'는 미성숙한 유년 시절의 과오를 인정하고 이를 반성하고 있다.
④ (나)와 (다)의 '나'는 떠나온 고향에 대한 그리움을 호소하며 가족과의 재회를 기대하고 있다.
⑤ (가)~(다)의 '나'는 현실에 안주하고 있는 대상의 행위를 비판하며, 대상의 변화를 유도하고 있다.

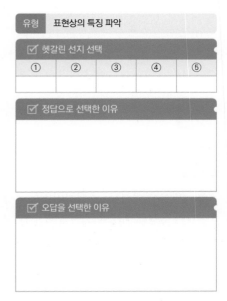

02

유형 표현상의 특징 파악

(가), (나)에 대한 설명으로 적절하지 않은 것은?

① (가)는 유사한 문장 구조를 사용하여 대상 간의 연관성을 드러내고 있다.
② (나)는 대비되는 청각적 이미지를 활용하여 주제를 부각하고 있다.
③ (가)와 (나)는 모두 영탄적 표현을 사용하여 화자의 고조된 감정을 드러내고 있다.
④ (가)와 달리 (나)는 의문형 진술을 사용하여 화자의 정서를 부각하고 있다.
⑤ (나)와 달리 (가)는 문장의 어순을 의도적으로 교체하여 의미를 강조하고 있다.

03

유형 작품의 내용 이해

(가)에 대한 감상으로 적절하지 않은 것은?

① '선생님'의 '회초리'는 화자가 과거를 떠올리는 행위를 방해하는 요소이다.
② 화자는 '낙타'의 늙은 모습에서 어린 시절 '선생님'의 모습을 연상하고 있다.
③ 화자는 '나도' 봄볕을 쬐고 있다고 말하며, '낙타'로부터 화자 자신을 발견하고 있다.
④ 화자는 '동심의 옛이야기'를 잃어버렸다고 하며, 이에 대한 안타까움을 드러내고 있다.
⑤ '동물원'은 화자가 '선생님'의 모습을 떠올리는 공간이자, 자신에 대한 자각이 일어나는 장소이다.

04

(다)의 내용에 대한 이해로 적절하지 <u>않은</u> 것은?

① '나'는 자신이 누리는 온갖 편의가 노새로부터 나온 것을 인정하고 있다.

② 당숙은 자신을 '아부제'라 부르는 '나'의 태도 변화에 당혹감을 숨기지 못했다.

③ '나'의 행동으로 인해 크게 마음이 상한 당숙은 한 달이 넘게 집에 돌아오지 않았다.

④ '나'가 어른이 된 이후에도 죄책감을 여전히 지니고 있는 것은 노새에 대한 미움 때문이다.

⑤ '나'는 당숙의 양자라는 사실을 받아들이고 당숙과 함께 생활하기를 스스로 결정했다고 말하였다.

유형	작품의 내용 이해

☑ 헷갈린 선지 선택

①	②	③	④	⑤

☑ 정답으로 선택한 이유

☑ 오답을 선택한 이유

05

<보기>를 바탕으로 (다)의 ⓐ~ⓔ를 이해한 것으로 적절하지 <u>않은</u> 것은?

> **보기**
>
> 〈말을 찾아서〉는 주인공이면서 관찰자인 '이수호'라는 인물의 유년의 경험을 통해 자아 성장의 과정을 보여 준다. 어린 시절의 수호는 어른들의 일방적인 결정으로 '노새 아비'라 불리는 당숙의 양자가 되지만, 이를 치욕스럽게 생각하여 거부한다. 당숙의 가출 이후 결국 수호는 당숙을 '아부제'라 부르고 당숙의 양자로 들어가게 된다. 이때 '아부제'는 아부지(아버지)와 아제(아저씨)를 결합한 것으로, 수호가 당숙과의 관계를 근본적으로 인정한 것이 아니라 타협한 것에 가깝다는 것을 암시한다.

① ⓐ: 마부인 당숙의 양자가 된 것에 대해 '나'가 불만과 부끄러움을 가지고 있음을 알 수 있다.

② ⓑ: 당숙은 '나'가 자신의 양자가 된 것을 창피해한다는 점을 모르고 있음이 드러난다.

③ ⓒ: 다른 사람을 배려하지 못했던 어린 시절의 미성숙한 '나'의 모습이 드러난다.

④ ⓓ: '나'가 당숙을 '아부제'로 부르는 것이 어른들의 불만을 무마하려는 타협에서 나온 것임을 알 수 있다.

⑤ ⓔ: '나'가 당숙과의 관계를 근본적으로 인정하지 못한 상태로 지내왔음이 드러난다.

유형	외적 준거에 따른 작품 감상

☑ 헷갈린 선지 선택

①	②	③	④	⑤

☑ 정답으로 선택한 이유

☑ 오답을 선택한 이유

06

㉠~㉤에 대한 설명으로 적절하지 <u>않은</u> 것은?

① ㉠: '나'가 현재 위치한 공간으로, '나'가 안타까움을 느끼고 있는 곳이다.

② ㉡: 도시 문명의 공간으로, '나'의 소년 시절의 마을과 대비된다.

③ ㉢: '나'의 기억 속의 공간으로, 방울 소리에 의해 되살아난다.

④ ㉣: '나'와 당숙이 화해하는 공간으로, 그의 삶에 연민을 갖게 된 곳이다.

⑤ ㉤: '나'와 당숙이 서로의 마음을 확인하게 되는 공간으로, '나'와 당숙의 갈등이 해소되는 곳이다.

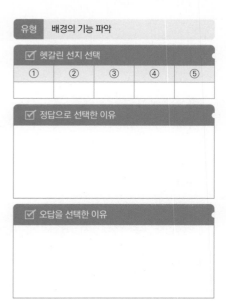

07 　서답형 문제

<보기>의 ㉮~㉰에 들어갈 말을 찾아 쓰시오. (단, ㉯는 1음절로 쓸 것)

> 보기
>
> 　문학 작품에서 동물은 단순한 소재로 등장하기도 하지만 다양한 맥락 속에서 인간과 삶에 대한 인식을 드러내는 대상을 활용되는 경우도 있다. 이때 동물은 인간과 차별성을 가진 존재로 타자화되면서도 인간의 속성이나 삶의 문제에 대한 성찰을 이끌어 내기도 한다. (가)에서는 (　㉮　)을/를 통해, (나)에서는 (　㉯　)을/를 통해, (다)에서는 (　㉰　)을/를 통해 이를 찾아볼 수 있다.

정답 및 해설 p.34

핵심정리

가 김춘수, 〈능금〉

＊ 주제

능금이 익는 과정에서 발견한 경이로움

＊ 구성

1연	그리움으로 익어가는 능금
2연	가을 햇살에 충실하게 익어 가는 능금
3연	능금을 통해 발견한 깊고 넓은 감정의 바다

＊ 해제

이 작품은 익어 가는 능금을 보며 존재의 본질에 관해 발견한 것과 그러한 발견의 과정에서 느낀 경이로움을 표현하고 있다. 화자는 능금을 '그'로 표현하면서 단순한 자연물이 아닌 인간과 같은 내면세계를 지닌 존재로 여기고 있다. 능금은 본질적으로 결핍을 지닌 존재로, 이를 채우기 위해 간절한 그리움으로 스스로를 충만하게 만든다. 이러한 충만은 바로 현재 자연의 섭리에 열심히 순응하며 살아갈 때 이루어진다. 이렇게 해서 성숙해진 능금은 더 이상 단순한 과일이 아니라 깊고 넓은 감정의 바다를 지닌 경이의 대상이 된다. 이처럼 이 작품은 대상에 대한 감정을 절제하고, 구체적인 사물의 이미지에서 추상적 의미를 찾아내 전달하고 있다는 특징이 있다.

＊ '그(능금)'를 바라보는 화자의 태도

'눈부신 축제의~여운을 새긴다.'
성숙을 이룬 '그'를 '눈부신 축제'라 이르며, 이런 대상에 대해 '여운을 새긴다.'라는 것은 감동을 한다는 의미임.

↓

'우리들 두 눈에~바다가 있다.'
'바다'는 무한한 충만함으로 가득 찬 '그'의 내면을 이르며, 그것이 '두 눈'에 있다는 것은 그의 본질을 온전히 받아들이겠다는 의미임.

※ 다음 글을 읽고, 물음에 답하시오.

가

1.

능금이 결핍을 지닌 존재임을 드러냄

그는 그리움에 산다.

능금에 인격을 부여 – 의인화

그리움은 익어서

스스로도 견디기 어려운

빛깔이 되고 향기가 된다.

추상적 개념(그리움)을 구체적 감각으로 형상화

그리움은 마침내

스스로의 무게로

그리움의 결실, 내면적 충실함

떨어져 온다.

떨어져 와서 우리들 손바닥에

눈부신 축제의

능금의 찬란한 아름다움

「비할 바 없이 그윽한

「」: 성숙한 존재에 대한 감동을 표현

여운을 새긴다.」

▶ 1연: 그리움으로 익어 가는 능금

2.

이미 가 버린 그날과

과거

아직 오지 않은 그날에 머물은

미래

이 아쉬운 자리에는

현재

시시각각의 그의 **충실**만이

내면의 성숙

익어 간다.

보라,

높고 맑은 곳에서

가을이 그에게

한결같은 「**애무**의

「」: 능금을 비추는 가을 햇살, 자연의 섭리

눈짓을 **보**낸다.

▶ 2연: 가을 햇살에 충실하게 익어 가는 능금

3.

「**놓칠 듯 놓칠 듯 숨 가쁘게**

「」: 존재의 본질을 탐구하려는 열정적인 자세

그의 **꽃다운 미소**를 따라가며는」

능금의 아름다움

세월도 알 수 없는 거기

푸르게만 고인

깊고 넓은 감정의 바다가 있다.

능금의 신비로운 내면세계

우리들 두 눈에

그득히 물결치는

㉠ 시작도 끝도 없는
　　능금의 충만한 내면세계
바다가 있다.

▶ 3연: 능금의 충만한 내면세계

- 김춘수, 〈능금〉 -

나 이가림, 〈석류〉

언제부터

이 **잉걸불 같은 그리움**이
불이 이글이글하게 피는 숯덩이
텅 빈 가슴속에 **이글거리**기 시작했을까
　　　　사랑의 감정을 시각적으로 드러냄

▶ 1연: 가슴속에 이글거리는 그리움

지난여름 내내 앓던 몸살
　　　　　사랑의 열병
더 이상 견딜 수 없구나
분출하고 싶은 욕망을 드러냄
영혼의 가마솥에 들끓던 사랑의 힘

캄캄한 골방 안에
석류 껍질 속-사랑의 감정을 드러내지 못해 괴로운 심리 상태
가둘 수 없구나

▶ 2연: 가둘 수 없는 뜨거운 사랑의 감정

「나 혼자 부둥켜안고
「」: 그리운 이에 대한 사랑으로 괴로워함
뒹굴고 또 뒹굴어도」
　　　　점점 커져 가는 사랑의 감정
㉡ 자꾸만 익어 가는 어둠을

이젠 알알이 쏟아 놓아야 하리
　　　　사랑의 마음을 표출해야 함

　　　　　　　　　사랑의 고백에 대한 두려움
㉢ 무한히 새파란 심연의 하늘이 두려워

나는 땅을 향해 고개 숙인다

「온몸을 휩싸고 도는
「」: 사랑을 고백할 여건이 충분히 마련된 상황
어지러운 충만 이기지 못해」

나 스스로 **껍질을 부순다**
　　　　사랑을 고백하기로 결심함

▶ 4연: 숨겨 두었던 사랑의 고백

아아, 사랑하는 이여

지구가 쪼개지는 소리보다

「더 아프게
「」: 거절을 각오하며 어렵게 꺼낸 사랑의 고백
내가 깨뜨리는 이 **홍보석의 슬픔**을」

그대의 뜰에
　　사랑하는 이
받아 주소서

▶ 5연: 사랑의 고백을 받아 주기 바라는 마음

- 이가림, 〈석류〉 -

나 이가림, 〈석류〉

＊ 주제

사랑하는 이가 겪게 되는 다양한 상황과 감정

＊ 구성

1연	가슴속에 이글거리는 그리움
2연	가둘 수 없는 뜨거운 사랑의 감정
3연	점점 더 커질수록 괴로워지는 사랑의 감정
4연	숨겨 두었던 사랑의 고백
5연	사랑의 고백을 받아 주기 바라는 마음

＊ 해제

이 작품은 절대적 존재를 사랑하는 사람이 겪는 여러 감정을 석류가 익어 알이 터지는 모습을 통해 그리고 있다. '석류'는 그리운 사람에 대한 화자의 사랑을 상징하는 시어로, 석류가 열매 맺기 시작하는 상황은 사랑을 시작하는 사람의 모습을 나타낸 것이다. 또 열매가 익어 가는 상황은 사랑에 대한 열병으로 괴로워하는 모습을, 석류알이 껍질을 깨고 나오는 상황은 숨겨 놓았던 사랑을 털어놓는 모습을 나타낸 것이다. 이처럼 이 작품은 사랑의 열정과 사랑의 애달픔, 고백의 두려움과 슬픔 등 사랑하는 사람이 지니는 감정을 석류가 익어 터져 나오기까지의 상황에 빗대어 생생하게 묘사하고 있다.

＊ 석류의 상태와 '나'의 상태

석류		'나'
잉걸불 같은 그리움이 시작됨.	→	격렬한 사랑의 감정이 생김.
지난여름 내내 몸살을 앓음.	→	뜨거운 사랑의 감정을 주체할 수 없음.
이젠 알알이 쏟아 놓아야 함.	→	이제는 사랑의 감정을 표출해야만 함.
하늘이 두려워 고개를 숙임.	→	사랑의 고백에 대해 두려움을 지님.
나 스스로 껍질을 부숨.	→	두려운 마음을 극복하고 사랑을 고백함.

193

다

공간적 배경, 소완정이 위치한 곳

나는 도성의 시가 한복판에 살고 있어서 이웃한 곳이 모두 드넓은 대로와 골목길

글쓴이가 추구하는 삶의 모습

이라. ㉣ 자연을 즐기고 인생을 구가하기에 적절한 들녘과 산림의 멋이라곤 없다. 오로지 소완정(素玩亭)이 『집 안의 중앙에 제법 높다랗게 솟아 있어 시야가 탁 트

『: 소완정과 근처 경관을 묘사

여 시원스럽고, 담장 뒤편에는 몇 그루 나무가 서 있어 해마다 여름이면 그늘을 만드니, 들보에 그늘이 감돌 때면 푸른빛이 짙게 드리운다.』 그럴 때면 나는 날마다 그 속에서 쉬면서 새와 곤충, 풀과 나무에 속하고, 내 눈으로 보고 귀로 들을

글쓴이가 주목한 시의 소재

수 있는 사물이면 어느 것이나 눈으로는 세밀하게 살피고 귀로는 꼼꼼하게 엿들

시의 소재를 관찰하는 글쓴이의 태도

었다. 그리하여 알게 된 사실이 한 가지라도 있으면 바로 시로 읊어서 그 내용을 기록하였다. 그 결과, 새는 16편을 얻었고, 곤충은 10편을, 풀과 나무 역시 각각

〈소완정금충초목권〉의 구성

9편씩을 얻어 모두 합해보니 44편이었다.

► 기: 소완정에서 새, 곤충, 풀, 나무를 소재로 시를 지음

그때 어떤 손님이 이렇게 말하였다.

중국 당나라 시인   글쓴이와 이하의 공통점

"옛사람들은, '㉤ 이하(李賀)는 문장을 지을 때 꽃과 새, 벌과 나비라는 소재를 벗어나지 않아서 결국에는 사람들의 이목을 놀라게 하지 못했다'라고 하더군요. 당신은 오로지 지극히 미미한 사물을 관찰하고, 아무 쓸모 없는 것에 정신

새, 곤충, 풀, 나무를 소재로 시를 쓰는 것에 대해 비판함

을 소모하니, 저 이하의 경우에 가까운 것이 아닌가요?"

► 서 1: 미미한 사물을 소재로 시를 지은 이유를 궁금해함

그 말에 나는 이렇게 답하였다.

"정말 그렇습니다. 그러나 나도 할 말이 있습니다. 저 바윗돌은 둥그렇게 놓여

상대의 비판에 공감함   바윗돌을 예로 들어 상대의 비판을 반박

있는 단단한 물건에 불과합니다. 그 물건이 산꼭대기나 바닷가에 아무렇게 놓여 있으면 사람이 지나가다 보고서는 '저기 둥그렇고 단단한 물건은 바윗돌이

사물을 깊이 관찰하지 않는 사람

야'라고 아무 생각 없이 대강 말하고 맙니다. 그들 가운데 조금 자중하는 사람

사물에 대해 조금의 관심이 있는 사람

들조차 '저기 둥그렇고 단단한 물건은 바윗돌인데, 그것은 흙이 뭉쳐서 단단해진 것이야'라고 말합니다. 그러고서는 눈썹을 추켜올리고 눈동자를 크게 굴리면서 사물의 이치를 신통하게 이해한다고 의기양양해합니다. 하지만 그들은 그 이상은 모릅니다. 사물을 헤아려서 물건을 처음 만드는 학자는, 『바윗돌의

사물의 본질   사물을 깊이 있게 관찰하는 사람

거칠고 가는 무늬와 옆으로 퍼지고 종으로 가파른 형세를 꼼꼼히 살핍니다. 그 색깔을 분별할 때에는 나방 눈썹 같은 녹색인지 쑥잎 같은 청색인지를 나누며, 그 재질을 구분할 때에는 문리(文梨)*가 얼어서 반짝이는 것인지 거북 등이 터져서 어떤 징조를 나타내는 것인지를 나눕니다. 한쪽은 움푹 들어가고 한쪽은 돌출한 것 같은 작은 현상조차 감히 조금도 무시하는 일이 없습니다.』 왜냐하면

『: 바윗돌을 꼼꼼히 관찰하여 속성을 파악하는 방법

하늘이 부여한 특징을 소홀하게 보아서는 안 되기 때문입니다.

사물을 헤아려 물건을 처음 만드는 학자의 자연관을 드러냄

새는 날고 곤충은 구물거리며 풀은 싹을 틔우고 나무는 우뚝 솟아올라 수만

글쓴이가 시의 소재로 삼는 자연물이 모두 제각각 다른 속성을 지님

가지 모양이 같지 않고 제각기 그 자태를 뽐냅니다. 그렇지만 눈으로 보고서 나는 것은 새요 구물거리는 것은 곤충이라 하고, 싹을 틔우는 것을 풀이라 부

자연물을 깊이 있게 관찰하지 않는 사람들의 특징

르고 우뚝 솟아오른 것을 나무라 부른다고 알 뿐입니다. 어째서 그럴까요? 저들의 가슴속에는 새와 곤충, 풀과 나무라는 겨우 네 가지 어휘만이 들어 있기 때문입니다. 만약 저 네 가지 어휘가 옛날에 만들어지지 않았다면 분명 그 이름조차도 알지 못했을 것입니다.

<u>각 자연물의 특징을 파악하려 하지 않고 개념으로 범주화하려 함</u>

무릇 새와 곤충, 풀과 나무는 천지의 문장이요, 문장이란 인간을 장식하는 것입니다. 인간이 자기를 장식하고자 한다면 천지에 있는 문장을 빌려 쓰지 않을수 있겠습니까?

<u>천지에 있는 문장의 소재</u>
<u>새와 곤충, 풀과 나무</u>

이러한 까닭에 먼 옛날의 성인께서는 책을 써서 명명하는 것에서부터 가옥이나 의복, 수레, 깃발, 그릇 등을 장식하는 것에 이르기까지 저 네 가지에서 뜻을 취하고 형상을 만들지 않은 것이 없었습니다. 천지를 가득 메운 사물 가운데 이들을 제외하면 다른 사물이 없기 때문입니다.

<u>새, 곤충, 풀, 나무를 매우 중요하게 여김</u>

따라서 전해 오는 말에, '새와 짐승, 풀과 나무의 이름을 많이 안다'는 것이있고, 사람들이 '높은 산에 올라서는 시를 짓고, 풀을 만나면 반드시 기록해 둔다. 이것이 경대부(卿大夫)의 재능이다'라고 한 것입니다. 그래서 나도 은연중그러한 취지에 부응하고자 합니다."

<u>새, 짐승, 풀, 나무에 대한 정보를 많이 알고 있음</u>
<u>새, 짐승, 풀, 나무를 관찰하여 글감으로 삼음</u>
<u>높은 관직의 벼슬아치</u>
<u>자신이 새, 곤충, 풀, 나무를 소재로 시를 짓는 것을 합리화함</u>

그랬더니 그 손님이 "좋은 말입니다."라고 하였다.

<u>글쓴이의 말에 동의함</u> ▶서 2: 새, 곤충, 풀, 나무가 시 창작의 중요한 소재인 이유를 밝힘

드디어 내가 쓴 것을 모아서 〈소완정금충초목권(素玩亭禽蟲艸木卷)〉을 엮었다.
▶결: 〈소완정금충초목권〉을 엮음

– 이서구, 〈소완정의 새와 곤충과 풀과 나무〉 –

---

* **문리**: 무늬와 관련된 의미로 새길 수 있으나 정확한 의미는 미상임.

[1-6] (가)~(다)에 대한 설명이다. 맞으면 ○, 틀리면 ×표 하시오.

1 (가)에서 추상적 개념인 그리움은 구체적 감각으로 형상화되고 있다.

2 (가)에서 '그'는 외면은 화려하지만 내면은 텅 빈 존재이다.

3 (나)에서 화자는 사랑의 감정을 끝까지 숨기기로 하고 있다.

4 (나)에서 화자는 사랑을 고백하는 것에 대해 두려움을 가지고 있다.

5 (다)에서 글쓴이는 미미한 사물을 관찰하여 시로 읊었다.

6 (다)에서 손님은 글쓴이의 주장을 제대로 이해하지 못했다.

[7-10] (가)~(다)와 관련하여 빈칸에 들어갈 적절한 내용을 쓰시오.

7 (가)에서 '그'는 [ ][ ]을 가리킨다.

8 (나)에서 화자가 꺼낸 사랑의 고백은 '[ ][ ][ ][ ][ ] [ ][ ]'으로 비유되고 있다.

9 (다)에서 글쓴이는 [ ][ ][ ]에 대한 사람들의 인식을 예로 들어 손님의 비판을 반박하였다.

10 (다)에서 글쓴이는 새와 곤충, 풀과 나무가 '천지에 있는 [ ][ ]'이라고 말한다.

확인 문제 정답	1 ○	2 ×	3 ×	4 ○	5 ○	6 ×	7 능금	8 홍보석의 슬픔	9 바윗돌	10 문장

01

\<보기\>를 참고하여 (가)를 이해한 내용으로 적절하지 <u>않은</u> 것은?

☑ 헷갈린 선지 선택				
①	②	③	④	⑤

보기

김춘수는 사물을 통해 끊임없이 존재론적 탐구를 지향한다. 이를 통해 오랜 시간 동안 스스로에게 던졌던 존재론의 문제들에 대해 자신의 주변에 놓여 있는 가장 단순한 사물에 시선을 옮겨 의미를 찾고, 사물의 새로움을 통해 새로운 삶의 질서를 확보하고자 하였다. 〈능금〉 또한 과일이 익어 가는 과정을 통해 결핍된 존재가 결핍을 이겨내고 내적 성숙을 이루어 가는 과정과 그 과정을 보며 느낀 경이로움과 감동을 표현하고, 존재는 본질에 대한 탐구 없이는 발견할 수 없다는 주제의식을 드러낸다.

☑ 정답으로 선택한 이유

① '그'가 '눈부신 축제'의 '여운을 새'기는 것은 내적 성숙을 통한 경이로움과 감동을 표현한 것이다.
② '이미 가 버린 그날'과 '아직 오지 않은 그날'은 현재를 충실하게 만들어 주는 시간이다.
③ '그'는 본질적으로 결핍을 지닌 존재로, 본질을 채우기 위해서 '충실만이 익어' 가는 과정이 필요하다.

☑ 오답을 선택한 이유

④ '높고 맑은 곳에서' '애무의 눈짓을 보'낸다는 것은 '그'가 내적 성숙을 이루는 것이 자연의 섭리임을 드러내는 것이다.
⑤ '깊고 넓은 감정의 바다'가 '세월도 알 수 없는' 곳에 위치해 있다는 것은 대상의 내면 세계를 드러내는 것이다.

02

(가)~(다)에 대한 설명으로 적절한 것은?

☑ 헷갈린 선지 선택				
①	②	③	④	⑤

① (가)와 (나)는 추상적 개념을 구체적 감각으로 형상화하고 있다.
② (가)와 (다)는 대조의 방식을 활용하여 주제를 효과적으로 드러내고 있다.
③ (나)와 (다)는 음성 상징어를 사용하여 대상의 모습을 생생하게 제시하고 있다.
④ (가)~(다)는 모두 자연에서 발견한 가치를 통해 삶의 소중함을 깨닫고 있다.
⑤ (가)~(다)는 모두 특정한 경험을 바탕으로 예전 모습으로 회복하기를 염원하고 있다.

☑ 정답으로 선택한 이유

☑ 오답을 선택한 이유

03

<보기>를 참고하여 (나)를 이해한 내용으로 적절하지 <u>않은</u> 것은?

유형 외적 준거에 따른 작품 감상

> **보기**
>
> 〈석류〉는 열병과 같이 타오르는 사랑과 외롭고 애달픈 사랑의 감정을 석류가 익어 알이 터지는 모습을 통해 생생하게 그리고 있는 작품이다. 즉, 사랑의 열정과 사랑의 애달픔, 고백의 두려움과 슬픔 등 사랑하는 사람이 지니는 감정을 석류가 익어 터져 나오기까지의 상황에 빗대어 생생하게 묘사하고 있는 것이다.

① '잉걸불 같은 그리움'이 '이글거리'는 것은 대상을 향한 열정적인 사랑의 감정을 의미하겠군.
② '지난여름 내내 앓던 몸살'은 사랑의 감정으로 인한 화자의 내면적 고통에 해당하겠군.
③ '캄캄한 골방'은 석류의 껍질 속으로, 사랑을 말하지 않고 속으로 삭이는 화자의 상황을 나타내는군.
④ '껍질을 부'수는 것은 석류가 터져 나오는 것으로, 사랑의 감정을 고백하는 화자의 모습과 대응되는군.
⑤ '홍보석의 슬픔'은 화자가 홀로 사랑의 열병을 앓았던 것에 대한 원망의 감정을 내포하는 것이군.

☑ 헷갈린 선지 선택

①	②	③	④	⑤

☑ 정답으로 선택한 이유

☑ 오답을 선택한 이유

04

(다)의 '나'의 말하기 방식으로 가장 적절한 것은?

유형 화자의 태도 및 어조, 정서 파악

① 상대의 말에 반박하며 잘못된 점을 지적하고 꾸짖고 있다.
② 단정적 어조를 사용하여 자신의 생각을 강하게 드러내고 있다.
③ 자신의 말을 반복하여 상대에게 교훈적 가치를 제공하고 있다.
④ 자신이 읽었던 성현의 말을 널리 알리려는 의도를 드러내고 있다.
⑤ 세상에 대해 달관적 태도를 유지하며 자신의 과거를 고백하고 있다.

☑ 헷갈린 선지 선택

①	②	③	④	⑤

☑ 정답으로 선택한 이유

☑ 오답을 선택한 이유

05

(다)의 내용에 대한 이해로 적절하지 않은 것은?

① '나'는 사물을 꼼꼼하게 관찰하는 태도를 긍정하고 있다.

② '나'는 물건을 처음 만드는 학자와 같은 태도를 지향하고 있다.

③ '나'는 전해 오는 말을 들어 자연물을 소재로 시를 짓는 일을 합리화하고 있다.

④ '손님'은 자연물을 소재로 한 '나'의 시가 이하의 시를 모방한 것을 비판하고 있다.

⑤ '손님'은 자연물을 시의 소재로 쓰는 이유에 대한 '나'의 설명을 듣고 동의를 표하고 있다.

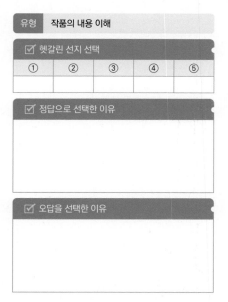

06

㉠~㉢에 대한 이해로 적절하지 않은 것은?

① ㉠: 충분한 시간을 보낸 이후 갖게 된 '그'의 충만한 내면 세계를 의미한다.

② ㉡: 마음 속에 담아 둔 감정을 표현하겠다는 화자의 의지를 드러내고 있다.

③ ㉢: 사랑을 고백하는 것에 있어 두려움을 느끼는 화자의 심정이 제시되고 있다.

④ ㉣: '나'가 추구하는 삶이 자연과 관련 있음을 드러내고 있다.

⑤ ㉤: '이하'의 시가 사람들의 인정을 받지 못했단 사실에 아쉬움을 토로하고 있다.

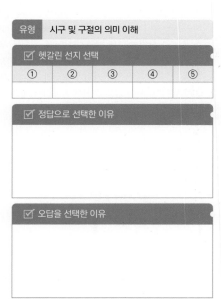

07 서답형 문제

<보기>의 빈칸에 들어갈 말로 적절한 것을 (나)에서 찾아 2어절로 쓰시오.

> 보기
>
> (나)의 화자는 '새파란 심연의 하늘이 두려워' 시선을 '땅으로' 향하고 있다. 이때 알맹이를 쏟아 놓을 '(   )'은/는 '땅'을 구체화한 것으로 화자의 마음이 지향하는 최종적 목적지에 해당한다.

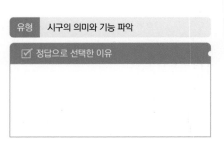

정답 및 해설 p.36

핵심정리

가 박재삼, 〈흥부 부부상〉

＊ 주제

가난한 삶의 애환과 소박한 행복의 가치

＊ 구성

1연	물질적 가치에 욕심을 부리지 않는 흥부 부부의 웃음
2연	가난하지만 서로 이해하고 사랑하는 흥부 부부
3연	가난을 이겨 내는 서로에 대한 연민과 사랑의 가치

＊ 해제

이 시는 고전 속 주인공인 흥부 부부를 소재로 삼아, 한스러운 가난 속에서도 어려움을 극복해 내는 이들의 소박한 삶의 태도를 부각하고 있다. 화자는 우리가 아무리 가난한 처지에 있더라도 우리에게 진정으로 중요한 것은 물질적 가치가 아니라 서로에 대한 이해와 연민, 사랑 같은 정신적 가치라는 점을 드러내고 있다.

＊ 시어의 대립

금, 황금 벼이삭
물질적인 풍요, 세속적 가치

↕

웃음
정신적 행복, 사랑과 신뢰, 고난을 극복하는 낙천적 태도

※ 다음 글을 읽고, 물음에 답하시오.

가

흥부 부부가 박덩이를 사이하고
<small>소박한 행복을 중시하는 인간상</small>
가르기 전에 건넨 웃음살을 헤아려 보라.
<small>가난에 굴하지 않는 정신적 만족의 태도</small>
「금이 문제리, / ⓐ 황금 벼이삭이 문제리,」
<small>「」: 설의법. 물질적 풍요보다 사랑과 신뢰가 더 중요하다는 뜻</small>
웃음의 물살이 반짝이며 정갈하던

㉠ 그것이 확실히 문제다.
<small>단정적 어조로 주제를 강조함</small>   ▶1연: 물질적 가치에 욕심을 부리지 않는 흥부 부부의 웃음

없는 떡방아 소리도 / 있는 듯이 들어 내고
<small>가난한 형편</small>   <small>낙천적 태도</small>
손발 닳은 처지끼리
<small>가난으로 고생한 인물들의 모습</small>
㉡ 같이 웃어 비추던 거울면(面)들아.
<small>마주 보며 함께 웃는 부부의 모습</small>   ▶2연: 가난하지만 서로 이해하고 사랑하는 흥부 부부

웃다가 서로 불쌍해 / 서로 구슬을 나누었으리.
<small>상대에 대한 사랑과 연민으로 눈물을 흘렸을 것이라는 의미</small>
그러다 금시 / 절로 면(面)에 온 구슬까지를 서로 부끄리며

먼 물살이 가다가 소스라쳐 반짝이듯
<small>눈물에 의해 정화된 진정한 의미의 웃음, 정신적 행복감</small>
서로 소스라쳐 / 본(本)웃음 물살을 지었다고 헤아려 보라,
<small>쑥스러움에 놀라서 갑자기 웃음을 짓게 되는 상황과 관련됨</small>
그것은 확실히 문제다.

▶3연: 가난을 이겨 내는 서로에 대한 연민과 사랑의 가치

– 박재삼, 〈흥부 부부상〉 –

나

세월은 또 한 고비 넘고

잠이 오지 않는다
<small>근심 걱정으로 불면에 시달리는 화자</small>
꿈결에도 식은땀이 등을 적신다
<small>잠이 들어도 걱정을 내려놓지 못하는 화자</small>   ▶1~3행: 걱정으로 뒤척이느라 제대로 못 자는 화자
몸부림치다 와 닿는

㉢ 둘째 놈 애린 손끝이 천 근으로 아프다
<small>가장으로서 느끼는 책임감과 자괴감. 자식에 대한 미안함</small>
세상 그만 내리고만 싶은 나를 애비라 믿어

이렇게 잠이 평화로운가

바로 뉘고 이불을 다독여 준다
<small>자식에 대한 애정 어린 행동</small>   ▶4~8행: 어린 자식의 평화로운 잠을 보며 느끼는 슬픔
이 나이토록 배운 것이라곤 **원고지 메꿔 밥 비는** 재주
<small>화자가 글 쓰는 직업을 가진 사람임을 짐작하게 함.</small>
쫓기듯 붙잡는 원고지 칸이
<small>절박한 심정</small>
마침내 못 건널 **운명의 강처럼 넓**기만 한데
<small>결국 극복해 내지 못할 것 같다는 막막한 상황 인식</small>
달아오른 불덩어리

「초라한 몸 가릴 ⓑ 방 한 칸이
「」: 비애감이 담긴 설의적 표현
망망천지에 없단 말이냐」

웅크리고 잠든 아내의 등에 얼굴을 대본다

밖에는 바람 소리 사정없고
　　　청각적 이미지
며칠 후면 남이 누울 방바닥

잠이 오지 않는다
2행의 반복−정서 강조

▶ 9~14행: 글 쓰는 일만으로 생계를 꾸리기 힘든 막막한 현실

▶ 15~18행: 곧 방을 비워야 하는 상황 때문에 느끼는 절박함

　　　　　　　　　　− 김사인, 〈지상의 방 한 칸−박영한 님의 제(題)를 빌려〉 −

철호는 엉뚱한 생각을 하고 있었다. 슬그머니 물속에서 손을 빼내었다. 그러자
퇴근을 위해 손을 씻다가 가장으로서의 무거운 책임감에 관련된 상념에 젖음.
이번엔 대야 밑바닥에 한 사나이의 얼굴을 보았다. 철호의 눈을 마주 쳐다보는
　　　　　　물에 비친 자신의 얼굴이자, 생각 속 원시인 사내의 얼굴
그 사나이는 얼굴의 온 근육을 이상스레 히물히물 움직이며 입을 비죽거려 웃고
있었다.

이마에 길게 흐트러진 머리카락. 그 밑에 우묵하니 파인 두 눈. 깎아진 볼. 날
카롭게 여원 턱. 송장처럼 꺼멓고 윤기 없는 얼굴. 그것은 까마득한 원시인의 한
　　　　　　　　　　　　　　　　　　가족의 생계를 책임지는 철호의 심리적 압박감이 투영된 대상
사나이였다.

몽둥이 끝에, 모난 돌을 하나 칡넝쿨로 아무렇게나 잡까매서 들고, **동굴 속에**
남겨 두고 나온 식구들을 위하여 온종일 숲속을 맨발로 헤매고 다니던 사나이.
　　　　　　가족 부양의 책임을 진 가장의 모습
「곰? 그건 용기가 부족하다. / 멧돼지? 힘이 모자란다.
「」: 사냥감을 물색하기 위한 고민
노루? 너무 날쌔어서. / 꿩? 그놈은 하늘을 난다.」

토끼? 토끼. 그래, 고놈쯤은 꽤 때려잡음 직하다. 그런데 그것마저 요즈음은 몫
　　　　　　　　　　　　　　　　　　생존을 위한 경쟁이 치열해진 상황
에 잘 돌아오지 않는다.

사냥꾼이 너무 많다. 토끼보다도 더 많다.

그래도 무어든 들고 들어가야 하는 것이다.
가장의 책임감
사나이는 바위 잔등에 무릎을 꿇고 앉아 냇물에 손을 씻는다. 파란 물속에 빨
간 놀이 잠겼다. 끈적끈적하게 사나이의 손에 묻었던 피가 놀빛보다 더 진하게
　　　　　　　　　　　　　손에 묻은 잉크를 피라고 인식하고 있음
우러난다.

무엇인가 때려잡은 모양이다. 곰? 멧돼지? 노루? 꿩? 토끼?

그런데 사나이가 들고 일어선 것은 그 어느 것도 아니었다. 보기에도 징그러운
내장. 그것이 무슨 짐승의 내장인지는 사나이 자신도 모른다. 사나이는 그 짐승
의 머리도 꼬리도 못 보았다. **누군가가 숲속에 끌어내어 버린 것을 주워 오는 것**
　　　　　　　　　가족을 위해 넉넉히 돈을 버는 일에 성공하지 못하고 있는 철호의 처지에 대응됨.
이었다.

철호는 옆에 놓인 비누를 집어 들었다. 마구 두 손바닥으로 비볐다. 우구구 까닭
모를 울분이 끓어올랐다.
자신의 상황과 관련된 부정적 감정

나 김사인,
〈지상의 방 한 칸 − 박영한 님의 제를 빌려〉

＊주제

가난으로 인한 고통으로 잠 못 드는 가장의 비애

＊구성

1~3행	걱정으로 뒤척이느라 제대로 못 자는 화자
4~8행	어린 자식의 평화로운 잠을 보며 느끼는 슬픔
9~14행	글 쓰는 일만으로 생계를 꾸리기 힘든 막막한 현실
15~18행	곧 방을 비워야 하는 상황 때문에 느끼는 절박함

＊해제

이 시는 오로지 글 쓰는 일로 가족의 생계를 부담해야 하는 가난한 가장인 화자의 비애감을 읊은 작품이다. 화자는 며칠 후면 비워 줘야 할 방에서 잠든 가족을 보며 깊은 시름으로 잠을 못 이루고 있다. 화자는 비유와 설의적 표현 같은 방법을 통해 자신이 느끼는 막막한 심정을 부각하고 있다.

＊시어의 의미

원고지 칸
'운명의 강처럼 넓'어 막막함을 느끼게 함.

↓

가난한 시인의 생계 수단

방 한 칸
'초라한 몸 가릴' 정도면 되는데도 구하기 힘듦.

↓

가난 때문에 불안정한 주거 공간

다 이범선, 〈오발탄〉

＊주제
6·25 전쟁 후의 황폐한 사회에서 양심적 삶을 살려다 좌절하는 인간의 비극

＊전체 줄거리
북에서 부유하게 살던 철호 가족은 북한의 공산주의 때문에 죽을 위기에 처하자 월남하여 남한의 해방촌에 살게 된다. 철호는 계리사 사무실에서 일하며 힘겹게 가족을 부양하지만, 그들 가족은 고향에서와 달리 매우 가난한 삶을 살고 있다. 남한에서의 비참한 삶 때문에 고향으로 돌아가기만을 꿈꾸던 어머니는 전쟁 중에 정신 이상이 된 후로 계속 '가자'라는 말만 반복적으로 외쳐 댄다. 한편 제대 후에 취직하지 못한 동생 영호는 사회에 불만을 품은 채 방황하며, 양심대로 살려는 철호를 못마땅하게 여긴다. 결국 영호는 권총 강도 행각을 벌이다가 붙잡히고, 아내는 아이를 낳다가 죽고 만다. 철호는 이러한 비극적 상황에서 정신적 혼란을 느끼며 택시 행선지를 이리저리 바꾼다. 이런 철호를 보며 운전사는 '오발탄'과 같은 손님이 탔다고 투덜거린다.

＊해제
이 소설은 월남한 철호 가족의 비극적 삶을 통해서 6·25 전쟁 직후 우리 사회의 혼란상을 그린 작품이다. 작가는 곤궁하게 살아가는 가족의 가장이자 사무직 노동자인 철호, 정신 이상으로 '가자'만 외쳐 대는 어머니, 가난으로 인해 아이를 낳다가 죽게 된 아내, 일확천금을 꿈꾸며 강도 행각을 벌이다 잡히는 영호 등의 모습을 통해 당대 사회의 비극을 보여 주고 있다. 특히 처참한 사건이 중첩된 위기 상황에서 가치관의 혼란을 느끼며 자신이 '오발탄' 같은 존재가 되어 버렸다고 생각하는 철호는 혼란스러웠던 당대의 사회상을 대변하는 인물이라고 할 수 있다.

＊등장인물

철호	계리사 사무실 서기로 일하며 가장으로서 가족을 부양함. 열악한 환경 속에서도 양심을 지키며 성실하게 살아가고자 하지만 어쩔 수 없는 현실 앞에 절망하고 무력감을 느낌.
영호	철호의 동생으로, 철호와 달리 현실에 적응하지 못하고 전후 희망 없는 세상에 분노를 느끼며 한탕주의로 살아가고자 함.

ㄹ 빈 도시락마저 들지 않은 손이 홀가분해 좋긴 하였지만, 해방촌 고개를 추어오르기에는 배 속이 너무 허전했다.

「산비탈을 도려내고 무질서하게 주워 붙인 판잣집들이었다. 철호는 골목으로 접어들었다. 레이션* 갑을 뜯어 덮은 처마가 어깨를 스칠 만치 비좁은 골목이었다. 부엌에서들 아무 데나 마구 버린 뜨물이 미끄러운 길에는 구공탄 재가 군데군데 헌데 더뎅이* 모양 깔렸다.」

「저만큼 골목 막다른 곳에, 누런 시멘트 부대 종이를 흰 실로 얼기설기 문살에 얽어맨 철호네 집 방문이 보였다. 철호는 때에 절어서 마치 가죽끈처럼 된 헝겊이 달린 문걸쇠를 잡아당겼다. 손가락이라도 드나들 만치 엉성한 문이면서 찌걱찌걱 집혀서 잘 열리지를 않았다. 아래가 잔뜩 집힌 채 비틀어진 문틈으로 그의 어머니의 소리가 새어 나왔다.」

"가자! 가자!"

미치면 목소리마저 변하는 모양이었다. 그것은 이미 그의 어머니의 조용하고 부드럽던 그 목소리가 아니고, 쌩쌩하고 간사한 게 어떤 딴사람의 목소리였다.

문을 열고 들어서는 철호의 얼굴에 걸레 썩는 냄새 같은 것이 확 풍겨 왔다. 철호는 문안에 들어선 채 우두커니 아랫목을 내려다보고 있었다.

중학교 시절에 박물관에서 미라를 본 일이 있었다. 그건 꼭 솜 누더기에 싸놓은 미라였다. 흰 머리카락은 한 오리도 제대로 놓인 것이 없었다. 그대로 수세미였다. 그 어머니는 벽을 향해 돌아누워서 마치 딸꾹질처럼 어떤 일정한 사이를 두고, 가자 가자, 하는 외마디 소리를 지르고 있었다. 그 해골 같은 몸에서 어떻게 그런 쌩쌩한 소리가 나오는지 이상하였다.

철호는 윗방으로 올라가 털썩 벽에 기대어 앉아 버렸다. 가슴에 커다란 납덩어리를 올려놓은 것 같았다. 정말 엉엉 소리를 내어 울고 싶었다. 눈을 꼭 지르감으며 애써 침을 삼켰다.

(중략)

"어디 취직을 해야지."

"취직이요? 형님처럼요? 전찻값도 안 되는 월급을 받고 남의 살림이나 계산해 주란 말이지요?"

"그럼 뭐 별 뾰족한 수가 있는 줄 아니?"

"있지요. 남처럼 용기만 조금 있으면." / "……?"

어처구니없는 영호의 수작에 철호는 그저 멍청하니 영호의 얼굴을 쳐다보았다. 손끝이 따가웠다. 철호는 비루(맥주) 깡통으로 만든 재떨이에 담배를 비벼 껐다.

"용기?" / "네, 용기."

"용기라니?" / "적어도 까마귀만 한 용기만이라도 말입니다. 영리할 필요는 없

더군요. 우둔해도 상관없어요. 까마귀는 도무지 ⓒ 허수아비를 무서워하지 않

_{보편적인 사회 규범에 대한 비유}

습니다. 참새처럼 영리하지 못한 탓으로 그놈의 까마귀는 애당초 허수아비를

무서워할 줄조차 모르거든요.”

영호의 입가에는 좀 전에 파랑새 꽁초에다 불을 댕기는 철호를 바라보던 때와

같은 야릇한 웃음이 또 소리 없이 감돌고 있었다.

“너 설마 무슨 엉뚱한 계획을 세우고 있는 것은 아니겠지?”

_{영호의 말과 태도에서 불길한 느낌을 받은 철호}

철호는 약간 긴장한 얼굴을 하고 영호를 바라보며 꿀꺽 하고 침을 삼켰다.

“아니요. 엉뚱하긴 뭐가 엉뚱해요. 그저 우리들도 남처럼 다 벗어던지고 홀가

_{영호는 이런 생각에 따라 나중에 권총 강도 행각을 벌이다 경찰에 체포됨}

분한 몸차림으로 달려 보자는 것이죠, 뭐.” / “벗어던지고?”

“네, 벗어던지고. **양심이고, 윤리고, 관습이고, 법률이고 다 벗어던지고** 말입니다.”

영호의 큰 두 눈이 유난히 빛나는가 하자 철호의 눈을 정면으로 밀고 들었다.

“양심이고, 윤리고, 관습이고, 법률이고?” / “……”

_{철호가 애써 지키려고 하는 가치들}

“너는, 너는……” / “……”

영호는 아무 대답도 하지 않았다. 그러나 눈만은 똑바로 형 철호를 쳐다보고

있었다.

ⓓ “그렇게나 살자면 이 형도 벌써 잘살 수 있었다.” / 철호의 목소리는 떨리고

_{자신의 소신에 관해 언급하며 동생의 생각을 돌려놓으려 하는 철호}

있었다.

- 이범선, 〈오발탄〉 -

---

* **레이션**: 미군의 전투용 휴대 식량.
* **더뎅이**: 부스럼 딱지나 때 따위가 거듭 붙어서 된 조각.

＊철호의 상념이 지닌 상징적 의미

원시인 사내
철호 자신
사냥
생계유지의 수단
토끼보다 사냥꾼이 많은 상황
과도한 경쟁으로 기본적인 벌이도 힘든 상황
버려진 내장
가족 부양에 턱없이 부족한 돈
사냥하다 손에 묻은 피
계리사 사무실에서 일하다 손에 묻은 잉크

＊ 인물 간의 갈등

양심, 윤리, 관습, 법률	
철호	영호
남들이 어떻게 사는지와 관계없이 어려운 처지라도 어겨서는 안 될 소중한 가치임.	빈곤에서 벗어나기 위해 남들이 그러는 것처럼 무시해야 하는 가치임.

[1-6] (가)~(다)에 대한 설명이다. 맞으면 ○, 틀리면 ×표 하시오.

1 (가)에서 흥부 부부는 물질적 풍요보다 사랑을 더 소중히 여기고 있다.

2 (가)에서 흥부 부부는 자신에 대한 연민으로 눈물을 흘리고 있다.

3 (나)의 화자는 부정적인 상황에 처했으면서도 긍정적으로 생각하고 있다.

4 (나)의 화자는 몸을 누일 방 한 칸이 있다는 사실에 안도감을 느끼고 있다.

5 (다)에서 철호는 대야 밑바닥에서 사나이의 얼굴을 보며 삶의 의지를 다지고 있다.

6 (다)에서 영호는 양심과 윤리를 벗어던지면 잘살 수 있다고 말하고 있다.

[7-10] (가)~(다)와 관련하여 빈칸에 들어갈 적절한 내용을 쓰시오.

7 (가)에서 '□□□ □□□'의 반복은 정신적 가치의 소중함을 강조한다.

8 (나)에서 '□□□'는 화자의 직업이 글과 연관 있음을 나타내는 시어이다.

9 (다)에서 철호는 어머니의 외양을 중학교 시절에 보았던 □□에 빗대고 있다.

10 (다)에서 영호는 보편적인 사회 규범을 □□□□에 빗대고 있다.

확인 문제 정답	1 ○	2 ×	3 ×	4 ×	5 ×	6 ○	7 확실히 문제다	8 원고지	9 미라	10 허수아비

01

유형 표현상의 특징 파악

(가)와 (나)에 대한 설명으로 가장 적절한 것은?

① (가)와 (나) 모두 공간 이동에 따른 화자의 정서 변화가 나타나고 있다.

② (가)와 (나) 모두 비유적 표현을 활용하여 현실 극복 의지를 부각하고 있다.

③ (가)와 (나) 모두 특정 시구를 반복하여 바람직한 삶의 태도를 강조하고 있다.

④ (가)는 (나)와 달리 시각적 이미지를 활용하여 비극적인 분위기를 드러내고 있다.

⑤ (나)는 (가)와 달리 화자를 작품 표면에 내세워 고백적인 성격을 강화하고 있다.

☑ 헷갈린 선지 선택

①	②	③	④	⑤

☑ 정답으로 선택한 이유

☑ 오답을 선택한 이유

02

유형 작품의 내용 파악

(나)에 대한 설명으로 적절하지 않은 것은?

① '꿈결에도 식은땀이 등을 적'시는 것은 화자가 경제적인 어려움으로 잠을 이루지 못하는 것을 의미한다.

② 화자의 재주가 '원고지 메꿔 밥 비는' 것이라는 표현을 통해 화자의 직업을 짐작할 수 있다.

③ '쫓기듯 붙잡는'에서 생계 유지를 위한 화자의 절박한 심정이 느껴진다.

④ '원고지 칸'이 '운명의 강처럼 넓'게 느껴지는 것은 창작의 고통을 이겨내기 힘들기 때문이다.

⑤ '며칠 후면 남이 누울 방바닥'에서 곧 집을 비워야 하는 화자의 처지를 알 수 있다.

☑ 헷갈린 선지 선택

①	②	③	④	⑤

☑ 정답으로 선택한 이유

☑ 오답을 선택한 이유

03

유형 서술상의 특징 파악

(다)의 서술상의 특징으로 적절한 것은?

① 상황을 요약적으로 제시하여 사건을 박진감 있게 전개하고 있다.

② 공간적 배경에 따라 서술자를 달리하여 상황을 입체적으로 드러내고 있다.

③ 전지적 서술자를 통해 인물이 처한 상황과 내면 심리를 직접 제시하고 있다.

④ 장황한 해설을 통해 부조리한 현실에 대한 작가의 비판 의식을 표출하고 있다.

⑤ 공간적 배경을 빈번하게 전환하여 인물의 심리 변화를 생생하게 보여 주고 있다.

☑ 헷갈린 선지 선택

①	②	③	④	⑤

☑ 정답으로 선택한 이유

☑ 오답을 선택한 이유

04

@~ⓒ에 대한 설명으로 가장 적절한 것은?

① @와 ⓑ는 가족에 대한 사랑과 헌신을 상징한다.

② @와 ⓑ는 존재 여부에 따라 인물에게 고난을 부여한다.

③ @와 ⓒ는 인물의 인식을 변화시키는 기능을 한다.

④ ⓑ와 ⓒ는 인물이 소박한 삶을 사는 데 필요한 소재이다.

⑤ ⓑ와 ⓒ는 갈등에 직면한 인물의 심리적 부담을 완화한다.

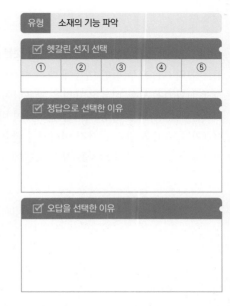

05

㉠~㉤에 대한 이해로 적절하지 <u>않은</u> 것은?

① ㉠: 소박한 행복에 만족하는 태도가 물질적 풍요보다 중요함을 단정적으로 표현하고 있다.

② ㉡: 마주 보며 웃는 흥부 부부의 모습으로, 서로에 대한 사랑과 이해를 의미한다.

③ ㉢: 가족의 생계를 책임지는 가장으로서의 책임감과 미안함이 느껴진다.

④ ㉣: 도시락조차 가지고 다닐 수 없는 철호의 불우한 경제적 상황을 의미한다.

⑤ ㉤: 부정적 현실을 바꿀 수 없다고 인식하는 영호의 태도를 비판하고 있다.

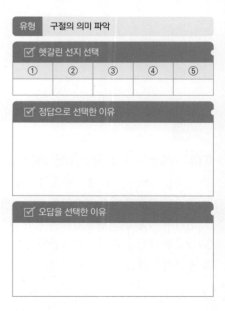

<보기>를 참고하여 (다)를 감상한 내용으로 적절하지 않은 것은?

보기

　　〈오발탄〉은 분단과 전쟁의 상처를 가족사 안에서 그려낸 전후 소설의 대표작이다. 가장의 책임의식으로 절망에 가득 차 있는 장남 철호와 불행한 그 가족의 현실을 그려냄으로써 가장으로서의 압박감. 즉 가부장제 사회로부터 내면화된 장남 가장의 역할의식, 이 책임수행을 위한 생존경쟁의 장에서 성공적인 적자가 되지 못한다는 무능함과 무력함에 대한 자의식, 자신은 내핍하면서 가족 부양에 힘쓰지만 가족의 경제적 필요를 충족시킬 수 없다는 실패감을 고발하며, 전후 현실에 대한 정신적 세계의 황폐함이 선악의 도덕적 윤리의식을 실종케 하였음을 드러낸다.

① '동굴 속에 남겨 두고 나온 식구들을 위하여 온종일 숲속을 맨발로 헤매고 다니던 사나이'는 철호와 달리 생존경쟁의 장에서 우위를 점한 가장의 모습을 드러내는군.

② '사냥꾼이 너무 많다. 토끼보다도 더 많다'는 것은 생존을 위한 치열한 경쟁상황에 놓인 철호의 처지를 상징하는군.

③ '누군가가 숲속에 끌어내어 버린 것을 주워 오는' 사냥꾼의 처지는 장남으로서 가족을 위해 충분한 돈을 벌지 못하는 철호의 상황과 대응하는군.

④ '가자! 가자!'만 반복하는 어머니는 전쟁으로 인해 삶의 터전을 잃고 고통받는 월남민 가족의 비극적인 일면을 보여 주는군.

⑤ 남들처럼 '양심이고, 윤리고, 관습이고, 법률이고 다 벗어던지'자고 말하는 영호는 황폐한 시대적 상황 속 도덕적 윤리의식이 부재한 인물상을 드러내는군.

<보기>의 빈칸에 들어갈 적절한 말을 (다)에서 찾아 2음절로 쓰시오.

보기

　　'(　　　)'는 취직 같은 방식 대신 양심, 관습, 법률 등을 모두 벗어던지고서 잘 살 방법을 찾는 일과 관련된 것으로, 수단과 방법에 상관없이 목적을 이루려는 영호의 태도를 의미한다.

정답 및 해설 p.37

핵심정리

가 이근삼, 〈원고지〉

* **주제**

배금주의가 만연한 일상에 매몰되어 삶의 진정한 의미를 잊고 사는 현대인의 모습

* **전체 줄거리**

교수는 물질적 가치만을 중시하는 가족의 압박을 받으며 피곤한 몸으로 귀가한다. 하지만 남편을 돈벌이의 수단으로 인식하는 아내는 쉴 틈도 주지 않고 교수에게 번역을 재촉한다. 교수는 중압감으로 인해 정신적 혼란을 느끼며 잠이 들지만, 관념적 존재인 감독관이 나타나 교수에게 번역 원고를 독촉한다. 원고를 돈으로 바꾸는 데 여념이 없는 아내 옆에서 교수는 백구십 칸 원고지를 발견하고 탁 트이는 기분을 느끼고, 이를 계기로 젊은 날의 희망과 정열을 상징하는 천사를 만나고 생각할 힘을 갈구한다. 하지만 다시 나타난 감독관의 재촉을 받으며 교수는 비참한 표정으로 다시 번역에 매진한다.

* **해제**

이 작품은 1960년 〈사상계〉에 발표되었으며 한국 서사극의 출발점으로 평가받는 작품이다. 돈을 벌기 위해 학자로서의 정체성을 잃고 번역 기계로 전락하는 교수의 모습을 통해 피로와 고독, 소통의 부재가 만연한 현대 사회의 부조리를 풍자적으로 고발하고 있다. 관객에게 무대의 상황을 소개하고 논평하는 해설자의 설정, 원고지의 형태를 소품이나 배경의 무늬로 적용하는 무대 설정 등 당시로써는 실험적인 시도가 돋보이는 작품이다.

※ 다음 글을 읽고, 물음에 답하시오.

장남: 「전 이 집 장남입니다. 이쪽 높은 방은 저하고 누이동생이 생활하는 곳입니
「」: 작중 인물이 해설자의 역할을 맡고 있음
다. 아버지를 소개하기 전에 행복한 가정을 이룰 수 있는 비결을 말씀드리겠어
요. 아주 간단합니다. 부모는 자식들에게 맡은 바 책임을 다하면 됩니다. 밥 세
끼도 제대로 못 먹이고, 학비도 제대로 못 주는 부모들이 아들딸이 결혼할 때
물질적 가치로 가족 관계를 재단하고 일방적인 책임만을 강조하는 아들의 속물적 인식
가 되면 아주 귀찮게 간섭을 한단 말입니다. 우리는 이런 버릇을 버려야 합니
다. 우리 집이 비교적 행복한 것도 우리 부모의 열렬한 책임감 때문입니다. (자
기 손목시계를 보며) 지금이 저녁 일곱 시 반이니 아마 아버지가 곧 돌아오실 겁
니다. 아버지는 늘 쾌활한 얼굴에다 발걸음은 참새처럼 가볍지요.」
쇠사슬을 두른 교수의 상황과 불일치되는 장남의 말을 통해 교수의 처지를 부각함

㉠ 졸음이 오는 지루한 음악과 더불어 철문 도어가 무겁게 열리며 교수 등장. 아래위 양
음악과 구조물을 통해 무거운 책임감과 노동으로 녹초가 된 교수의 처지를 부각함
복이 원고지를 덧붙여 만든 것처럼 이것도 원고지 칸 투성이다. 손에는 큼직한 낡은 가방
을 들고 있다. 허리에 쇠사슬을 두르고 있는데 허리를 돌고 남은 줄이 마루에 줄줄 끌려다
교수가 짊어진 과도한 업무와 책임감을 상징함
닌다. 쇠사슬이 도어 밖까지 나가 있어 끝이 없다. 도어를 닫고 소파에 힘들게 앉는다. 여
과도한 업무가 가정의 밖, 즉 사회로부터 부과된 것임을 암시함
전히 쇠사슬을 끌고 다니면서 가방은 자기 옆에 놓고 처음으로 전면을 바라본다. 중년에
퍽 마른 얼굴, 이마에는 주름살이 가고 찌푸린 얼굴은 돌 모양 변화가 없다. 잠시 후 피곤
과도한 노동과 반복적인 일상으로 피로에 찌든 모습
하다는 듯이 두 손을 옆으로 뻗치면서 크게 기지개를 한다. '아아' 하고 토하는 큰 하품은
무엇에 두들겨 맞아 죽는 비명같이 비참하게 들려 오히려 관객들을 놀라게 한다. 장녀가
하품 소리를 통해 교수의 감정과 처지를 청각적으로 표현함
플랫폼에 나타난다.

장녀: 저의 아버지랍니다. 밖에서 돌아오시면 늘 이렇게 **달콤한 하품**을 하신답
교수의 행동과 장녀의 말 사이에 불일치를 통해 교수의 처지를 부각함
니다. (교수는 머리를 기대고 잠을 자고 있다. 코를 고는데 흡사 고양이 우는 소리다.)
인제 어머님이 돌아오셔요. 어머님은 늘 아버지의 건강을 염려하세요.

적당한 곳에서 처가 나타난다. 과거에는 살도 쪘지만, 현재는 몸이 거의 헝클어져 있다.
퇴색한 옷을 입고 있다. 소리를 안 내고 들어와 잠자는 교수의 주머니를 샅샅이 턴다. 돈
물질적 가치의 맹목적 추구로 인해 가족 관계가 왜곡되는 모습
을 한 주먹 쥐고 이어 교수의 가방을 턴다. 돈 부스러기를 몇 장 찾아내고 그 액수가 적음
돈을 중시하는 속물적 태도
에 실망을 한다. 잠시 후 교수를 흔들어 깨운다.

장녀: 제 말이 맞았지요?

플랫폼 방 불이 서서히 꺼진다.

처: 여보, 여기서 그냥 주무시면 어떡해요. 옷도 안 갈아입으시고.

교수: 깜빡 잠이 들었군.

교수 일어선다.

처: 어서 옷을 갈아입으세요. (ⓛ 처는 교수 허리에 칭칭 감긴 철쇄를 풀어 헤치고 소
<u>파 뒤의 막대기에 감겨 있는 또 하나의 굵은 줄을 풀어 교수 허리에 다시 감아 준다.</u>)
과중한 업무로 인한 구속이 집에서도 계속됨을 암시함
옷을 갈아입으시니 한결 시원하시지 않아요?

교수: 난 잘 모르겠어.

(중략)

ⓒ <u>교수가 말없이 원고지 한 장 쭉 찢어 처에게 넘겨준다. 처는 빼앗듯이 원고지를 가로
채더니 자루 안에 쓸어 넣는다.</u> 그리고
교수의 번역이 그 자체로 인정을 받지 못하는 모습을 시각적으로 나타냄

처: 삼백 환!
교수의 번역을 오직 물질적 가치로만 계산하는 모습

재빠르게 다음 페이지의 번역을 끝낸 교수가 다시 한 장을 찢어 처에게 넘긴다. 처는 같
은 행동을 반복하며

처: 육백 환! (이어) 구백 환!

플랫폼 방이 다시 밝아진다. 「달콤한 음악과 더불어 장남, 장녀가 또 무엇을 처먹으면서
「 」: 자식의 모습과 부모의 모습을 대비하면서 왜곡된 가족 관계를 드러냄
거울 앞에 가더니 얼굴의 여드름을 짠다. 옆방에서는 여전히 교수와 처가 결사적으로 일
을 한다.」처의 요란스러운 셈 소리가 삼천 환을 훨씬 넘었다. 감독관이 다시 창가를 지나
가며 기웃거리고 사라진다. 일하던 교수가 갑자기 붓을 놓고 쓰던 원고지를 보더니 <u>슬그
머니 미소를 짓는다.</u>
백구십 자 칸 원고지를 발견한 교수의 반응

처: 왜 그러세요?

교수: 참 신기한 일이야.

처: 삼천 환을 겨우 넘었을 뿐인데 무엇이 신기해요.

교수: 이 원고지 말이요. 다 이백 자 칸이 있는데 이 종이만은 **백구십 자 칸**밖에
정형화된 일상을 상징
안 들었어. 열 자 모자라. 어째서 그럴까? 원고지가 한결 크고 시원해 보이는
군. **마음이 탁 트이는 것 같다.** 이상한데, 이상해.
정형화된 일상에서 벗어나고 싶은 마음

교수는 여전히 미소를 지으면서 전면을 바라본다. 「이때 무대 전체가 어두워지고 스포
「 」: 조명과 음악을 통해 이어질 장면이 교수의 회상과 관련된 것임을 알림
트라이트가 교수만을 포착한다. 잠시 모든 것이 조용해지며 과거를 상기시키는 감상적인
음악이 고요히 흘러나온다.」교수 전면에 또 하나의 스포트라이트가 투사되며 천사가 역시
미소를 지으며 가벼운 발레를 추면서 들어온다. 교수는 천사를 물끄러미 바라본다.

교수: (한참 있다) 오라, 생각이 나는 것 같아. 그래, 바로 그거.

* 등장인물

교수	젊은 시절에는 아름다움과 진리를 향한 열정으로 가득했지만, 현재는 가장의 의무감을 강요당하면서 생각하는 힘을 잃고 의미없는 하루를 반복하는 무기력한 인물임.
처	남편인 교수를 사랑하는 배우자로 대하지 않고, 부를 축적하는 수단으로 여기면서 교수에게 끊임없이 번역을 독촉함.
장남, 장녀	자식에 대한 부모의 책임만을 강조하면서 아버지인 교수의 마음과 처지를 이해하지 않고 어머니에게는 끊임없이 돈을 요구함.
천사	교수의 분열된 자의식 중 하나로, 아름다움과 진리를 열정적으로 추구했던 교수의 과거를 상징함.
감독관	교수에게 끊임없이 노동을 강요하는 현실의 억압과 구속을 상징함.

* 도구의 의미

원고지	
기능	무대의 배경과 교수의 옷을 꾸미는 소재
효과	표준과 규격으로 정형화된 일상의 틀을 상징함.

쇠사슬, 굵은 줄	
기능	교수의 허리를 감싸는 소재
효과	현대인을 구속하는 과중한 업무와 책임감을 상징함.

회초리	
기능	교수가 번역을 계속하게끔 억압하는 소재
효과	현대인을 억압하고 규제하는 현대 사회의 규율적 면모를 부각함.

* 대사와 지시문의 불일치

대사	"아버지는 늘 쾌활한 얼굴에다 발걸음은 참새처럼 가볍지요."
지시문	중년에 퍽 마른 얼굴, 이마에는 주름살이 가고 찌푸린 얼굴은 돌 모양 변화가 없다.

대사	"밖에서 돌아오시면 늘 이렇게 달콤한 하품을 하신답니다."
지시문	'아아' 하고 토하는 큰 하품은 무엇에 두들겨 맞아 죽는 비명같이 비참하게 들려 오히려 관객들을 놀라게 한다.

대사	"어머님은 늘 아버지의 건강을 염려하세요."
지시문	소리를 안 내고 들어와 잠자는 교수의 주머니를 살살이 턴다.

↓

대사와 지시문을 불일치시킴으로써 현대인의 피로와 고독, 소통의 부재를 효과적으로 드러냄.

천사: 나를 완전히 잊은 줄 알았어요.
_{천사는 교수가 과거의 모습과는 다르게 살아왔음을 꼬집고 있음}

교수: (일어서며) 분명 그래. 아직 잊지를 않았어. 나의 희망, 나의 정열의 옛 모습
_{천사의 상징적 의미}
이야.

천사: 쥐꼬리만 한 기억력이 아직 남아있군요.

교수: 언제 어떻게 돼서 당신과 헤어졌는지 모르겠습니다. 나에게도 불타는 듯한 정열이 있었어요. 그래요. 생각이 납니다. 밤을 새워 가며 아름다움을 노래하고, 진리를 위해 온 생애를 바치겠노라고 떠들던 때……. 아, 꿈같은 시절이
_{교수의 젊은 시절, 천사가 상징하는 모습}
었습니다. 당신은 왜 나를 버렸어요?
_{교수가 젊은 시절의 모습을 그리워하고 열망하고 있음을 드러냄}

천사: 당신이 나를 떠났지요. 당신을 돕고 싶습니다. 그러나 이미 늦었어요. 나한테 되돌아오기는 너무 늦었어요.
_{교수가 현재의 모습에서 벗어나기 어렵다는 점을 암시함}

교수: 내 꿈을 도로 찾아 주십시오. 생각할 힘을 주시오. 요즈음은 통 사고를 할
_{교수가 학문을 추구하는 본연의 모습을 회복하고 싶어 함}
수가 없습니다.

천사: 사고(思考)할 필요가 없어요. 이미 사고(事故)가 난 걸요.
_{동음이의어를 활용한 비관적인 현실 진단}

교수: 이 함정에서 뛰어나가고 싶습니다. (천사가 서서히 사라진다.) 가지 마시오!
_{사고할 힘을 잃고 기계적으로 돈을 벌어야 하는 현실을 상징함}
내 희망, 내 정열은 어떻게 되는 거요. 꿈을 주십시오! 내 꿈! 내 꿈!

꿈을 잃은 교수는 맥없이 전면을 바라보며 앉아 있다. 어둠 속에서 창을 여는 소리가 나며, 감독관이 얼굴을 나타낸다.

감독관: (회초리를 흔들며) 원고! 원고는 언제 쓰는 거야?
_{현재의 자신에 대한 반성을 방해하는 생활의 요구}

이 소리에 교수는 비로소 정신을 차리고 다시 비참한 표정으로 번역을 계속한다. 이러
_{현재의 자신에 대한 교수의 감정}
는 사이에 무대 전체가 암흑화된다. 잠시 후 새소리, 닭 우는 소리와 더불어 무대 전체가 밝아진다. 아침이다. 교수는 책상에 머리를 박은 채 자고 있다. 플랫폼 방에서는 장남이
_{과도한 노동으로 정신과 육체가 소모된 교수의 모습}
반나체가 돼서 아령을 쥐고 운동을 하고 있다. 장녀가 아침 신문을 들고 응접실로 들어온다.

장녀: (관객들에게) 벌써 아침이 됐습니다. (자고 있는 교수를 가리키며) 아버지는
_{학자로서의 정체성을 잃은 교수의 모습에 대한 반어적 표현}
연구하시다 가끔 그대로 책상에서 주무신답니다. 그야말로 학자지요. 여러분은 아침에 어머니가 먼저 안 나오시고 제가 이 방에 대신 왔다는 점을 이상하게 생각하실는지 모르겠습니다. 어머니는 아침 일찍이 아버지 원고를 가지고
_{교수의 번역 작업을 돈으로 교환하는 데 급급한 모습}
출판사로 달려갔으니 이렇게 제가 대신 왔습니다. 아시겠지요. 아버지가 밤늦도록 수고하시니 저도 아버지를 위해 한 가지 좋은 일을 해 드리고 있습니다, 아침마다 아버지께 신문을 읽어 드립니다. (교수를 깨운다.) 아버지. (교수 눈비비며 머리를 든다.) 아버지, 아침 신문 왔어요. 읽어 드리겠어요.

– 이근삼, 〈원고지〉 –

나

가을 연기 자욱한 저녁 들판으로
<small>가을과 저녁이라는 시간적 배경</small>
상행 열차를 타고 평택을 지나갈 때
<small>지방에서 서울로 올라가는 기차   독자가 자신을 청자처럼 느끼게 함</small>
흔들리는 차창에서 너는
<small>기차 밖 근대화와 도시화의 현실을 볼 수 있으며, 낯선 얼굴을 한 자기를 비추어 주는 기능을 함</small>
문득 **낯선 얼굴**을 발견할지도 모른다
<small>소시민의 일상적 삶을 성찰하는 자아</small>
그것이 너의 모습이라고 생각지 말아 다오

<small>▶ 1~5행: 일상에서 낯설게 다가오는 성찰적 자아에 대한 지각</small>

오징어를 씹으며 화투판을 벌이는
<small>향락에 빠진 소시민의 일상 또는 차창 밖 현실에 무관심한 현대인의 모습</small>
낯익은 얼굴들이 네 곁에 있지 않으냐
<small>소시민의 일상적 삶에 매몰된 자아</small>
「황혼 속에 고함치는 **원색의 지붕들**과
<small>「」: 상행 열차에서 창밖으로 보는 근대화의 풍경</small>
잠자리처럼 파들거리는 TV 안테나들」

흥미 있는 주간지를 보며
<small>대중적 재미만을 추구하는 소비 문화의 상징</small>
고개를 끄덕여 다오

<small>▶ 6~11행: 일상의 즐거움과 편안함을 지향하는 소시민의 삶에 대한 비판</small>

농약으로 질식한 풀벌레의 울음 같은
<small>근대화의 과정에서 파괴되는 존재들의 고통을 상징함</small>
심야 방송이 잠든 뒤의 전파 소리 같은
<small>권력에 통제되지 않은 비판의 소리</small>
듣기 힘든 소리에 귀 기울이지 말아다오
<small>근대화와 도시의 문제를 비판적으로 환기하는 소리</small>
확성기마다 울려 나오는 힘찬 노래와

고속도로를 달려가는 자동차 소리는 얼마나 경쾌하냐

예부터 인생은 여행에 비유되었으니

ⓡ 맥주나 콜라를 마시며
<small>삶의 가치를 개인적 즐거움에 두는 관점</small>
즐거운 여행을 해 다오

<small>▶ 12~19행: 현대 사회의 부정적 문제에는 눈감는 향락적 태도에 대한 비판</small>

되도록 생각을 하지 말아 다오
<small>반성과 성찰</small>
놀라울 때는 다만

〈아!〉라고 말해 다오
<small>감탄만 할 뿐, 사회 문제에 대해 깊이 있게 성찰하지 않는 자세</small>
보다 긴 말을 하고 싶으면 침묵해 다오
<small>현대 사회의 문제에 대한 발언</small>
침묵이 어색할때는

오랫동안 가문 날씨에 관하여
<small>일상적인 소재</small>
ⓜ 아르헨티나의 축구 경기에 관하여

성장하는 GNP와 증권 시세에 관하여
<small>물질적 가치에 관한 소재</small>
이야기해 다오

너를 위하여

그리고 나를 위하여

<small>▶ 20~30행: 현실에 대한 비판적 성찰은 회피하고 세속적 관심사에만 매몰되는 태도에 대한 비판</small>

- 김광규, 〈상행〉 -

나 김광규, 〈상행〉

＊주제

근대화된 일상에 안주하는 소시민적 삶에 대한 비판

＊구성

1~5행	일상에서 낯설게 다가오는 성찰적 자아에 대한 자각
6~11행	일상의 즐거움과 편안함만을 지향하는 소시민의 삶에 대한 비판
12~19행	현대 사회의 부정적 문제에는 눈감는 향락적 태도에 대한 비판
20~30행	현실에 대한 비판적 성찰은 회피하고 세속적 관심사에만 매몰되는 태도에 대한 비판

＊해제

이 작품은 1983년에 출간된 〈반달곰에게〉에 실려 있는 시로, 산업화와 도시화에 따른 풍요로움에 자족하면서 사회적 문제에는 눈을 감은 소시민의 태도를 비판하고 있다. 이 작품은 '나'라는 화자가 서울로 올라가는 '너'에 관해 말하는 방식을 취한다. 주목할 점은 이러한 말하기가 반어의 방식을 취하고 있다는 점이다. 화자는 '너'에게 어떤 행동을 하거나 하지 말 것을 요구하는데 독자는 이러한 요구의 표면적 의미를 수용하기보다는 그 이면에 감춰진 참뜻을 비판적으로 헤아려야 한다.

＊화자의 말하기 방식

화자의 요구	의미
• 그것이 너의 모습이라고 생각지 말아 다오 • 듣기 힘든 소리에 귀 기울이지 말아 다오 • 되도록 생각을 하지 말아 다오	긍정적 행위의 금지
• 고개를 끄덕여 다오 • 즐거운 여행을 해 다오 • 〈아!〉하고 말해 다오 • 침묵해 다오 • 이야기해 다오	부정적 행위의 독려

↓

반어의 방식을 활용하고 있으므로 화자의 말이 지닌 표면적 의미를 그대로 수용하지 않고 뒤집어 이해해야 함.

[1-3] (가)에 대한 설명이다. 맞으면 ○, 틀리면 ✕표 하시오.

1 장남은 행복한 가정이 되기 위해서는 부모가 자신의 책임을 다해야 한다고 말하고 있다.

2 처는 남편인 교수를 걱정하며 옷을 갈아입혀 주고 있다.

3 교수는 과거의 꿈을 되찾을 수 있기를 열망하고 있다.

[4-6] (나)에 대한 설명이다. 맞으면 ○, 틀리면 ✕표 하시오.

4 시간적 배경은 가을 저녁이다.

5 화자는 '너'에게 풀벌레의 울음에 귀를 기울여 볼 것을 권하고 있다.

6 표면적으로 보면, 화자는 사회의 문제를 깊이 있게 성찰하는 사람을 예찬하고 있다.

[7-10] (가), (나)와 관련하여 빈칸에 들어갈 적절한 내용을 쓰시오.

7 (가)에서 교수가 두른 □□□은 교수가 짊어진 업무를 상징한다.

8 (가)에서 교수는 열 자가 모자란 □□□를 보며 마음이 탁 트이는 것을 느낀다.

9 (나)에서 '흥미 있는 □□□'는 대중적 재미를 추구하는 현대의 소비 문화를 상징한다.

10 (나)의 화자는 '너'가 보다 긴 말을 하고 싶어도 □□하기를 바라고 있다.

확인 문제 정답	1 ○	2 ✕	3 ○	4 ○	5 ✕	6 ✕	7 쇠사슬	8 원고지	9 주간지	10 침묵

01

유형 갈래의 특징과 성격

(가)의 극적 특성에 대한 설명으로 가장 적절한 것은?

① 지시문을 활용하지 않고 인물의 행동을 사실적으로 전달하고 있다.

② 등장인물이 직접 무대 위 상황에 관한 정보를 관객에게 제공하고 있다.

③ 사건의 요약적 전개를 통해 작품의 다양한 주제 의식을 표출하고 있다.

④ 인물의 행동을 과장하여 제시함으로써 인물들 간의 갈등을 부각하고 있다.

⑤ 중의적인 의미의 대사를 삽입하여 작품의 분위기를 몽환적으로 조성하고 있다.

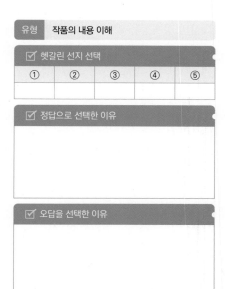

☑ 헷갈린 선지 선택

①	②	③	④	⑤

☑ 정답으로 선택한 이유

☑ 오답을 선택한 이유

02

유형 작품의 내용 이해

(가)의 내용에 대한 이해로 적절하지 않은 것은?

① 교수는 학문을 추구하던 과거의 자신을 그리워한다.

② 장남은 자녀에게 무관심한 교수의 태도에 불만을 가진다.

③ 아내는 교수의 번역물을 오로지 물질적 가치로만 인식한다.

④ 천사는 교수에게 잊고 있었던 지난날의 꿈과 희망을 상기시킨다.

⑤ 감독관은 무력을 통해 교수가 끊임없이 번역 작업을 하도록 위협한다.

☑ 헷갈린 선지 선택

①	②	③	④	⑤

☑ 정답으로 선택한 이유

☑ 오답을 선택한 이유

03

유형 구절의 의미 이해

㉠~㉤에 대한 설명으로 적절하지 않은 것은?

① ㉠: 음악과 구조물을 통해 반복되는 일상으로 인한 교수의 피로감을 효과적으로 부각한다.

② ㉡: 사회로부터의 억압에서 풀리자마자 가정에서의 억압이 시작됨을 나타낸다.

③ ㉢: 교수가 물질적 가치를 좇으며 의미 있는 삶을 보내고 있음이 행동으로 드러난다.

④ ㉣: 사회 정의에 관심을 두지 않고 개인적 쾌락을 추구하는 삶의 태도에 해당한다.

⑤ ㉤: 현실적인 사회 문제와 관련 없는 사소한 일에 해당한다.

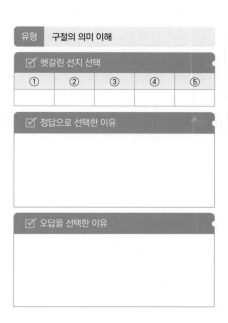

☑ 헷갈린 선지 선택

①	②	③	④	⑤

☑ 정답으로 선택한 이유

☑ 오답을 선택한 이유

04

<보기>는 영화 '모던 타임즈'의 줄거리이다. (가)의 '교수'와 <보기>의 '찰리'의 공통점으로 적절한 것은?

> 보기
>
> 　매일 공장의 컨베이어 벨트 위에서 나사를 조이는 **찰리**. 쉴 새 없이 일만 하던 그는 나사처럼 생긴 모든 것들을 조여야 한다는 강박 관념에 빠져 강제로 정신병원에 보내진다. 퇴원 후, 공장에서 해고되어 거리를 방황하던 그는 우연히 파업 시위대에 휩쓸려 다시 감옥에 갇힌다. 몇 년 후 감옥에서 풀려난 찰리는 위기에 처한 가난한 소녀를 도와주고, 둘은 행복하고 단란한 가정을 꿈꾸며 일자리를 찾아 헤매지만 매번 거리로 내몰리고 만다.

① 부조리한 현실에 적극적으로 대항한다.
② 타인을 위한 헌신과 희생을 중요한 가치로 여긴다.
③ 빠르게 변화하는 현실에 적응하지 못하고 소외되어 살아간다.
④ 삶의 정체성을 잃어버리고 외부의 압력에 의해 수동적으로 살아간다.
⑤ 힘겨운 현실 속에서도 미래에 대한 꿈을 잃지 않고 삶을 낙관적으로 인식한다.

05

(나)의 표현상 특징으로 가장 적절한 것은?

① 의인화된 대상을 통해 화자의 정서를 드러내고 있다.
② 감각의 전이를 통해 대상을 복합적으로 묘사하고 있다.
③ 과거의 모습과 현재의 모습을 교차하여 나타내고 있다.
④ 시간의 흐름에 따라 변화하는 화자의 인식을 드러내고 있다.
⑤ 반어의 형식을 통해 화자가 요구하는 바를 이면에 감추고 있다.

06

<보기>를 참고하여 (가)와 (나)를 감상한 내용으로 적절하지 않은 것은?

보기

시는 시어를 통해, 희곡은 대사를 통해 작중 상황을 구체화하고 주제를 드러낸다. (가)에서는 상징적인 대사와 행동을 통해 작중 상황에 대한 등장인물의 심리 상태와 작품의 주제를 효과적으로 표현함으로써 정형화된 일상에 매몰되어 삶의 진정한 의미를 잊고 사는 현대인의 모습을 드러내고 있고, (나)에서는 상징적인 시어와 반어적 표현을 통해 근대화, 도시화에 따른 풍요로움에 빠져 사회적 문제에는 눈을 감는 소시민의 태도에 대한 화자의 비판적 정서를 드러내고 있다.

① (가)에서 아버지가 '달콤한 하품'을 한다는 장녀의 대사와 교수의 행동을 불일치시킴으로써 단절된 가족 관계의 일면을 보여 주고 있군.

② (가)에서 교수가 '백구십 자 칸'의 원고지를 보고 '마음이 탁 트이는 것 같다'고 한 것은 정형화된 일상을 벗어나고 싶은 교수의 심리를 표현한 것이군.

③ (나)의 '낯선 얼굴'은 사회 문제에 눈을 감는 소시민의 모습으로, 화자가 비판하는 대상에 해당하는군.

④ (나)의 열차 밖의 '원색의 지붕들', 'TV 안테나들'은 근대화의 상징물로, 소시민이 사회적 문제에 눈을 감게 하는 원인으로 볼 수 있군.

⑤ (나)의 '듣기 힘든 소리'는 사회적 문제에 대한 비판의 소리로 소시민들이 외면하는 소리로군.

유형 | 작품의 종합적 이해와 감상

☑ 헷갈린 선지 선택

①	②	③	④	⑤

☑ 정답으로 선택한 이유

☑ 오답을 선택한 이유

07 서답형 문제

<보기>의 빈칸에 들어갈 적절한 시구를 (나)에서 찾아 쓰시오.

보기

(가)는 교수가 원고지를 건넬 때마다 액수를 외치는 처의 모습을 통해, (나)는 독자에게 '(   )에 관하여' 이야기해 달라는 화자의 요구를 통해 물질적 가치에 대한 비판 의식을 공통적으로 드러내고 있다.

유형 | 시구의 의미와 기능 파악

☑ 정답으로 선택한 이유

IV

실전학습

정답 및 해설 p.39

핵심정리

＊주제

인간성이 파괴되고 공동체가 분열되는 전쟁의 참담함

＊전체 줄거리

'나'의 아버지는 부면장네 머슴으로 '나'는 아버지를 따르고 존경한다. 이후 6·25 전쟁이 발발하고 아버지는 이념 대립의 와중에 부면장을 죽였다는 누명을 쓰고 마을 사람들에 의해 죽임을 당한다. '나'는 아버지의 시신을 묻은 후 쫓기듯 고향을 떠난다. 오랜 세월이 흘러 성공한 '나'는 아버지의 무덤 이장을 위해 고향인 월곡리로 돌아온다. '나'는 장돌식을 만나 마을의 근황을 전해 들으며 '나'가 떠나고 5년 뒤 아버지의 누명이 벗겨졌음을 알게 된다. 이장 당일, 마을 사람들은 한데 모여 '나'가 준비한 음식을 먹고 술을 마시며 신나게 판을 벌인다. 이장이 끝나고, '나'는 아버지의 이름과 자신의 정체를 밝힌 후 마을 사람들의 당황하는 표정을 기대하지만 마을 사람들은 별로 놀라지 않았다. 외려 처음부터 왜 밝히지 않았는지 묻거나, 돈 벌어서 효도 한번 푸짐하게 잘했다는 등의 덕담을 건넬 뿐이었다. '나'는 아버지의 한을 풀어 주기커녕 되레 아버지를 욕보이고 말았다는 죄책감과 부끄러움을 느낀다. 30년 전 아버지의 무덤 위치를 표시하기 위해 올려 두었던, 커다란 돌만을 챙긴 채 버스를 타고 고향을 떠난다.

＊해제

이 작품은 전쟁 중 누명을 쓰고 돌아가신 아버지의 한을 풀기 위해 애쓰는 '나'의 이야기를 그리고 있다. 아버지의 복수를 위해 귀향한 '나'는 아버지의 묘지 이장 과정에 아버지를 죽음에 이르게 한 이들을 동원한다. 그러나 아버지의 억울함은 이미 소명된 후였으며, 또한 세월의 흐름 앞에 기억과 상처 등이 무디어져 죄의식을 느끼지 못하는 사람들을 상대로 한 복수는 의미가 없고 오히려 아버지를 욕되게 할 뿐이라는 것을 깨닫게 된다. 이는 상처의 치유가 복수를 통해서는 이뤄질 수 없다는 것을 의미함과 동시에 용서와 화해가 필요하다는 작가의 생각을 드러내는 것이다.

※ 다음 글을 읽고, 물음에 답하시오.

　장돌식이한테 마을에 내려가 삽과 괭이를 가져오도록 시킨 나는 눈을 빤히 뜨고 누워 있는 아버지의 얼굴을 들여다보기가 무서워서 빨갛게 단풍이 든 떡갈나무 잎을 뜯어 <u>으스스한</u> 동굴의 입구처럼 보이는 아버지의 눈을 가렸다.

　<u>그날 우리들은 썩은 돌비늘이 두껍게 깔린 땅을 파고 아버지를 묻었다.</u> 흙을
　　　　　　　'나'가 복수를 하게 된 이유
져 나를 수도, 떼를 뜰 수도 없어 <u>평장(平葬)</u>을 하고 둘이서 끙끙거리며 **돌을 날**
　　　　　　　　　　　　　순탄치 않은 매장
라다 무덤 위에 덮었다.

　나는 아버지의 돌무덤을 곰배팔이 장돌식이한테 부탁한 뒤, 상엿집에서 하룻밤을 더 자고 날이 밝기 전에 쫓기듯 월곡리를 떠났다.

　월곡리를 떠나면서 나는 장돌식이한테, ㉠ <u>월곡리 사람들을 머슴으로 부릴 수</u>
　　　　　　　　　　　　　　　　　　　　　　　　미움과 분노가 원동력이 됨
<u>있을 만큼 큰돈을 벌기 전에는 돌아오지 않겠다는 내 결심을 말해 주었다.</u>

　그 결심을 맷돌질하듯 어금니 응등 물고 30년 동안 시장 바닥에서 뼈가 굵고 손바닥 발바닥이 닳도록 뛰어, **월곡리 사람들을 모두 머슴으로 부릴 만한 돈**은 못 되어도, <u>이만하면 어깨 펴고 살겠다</u> 싶어서야 두 눈 부릅뜨고 고향에 돌아갔다.
　　　　　　　　　　복수를 마음먹음

[중략 부분 줄거리] 고향에 돌아온 '나'는 좌익 활동을 하며 부면장 부자를 죽였다는 아버지의 누명이 소명된 것을 모른 채 마을 사람들에게 복수를 하고자 한다. 이를 위해 '나'는 무덤 이장 작업에 아버지를 죽음으로 내몰았던 사람들을 동원한다.

　나는 비닐봉지 속의 아버지 유골 부스러기를 향해 마음속으로 힘주어 말하고 있었다.

　— 아버님, 이제 한이 풀리십니까. 옛날 아버님을 소처럼 부리고 개처럼 천대
　　　　　　　　　　　　　　　　　　　　　　　아버지를 위한 '나'의 복수 ①
하던 주인의 아들들이 내가 시킨 대로 아버님 무덤에 덮을 뗏장을 떠 왔습니다. 그리고 ㉡ <u>자기네들 죄를 벗으려고 죄 없는 아버님을 죽인 네 사람들이 아버지의</u>
　　　　　　　　　　　　　　　　아버지를 위한 '나'의 복수 ②
<u>무덤을 만들고 있습니다.</u> 이제 이만하면 저의 한이 풀렸으니 아버님의 한도 풀리셨겠지요. —

　유골 부스러기를 광 속에 놓고 흙을 덮으면서도 그 말을 마음속으로 다시 한번 되풀이했다.

　유골이 땅속 깊숙이 묻히고, 덩실하게 <u>봉분</u>을 짓기 시작하자 나는 차츰 형언할 수 없는 야릇한 쾌감을 맛보았다.
　　　　　　　복수의 쾌감

　"이만하면 월곡리 안에서는 젤로 큰 묘등이 되겠구만."

　"석물만 앉힌다면 세종 대왕 능보다 더 덩실해!"

　마을 사람들은 나 들기 좋으라고 그러는지 큰 소리로 한마디씩 하였다.

이장 일을 모두 끝내고 마을 사람들이 빙 둘러앉아서 남은 돼지고기를 안주 삼아 막걸리를 한 잔씩 돌려 마시고 있는 자리에서, 나는 계획대로 내 신분을 밝혔다. 나는 그들이 내 신분을 알고 얼마나 놀라서 까무러칠까 하는, 일종의 달콤한 복수심을 생각하면서 자랑스럽고 떳떳하게 내 아버지의 이름을 말했다.

<u>아버지를 위한 '나'의 복수 ③</u>

"여러분들 오늘 수고가 많으셨습니다. 실은 제 고향이 바로 월곡립니다. 30년 전에 이 마을에서 나갔었죠. 제 가친은 오랫동안 머슴을 살았던 황바우 씹니다요. 오늘 여러분들이 묘를 써 주신 분."

<u>자신의 신분을 밝히는 것이자 복수의 핵심</u>

나는 되도록이면 목줄에 힘을 주어 그렇게 말하면서 마을 사람들의 놀라는 표정을 기대했다. 그러나 이상한 일이었다. ⓒ 마을 사람들 표정에 별로 크게 놀라는 빛이 없었다. 특히 나는 부면장네 아들과 아버지를 죽인 네 사람들의 얼굴을

<u>실제 마을 사람들의 반응</u>

유심히 살펴보았지만, **죄스러움이나 위축감 따위의 기색**이 보이지 않았다.

<u>죄책감이나 부채의식이 이미 무뎌진 현실</u>

"그렇다면 첨부터 황바우 아들이라고 밝힐 것이재 원!"

"아들이 잘된 걸 보니 돌무덤 자리가 명당이었던갑구만."

"황바우 일이라면 우리가 이르케 많은 돈을 받기가 미안헌디."

"참말로 사람 팔자는 알 수 없는 일이구만."

"그나저나 돈 벌어서 효도 한번 푸지게 잘했네그려."

하고들 몇몇 사람들이 언뜻언뜻 한마디씩 뱉어 냈을 뿐이었다.

<u>'나'가 원하는 복수는 완전히 실패함</u>

월곡리 사람들은 아무렇지도 않게 마지막 남은 한 잔의 술까지도 깡그리 털어 마시고, 저물어 가는 햇살을 받으며 거나하게 취해서 기분 좋게 흥얼거리며 까치산에서 내려가 버렸다.

나는 순간 까치산에서 내려가고 있는 마을 사람들의 뒷모습을 바라보기조차 자신이 부끄러워 고개를 돌려 버렸다.

<u>'나'만이 과거에 머무른 속이 좁은 사람처럼 느껴짐</u>

잠시 후에, 산에서 내려가던 부면장네 아들이 허위허위 허리를 꺾고 다시 올라왔다.

"오랜만에 고향이라고 왔으니 오늘 밤에는 우리 집에서 하룻밤 쉬었다 가소. 자네가 어디 살고 있는지 알았으면 한번 찾아갔을 걸세."

부면장 아들은 가쁜 숨을 몰아쉬며 말하고, 같이 내려가자고 하였다.

나는 그에게 잠시 후에 내려가 하룻밤 묵고 가겠노라고 약속을 하고 먼저 내려가도록 했다.

"꼭 우리 집에서 하룻밤 쉬었다 가야 허네 잉?"

<u>부면장 아들은 '나'에게 호의를 베풀고 싶어함</u>

부면장 아들은 산에서 내려가면서 다짐을 받았다.

양귀비꽃 같은 놀이 깔리기 시작하는 까치산 꼭대기에는 나와 장돌식과 음식 그릇을 치우는 장돌식의 처만 남아 있었다.

나는 장돌식한테 인부를 불러 아버지의 돌무덤에서 한쪽 다박솔 옆에 숨겨 놓다시피 한 못생긴 큰 돌을 버스 길까지 운반해 주도록 부탁하고, 아버지의 큰

<u>한이 서린 대상</u>

복수 전
• 하는 수 없이 아버지의 무덤 위에 덮은 돌 • 복수심과 상처의 상징 • 일부러 옆에 숨겨 놓을 정도로 못생긴 큰 돌

↓

복수 후
• 집으로 가져가고 싶어 함. • 아버지, 우정, 월곡리 사람들의 마음, 고향을 상징 • 화해와 용서, 부끄러움이 모두 깃든 대상

무덤 위에 올라앉아 월곡리를 내려다보고 있었다.

"그 돌은 왜 신작로까지 운반하라고 그러는가?"

장돌식은 산을 내려가던 인부 한 사람을 불러 내가 부탁한 대로 다박솔 옆의, **30년 전 우리들이 끙끙거리며 옮겼던 큰 돌**을 운반해 달라고 시키고 나서 내 옆에 쪼그리고 앉으며 물었다.

"집으로 가져가려고."

"미쳤는가? 하필이면 그 큰 돌을……"

「"어쩐지 그 돌에 우리 아버지의 혼이 들어 있을 것 같아서…… 그리고 자네와
└ 「」: 추억과 우정, 아버지의 상징이 된 돌
나 두 사람의 우정과, 월곡리 마을 사람들의 마음도…… 그 돌이라도 집에 갖다 놔야 고향을 잊어버리지 않을 것 같아서……"」

나는 장돌식을 보며 허탈하게 웃으면서 말했다.

ⓔ "건 그렇고, 그래, 자네 기분이 어쩐가? 이제야 한이 풀리는가?"

장돌식도 나를 보고 씁쓸하게 웃으면서 물었다.

"내가 아무래도 잘못 생각했었던 것 같구만. 이렇게까지 하지 않았어도 되는 건데 말일세. 이제 부끄러워서 다시는 고향에 올 수가 없겠어. 내가 크게 잘못했네. 아버지의 한을 풀어 주기는커녕 되레 아버지를 욕되게 하고 말았어."
　　　　　　　　　　　　 복수의 덧없음을 깨닫고 과거에서 해방됨

나는 마치 내 심장을 떼어서 아버지의 유골 부스러기와 함께 무덤 속에 파묻어 버린 것처럼 마음이 공허해졌다. 우울하고 공허한 마음 때문에 말 한마디 없이 산을 내려왔다. 장돌식이가 **부면장 아들과 약속한 대로 하룻밤 더 묵고 가라고** 붙잡는 것을 탈탈 뿌리쳤다. 내가 저지른 부끄러움 때문에 마을 사람들의 얼굴을 다시 볼 수가 없을 것 같았다.
　　　　　　　　　　　　 마을에 왔을 때와는 반대로 부끄러움을 느끼는 '나'

나는 돌을 깔고 앉은 채 버스 안에서 자울자울 졸았다.

꿈속에서 나는 아버지를 깔고 앉아 있었다. ⓜ 내 엉덩이 아래 깔린 아버지가
　　　　　　 악을 악으로 갚으려 했다는 죄책감　　　　　　　　　 과거에 사로잡힌 '나'의 모습
몹시 괴로운 듯 버둥거리더니 '이 불효막심한 놈아' 하고 고함을 쳤다. 고함 소리에 놀란 나는 벌떡 일어났다. 빵빵 자동차 클랙슨 소리가 귀청을 뜯었다. 버스는 불빛 사이에 낡은 기억처럼 어둠이 출렁이는 도시로 접어들고 있었다.

- 문순태, 〈말하는 돌〉 -

[1-6] 윗글의 내용에 대한 설명이다. 맞으면 ○, 틀리면 ✕표 하시오.

1 '나'는 실제로 월곡리 사람들을 모두 머슴으로 부릴 만한 돈을 벌었다.

2 '나'는 자신의 아버지를 부렸던 사람들의 아들들에게 아버지의 무덤을 만들게 했다.

3 월곡리 사람들은 '나'가 자신의 신분을 밝히자 크게 놀랐다.

4 월곡리 사람들은 '나'에 대한 죄책감을 가지고 있었다.

5 '나'는 산을 내려가는 월곡리 사람들을 보며 부끄러움을 느꼈다.

6 '나'는 부면장 아들의 집에서 하룻밤 잔 뒤 도시로 돌아갔다.

[7-10] 윗글의 내용과 관련하여 빈칸에 들어갈 적절한 내용을 쓰시오.

7 '나'는 30년 동안 월곡리 사람들에게 ☐☐하기 위해 돈을 벌었다.

8 '나'의 아버지는 본래 ☐☐이었다.

9 '나'는 아버지의 무덤을 덮었던 ☐을 집으로 가져가기로 하였다.

10 '나'는 꿈속에서 ☐☐☐의 고함 소리를 들었다.

| 확인 문제 정답 | 1 ✕ | 2 ○ | 3 ✕ | 4 ✕ | 5 ○ | 6 ✕ | 7 복수 | 8 머슴 | 9 돌 | 10 아버지 |

01

윗글의 서술상 특징으로 가장 적절한 것은?

① 과거 회상 장면을 삽입하여 사건 해결의 실마리를 제공하고 있다.

② 공간에 따라 서술자를 달리하여 사건을 입체적으로 전달하고 있다.

③ 시간의 흐름에 따라 달라지는 인물의 심리를 조명하여 서술하고 있다.

④ 대비되는 인물 간의 갈등 관계와 인물들 각각의 내면 심리를 서술하고 있다.

⑤ 현재형의 서술을 활용하여 인물들이 느끼는 긴장감과 초조함을 제시하고 있다.

유형	서술상의 특징 파악			

☑ 헷갈린 선지 선택

①	②	③	④	⑤

☑ 정답으로 선택한 이유

☑ 오답을 선택한 이유

02

봉분에 대한 설명으로 가장 적절한 것은?

① '나'가 고향 사람들의 마음을 상기할 수 있게 만들어주는 소재이다.

② 아버지의 한을 풀기 위한 것으로 '나'가 아버지와 동일시하는 소재이다.

③ 마을을 떠나는 '나'의 상황을 상징하는 것으로 과거의 기억을 떠올리게 하는 소재이다.

④ 마을 사람들에 대한 '나'의 복수로 형언할 수 없는 야릇한 쾌감을 맛보게 하는 소재이다.

⑤ 어린 '나'를 도운 장돌식을 떠올리게 하는 것으로 장돌식에 대한 '나'의 마음을 상징하는
소재이다.

유형	소재의 기능 파악			

☑ 헷갈린 선지 선택

①	②	③	④	⑤

☑ 정답으로 선택한 이유

☑ 오답을 선택한 이유

03

㉠~㉤에 대한 설명으로 적절하지 않은 것은?

① ㉠: 마을 사람들에 대한 '나'의 미움과 분노가 내포되어 있다.

② ㉡: 아버지가 주변인들에 의해 누명을 써 억울하게 죽었음을 드러내고 있다.

③ ㉢: 죄의식을 느끼지 못하는 모습을 통해 새로운 파국을 유발하고 있다.

④ ㉣: 구체적인 질문을 통해 '나'의 의도를 파악하고 있었음을 밝히고 있다.

⑤ ㉤: 꿈을 통해 '나'의 심리적인 상태를 상징적으로 표현하고 있다.

유형	구절의 의미 이해			

☑ 헷갈린 선지 선택

①	②	③	④	⑤

☑ 정답으로 선택한 이유

☑ 오답을 선택한 이유

04

<보기>를 바탕으로 작품을 감상했을 때 가장 적절하지 <u>않은</u> 것은?

보기

　　용서는 자신에게 해를 끼친 사람을 사랑으로 감싸야 하는 힘든 과정이다. 그러나 그 효용은 단순히 용서받은 사람뿐 아니라, 용서한 사람에게도 그대로 작용한다. 누군가를 용서한다는 것은 나를 사로잡은 불안과 고통에서 해방된다는 것이다. 과거의 상처에 사로잡혀 계속해서 그 시간을 떠올리는 사람에게는 부정적인 에너지가 쌓이고, 이는 삶에서 즐거움과 행복, 여유를 없앤다. 그러나 용서를 하는 순간, 그 사람은 자기 삶을 스스로 살아나가겠다는 결단을 하게 된다. 더 이상 가해자가 자신의 일생을 내면에서부터 지배하도록 두지 않고 진정한 자신의 삶을 살아가게 되는 것이다. 이는 개인의 부정적 감정을 해소하고, 관계 회복을 가능케 한다. 하지만, 이를 통해 가해자와의 관계가 반드시 회복되어야 하는 것은 아니다. 단지 내가 과거로부터 진정으로 자유로워지는 것이다.

① 월곡리에서 '돌을 날라다 무덤 위에 덮'은 일은 '나'를 계속 사로잡는 불안과 고통이 되었겠군.

② '나'가 '월곡리 사람들을 모두 머슴으로 부릴 만한 돈'을 모으려고 살았던 30년은 즐거움이나 행복과는 거리가 멀었겠군.

③ '죄스러움이나 위축감 따위의 기색'이 없는 마을 사람들의 표정을 본 순간 '나'는 자기 삶을 살겠다는 결단을 내렸겠군.

④ '30년 전 우리들이 끙끙거리며 옮겼던 큰 돌'을 가져가는 것으로 보아 '나'는 과거의 분노에서 벗어나 진정으로 자유로운 자신의 삶을 살겠군.

⑤ '부면장 아들과 약속한 대로 하룻밤 더 묵고 가라고' 하는 말을 무시하고 떠난 '나'를 통해 가해자와의 관계 회복이 용서의 필수 조건이 아님을 알 수 있군.

05 서답형 문제

<보기>에서 설명하는 대상을 윗글에서 찾아 3음절로 쓰시오.

보기

- '나'와 함께 아버지를 묻는 일을 도왔음.
- '나'가 복수를 위해 마을에 왔음을 알고 있었음.
- '나'가 솔직하게 마음을 터놓을 수 있는 사이임.

정답 및 해설 p.40

핵심정리

 채수, 〈석가산폭포기〉

* 주제

석가산을 만들게 된 경위와 석가산의 아름다움을 맛보는 삶의 즐거움

* 구성

처음	산수를 찾아 경치를 즐기는 것을 좋아하였으나 연로하여 산수화로 경치 구경을 대신함.
중간 1	남산의 별장에 석가산을 만듦.
중간 2	석가산의 위용과 아름다움
끝	석가산의 아름다움을 맛보는 삶의 즐거움

* 해제

이 글은 조선 시대의 문신인 채수가 지은 수필로, 글쓴이가 인공으로 돌산과 폭포를 만들게 된 과정과 그 즐거움을 기록한 글이다. 글쓴이는 비록 자신이 만든 석가산이 진짜 자연은 아니지만 어느 절경보다 뛰어난 경치를 자랑한다는 점에서 자신이 만든 석가산에 대한 자부심을 드러내고 있다. 이어서 세상은 진짜와 가짜를 구별하기 어렵다는 점에서 이 둘을 구별하는 것은 의미가 없다고 말한 후 거기에서 느끼는 즐거움과 자족감이 무엇보다 중요하다고 말하고 있다. 이러한 글쓴이의 생각은 독자에게 아름다움을 감상하는 즐거움이 어떤 것인지에 대해 생각해 보게 한다.

* 채수

채수
조선 전기의 문신, 중종반정의 공신

- 반정에 참여했지만 정치에 환멸을 느끼고 은거함. 독서와 풍류를 즐기며 여생을 보냄.
→ 산수를 좋아하고 자연을 즐기는 모습이 드러남.
- 유교, 불교, 도교를 막론하고 여러 견문을 익혀 유학자로서는 독실하지 못했음.
→ 만물이 잠시 이루어졌다가 사라진다는 불교적 철학이 드러남.

※ 다음 글을 읽고, 물음에 답하시오.

가

나 청허자(淸虛子)는 평소 산수를 몹시 좋아했다. 우리나라 명산 중에 삼각산, _{자연을 즐기는 글쓴이} 금강산, 지리산, 팔공산, 가이산, 비슬산, 황악산, 속리산 등은 모두 정상까지 올랐다. 속세를 벗어나 드넓은 세상을 바라보며 천지가 크고 높고 넓고 깊다는 것을 알게 되었다. 더욱 좋은 것은 만 길 높이로 솟은 기암괴석, 그 사이에 자라난 소나무와 전나무, 어른거리는 구름과 안개, 맑은 시내와 하얀 바위, 호젓한 개울과 으슥한 숲이다. 모두 세속의 걱정을 깨끗이 씻어 내고 의지와 기개를 키우기 _{자연을 마주하는 일의 효과} 충분하다. 사방을 유람하는 선비와 승려를 만나 산수 이야기를 하노라면 나는 몹시 즐거워 묻고 답하느라 입에 침이 줄줄 흘렸으니, 세상 사람들이 모두 벽(癖)이 _{자연에 너무 열중해서 비웃음을 사기도 함} 있다고 비웃었다.

그러다 늘그막에 다리 힘이 빠져 잘 걷지 못하게 되자 어찌할 수가 없어 부득 _{직접 산수를 유람할 수 없음} 이 누워서 유람할 꾀를 내었다. 고금의 유명한 사람들이 그린 산수화를 모아서 _{자연의 대체물} 벽에 걸어 놓고 보았다. 가서 구경하고 싶은 마음에 약간 위안이 되기는 했지만, 그저 정교하고 강건한 필력과 가물가물한 풍경을 건졌을 뿐, 생동하고 핍진한 형 _{산수화의 부족한 면} 상은 찾아보기 어려웠기에 마음속으로 늘 안타까워했다.

▶ 처음: 산수를 찾아 경치를 즐기는 것을 좋아하였으나 연로하여 산수화로 경치 구경을 대신함

남산에 있는 내 별장에는 남쪽 담장 바깥 바위틈에서 샘물이 흘러나오는데 맛이 달고 시원하다. 그래서 「마루 앞에 못을 파고 물을 담아 연꽃을 심고, 괴석을 _{「」: 석가산을 만드는 과정} 가져다 그 가운데 가산(假山)을 만들고는 늙고 자그마한 소나무와 삼나무, 회양목을 심었다. 또 샘물이 나오는 바위틈을 계산하니 지면에서 석 자 정도 높았다. 땅 아래로 물을 끌어와 못 동쪽으로 흐르게 하였다. 대나무를 잘라서 구부린 다 _{글쓴이의 석가산 폭포 조성법} 음 땅속에 묻어 대통으로 물이 들어가게 만드니, 그 물이 가산 위쪽으로 터져 나와 폭포가 되어 흘러내리는데, 두 단으로 못에 떨어지게 만들었다.」샘물이 담장 밖에 있는지도 모르고, 또 물이 땅 아래의 대통에서 나온 것도 모르다가 갑자기 맑은 물이 가산 꼭대기에서 솟아 흘러나오는 것을 보면, 모두들 깜짝 놀라며 그 _{사람들을 놀라게 할 정도로 뛰어남} 물이 가산에서 바로 나온 줄 안다.

▶ 중간 1: 남산의 별장에 석가산을 만듦

예로부터 산을 좋아하여 석가산(石假山)을 만든 사람은 많다. 간혹 폭포를 만든 사람도 있었지만, 으레 가산 뒤편의 땅을 높이고 가산 앞으로 물이 흐르도록 _{일반적인 석가산 폭포 조성법} 폭포를 만드는 것이 일반적이었다. 그러나 이렇게 해 놓으면 사면이 모두 못물에 둘러싸여 폭포의 맑은 물이 혼탁한 못물과 달라지는 문제가 있다. 여기에 비해 _{일반적인 석가산 폭포 조성법의 단점} 나의 것은 가산 꼭대기에서 물이 흘러나와 폭포를 이루니 더욱 기이하다. 고금에 _{글쓴이가 만든 석가산 폭포의 특징} 이러한 것은 없었을 듯하다. _{석가산에 대한 자신감 ①}

작은 것으로 큰 것을 비유하고 쉬운 것으로 어려운 것을 시도하는 법. 「이 못은
둘레가 겨우 몇 길이고 깊이도 몇 자 되지 않는다. 산은 높이가 다섯 자이고 둘레
가 일곱 자, 폭포는 두 자 남짓이고 나무는 네댓 치이다. 그런데도 봉우리가 험준
하고 골짜기가 그윽하며 쏟아지는 폭포와 다투어 흐르는 물줄기가 진짜를 방불
케 한다. 몇 길 땅 안에 큰 바다를 갈무리하고, 몇 자의 돌에다가 봉래산과 방장
산을 축소해 넣었으니, 정건이나 왕유처럼 솜씨 좋은 화가들이 정성을 쏟고 기교
를 다해 그린 그림이라도 여기에 비하면 만분의 일도 담아내지 못할 것이다.」

아, 어느 것이 진짜고 어느 것이 가짜인가? ㉡ 결국은 천지도 모두 가짜를 합한
것이고 사람의 육신과 사지도 모두 가짜를 합한 것이니, 큰 것과 작은 것, 진짜와
가짜를 따질 필요가 있겠는가? 그저 내가 좋아하는 바를 취할 뿐이다.

게다가 세상 만물에는 입에는 맞지만 눈에는 맞지 않는 것도 있고, 눈에는 맞
지만 귀에는 맞지 않는 것도 있지 않은가? 「이 샘물은 달고 시원하여 우리 집과
이웃에서 아침저녁 여기에 의지하고 있으니 입에 맞다 하겠다. 이 샘물이 기암
괴석과 소나무, 전나무 사이를 흘러 몇 자 높이에서 곧바로 떨어지는데, 마치 한
가닥 물줄기가 병풍 같은 푸른 산을 갈라놓은 듯 흰하다. 아침저녁으로 보아도
지겹지 않으니, 눈에 맞다 하겠다. 고요한 밤에 잠을 이루지 못하여 베개를 높
이 베고 그 소리를 듣노라면 공후나 축을 연주하는 맑은 소리처럼 울려 퍼지니,
귀에 맞다 하겠다.」

나는 집이 가난하고 벼슬이 초라하여 곱게 단장한 여인네가 눈을 즐겁게 하는
일도 없고, 달고 기름진 음식이 입을 즐겁게 하는 일도 없으며, 피리나 거문고 같
은 악기가 귀를 즐겁게 하는 일도 없다. 그저 이 샘물 하나에 의지하여 세 가지 즐
거움을 누리며 살아가니, 참으로 담박하면서도 운치가 있다. 세상의 호걸들은 모
두 초라한 나를 비웃겠지만 나는 즐거우니, 이 즐거움을 다른 것과 바꾸지 않겠다.

- 채수, 〈석가산폭포기〉 -

▶ 끝: 석가산의 아름다움을 맛보는 삶의 즐거움

나

여수의 남쪽, 돌산도 해안선에 동백이 피었다. 산수유도 피고 매화도 피었
다. 자전거는 길 위에서 겨울을 났다. 겨울에는 봄의 길들을 떠올릴 수 없었
고, 봄에는 겨울의 길들이 믿어지지 않는다. 다 지나오고 나도, 지나온 길들
이 아직도 거기에 그렇게 뻗어 있는 것인지 알 수 없다. 그래서 모든 길은 처
음부터 다시 가야 할 새로운 길이다. 겨우내 끌고 다니던 월동 장구를 모두
다 버렸다. 방한복, 장갑, 털양말도 다 벗어 버렸다. 몸이 가벼워지면 길은 더
멀어 보인다. ⓐ 티셔츠 차림으로 꽃 피는 남쪽 바다 해안선을 따라 달릴 때,
온몸의 숨구멍이 바람 속에서 열렸다.

▶ 처음: 월동 장구를 버리고 봄날을 맞아 자전거 여행을 준비함.

돌산도 향일암 앞바다의 동백 숲은 바닷바람에 수런거린다. 동백꽃은 해안

---

* **석가산**

석가산
돌을 쌓아 산봉우리나 동굴 등 자연의 형태를 축소해서 표현하는 정원 축조물

채수의 석가산
• 연못을 파고 연꽃을 심음. • 돌로 가산을 만들고 소나무, 삼나무, 회양목을 심음. • 대나무 관을 만들어 가산의 꼭대기에서 물이 나오게 만듦. 이는 일반적인 석가산과 다름. • 산수화보다 더 아름답고 진짜같은 모습임.

자신이 만든 석가산을 매우 만족스러워 함.

* **채수의 즐거움**

세상 사람들의 즐거움
• 곱게 단장한 여인네를 보는 시각의 즐거움 • 달고 기름진 음식을 먹는 미각의 즐거움 • 피리나 거문고 연주를 듣는 청각의 즐거움 → 세상의 호걸들은 석가산만 즐기는 채수를 초라하다고 여김.

채수의 즐거움
• 종일 봐도 질리지 않는 시각의 즐거움 • 샘물이 달고 시원하다는 미각의 즐거움 • 밤에 폭포 소리를 들을 때 느끼는 청각의 즐거움 → 세상 만물은 원래 가짜이므로, 나에게 맞으면 그것으로 충분함.

나 김훈, 〈꽃 피는 해안선〉

* **주제**
자전거 여행을 하며 본 꽃들의 개화와 낙화 과정 및 이를 통해 얻은 삶에 대한 깨달음

* **구성**

처음	월동 장구를 버리고 봄날을 맞아 자전거 여행을 준비함.
중간	자전거 여행을 하며 동백꽃, 매화, 산수유, 목련의 개화와 낙화 과정을 바라봄.
끝	꽃들의 개화와 낙화를 통해 봄이라는 계절의 의미와 삶의 시간에 대해 생각함.

[B] 선을 가득 메우고도 군집으로서의 현란한 힘을 이루지 않는다. 동백은 한 송이의 개별자로서 제각기 피어나고, 제각기 떨어진다. 동백은 떨어져 죽을 때 주접스런 꼴을 보이지 않는다. 절정에 도달한 그 꽃은, 마치 백제가 무너지듯이, 절정에서 문득 추락해 버린다. '눈물처럼 후드득' 떨어져 버린다.
_{동백의 낙화에 대한 감각적 묘사}

[C] 돌산도 율림리 정미자 씨 집 마당에 매화가 피었다. 1월 중순에 눈 속에서
_{글쓴이가 자전거를 타고 꽃들의 개화와 낙화 과정을 마주한 장소 ②}
봉오리가 맺혔고, 이제 활짝 피었다. 매화는 잎이 없는 마른 가지로 꽃을 피운다. **나무가 몸속의 꽃을 밖으로 밀어내서**, 꽃은 뿜어져 나오듯이 피어난다. 매화는 피어서 군집을 이룬다. 꽃 핀 매화 숲은 구름처럼 보인다. 이 꽃구름은 그 경계선이 흔들리는 봄의 대기 속에서 풀어져 있다. 그래서 매화의 구름은 혼곤하고 몽롱하다. 이것은 신기루다. 매화는 질 때, 꽃송이가 떨어지지 않고 꽃잎 한 개 한 개가 낱낱이 바람에 날려 산화(散華)한다. 매화는 바람
_{매화 숲의 비유}
에 불려 가서 소멸하는 시간의 모습으로 꽃보라가 되어 사라진다. 가지에서 떨어져서 땅에 닿는 동안, 바람에 흩날리는 그 잠시 동안이 매화의 절정이고,
_{매화 꽃잎의 비유}
매화의 죽음은 풍장이다. 배꽃과 복사꽃과 벚꽃이 다 이와 같다.
_{꽃이 질 때 가장 아름다운 매화}

[D] 선암사 뒷산에는 산수유가 피었다. 산수유는 다만 어른거리는 꽃의 그림자
_{글쓴이가 자전거를 타고 꽃들의 개화와 낙화 과정을 마주한 장소 ③} _{수수하고 은근한 산수유의 빛깔}
로서 피어난다. 그러나 이 그림자 속에는 빛이 가득하다. 빛은 이 그림자 속에 오글오글 모여서 들끓는다. 산수유는 존재로서의 중량감이 전혀 없다. 꽃송이는 보이지 않고, 꽃의 어렴풋한 기운만 **파스텔처럼 산야에 번져 있다.** 산수유가 언제 지는 것인지는 눈치채기 어렵다. 그 그림자 같은 꽃은 다른 모든 꽃들이 피어나기 전에, 노을이 스러지듯이 문득 종적을 감춘다. 그 꽃이 스러지는 모습은 나무가 지우개로 저 자신을 지우는 것과 같다. 그래서 산수유는 꽃이 아니라 나무가 꾸는 꿈처럼 보인다.
_{꿈처럼 사라지는 산수유}

[E] 산수유가 사라지면 목련이 핀다. 목련은 등불을 켜듯이 피어난다. 꽃잎을
_{화사하고 눈에 띄는 목련}
아직 오므리고 있을 때가 목련의 절정이다. 목련은 자의식에 가득 차 있다. 그 꽃은 존재의 중량감을 과시하면서 한사코 하늘을 향해 봉오리를 치켜올린다. 꽃이 질 때, 목련은 세상의 꽃 중에서 가장 남루하고 가장 참혹하다. 누렇
_{참혹하게 지는 목련}
게 말라비틀어진 꽃잎은 누더기가 되어 나뭇가지에서 너덜거리다가 바람에 날려 땅바닥에 떨어진다. 목련꽃은 냉큼 죽지 않고 한꺼번에 통째로 툭 떨어지지도 않는다. 나뭇가지에 매달린 채, 꽃잎 조각들은 **저마다의 생로병사를 끝까지 치러 낸다.** 목련꽃의 죽음은 느리고도 무겁다. 천천히 진행되는 말기 암 환자처럼, 그 꽃은 죽음이 요구하는 모든 고통을 다 바치고 나서야 비로소 떨어진다. 펄썩, 소리를 내면서 무겁게 떨어진다. 그 무거운 소리로 목련은
_{음성상징어를 통해 목련의 낙화를 와닿게 함}
살아 있는 동안의 중량감을 마감한다. 봄의 꽃들은 바람이 데려가거나 흙이 데려간다. 가벼운 꽃은 가볍게 죽고 무거운 꽃은 무겁게 죽는데, 목련이 지고
_{목련은 봄꽃들 중 가장 늦게 짐}
나면 봄은 다 간 것이다.
▶ 중간: 자전거 여행을 하며 동백꽃, 매화, 산수유, 목련의 개화와 낙화 과정을 바라봄.

향일암 앞바다의 동백꽃은 사람을 쳐다보지 않고, 봄빛 부서지는 먼바다를 쳐다본다. 바닷가에 핀 매화 꽃잎은 바람에 날려서 눈처럼 바다로 떨어져 내린다.

매화 꽃잎 떨어지는 봄 바다에는, 나고 또 죽는 시간의 가루들이 수억만 개의
　　　　　　　　　꽃이 떨어지는 모습과 시간, 삶을 연결해서 인식함
물비늘로 반짝이며 명멸을 거듭했다. 사람의 생명 속을 흐르는 시간의 풍경도 저러할 것인지는 알 수 없었으나, 봄 바다 위의 그 순결한 시간의 빛들은 사람의 손가락 사이를 다 빠져나가서 사람이 그것을 움켜쥘 수 없을 듯싶었고, ④ 그 손댈수 없는 시간의 바다 위에 꽃잎은 막무가내로 쏟아져 내렸다.
　　　　　　　　　　낙화는 절대 막을 수 없음
봄은 숨어 있던 운명의 모습들을 가차 없이 드러내 보이고, 거기에 마음이 부
　　흐르는 시간을 절대 멈출 수 없음
대끼는 사람들은 봄빛 속에서 몸이 파리하게 마른다. 봄에 몸이 마르는 슬픔이
　　　　　　　　　　　　　　　　　　　　　봄이 주는 슬픔
춘수(春瘦)다.

▶ 끝: 꽃들의 개화와 낙화를 통해 봄이라는 계절의 의미와 삶의 시간에 대해 생각함

– 김훈, 〈꽃 피는 해안선〉 –

● 확인 문제

[1-2] (가)에 대한 설명이다. 맞으면 ○, 틀리면 ✕ 표 하시오.

1 글쓴이는 산의 풍경을 보며 의지와 기개를 키우고는 했다.

2 글쓴이는 자신이 만든 석가산에 대해 자부심을 느끼고 있다.

[3-4] (나)에 대한 설명이다. 맞으면 ○, 틀리면 ✕ 표 하시오.

3 글쓴이는 산수유를 나무가 꾸는 꿈이라고 보고 있다.

4 글쓴이는 목련꽃의 죽음은 빠르고 가볍다고 생각하고 있다.

[5-6] (가), (나)와 관련하여 빈칸에 들어갈 적절한 내용을 쓰시오.

5 (가)에서 글쓴이는 나이가 든 뒤에 산에 가는 대신 □□□를 감상하였다.

6 (나)에서 글쓴이는 □□의 낙화를 백제가 무너지는 것에 비유하였다.

확인 문제 정답	1 ○　　2 ○　　3 ○　　4 ✕　　5 산수화　　6 동백

01

(가)의 글쓴이에 대한 이해로 가장 적절한 것은?

① 큰 것과 작은 것, 진짜와 가짜를 구별할 필요가 없다고 생각하여 자신의 가짜 샘물을 매우 좋아하였다.

② 산을 좋아하여 명산의 정상까지 올라가서 넓은 세상과 산수의 아름다움을 보고 느낀 점을 기록해두었다.

③ 나이가 들고 다리에 힘이 빠져 잘 걷지 못하게 되자 유명한 산수화를 모아 벽에 걸어 두고 감상하며 매우 만족하였다.

④ 별장의 담장 바위틈에서 흐르는 샘물이 맛이 달고 시원하여 뒤편에 땅을 높이고 가산 앞으로 물이 흐르도록 폭포를 만들었다.

⑤ 봉래산과 방장산을 축소한 것 같은 석가산을 자기 별장에 직접 만들어 놓고는 세상의 어떤 즐거움과도 바꾸지 않을 것을 밝혔다.

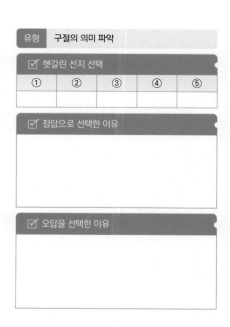

02

㉮와 ㉯에 대한 설명으로 가장 적절한 것은?

① ㉮와 ㉯는 모두 글쓴이가 글쓴이의 주변인들과의 의견 차이를 극복하는 힘이 된다.

② ㉮와 ㉯는 모두 글쓴이에게 시간과 공간에 구애받지 않는 자신을 목표로 삼게 만든다.

③ ㉮는 글쓴이의 경험 속에서 새롭게 통찰한 지혜지만, ㉯는 글쓴이의 믿음을 경험에 적용한 결과다.

④ ㉮는 글쓴이가 행복과 만족을 느끼는 이유가 되지만, ㉯는 글쓴이가 슬픔과 애상을 느끼는 이유가 된다.

⑤ ㉮는 글쓴이에게 무한한 존재의 자부심을 느끼게 하지만, ㉯는 글쓴이에게 유한한 존재의 무상함을 느끼게 한다.

03

(가)와 (나)의 공통점으로 가장 적절한 것은?

① 환상적인 공간을 배경으로 설정하여 주제를 강조하고 있다.
② 대상의 모습을 보며 자기 삶에 대한 자부심을 드러내고 있다.
③ 유명인의 일화를 인용하여 대상에 대한 새로운 깨달음을 발견하고 있다.
④ 대상의 형태나 모습을 묘사하고 그에 따른 자신의 생각을 전달하고 있다.
⑤ 아직 일어나지 않은 상황을 가정하여 현재 처한 상황을 여러 관점으로 평가하고 있다.

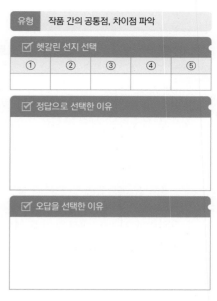

04

(가)와 (나)에 대한 설명으로 가장 적절한 것은?

① (가)와 (나)는 시간의 흐름에 따라 변화하는 대상들의 모습과 그 차이점을 강조하고 있다.
② (가)와 (나)는 대상의 모습을 구체적이고 사실적으로 제시하여 전체 규모에 대한 정보를 전달하고 있다.
③ (가)는 대상의 아름다움을 감상하는 공간을, (나)는 대상의 아름다움을 소개하는 공간을 설명하고 있다.
④ (가)는 글쓴이에게 다양한 감각적 즐거움을 제공하는 대상을, (나)는 글쓴이의 회한을 유발하는 장소를 소개하고 있다.
⑤ (가)는 행위들을 연속적으로 제시하여 대상을 만드는 과정을, (나)는 감각적인 비유를 활용하며 글쓴이의 참신한 시각을 드러내고 있다.

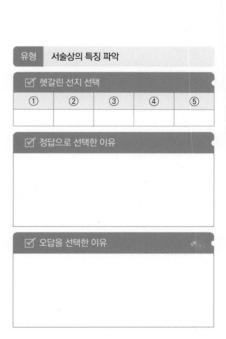

05

<보기>를 바탕으로 (나)를 감상한 내용으로 적절하지 <u>않은</u> 것은?

유형 | 외적 준거에 따른 작품 감상

헷갈린 선지 선택

①	②	③	④	⑤

정답으로 선택한 이유

오답을 선택한 이유

보기

　'묘사'란 글쓴이가 대상으로부터 받은 인상이나 느낌을 마치 그림을 그리듯 언어적으로 서술하는 서술 방식을 말한다. 이러한 묘사는 특정 시·공간에 위치한 대상의 모습을 객관적이고 사실적으로 드러내는 설명적 묘사와 감각적인 비유를 활용하여 대상에 대한 글쓴이의 참신한 시각을 드러내는 암시적 묘사로 나눌 수 있다. 한편, 대상 전체의 모습을 포괄적으로 전달하거나 대상을 이루는 부분들 중 글쓴이가 주목한 특징적 모습을 드러낼 때에도 묘사가 활용되는데, 글쓴이는 이러한 묘사를 활용하여 독자들이 대상을 간접 체험할 수 있는 경험을 제공하고, 대상과 관련된 자신의 정서를 생생하게 전달한다.

① [A]에서 자전거를 타며 바람을 맞는 느낌을 '온몸의 숨구멍이 바람 속에서 열렸다'고 표현함으로써, 독자들이 그 순간의 감각을 간접적으로 경험하게 했군.

② [B]에서 특정한 상태에 있는 동백의 모습을 음성상징어를 이용하여 객관적으로 제시함으로써, 글쓴이가 낙화에서 느끼는 비감을 드러내고 있군.

③ [C]에서 매화가 꽃을 피우는 것을 '나무가 몸속의 꽃을 밖으로 밀어내서' 피어난다고 표현함으로써, 개화하는 매화에 대한 글쓴이의 시각을 드러내고 있군.

④ [D]에서 산수유가 넓게 퍼져 있는 것을 '파스텔처럼 산야에 번져 있다'고 표현함으로써, 산수유 핀 산 전체의 포괄적인 모습을 전달하고 있군.

⑤ [E]에서 목련의 꽃잎을 '저마다의 생로병사를 끝까지 치러 낸다'고 표현함으로써, 목련을 이루는 일부분의 특징적인 모습을 전달하고 있군.

06

ⓐ에 드러난 글쓴이의 태도와 가장 유사한 것은?

① 눈 마자 휘어진 대를 뉘라셔 굽다턴고
　구블 절(節)이면 눈 속에 프를소냐.
　아마도 세한고절(歲寒孤節) 너 뿐인가 ᄒ노라.　　　　　　　　　- 원천석

② 청산(青山)도 절로절로 녹수(綠水)도 절로절로
　산(山) 절로 물 절로 산수간(山水間)에 나도 절로
　그중에 절로 자란 몸이 늙기도 절로절로　　　　　　　　　　　- 송시열

③ 노래 삼긴 사름 시름도 하도 할샤.
　닐러 다 못 닐러 불러나 푸돗든가.
　진실로 플릴 거시면은 나도 불러 보리라.　　　　　　　　　　- 신흠

④ 가노라 삼각산(三角山)아 다시 보자 한강수(漢江水)야
　고국 산천(故國山川)을 떠나고쟈 하랴마는
　시절(詩節)이 하 수상(殊常)하니 올동 말동 ᄒ여라.　　　　　　- 김상헌

⑤ 님 그려 겨오 든 잠에 쑴자리도 두리숭숭
　그리던 님 잠간 만나 얼풋 보고 어드러로 간거이고 잡을 거슬
　잠쎄여 겻테 업스니 아조 간가 ᄒ노라.　　　　　　　　　　- 작자 미상

유형　작가의 관점, 주제의식 파악

☑ 헷갈린 선지 선택

①	②	③	④	⑤

☑ 정답으로 선택한 이유

☑ 오답을 선택한 이유

07　서답형 문제

<보기>에서 설명하는 대상을 (나)에서 찾아 쓰시오.

보기

- 겨울부터 봄까지 계속 글쓴이와 함께 했다.
- 글쓴이가 해안선을 따라 바람을 느낄 수 있게 한다.

유형　소재의 기능 파악

☑ 정답으로 선택한 이유

정답 및 해설 p.41

핵심정리

＊ 주제

풍년을 맞이한 풍요로운 추석 정경과 가난한 농민이 겪는 비참한 상황

＊ 구성

첫 부분	풍년을 맞이한 풍요로운 추석 정경
둘째 부분	굶주려 죽은 남편을 애도하는 과부의 모습

＊ 해제

이 작품은 구한말의 문인 이건창이 26세 때인 1877년에 지은 서사 한시이다. 작가는 당시 충청도 암행어사로 나가서 권세에 굴하지 않고 지방 관아의 비리를 매섭게 처리한 것으로 유명한 일화를 남겼다. 그 때 직접 보고 들은 일을 제재로 삼아 쓴 작품 중 하나가 이 작품이다. 시는 크게 두 부분으로 나뉘어 있다. 첫 부분은 '지난해'의 참혹한 흉년을 겪고도 살아남은 농민들이 부지런히 농사를 지어 풍년을 구가하는 내용이다. 여기서 '지난해'는 1876년인데, '병자년 기근'이라 하여 조선 후기에 가장 혹심했던 흉년을 기록했던 해이다. 둘째 부분에서는 시적 분위기가 어둡고 슬퍼진다. 유복자를 안은 과부의 사연이 진술된다. 그의 남편은 굶주려 죽을 지경인데도 끝까지 종자로 쓸 곡식을 먹지 않고 간수하여 봄에 논에 파종하고 곡식을 가꾸다가 그만 기운이 다해 목숨을 잃고 만다. 굶주려 죽은 남편의 시신은 땅속에서 썩어 가고 남편이 자신의 목숨을 희생해 심은 곡식은 무럭무럭 자라나는 역설적인 장면은 당대의 농민들이 겪어야 했던 비극적 상황을 절절하게 보여준다.

＊ 서울과 시골의 대비

	서울	시골
경제적 조건	부귀한 사람들이 사는 곳	빈천한 사람들이 사는 곳
추석의 의미	추석 외에도 즐길 수 있는 명절이 있음. (철따라 명절을 챙김.)	추석 같은 명절이 또 없음. (다른 명절을 챙길 여유가 없음.)

※ 다음 글을 읽고, 물음에 답하시오.

서울이야 부귀한 사람들 모인 곳이라　京師富貴地
철따라 명절을 챙기지만　四時多佳節
시골은 빈천한 사람들　鄕里貧賤人
(가난하고 신분이 낮음)
㉠ 추석 같은 명절 또 있으랴!　莫如仲秋日
(의문형 표현을 사용하여 농민에게 추석이 갖는 의미를 강조함)

「가을날 햇빛이 맑게 비치고　秋日有淸暉
(「」: 낮과 밤의 아름다운 가을 풍경을 배경으로 하여 농민이 느끼는 소외감, 상대적 박탈감을 나타냄)
가을밤 달이 밝게 떠서　秋宵有明月
㉡ 풍경이 참으로 아름답지만　風景固自佳
우리들 위해 만들어진 건 아니지.」　非爲我輩設

「보이나니 사방으로 트인 들판에　但見四野中
(「」: 풍년을 맞이하여 먹을 것이 많은 농촌의 풍경)
좋은 곡식 이삭을 드리우니　嘉穀正垂實
올벼는 벌써 타작마당 올랐고　早禾已登場
(제철보다 일찍 여무는 벼)
콩과 팥도 따로 거두고　豆菽亦採擷
마당가에 해바라기씨 털어 내고　中庭剝旅葵
뒤뜰에선 알밤을 깐다네.」　後園摘苞栗

「둥그런 질화로에　團團土火罏
(「」: 배불리 먹고 이야기 나누는 화목한 가족의 모습)
고주배기* 벌겋게 타올라　吹扇紅榾柮
밥 짓고 국 끓여서　煑飯作羹湯
온 가족 실컷 먹고 마시네　大家劇啗啜
한번 배가 부르매 기분이 늘어져서　一飽便意氣
떠들썩 이런저런 이야기꽃 피네.」　散漫雜言說

지난해 큰 흉년 만났을 젠　去年大凶年
아주 죽어 못 살 듯싶더니만　幾乎死不活
금년엔 대풍이 들었어　今年大豊年
㉢ 하늘이 사람을 영영 죽이실 리 있겠나.　天意固不殺
(큰 흉년이 있은 뒤 풍년이 와서 다행스러워 하는 마음, 농사가 잘되면 하늘의 뜻으로 여겨 하늘에 감사해하는 농민들의 순박한 마음이 드러남)

(중략)

▸ 첫부분: 풍년을 맞이한 풍요로운 추석 정경

「앞마을엔 **막걸리 거르고**　南里釀白酒
(「」: 풍년이 든 해의 추석을 즐기는 농민들의 넉넉하고 흥성거리는 모습)
뒷마을엔 **누렁소 잡는**데」　北里宰黃犢

「홀로 서촌의 어느 집에　獨有西隣家
(「」: 앞서 제시된 넉넉하고 흥성거리는 추석 정경과 대비되는 모습)
섧디섧게 밤새도록 곡을 하는고.」　哀哀終夜哭
곡하는 이 누군가 물어보니　借問哭者誰
유복자 안은 홀어미라네.　寡婦抱遺腹
(태어나기 전에 아버지를 여읜 자식)

서방님이 살아 계실 적엔 _{'유복자 안은 홀어미'의 남편}	夫君在世日
두 식구가 이 한 집 지켜 _{짚을 엮어 네모지게 만든 큰 깔개}	兩口守一屋
문전의 멍석만 한 땅에서 _{소유한 농토가 적은 가난한 농가임을 나타냄}	門前一席地
매해 벌어서 근근이 풀칠은 하였는데 _{겨우 끼니를 이어 가는 일}	歲收僅糜粥
지난해 가을 서리 일찍 내려 _{앞에 언급된 '지난해 큰 흉년'을 말함}	去年秋早霜
비로 쓴 듯 콩 반쪽도 구경 못 했다오. _{소나무의 속껍질}	掃地無半菽
겨와 밀기울에 송기를 섞어 먹어도 _{밀을 빻아 체로 쳐서 남은 찌꺼기}	糠麩雜松皮
겨울나기 부족하였지요. _{큰 흉년 때문에 가족이 굶주리는 모습}	過冬猶不足
봄이 오자 부잣집에 가서	春來向富人
나락을 구걸하여 한 줌 얻어다가 _{종자로 쓸 곡식을 얻어 옴}	乞禾得滿匊
「한 톨도 먹기 아까워 _{『 』: 농사를 무엇보다 중요하게 여기는 농부의 마음}	一粒惜不嚼
고스란히 간직했다 종자로 쓰고 나니」	持爲種田穀
「근력은 날로 쇠약해지고 _{『 』: 종자로 쓸 곡식을 지키기 위해 굶주림을 견디고 농사를 짓다 쇠약해져 가는 남편의 모습}	氣力日以微
위와 창자 날로 오그라들고」	腸胃日以縮
굶거나 먹거나 함께하였는데	同是一般飢
이 몸은 나무둥치처럼 모진지……	妾何頑如木
홀연히 서방님만 저세상으로 보내어 _{흉년과 기근 때문에 남편이 목숨을 잃음}	却送夫君去
앞산 기슭에 내 손으로 묻었다오. _{가난 탓에 제대로 장례를 치르지도 못한 비극적 상황}	去埋前山麓
앞산에 묻힌 사람 썩어 갈 때에 _{세상을 떠난 남편}	埋人人骨朽
㉣ 논에 심은 곡식은 익어 갔다오.	種穀穀頭熟
벼 이삭 익은들 무엇하리오? _{의문형 표현을 통해 남편의 부재에서 비롯한 상실감을 강조}	穀頭熟何爲
차마 보지 못해 문 닫고 들어앉아	閉門不忍目
차라리 따라 죽자 해도	卽欲決相隨
젖먹이 어린것 두고 어이하리…… _{생을 포기하려는 마음을 어린 자식 때문에 억제하는 화자의 심리}	奈此兒匍匐
이 아이 비록 아비를 모르지만	兒雖不識父
단 하나 서방님의 혈육이니	猶是君骨肉
아이를 품에 안고 영위 앞에 고하다가 _{죽은 이의 이름을 적은 종잇조각, 상가에서 제사를 지낼 때 씀}	抱兒向靈語
말을 잇지 못하고 혼절하였는데	氣絶久不續
문득 문을 두들기는 소리	忽警吏打門
㉤ 아전이 세곡 바치라 외쳐 댄다. _{백성의 고통스러운 현실을 외면하는 가혹한 정치}	叫呼貢稅粟

▶ 둘째 부분: 굶주려 죽은 남편을 애도하는 홀어미의 모습

- 이건창, 〈전가추석〉 -

* **고주배기**: 땔감으로 사용한 나무 그루터기.

_{* 〈전가추석〉의 서사 구조}

시간적 배경: 풍년인 추석

앞마을, 뒷마을		서촌의 어느 집
마을 사람들이 풍요로운 명절을 즐김.	⟷	유복자를 안은 홀어머니가 슬픔에 잠겨 있음.

_{* 다양한 서술 주체}

서술 주체	진술 내용
마을 사람	지난해, 큰 흉년을 견디고 풍년을 맞은 농민들의 풍성하고 흥성거리는 모습
홀어미	지난해, 큰 흉년 때문에 굶주리며 농사 짓다 쇠약해져 세상을 떠난 불쌍한 남편의 이야기
작품 밖 서술자	• 풍년과 추석을 맞은 마을 사람들의 흥겨운 모습과 죽은 남편을 애도하는 서촌 홀어미의 가련한 모습을 한꺼번에 조망함. • 백성들의 고통스러운 현실을 외면하고 가혹하게 세금을 거두는 비인간적인 정치 행태를 드러냄.

_{* 병자년(1876) 대기근}

1876(고종 13)년 전국에 큰 흉년으로 인해 발생한 대기근으로, 그 정도가 유례없이 심해 이후 심한 흉년을 일컫는 말로 '병자년 흉년'이라는 표현이 쓰였다. 〈전가추석〉의 배경은 이러한 흉년을 겪은 이듬해 농촌이다.

[1-6] 윗글의 내용에 대한 설명이다. 맞으면 ○, 틀리면 ✕표 하시오.

1 경제적 조건을 기준으로 하여 서울과 시골을 대비하고 있다.

2 농민들은 흉년 이후에 풍년이 들어 하늘에 감사하고 있다.

3 홀어미는 추석을 즐기는 농민들과 어울려 음식을 지었다.

4 홀어미는 가난 때문에 남편의 장례를 제대로 치르지 못하였다.

5 홀어미는 자식을 두고 먼저 생을 포기하려다가 마음을 고쳤다.

6 아전은 홀어미의 사정을 듣고 연민의 마음을 품었다.

[7-10] 윗글의 내용과 관련하여 빈칸에 들어갈 적절한 내용을 쓰시오.

7 서울은 철따라 명절을 챙기지만, 시골은 □□ 외의 명절을 즐길 여력이 없다.

8 홀어미의 가족은 가을 □□ 때문에 농사를 망쳐 굶주렸다.

9 홀어미네는 부잣집에서 종자로 쓸 □□을 구걸해 왔다.

10 홀어미는 죽은 남편을 □□ 기슭에 묻었다.

| 확인 문제 정답 | 1 ○ | 2 ○ | 3 ✕ | 4 ○ | 5 ○ | 6 ✕ | 7 추석 | 8 서리 | 9 나락 | 10 앞산 |

01

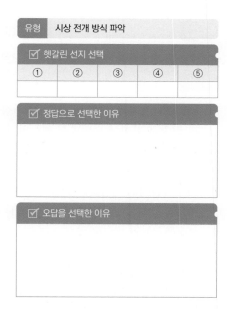

윗글의 내용에 대한 이해로 가장 적절한 것은?

① 작품 안과 밖에서 다양한 서술 주체가 등장하여 여러 시적 분위기를 전달하고 있다.

② 서울과 다른 시골의 형편을 드러내며 탐관오리들의 모습을 구체적으로 나열하고 있다.

③ 특정 계절을 배경으로 명절날의 풍경과 여유로운 모습을 관념적으로 표현하여 전달하고 있다.

④ 농민의 삶과 관련된 소재를 활용하여 농민들의 일상적인 삶의 모습을 해학적으로 표현하고 있다.

⑤ 인물 사이의 대화를 직접 인용하여 문제의 원인을 분석하고 이에 대한 해결방안을 모색하고 있다.

02

㉠~㉤에 대한 이해로 적절하지 않은 것은?

① ㉠: 의문형 표현을 사용하여 시골의 빈천한 사람들에게 추석이 가지는 의미를 강조하고 있다.

② ㉡: 아름다운 가을 풍경을 통해 시골 농민들이 느끼는 소외감을 더욱 강조하고 있다.

③ ㉢: 풍년을 하늘의 뜻으로 알고 고마워하는 농민들의 소박한 심성을 드러내고 있다.

④ ㉣: 농사를 통해 얻은 결실에 대한 감사함으로 고통스러운 삶을 극복하고 있다.

⑤ ㉤: 백성들의 고통스러운 현실을 외면하는 지배층의 모습에 대한 비판적인 인식을 드러내고 있다.

03

유형 | 외적 준거에 따른 작품 감상

<보기>를 참고하여 윗글을 감상한 내용으로 적절하지 <u>않은</u> 것은?

☑ 헷갈린 선지 선택

①	②	③	④	⑤

☑ 정답으로 선택한 이유

☑ 오답을 선택한 이유

> **보기**
>
> 한시는 개인의 정감을 드러내는 서정시가 주류이지만 조선 후기에 들어 체제 모순과 정치 혼란이 심화되면서 백성의 고단한 삶과 사회 모순을 사실적으로 이야기하는 서사 한시가 한시의 주된 경향 중 하나로 자리 잡기 시작한다. 이건창의 〈전가추석〉은 구한말에 창작된 대표적인 서사 한시이다.
>
> 이 작품에는 개별화된 인물이 등장하고 사건의 진행이 나타난다는 점에서 일정한 서사성을 띠고 있다. 또한 같은 시간, 다른 공간에서 발생하는 두 장면을 축약하여 보여줌으로써 농민이 겪는 슬픔을 보다 선명하게 제시하고 있다.

① '서울'과 '시골'의 사람들의 추석을 대조하여 언급한 것은 개인의 정감이 아니라 조선 후기 사회의 모순을 드러내기 위함이다.

② '올벼는 벌써 타작마당 올랐고', '뒤뜰에선 알밤을 깐다'고 표현한 것은 지난해의 흉년을 견뎌 내고 풍년을 맞이한 농민들의 모습을 사실적으로 드러내기 위함이다.

③ '막걸리 거르고', '누렁소 잡는' 풍경 이후에 '섧디섧게 밤새도록 곡을 하는' 홀어미의 사연을 제시한 것은 개인의 정감을 강조하기 위함이다.

④ '문전의 멍석만 한 땅'을 경작하며 살던 홀어미의 남편이 지난해 흉년으로 인해 죽은 상황을 드러낸 것은 서로 다른 공간의 분위기를 대조하기 위함이다.

⑤ '말을 잇지 못하고 혼절'한 홀어미의 비극적인 모습을 표현한 것은 사건의 진행과 관련된 것으로 일정한 서사성을 드러내기 위함이다.

04

윗글과 <보기>의 상황을 비교하여 감상한 내용으로 가장 적절한 것은?

보기

제비 한 마리 처음 날아와
지지배배 그 소리 그치지 않네
말하는 뜻 분명히 알 수 없지만
집 없는 서러움을 호소하는 듯
"느릅나무 홰나무 묵어 구멍 많은데
어찌하여 그곳에 깃들지 않니?"
제비 다시 지저귀며
사람에게 말하는 듯
"느릅나무 구멍은 황새가 쪼고
홰나무 구멍은 뱀이 와서 뒤진다오."

- 정약용, 〈고시 8〉

① 윗글과 달리 <보기>는 인간과 동물을 대비하여 현실을 풍자하고 있다.
② <보기>와 달리 윗글은 역사적 인물을 등장시켜 비극성을 드러내고 있다.
③ 윗글과 <보기> 모두 객관적 상관물을 활용하여 지배층을 비판하고 있다.
④ 윗글과 <보기> 모두 서로 반대되는 대상을 등장시켜 시적 화자의 감정을 강조하고 있다.
⑤ 윗글과 <보기>는 모두 시적 화자의 발화를 제시하여 작품 속 부정적인 상황을 드러내고 있다.

05 서답형 문제

<보기>에서 설명하는 시구를 윗글에서 찾아 쓰시오.

보기

의문형 표현을 통해 남편의 부재에서 비롯한 상실감을 강조하는 시구이다.

정답 및 해설 p.43

핵심정리

 김남조, 〈생명〉

* 주제
혹독한 시련을 통해 완성되는 생명의 속성과 본질

* 구성

1연	혹독한 추위 속에서 움트는 생명
2연	고통을 통해 완성되는 진리
3연	고통을 통해 새로운 생명을 준비하는 겨울나무
4연	고통과 시련의 소중한 가치
5연	혹독한 추위 속에서 움트는 생명

* 해제
이 시는 혹독한 추위가 몰아치는 겨울을 배경으로 초록의 겨울 보리를 관찰하게 된 화자의 정서와 이로 인해 촉발된 인식의 확장을 드러내고 있는 작품이다. 화자는 혹독한 추위 속에 움트고 있는 생명의 모습과 겨울나무를 관찰하며, 고통과 시련의 경험을 통해 진리에 다가갈 수 있으며 성숙한 영혼이 될 수 있음을 환기하고, 혹독한 시련의 계절인 겨울을 역설적으로 인식하고 있다.

* 자연적 현상과 인식의 확장

자연적 현상
겨울 보리는 혹독한 추위 속에서 자라고, 겨울나무는 고통을 통해 새로운 생명을 준비함.

↓

인간사
고통과 시련을 통해 성숙한 영혼이 될 수 있음.

※ 다음 글을 읽고, 물음에 답하시오.

가

생명은

추운 몸으로 온다
◯: 반복을 통한 시적 의미의 강조
벌거벗고 언 땅에 꽂혀 자라는
척박한 환경, 혹독한 추위
초록의 겨울 보리,
생명력을 느끼게 하는 존재
생명의 어머니도 먼 곳

추운 몸으로 왔다

인식의 확장(자연 → 진실)
▶ 1연: 혹독한 추위 속에서 움트는 생명

㉠ 진실도

부서지고 불에 타면서 온다

버려지고 피 흘리면서 온다
△: 시련과 고통
▶ 2연: 고통을 통해 완성되는 진리

겨울나무들을 보라
혹독한 추위를 이겨 내고 봄을 준비하는 대상. 개성적 인식(잎이 떨어지는 현상을 자기 수양과 자연의 섭리로 인식함)
추위의 면도날로 제 몸을 다듬는다

잎은 떨어져 먼 날의 섭리에 불려 가고

줄기는 이렇듯이

충전 부싯돌임을 보라
▶ 3연: 고통을 통해 새로운 생명을 준비하는 겨울나무

금 가고 일그러진 걸 사랑할 줄 모르는 이는

친구가 아니다
시련과 고통의 가치를 모르는 존재, 대칭 구조
상한 살을 헤집고 입 맞출 줄 모르는 이는

친구가 아니다
▶ 4연: 고통과 시련의 소중한 가치

생명은

추운 몸으로 온다

열두 대문 다 지나온 추위로

하얗게 드러눕는
시각적 이미지
함박눈 눈송이로 온다
▶ 5연: 혹독한 추위 속에서 움트는 생명

— 김남조, 〈생명〉 —

나

추위가 칼날처럼 다가든 새벽
　　　　　　시간적 배경
무심히 커튼을 젖히다 보면
　　　우연한 발견
유리창에 피어난, 아니 이런 황홀한 꿈을 보았나
　　　　　　　　　　역설적 상황 인식
세상과 나 사이에 밤새 누가
□: '성에 꽃'을 표현한 시구
이런 투명한 꽃을 피워 놓으셨을까

들녘의 꽃들조차 제 빛깔을 감추고

씨앗 속에 깊이 숨죽이고 있을 때

이내 스러지는 니르바나의 꽃을
　　　　　　신의 섭리로 핀 꽃이라는 인식이 전제됨
저 얇고 날카로운 유리창에 누가 새겨 놓았을까
→ 생명이 잦아드는 혹독한 겨울　　　　　▶ 1~9행: 추운 겨울 창가에서 발견하게 된 '성에 꽃'의 아름다움

허긴 ⓒ 사람도 그렇지

「가장 가혹한 고통의 밤이 끝난 자리에
　　　　　인식의 확장
가장 눈부시고 부드러운 꿈이 일어서지」
　　　　　　　　　　「」: 인간사의 진리　　▶ 10~12행: 자연의 섭리를 통해 깨닫게 되는 인간사의 진실
새하얀 신부 앞에 붉고 푸른 색깔들 입 다물듯이
눈과 얼음의 이미지를 미화함
들녘의 꽃들 모두 제 향기를

씨앗 속에 깊이 감추고 있을 때

어둠이 스며드는 차가운 유리창에 이마를 대고

누가 저토록 슬픈 향기를 새기셨을까
　　　　　절대자의 섭리에 대한 경외심이 드러남
한 방울 물로 스러지는

불가해한 비애의 꽃송이들을

　　　　　　　　　　▶ 13~19행: 혹독한 추위 속에 피어 있는 '성에 꽃'

　　　　　　　　　　　　- 문정희, 〈성에 꽃〉 -

나 문정희, 〈성에 꽃〉

＊ 주제

추운 겨울에 핀 '성에 꽃'을 통해 발견하는 인간사의
진실

＊ 구성

1~9행	추운 겨울 창가에서 발견하게 된 '성에 꽃'의 아름다움
10~12행	자연의 섭리를 통해 깨닫게 되는 인간사의 진실
13~19행	혹독한 추위 속에 피어 있는 '성에 꽃'

＊ 해제

이 시는 추운 겨울 새벽 유리창에 서린 '성에 꽃'을
보며, '성에 꽃'의 아름다움에 대한 감탄과 인간사의
진실을 형상화하고 있는 작품이다. 화자는 혹독한 겨
울의 추위 속에 핀 '성에 꽃'을 보며 자연의 섭리를
깨닫고, 그 아름다움에 감탄한다. 그리고 화자는 이
러한 자연의 섭리를 인간의 삶으로 확장하여 인간 역
시 시련을 극복한 후에 더욱 성숙한 영혼으로 성장할
수 있다는 진실을 깨닫고 있다.

＊ 자연적 현상과 인식의 확장

자연적 현상
추운 겨울 유리창에 '성에 꽃'이 피어남.

↓

인간사
가장 가혹한 고통의 밤이 끝난 자리에 가장 눈부시고 부드러운 꿈이 일어남.

1 화자는 겨울 보리로부터 생명력을 느끼고 있다.

2 화자는 겨울나무의 잎이 떨어지는 것을 보며 안타까움을 느끼고 있다.

3 화자는 고통과 시련을 소중한 가치로 여기고 있다.

4 시간적 배경은 새벽이다.

5 화자는 창문의 성에 꽃을 지우기 위해 애쓰고 있다.

6 화자는 눈과 얼음을 꽃과 대비하고 있다.

7 (가)에서 화자는 □□이 부서지고 피 흘리면서 온다고 말하고 있다.

8 (가)에서 화자는 생명이 □□□ □□□로 온다고 말하고 있다.

9 (나)에서 화자는 성에 꽃을 보며 □□ 역시 시련을 겪어야 꿈이 일어선다고 인식을 확장하고 있다.

10 (나)에서 화자는 성에 꽃을 '불가해한 □□의 꽃송이들'로 표현하고 있다.

확인 문제 정답	1 ○	2 ×	3 ○	4 ○	5 ×	6 ×	7 진실	8 함박눈 눈송이	9 사람	10 비애

01

유형 작품 간의 공통점, 차이점 파악

(가)와 (나)의 공통점으로 가장 적절한 것은?

① 계절적 배경을 바탕으로 대상에 대한 관찰을 드러내고 있다.

② 독백적 어조를 사용하여 대상에 대한 그리움을 드러내고 있다.

③ 공간의 대비를 사용하여 바람직한 삶의 자세를 드러내고 있다.

④ 반어적 표현을 사용하여 삶에 대한 화자의 의지를 나타내고 있다.

⑤ 가상의 상황을 설정하여 화자의 심리가 변화하는 양상을 드러내고 있다.

유형	작품 간의 공통점, 차이점 파악

☑ 헷갈린 선지 선택

①	②	③	④	⑤

☑ 정답으로 선택한 이유

☑ 오답을 선택한 이유

02

㉠과 ㉡에 대한 이해로 가장 적절한 것은?

① ㉠과 ㉡은 새로운 탄생을 위한 통과 의례적인 기능을 한다.

② ㉠과 ㉡은 인식의 확장을 통해 주제 의식을 강조하는 역할을 한다.

③ ㉠은 ㉡과 달리 화자의 의지로 개입할 수 없는 자연 현상임을 의미한다.

④ ㉡은 ㉠과 달리 고통스러운 현실을 살아가는 인간사의 진실을 의미한다.

⑤ ㉠은 ㉡과 달리 시상 전환을 통해 생명에 대한 깨달음을 전달하는 기능을 한다.

유형	시어의 비교와 대조

☑ 헷갈린 선지 선택

①	②	③	④	⑤

☑ 정답으로 선택한 이유

☑ 오답을 선택한 이유

<보기>를 바탕으로 (가)를 감상한 내용으로 적절하지 <u>않은</u> 것은?

> **보기**
>
> 　김남조의 〈생명〉은 생명의 속성을 자연물로 형상화하여 화자가 추구하는 삶의 방향을 드러내고 있다. 화자는 생명이란 고통을 동반할 수 밖에 없는 것임을 보여 주며 삶의 진실 또한 이와 다르지 않음을 강조한다. 또한 생성과 소멸이라는 이중적인 속성을 가진 자연물의 모습을 통해, 고통을 감내하며 또 다른 생성을 준비하는 생명의 속성을 드러낸다.

① '초록의 겨울 보리'는 벌거벗고 언 땅에서 자라나는 자연물의 모습으로 화자가 겨울을 역설적으로 인식하게 하는 계기를 제공하는군.

② '겨울나무들'은 우리들이 일상에서 마주하는 대상으로 생명의 속성을 드러내기 위한 자연물이군.

③ '추위의 면도날'은 혹독한 고통과 시련의 경험을 의미하는 것으로 생성과 소멸이라는 생명의 이중적인 속성을 드러내는군.

④ '금 가고 일그러진 걸 사랑할 줄 모르는 이'는 화자가 추구하는 삶의 방향에 맞지 않는 대상이군.

⑤ '함박눈 눈송이'는 생명이 오기 전에 반드시 선행되고 있다는 점에서 시련을 인내하는 생명의 속성을 드러내눈군.

　　서답형 문제

<보기>에서 설명하는 단어를 (나)에서 찾아 3음절로 쓰시오.

> **보기**
>
> 　(나)에서 추운 겨울 유리창에 나타난 '성에 꽃'을 가리키는 말로, 화자에게 시련과 고통의 끝에 더욱 성숙한 것을 얻을 수 있다는 인간사의 진실을 깨닫게 하는 역할

정답 및 해설 p.43

※ 다음 글을 읽고, 물음에 답하시오.

평생에 원하느니 다만 충효(忠孝)뿐이로다
　　평생토록 충효를 추구하고자 함
㉠ 이 두 일 말면 금수(禽獸)나 다르리야
　　충효를 인간으로서 마땅히 지켜야 할 도리로 생각함
마음에 하고자 하여 십재 황황(十載遑遑)*하노라
　　충효를 하고자 하여

　　　　　　　　　　　　　　　　　　　　　　　　　　　　<제1수>
　　　　　　　　　　　　　　　　　　　▶ 제1수: 충효를 추구하는 마음

비록 못 이뤄도 **임천(林泉)**이 좋으니라
　　　　　　　자연(대유법)
무심(無心) 어조(魚鳥)*는 자한한(自閑閑)하였더니

조만(早晩)에 세사(世事) 잊고 너를 좇으려 하노라
　　　　　　　　　　　'무심 어조'의 의인화 → 화자가 지향하는 삶을 드러냄
　　　　　　　　　　　　　　　　　　　　　　　　　　　　<제3수>
　　　　　　　　　　　　　　　　　　　▶ 제3수: 세사를 잊고 임천을 추구하는 마음

　　　　　임금에게는 충성하고 백성에게는 혜택을 베풂
출(出)하면 치군택민(致君澤民) 처(處)하면 **조월경운(釣月耕雲)**
벼슬길에 나아가면　　　　　　　　자연에 머무르면　　　달에서 낚시질을 하고 구름을 밭 삼아 농사를 지음
명철(明哲) 군자(君子)는 이것을 즐기나니
　　군자는 나아가면 임금을 섬기고 돌아오면 자연을 즐김
㉡ 하물며 부귀(富貴) 위기(危機)라 빈천거(貧賤居)를 하오리라
　　　　　　　　　　자연에서 은거하겠다는 의지를 드러냄
　　　　　　　　　　　　　　　　　　　　　　　　　　　　<제8수>
　　　　　　　　　　　　　　　　　　▶ 제8수: 출과 처에 대한 깨달음과 처에 대한 의지

청산(靑山)이 벽계림(碧溪臨)하고 계상(溪上)에 연촌(烟村)이라
　　　　　　　화자의 마음　　　　　　자연 속에 거처함
초당(草堂) 심사(心事)를 **백구(白鷗)**인들 제 알랴
'청산 → 연촌 → 초당'으로 시선이 이동함　　백구조차도 화자의 마음을 모름
죽창정(竹窓靜) 야월명(夜月明)한대 일장금(一張琴)이 있나니라
　　자연에서 바라본 아름다운 밤의 풍경　　　자연과 하나가 되고자 하는 마음
　　　　　　　　　　　　　　　　　　　　　　　　　　　　<제9수>

궁달(窮達) 부운(浮雲)같이 보아 세사(世事) 잊어 두고
　궁핍과 영달　　궁핍과 영달을 신경 쓰지 않겠다는 뜻
호산(好山) 가수(佳水)에 노는 뜻을
　　　　자연
㉢ 원학(猿鶴)*이 내 벗 아니어든 어느 분이 아실꼬
　　　　속세는 자신이 있을 곳이 아님을 인식함
　　　　　　　　　　　　　　　　　　　　　　　　　　　　<제10수>
　　　　　　　　　　　　　　　　　　　▶ 제9~10수: 강호의 삶에 대한 마음

제월(霽月)*이 구름 뚫고 솔 끝에 날아올라
　　　　상승의 이미지(구름 → 솔 끝)
십분(十分) 청광(淸光)이 **벽계중(碧溪中)**에 비꼈거늘
　　　　화자의 높은 정신적 경지(≒제월)
어디서 무리 잃은 갈매기 나를 좇아오는가
　　　　　　　자연과의 합일
　　　　　　　　　　　　　　　　　　　　　　　　　　　　<제12수>
　　　　　　　　　　　　　　　　　▶ 제12수: 강호의 삶에서 도달한 정신적 경지

날이 저물거든 도무지 할 일 없어
　　　　　　자연에서의 한가한 삶
송관(松關)을 닫고 월하(月下)에 누웠으니

㉣ 세상에 티끌 마음이 일호말(一毫末)도 없다
　　　　속세에 대한 미련이 없음
　　　　　　　　　　　　　　　　　　　　　　　　　　　　<제13수>
　　　　　　　　　　　　　　　　　　　▶ 제13수: 강호에서의 한가로운 마음

핵심정리

* **주제**
공명과 은거 사이의 갈등과 한가로운 강호의 삶에 대한 긍정

* **구성**

제1수	충효를 추구하는 마음
제3수	세사를 잊고 임천을 추구하는 마음
제8수	출과 처에 대한 깨달음과 처에 대한 의지
제9~10수	강호의 삶에 대한 마음
제12수	강호의 삶에서 도달한 정신적 경지
제13수	강호에서의 한가로운 마음
제17수	도에 대한 깨달음
제19수	내적 갈등 해소를 통한 정신적 성숙

* **해제**
이 작품은 총 19수로 되어 있는 연시조이다. 사대부인 작가가 겪은 공명과 은거 사이에서의 내적 갈등이 시간의 흐름에 따라 해소되는 과정이 드러나고 있다는 점이 특징이다. 또한 출(出)과 처(處)를 상반된 것으로 인식함으로써 내적으로 갈등하는 모습을 그려낸 서사 부분인 〈제1수〉를 제외하고 6수씩 묶을 수 있다는 점에서, 이 작품은 작가가 자신의 스승인 이황의 〈도산십이곡〉을 계승하여 지은 육가(六歌) 계열의 작품으로 보기도 한다. 〈제2수〉부터 〈제7수〉까지는 공명과 은거 사이의 내적 갈등을, 〈제8수〉부터 〈제13수〉까지는 자연 속에서의 은거하는 삶을 선택한 후의 모습을, 〈제14수〉부터 〈제19수〉까지는 내적 갈등의 극복을 통한 정신적 성숙을 노래하고 있다. 이를 통해 당대 사대부들의 현실 세계와 강호에 대한 인식, 이에 따른 대응 방식을 엿볼 수 있다는 점에서 이 작품의 의의가 있다.

* **'출'과 '처'**

출(出) / 현(現)	처(處) / 은(隱)
치군택민	조월경운
→ 임금에게는 몸을 바쳐 충성하고 백성에게는 혜택을 베풂.	→ 달에서 낚시질을 하고 구름을 밭 삼아 농사를 지음.

군자는 나아가면 임금을 섬기고, 돌아오면 자연을 즐김. 성현의 도는 어느 쪽이든 다르지 않음.

<제9수>
청산(자연) ↓ 연촌(마을) ↓ 초당(화자가 거처하는 곳)
범위 축소

<제12수>
구름(하늘) ↓ 솔 끝(지상)
'청광'의 범위 확대

성현(聖賢)의 가신 길이 만고(萬古)에 한가지라

「은(隱)커나 현(見)커나 도(道)가 어찌 다르리
「」: 성현의 도는 '출', '처'에 상관없이 다르지 않음
ⓛ 한가지 길이오 다르지 않으니 아무 덴들 어떠리」

<제17수>
▶ 제17수: 도에 대한 깨달음

강간(江干)에 누워서 강수(江水) 보는 뜻은
자연을 즐기는 삶
서자여사(逝者如斯)하니 백세(百歲)인들 몇 근이요*

십 년 전(十年前) 진세(塵世)* 일념(一念)이 **얼음 녹듯 한다**
〈제1수〉의 '십재 황황'과 연관됨   화자의 내적 갈등이 해소됨

<제19수>
▶ 제19수: 내적 갈등 해소를 통한 정신적 성숙

- 권호문, 〈한거십팔곡(閑居十八曲)〉 -

* 십재 황황: (마음이 급하여) 십 년을 허둥지둥함.
* 무심어조: 욕심이 없는 물고기와 새.
* 원학: 원숭이와 학.
* 제월: 비가 갠 하늘의 밝은 달.
* 서자여사하니 백세인들 몇 근이요: 세월이 빠르니 백세인들 긴 세월이겠는가.
* 진세: 정신에 고통을 주는 복잡하고 어수선한 세상.

[1-7] 윗글의 내용에 대한 설명이다. 맞으면 ○, 틀리면 ✕표 하시오.

1 화자는 평생토록 충효를 추구해야 한다고 생각한다.

2 화자가 지향하는 삶은 자연에서의 삶이다.

3 화자는 자연의 아름다운 풍경을 바라보며 하나가 되고자 한다.

4 화자는 임금을 섬기며 부귀를 추구해야 한다고 인식한다.

5 설의적 표현을 사용하여 의미를 강조하고 있다.

6 화자는 세속적인 욕망을 버리지 못하고 있다.

7 <제19수>에서 화자의 내적 갈등은 해소되었다.

[8-10] 윗글의 내용과 관련하여 빈칸에 들어갈 적절한 내용을 쓰시오.

8 화자는 충효를 모르는 이는 ☐☐와 다르지 않다고 생각한다.

9 자연과의 합일을 '☐☐☐'가 자신을 따라온다는 것으로 표현했다.

10 화자의 깨달음에 따르면, ☐☐이 가신 길은 만고에 한 가지이다.

| 확인 문제 정답 | 1 ○ | 2 ○ | 3 ○ | 4 ✕ | 5 ○ | 6 ✕ | 7 ○ | 8 금수 | 9 갈매기 | 10 성현 |

01

윗글에 대한 설명으로 가장 적절한 것은?

① 대구의 방식을 활용하여 화자의 과거와 현재를 대비하고 있다.

② 자연물의 의인화를 활용하여 화자가 지향하는 삶을 드러내고 있다.

③ 고사를 활용하여 시적 상황에 대한 화자의 깨달음을 제시하고 있다.

④ 대화의 형식을 활용하여 상대에 대한 화자의 친밀감을 나타내고 있다.

⑤ 설의적 표현을 활용하여 현실에 대한 화자의 아쉬움을 강조하고 있다.

☑ 헷갈린 선지 선택

①	②	③	④	⑤

☑ 정답으로 선택한 이유

☑ 오답을 선택한 이유

02

㉠~㉤에 대한 이해로 적절하지 않은 것은?

① ㉠: 충효를 인간의 도리로 여기는 화자의 사상이 나타난다.

② ㉡: 자연에서의 삶이 부귀보다 가치 있다는 화자의 태도가 나타난다.

③ ㉢: 세속은 자신이 있을 곳이 아니라는 화자의 인식이 나타난다.

④ ㉣: 세속에 대한 미련이 남지 않은 화자의 상태가 나타난다.

⑤ ㉤: 도에 얽매이지 않고 살아야 한다는 화자의 깨달음이 나타난다.

☑ 헷갈린 선지 선택

①	②	③	④	⑤

☑ 정답으로 선택한 이유

☑ 오답을 선택한 이유

03

<보기>를 바탕으로 윗글을 감상한 내용으로 적절하지 <u>않은</u> 것은?

유형 | 외적 준거에 따른 작품 감상

보기

　　고전 시가에서 자연은 주로 긍정적 공간으로, 속세는 부정적 공간으로 그려진다. <한거십팔곡>에서 자연은 실제 삶의 터전이자, 화자가 마음의 평안을 이룰 수 있는 공간으로 묘사되고 있다. 화자는 속세의 근심을 잊기 위해 자연으로 들어갔지만, 현실 그 자체를 부정하는 대신 자연 경관을 바라보고 자연과의 합일을 이루는 등의 방법으로 이를 치유하고자 한다.

① <제3수>의 '임천'은 화자가 마음의 평안을 이룰 수 있는 공간을 의미하는군.
② <제8수>의 '조월경운'은 자연이 실제 삶의 터전임을 의미하는군.
③ <제9수>의 '백구'는 화자와 합일을 이루는 자연물을 의미하는군.
④ <제12수>의 '벽계중'은 화자가 바라보고 있는 자연 경관을 의미하는군.
⑤ <제19수>의 '얼음 녹듯 한다'는 화자의 근심이 치유되었음을 의미하는군.

☑ 헷갈린 선지 선택

①	②	③	④	⑤

☑ 정답으로 선택한 이유

☑ 오답을 선택한 이유

04 　서답형 문제

빈칸에 들어갈 말을 윗글에서 찾아 쓰시오.

유형 | 표현상의 특징 파악

☑ 정답으로 선택한 이유

　　<제12수>에서 청광은 하늘의 공간인 '(　　　　)'(으)로부터 지상의 공간인 솔 끝으로 확대되어 비추고 있다.

정답 및 해설 p.44

핵심정리

＊ 주제
전쟁과 이념 갈등의 비극성

＊ 전체 줄거리
가상의 한 마을, 어느 날 갑자기 반란군이 진주해 들어오고 마을 사람들은 세상이 뒤집혔다고 여기며 숨죽이는데 오로지 그간 반란군에 몰래 동조해 왔던 소금 장수, 대장장이 등은 기세가 등등해진다. 곧 사람들을 모두 학교 운동장에 모이게 한 반란군들은 운동장을 새끼줄로 분할하여 동조자와 비협조자로 나누고, 비협조자로 분류된 이들은 곧 목숨을 잃게 될 것이라는 공포에 휩싸인다. 마을 사람들 모두에 대한 분류가 끝나고 죽을 운명에 놓인 이들이 절망에 빠져 있을 때, 아군들을 실은 트럭이 들어오고 반란군 복장을 했던 이들이 아군 군복으로 갈아입는다. 이 모든 것이 반란군 동조자를 색출하기 위한 연극이었음을 안 마을 사람들의 희비가 갈리고, 소금 장수, 대장장이 등은 속았다며 절규한다.

＊ 해제
이 소설은 가상의 한 마을을 배경으로 이념 갈등 속 권력자들의 폭력적이고 기만적이며 비인간적인 면모를 그려 낸 작품이다. 권력자들이 반란군 동조자들을 색출해 내기 위해 스스로 반란군으로 위장한 후 마을 사람들을 속이는 모습, 그들이 꾸민 연극에 따라 마을 사람들의 생사가 갈리는 모습 등을 통해 한반도를 휩쓸었던 이념 갈등으로 사람들이 겪었던 고통을 풍자적으로 그려 내고 있다.

＊ 등장인물

소금 장수, 푸줏간집 곰보, 대장장이	반란군이 마을을 장악하자 완장을 두르고 권력을 휘두름. 매부리코 장교의 지시를 받아 사람들을 새끼줄 왼쪽과 오른쪽으로 나누지만, 모든 것이 연극이었음이 밝혀진 후 체포됨.
약방집 둘째 아들	좌익 활동을 하다가, 반란군이 들어온 후 종적이 묘연해짐. 후에 연극이 밝혀지고 체포됨.
읍장	불순분자들을 색출하기 위해 연극을 계획함.

※ 다음 글을 읽고, 물음에 답하시오.

[앞부분 줄거리] 평화롭던 마을에 반란군이 진주하고 갑작스럽게 사람들을 운동장으로 불러 모은다. 반란군은 그동안 자신들에게 협력하지 않았던 사람들을 색출하라는 지시를 내리고, 그동안 비밀리에 반체제적 활동을 해 온 소금 장수, 푸줏간집 곰보, 대장장이는 갑자기 활개 치며 마을 사람들을 반란군에 협력한 사람들과 적대적이었던 사람들로 분류하기 시작한다. 목사를 비롯한 반란군에 적대적이었던 사람들은 곧 처형당할 위기에 놓인다.

— 오전 11시 40분
　　구체적인 시각을 제시함

드디어 이날의 예정된 행사는 거의 끝이 났다. 새끼줄의 왼쪽과 오른쪽은 ■□■과 같은 꼴로 완전히 두 쪽으로 나뉘어 있었다.
　　반란군에 협력한 사람들과 적대적이었던 사람들로 분류함
"모두 끝났습니다."

병사 하나가 그렇게 보고를 했다. 매부리코 장교는 마침 한 손에 물컵을 들고
　　　　　　　　　　　　　　　반란군 장교
서 있었는데, 그 보고를 받더니 "그래? 이제 다 마쳤구먼. 아아, 모두가 끝난 셈이란 말이지." 하고 대답한 뒤 훌쩍 컵을 마셔 비웠다.

교문 근처의 노인들과 아이들은 **운동장 양편**으로 분리된 두 패의 사람들을, 그리고 그들을 명확하게 두 동강으로 갈라놓은 가늘고 긴 새끼줄을 먼발치에서 숨을 죽이며 지켜보고 있었다. 그들 모두는 불과 몇 시간 전까지만 해도 조상 대대
　　　　　　　　　　　　　　　　　　전쟁으로 인해 평범한 사람들이 고통받음
로 물려받은 이 작은 마을에서 아침저녁으로 서로 얼굴을 맞대고 살아온 지극히 순박하고 평범한 사람들이었다. 그런 그들을 지금 이 순간 두 개의 전혀 판이한 운명으로 나눠 놓은 것이 고작 그 **가느다랗고 볼품없는 새끼줄 몇 가닥**이라는 사
　　　　　　　　　　　　　　　　　　　　　이념의 허구성을 강조함
실은 얼핏 믿기지가 않았다. 그 두 집단을 분단시켜 놓은 새끼줄과 새끼줄 사이의 공간이라고 해야 겨우 스무 발짝도 채 못 되는 거리였지만 이 순간 그것은 바
　　　　　　　　　　　　　　왼쪽과 오른쪽의 사람들이 전혀 다른 운명에 놓임
다보다도 더 까마득하게 멀고 먼 거리로 여겨졌다.

한동안 바닷가 작은 마을의 학교 운동장 안에는 기괴하리만큼 완벽한 정적이 무겁게 감돌고 있었다. 이따금 혼자 펄럭거리곤 하던 게양대의 깃발은 때마침 정
　　　　　　　　　　　　　　　　　　　　　　　긴장된 분위기를 조성함
지했고, 포플러 나무 가지 끝에서 매미도 돌연 칼날 갈기를 중지했다. 새끼줄의 왼쪽도 오른쪽도, 그리고 그 양분된 두 덩어리의 집단을 멀리서 지켜보고 있는 교문 쪽도 모두 입을 다문 채 유령처럼 고요해져 있었다.
　　　　　　　　　　　　　　곧 처형이 벌어질 수도 있어 긴장해 있음
(중략)

— 1950년 7월 28일 낮 12시
　　구체적인 날짜와 시각을 제시함

마침내 정오였다.

단상 위에 우뚝 서 있던 매부리코 장교는 시계를 들여다보고 있었다. 그러더니

그는 불현듯 하늘을 향하여 두 팔을 번쩍 펼쳐 올리는 것이었다. 목사의 눈에 그 것은 악마의 신탁(神託)을 받고 있는 모습으로 보였고, 다른 사람들이 보기에는
〔반란군으로 행세하고 있는 매부리코 장교의 행동을 못마땅하게 여김〕
그가 무엇인가 하늘을 향해 외치려 하는 것처럼 여겨졌다.

그러나, 사실은 그것이 이날 행사의 클라이맥스를 알리는 운명의 신호였음을
〔아군 병사들을 실은 트럭이 들어오게 함〕
사람들은 그때까지도 까맣게 몰랐다.
〔지금까지의 사건 진행과는 다른 방향으로 일이 진행될 것을 암시함〕

애애애애······앵.

매부리코 장교의 치켜올린 팔이 내려오는 것과 동시에 느닷없이 요란한 **사이 렌 소리**가 사람들의 고막을 갈가리 찢어 대기 시작했다.
〔상황의 반전을 알리는 소리〕

[A]
뜻밖에도 사이렌 소리는 학교 담 너머로부터 날아들고 있었다. 운동장에 모인 모두의 눈이—왼쪽도, 오른쪽도, 완장 패거리들과 적군 제복의 병사들 까지도—일제히 교문을 향하여 집중했다. 그 순간 주민들은 똑같이 경악했 다. 그들의 눈앞에선 지금 마악 실로 믿을 수 없는 기적이 벌어지고 있었다. 사람들은 모두 저마다의 눈을 의심했다. 새끼줄의 왼쪽도, 오른쪽도, 완장 패 거리들도, 아이들과 노인들도 모조리 딸각 호흡이 멎어 버렸다.
〔갑작스러운 상황 변화에 놀란 모습〕

트럭이 들어오고 있었다.

한 대.

두 대.

세 대.

모두 세 대였다. 트럭의 뒤 칸마다 무장한 병사들이 가득가득 타고 있었다.
〔아군 병사들〕

"이, 이럴 수가······"

지켜보고 있는 마을 사람들은 **눈알이 일제히 뒤집히는 것만 같**았다.
〔트럭에 실린 것이 아군 병사들임을 알아차리고 크게 놀람〕
아군이었다. 눈에 익은 청색 깃발을 펄럭이며 들어오고 있는 그들은 분명 바로 어제저녁까지 읍사무소에 주둔해 있던 그 아군 병사들의 모습이었다. 트럭에서 내린 그들은 저벅저벅 군화 소리를 내며 마을 사람들을 두 쪽으로 갈라놓고 있는 그 중앙의 공간을 가로질러 유유히 행진해 들어오고 있었다. 이윽고 그 배불뚝이 아군 부대장과 매부리코 적군 장교가 자신들의 바로 눈앞에서 만나 힘차게 악수
〔매부리코 적군 장교도 실은 아군이었음이 드러남〕
를 나누고 있는 광경을 사람들은 똑똑히 지켜보았다.

"아니야아. 거짓말이야. 모조리 속임수란 말이야앗!"

어디선가 날카로운 비명 소리가 터져 나온 것은 바로 그 순간이었다. 누군가 창고 건물의 모퉁이를 돌아 나오며 고함을 치고 있는 게 보였다. 온몸이 꽁꽁 묶 인 채 끌려 나오고 있는 그 사내가 바로 이날 내내 종적이 묘연하던 그 약방집 둘 째 아들이라는 사실을 사람들은 깨달았다.

"아이쿠 속았구나!"

* 시간의 흐름에 따른 변화

12시 이전	
사건의 전개	사람들의 모습
· 반란군이 마을을 제압함. · 소금 장수, 푸줏간집 곰보, 대장장이가 활개 치며 사람들을 새끼줄 왼쪽과 오른쪽으로 나눔.	새끼줄 왼쪽이냐 오른쪽이냐에 따라 운명이 달라질 것을 느끼고 긴장감이 흐름.

↓

12시 이후	
사건의 전개	사람들의 모습
· 아군이 진주함. · 읍장이 연극의 의도를 밝힘.	· 갑작스러운 상황 변화에 놀람. · 소금 장수, 푸줏간집 곰보, 대장장이가 공포에 질림.

* 상징

운동장	이데올로기 갈등으로 갈라져 전쟁터가 된 한반도
새끼줄	이데올로기 갈등으로 인한 분단
새끼줄로 나뉜 사람들	양쪽 편 중 어느 쪽인지 밝힐 것을 강요당했던 우리 민족

<u>소금 장수와 푸줏간집 곰보가 그 자리에 풀썩 주저앉았고, 대장장이는 서 있는</u>
<u>채로 바지에다 쫄쫄 오줌을 누고 말았다.</u>
　　　　　자신들이 위기에 놓이게 되었음을 알고 공포에 질림

[B]

"허허허헛. 자아, 이제야 모두 끝났나 봅니다. 허헛. 본의 아니게도 **죄 없는** 여러분들이 십년감수하셨겠소이다. 우리 몇 사람은 사실 처음부터 빤히 다 알고 있었지만 일부러 모르는 척했었지요. 우리인들 달리 어쩌겠습니까. 허허허. 이렇게 해야만 숨어 있는 **불순분자들을 하나 남김없이** 깡그리, 그
　　　　　　　　　　　　　　　　　　거짓 연극을 한 목적
것도 제 발로 스스로 걸어 나오게 만들 수가 있다고들 하니 말입니다. 허허헛. 그래서 우리 관리들 몇은 어젯밤부터 모두 집에 들어가지도 못하고, 할 수 없이 **각본대로 연극을 좀 해 봤**지 뭡니까. 저분들은 사실 K시(市)의 아군 부대 병사들이랍니다. <u>반란군 제복으로 갈아입고 감쪽같이 그럴듯하게 적군 행세를 한 거지요.</u> 읍사무소에 주둔하고 있던 부대는 이웃 마을에 잠
　　아군이 적군인 척하고 연극을 함
시 철수해 있다가, 오늘 낮 12시 정각에 나타나기로 약속이 돼 있었다는군요. 허허헛. 어떻습니까. 이거야말로 정말 기막힌 아이디어가 아닙니까. <u>힘 하나 안들이고 놈들을 모조리 잡아들일 수 있게 된 것입니다.</u> 허허. 벌써
　　　　불순분자들을 잡아들이기 위한 계획이 성공함
다른 마을에서도 똑같은 방법을 써 보았더니 그 효과가 아주 좋았다지 뭡니까. 으허허헛."

그때까지 고개를 떨어뜨린 채 꿇어앉아 있던 <u>읍장은 엉덩이를 툭툭 털고 일어나더니, 퍽이나 재미있는 놀이였다는 양 그렇게 설명을 해 주고는 한바탕 웃음을 터뜨리는 거였다.</u>
　　　　두려움에 질린 듯했던 읍장의 모습이 연기였음이 드러남

- 임철우, 〈곡두 운동회〉 -

[1-6] 윗글의 내용에 대한 설명이다. 맞으면 ○, 틀리면 ✕표 하시오.

1 새끼줄이라는 소재를 활용함으로써 이념의 실제성을 강조하고 있다.

2 사이렌은 사건의 전개와 사람들의 모습이 급변함을 알리는 소재이다.

3 소금 장수, 푸줏간집 곰보, 대장장이의 행동을 묘사함으로써 반란군에 협조한 이들이 위기에서 벗어났음을 보여준다.

4 읍장은 새끼줄로 반란군에 협조한 이들과 비협조적인 이들을 갈라놓은 것이 연극이라는 사실을 이미 알고 있었다.

5 연극의 목적은 숨어 있는 불순분자들을 색출하는 것이었다.

6 개인에게 자신의 이념적 정체성을 밝히라며 압력을 가하는 폭력성을 고발하고 있다.

[7-10] 윗글의 내용과 관련하여 빈칸에 들어갈 적절한 내용을 쓰시오.

7 이데올로기 갈등으로 한민족이 둘로 갈라지는 전쟁터가 된 한반도를 비유한 공간은 ☐☐☐이다.

8 ☐☐에 울린 사이렌으로 인해 사건의 전개와 사람들의 모습이 급변한다.

9 사이렌이 울리자 운동장에는 ☐☐ 병사들을 실은 트럭이 세 대 들어왔다.

10 사람들은 아군과 반란군이 ☐☐하는 장면을 보고 충격을 받고 놀랐다.

| 확인 문제 정답 | 1 ✕ | 2 ○ | 3 ✕ | 4 ○ | 5 ○ | 6 ○ | 7 운동장 | 8 정오 | 9 아군 | 10 악수 |

01

윗글에 대한 설명으로 가장 적절한 것은?

① 역순행적 서술 방식을 통해 사건의 원인을 분석하고 있다.

② 감각적인 외양 묘사를 통해 인물의 심리를 과장하여 표현하고 있다.

③ 특정 인물의 시선을 통해 마을 사람들의 행동을 관찰하여 전달하고 있다.

④ 공간의 이동에 따라 인물들의 내적 갈등이 해소되는 양상을 드러내고 있다.

⑤ 갑작스러운 상황 전환에 직면한 인물들의 내면 심리를 직접적으로 제시하고 있다.

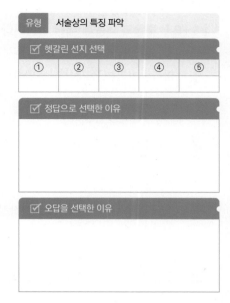

| 유형 | 서술상의 특징 파악 |

☑ 헷갈린 선지 선택

①	②	③	④	⑤

☑ 정답으로 선택한 이유

☑ 오답을 선택한 이유

02

윗글을 영상으로 제작할 때, 고려할 장면으로 적절하지 않은 것은?

① 아군 부대장과 적군 장교가 악수를 나누는 모습을 보고 공포에 질려 그 자리에 풀썩 주저 앉는 푸줏간집 곰보의 모습

② 엉덩이를 툭툭 털고 일어나 이야기하고 한바탕 웃음을 터뜨리는 읍장의 모습에 생명의 위협을 느끼고 있는 목사의 모습

③ 사이렌 소리에 이어 트럭들이 들어왔을 때 여유롭게 행동하는 아군 병사들과는 반대로 경악하는 마을 사람들의 모습

④ 바닷가 작은 마을의 학교 운동장에서 앞으로 벌어질 일에 대한 두려움과 긴장감 때문에 침묵하고 있는 마을 사람들의 모습

⑤ 새끼줄의 왼쪽과 오른쪽에 두 집단으로 나누어진 사람들과 단상에서 하늘을 향해 두 팔을 번쩍 올리고 있는 매부리코 장교의 모습

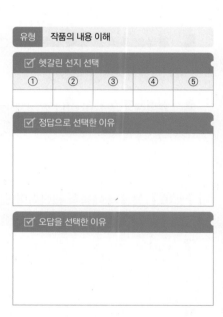

| 유형 | 작품의 내용 이해 |

☑ 헷갈린 선지 선택

①	②	③	④	⑤

☑ 정답으로 선택한 이유

☑ 오답을 선택한 이유

03 　서답형 문제

빈칸에 들어갈 말을 골라 쓰시오.

> 소금 장수, 푸줏간집 곰보, 대장장이는 (아군 / 반란군)이라고 믿었던 군인들에게 권력을 넘겨받아 활개를 쳤으나, 그 군인들이 실은 (아군 / 반란군)임이 밝혀지자 공포에 질린다.

| 유형 | 작품의 내용 이해 |

☑ 정답으로 선택한 이유

04

[A]와 [B]에 대한 설명으로 가장 적절한 것은?

① [A]와 [B]는 모두 인물이 계획을 성공시키기 위해 노력한 과정을 서술하고 있다.
② [A]는 [B]와 달리 사건의 내막이 자세히 밝혀지면서 인물들의 궁금증이 해소되고 있다.
③ [B]는 [A]와 달리 사건의 진행에 따라 감정의 동요를 보이는 인물의 모습을 표현하고 있다.
④ [A]는 변화에 집중하고 있는 사람들의 모습이, [B]는 결과에 만족하는 인물의 모습이 드러나 있다.
⑤ [A]는 상황이 변화하고 있는 공간의 분위기가, [B]는 약속된 계획을 진행하는 인물의 모습이 드러나 있다.

유형	인물의 심리, 태도 파악			

☑ 헷갈린 선지 선택

①	②	③	④	⑤

☑ 정답으로 선택한 이유

☑ 오답을 선택한 이유

05

<보기>를 참고했을 때, 윗글을 감상한 내용으로 적절하지 않은 것은?

> **보기**
>
> 임철우의 〈곡두 운동회〉는 가상의 평화로운 마을에 어느 날 반란군이 들어와 하루아침에 한 마을 사람들의 생사가 불분명하게 된 상황을 그려 낸다. 마을 사람들은 타의에 의해 자신의 이념적 성향을 둘 중 하나로 규정당하여 생명이 위태로워지기까지 하는데, 이는 이데올로기 갈등으로 분열되고 전쟁 폭력의 피해를 입었던 우리 민족의 상황을 상징적으로 표현하고 있다. 제목의 '곡두'는 '꼭두각시'를 의미하는 말로 일종의 위장극 속 역할로 조종당하고 있는 마을 사람들을 일컫는다. 작가는 이 작품을 통해 전쟁의 폭력과 이념의 허구성, 이데올로기 갈등 속에서 국가 안보를 위한다는 명목하에 행해졌던 권력자들의 부조리한 행태, 그 속에서 살아가던 사람들이 겪었던 혼란과 고통을 재현하고 있다.

① '운동장 양편'에 마을 사람들이 두 패로 나뉘었다는 것은, 사람들이 타의에 의해 자신의 이념적 성향을 규정당했음을 의미하는군.
② 운동장에 선 사람들의 운명을 나눈 것이 고작 '가느다랗고 볼품없는 새끼줄 몇 가닥'이라는 것은, 이념의 허구성을 강조하는군.
③ '사이렌 소리'를 들은 마을 사람들이 '눈알이 일제히 뒤집히는 것만 같았다'는 것은, 이념 갈등에 대한 사람들의 거부감을 나타내는군.
④ 읍장이 '죄 없는' 마을 사람들을 공포로 몰아넣어 '불순분자들을 하나 남김없이' 찾아내려 했다는 것은, 권력자들의 부조리한 행태를 보여 주는군.
⑤ 읍장이 '각본대로 연극을 좀 해 봤'다는 것은, 국가 안보를 위해서라는 명목하에 마을 사람들을 위장극 속 역할로 조종했음을 의미하는군.

유형	외적 준거에 따른 작품 감상			

☑ 헷갈린 선지 선택

①	②	③	④	⑤

☑ 정답으로 선택한 이유

☑ 오답을 선택한 이유

정답 및 해설 p.45

핵심정리

＊ 주제
임진왜란에 대한 정신적 위안 및 민족의식 고취

＊ 전체 줄거리
선조 25년(1592, 임진년), 일본을 통일한 도요토미 히데요시는 조선을 침략한다. 왜란을 경고한 우의정 최일경의 진언을 무시한 조선 조정은, 아무런 방비 없이 왜군을 맞아 속수무책으로 무너지고 만다. 부산을 시작으로 삽시간에 도성까지 쳐들어오는 왜군에 위기를 느낀 임금과 조정 대신들은 도성을 버리고 평양성을 거쳐 의주까지 달아난다. 다행히 이순신과 곽재우, 김덕령, 김응서 등의 활약으로 왜장을 물리치고 조선 땅을 서서히 되찾아 간다. 그리고 좌의정 유성룡의 구원 요청에 의해 이여송이 이끄는 명군이 조선에 들어오면서부터 전세는 역전된다. 조선군은 명군과 연합하여 평양성을 탈환하고 왜군을 남쪽 끝까지 몰아낸다. 그 사이 히데요시의 갑작스러운 죽음으로 왜군은 일본 땅으로 돌아가려 하고, 이러한 왜군을 이순신이 크게 물리침으로써 비로소 전쟁은 끝난다. 그 뒤 이여송은 왜군을 물리친 조선이 혹여 명나라를 넘볼까 걱정하여 조선의 혈맥을 끊으려 조선 산천을 돌아다니지만 도리어 혼쭐이 나서 명나라로 돌아간다. 전쟁이 끝난 후, 김응서와 강홍립이 군사 수만을 이끌고 일본으로 쳐들어가지만, 강홍립의 고집으로 인해 일본 정벌 계획은 수포로 돌아가고 두 장수는 항복한다. 그 후 김응서는 왜왕에 대한 복수를 꿈꾸지만 실패한 후 자결한다. 일본 정벌 실패 후, 서산 대사의 제자 사명당이 일본에 사신으로 건너가 왜왕을 혼쭐낸 후 항복 문서를 받아 돌아온다.

＊ 해제
이 작품은 '임진왜란'이라는 역사적 사실을 소재로 한 영웅 군담 소설로, 임진왜란을 전후하여 이루어진 설화가 여러 담당층을 거쳐 전승되다가 후일 소설로 정착된 것으로 보인다. 이 작품은 다른 고전 소설처럼 특정 인물의 생애를 중심으로 전개되는 구성을 취하지 않고, 임진왜란이라는 역사적 사건을 뼈대로 하면서 임진왜란 때 활약했던 많은 인물의 활약상을 파노라마처럼 전개하고 있다. 여러 인물이 등장하지만 인물과 인물 간의 관련성이 적은 편이며, 인물의 활약상에 허구적인 내용이 많기도 해서 설화적 측면이 돋보이는 작품이다. 임진왜란을 일으킨 일본에 대한 분노를 담고 있는 내용이라 일제 강점기에는 금서로 지목받아 불태워지는 수난을 겪기도 했지만, 그로 인해 가치가 더 높아져 은밀히 전파되어, 현전하는 이본이 100종이 넘는다.

※ 다음 글을 읽고, 물음에 답하시오.

이때, 김응서와 강홍립이 일본으로 행할새, 임금이 양 장의 손을 잡고 왈,
김응서와 강홍립

"경 등은 충성을 다하여 위엄을 타국에 빛내면 어찌 아름답지 아니리오. ㉠ 경 등은 삼가 적을 얕보지 말고 속히 성공하여 돌아와 군신이 서로 반기게 하라."
신중하게 왜병과 맞설 것을 당부함

하시니, 양 장이 수명한 후 홍립은 선봉이 되고, 응서는 후군장이 되어 정병 이만을 거느려 발행하니, 이때는 무술 시월이라. 동래 부산에 다다라 발선(發船)하려
강홍립의 지위가 김응서보다 높음 _1598년 10월. 임진왜란(1592) 발발 6년 후_
할새, 문득 공중에서 응서를 불러 왈,

"장군은 잠깐 내 말을 들으라."

하거늘, 응서가 놀라 돌아보니, 옷 벗고 발 벗은 사람이 완연히 공중으로 내려와
하늘에서 내려옴 → 하늘이 전쟁의 승패를 미리 알고 있음
뵈거늘, 응서가 문득 왈,

"너는 어떤 사람이며 무슨 말을 하고자 하느뇨." / 그 사람이 대 왈,

"나는 조선에 의탁하여 머무는 어득광이라 하는 귀신이라. 마침 장군의 운수를 살핀즉 행군을 서서히 하여야 반드시 성공하리라."
운수를 근거로 성공하기 위한 방법을 알려 줌

하고, 간데없거늘, 응서가 괴히 여겨 군을 머무르고, 홍립을 청하여 귀신의 말을 전하고 군중의 무양함을 물으니, 홍립 왈,

"대사에는 작은 것을 돌아보지 아니하나니, 어찌 범사한 말로 대군을 머물게 하리오."
어득광의 말을 대수롭지 않게 생각함

하고, 북을 울려 행군을 재촉하니, 또 그 귀신이 응서의 진 뒤에서 통곡 왈,
어득광

㉡ "장군이 내 말을 듣지 아니하면 화를 당하리라."

하거늘, 응서가 쟁을 쳐 군사를 머무르니, 홍립이 대로 왈,
어득광의 말을 듣고 행군을 천천히 하고자 함

[A]
"장군이 병법을 모르는도다. 문헌에 이르기를, '사불범정(邪不犯正)'이라.
문헌의 구절을 인용함
바르지 못한 것은 바른 것을 감히 범하지 못한다고 하니, 나는 군중 주장이요, 그대는 아장이라. 어찌 내 말을 듣지 아니리오. 만일 다시 말함이 있으
자신의 지위를 언급하여 김응서를 위협함
면 군법으로 시행하리라."

하니, 응서가 왈,

"만일 후회함이 있어도 나를 원망치 말라."

하고, 행군하여 여러 날 만에 일본국 동선령에 다다른지라.
강홍립의 말을 따라 행군을 함
이때, 왜왕은 대병이 함몰함에 분노하여 다시 기병하여 설치코자 하더니, 일일
왜병이 이순신을 비롯한 조선군에게 패함 _부끄러움을 씻고자_
은 천기를 살핀즉 조선이 기병하여 일본으로 향하거늘, 놀라 제신을 모아 의논할
하늘의 기운을 살펴 조선의 기병 사실을 알아냄 → 비범한 인물
새, 대장 예팔도와 예팔낙을 불러 정병 삼만을 주어 왈,

㉢ "급히 나아가 동선령 좌편에 매복하였다가 도적이 모일 모시에 그곳에 오거
어득광의 말을 따랐다면 조선군은 복병을 피할 수 있었음
든 일시에 내달아 치되, 만일 그때 아니 오거든 기다리지 말고 회군하라."

한대, 양 장이 청령하고 행군하니라.
예팔도와 예팔낙

이때, 홍립의 전군이 보고하되,

"영 아래 길이 협착하여 행군하기 어렵다."

하거늘, 홍립이 조금도 의심치 아니하고 재촉하여 영을 넘더니, 문득 일성포향에
좌우 복병이 내달아 치니, 만리 장로(長路)에 곤핍한 군사가 어찌 적병의 예기를
당하리오. 홍립과 응서가 의외의 적병을 만나 미처 항오를 수습치 못하여 경각간
에 수십만 군을 다 죽였는지라. 응서 등이 탄식 왈,

"이제 타국에 와 대군을 다 함몰하고 하 면목으로 고국에 돌아가 왕상을 뵈오
리오."

하며, 홍립을 책하여 왈,

㉣ "이는 다 장군의 허물이라."

하더라.

[중략 부분 줄거리] 응서가 검술로 예팔도와 예팔낙을 베자, 왜왕은 놀라 두 사람을 청해
후하게 대접하고 자신의 누이, 공주와 혼인할 것을 권한다.

홍립이 먼저 배사(拜謝) 왈,
"대왕이 패군지장을 이같이 예대하시고, 또 옥낭자로 하혼(下婚)하시니 그 은
혜 백골난망이로소이다."

하니, 응서는 홍립의 허락함을 보고 마지못하여 허락하는지라. 왕은 양 장이 허
락함을 듣고, 즉시 택일하여 양인이 전안성례(奠雁成禮)하니라.

일일은 양 장이 궐하(闕下)에서 술을 먹으며 한담하더니, 응서가 왈,

"아등이 이곳에 와 대군을 다 죽이고 돌아갈 기약이 없이 이미 삼 년이라. 고국
생각을 두지 아니하니 이는 임금을 배반함이라. 장군은 어찌 하려 하느뇨."

홍립이 변색 왈,

"우리 이곳에 부귀영화가 극진하고 왜왕의 대접이 또한 간절하니, 나는 차마
돌아갈 마음이 없다."

하거늘, 응서가 이 말을 듣고 불승분노(不勝念怒) 왈,

"충신은 불사이군(不事二君)이라 하니, 대장부가 어찌 두 임금을 섬겨 후세의
꾸지람을 받고자 하느뇨."

홍립 왈,

㉤ "사람의 마음 다 각각이라. 그대는 나를 다시 괘념(掛念)치 말라."

응서가 왈,

"그러하면 그대는 알아서 하라. 나는 밤을 타 왜왕의 머리를 베어 들고 고국으
로 돌아가리라."

하니, 홍립이 다른 말은 아니하고 바로 들어가 응서의 말을 고하니, 왕이 대로하
여 백관을 모으고, 응서를 붙잡아 와 대질 왈,

* 김응서를 향한 강홍립과 왜왕의 말하기 방식

김홍립	왜왕
· 자신의 행동에 대한 근거를 제시함. · 김응서의 말(행동)을 비난함.	
· 문헌의 구절을 인용함. · 자신과 김응서의 신분 차이를 언급함.	· 자신이 김응서에게 베푼 은혜를 강조함. · 김응서를 역사적 인물과 비교하여 비난함.

[B] "너의 재주와 충심을 기특히 여겨 잔명을 살리고, 또한 마음을 허락하여 부
<small>자신이 김응서에게 베푼 은혜를 언급함</small>
마로 삼았거늘, 네 무슨 나쁨이 있으며 돌아가고자 함은 충심이어니와, 도
리어 나를 해치고자 함은 이는 왕망(王莽)*의 유(類)라."
<small>역사적 인물을 활용 → 김응서를 왕망에 비유함</small>

하고, 무사를 명하여,

"내어 베라." 하니,

응서가 대매 왈,

"ⓐ 네 천시를 모르고 조선을 침범하였다가 지금 세궁역진(勢窮力盡)하매, 겉
<small>기세가 꺾이고 힘이 다 빠져 꼼짝할 수 없게 됨</small>
으로 우리를 후대하나 안으로 앙앙지심(怏怏之心)을 품었음을 내 어찌 모르리
<small>매우 마음에 차지 아니하거나 야속하게 여기는 마음</small>
오. 내 이곳에 와 외로운 몸이 되어 이미 삼 년에 네 의식도 많이 허비하였거니
와, 임금을 생각하매 사정을 돌아보지 아니하기로 너를 베어 임진년 원수를 갚
<small>왜왕을 죽이려던 계획이 강홍립의 밀고로 인해 실패함</small>
고자 하였더니, 슬프다, 하늘이 무심하시고, 또 홍립이 임금을 배반하니 신자
(臣子)가 차마 못할 바라. 내 ⓑ 너를 베어 후인을 징비(懲毖)하고, 내 죽은 후에
<small>배반한 신하를 처단하여 후세 사람들에게 경계심을 줌</small>
혼이라도 성상께 나아가 뵈오리라."

하고, 비수를 빼어 홍립을 베고, 앙천탄식하고 칼을 들어 자기의 머리를 베어 던
<small>김응서는 강홍립을 죽인 뒤 자결함</small>
지니, 응서가 타던 말이 응서의 머리를 물고 순식간에 창해를 건너 용강으로 가
<small>고전 소설의 비현실성</small>
니라.

– 작자 미상, 〈임진록〉 –

---

* **왕망**: 중국 전한 시대의 정치가로, 자신이 옹립한 평제(平帝)를 독살하고 제위를 배앗아 국호를 신
(新)으로 명명함. 후에 유수에게 피살됨.

[1-6] 윗글의 내용에 대한 설명이다. 맞으면 ○, 틀리면 ✕ 표 하시오.

1 김응서는 행군을 천천히 하라는 어득광의 조언을 거부한다.

2 김응서는 끝까지 강홍립의 명령을 따르지 않다가 처벌을 받는다.

3 강홍립은 수십만 대군이 몰살당한 원인이 김응서에게 있다고 생각한다.

4 김응서는 조선을 그리워하지만, 강홍립은 자신을 받아준 왜국에 남겠다는 의지를 보인다.

5 김응서가 왜왕을 암살하겠다는 계획을 강홍립에게 얘기하자, 강홍립은 이 사실을 왜왕에게 알린다.

6 김응서는 강홍립을 죽인 뒤 스스로 머리를 베어 자결한다.

[7-10] 윗글의 내용과 관련하여 빈칸에 들어갈 적절한 내용을 쓰시오.

7 왜왕은 □□를 살핌으로써 조선의 기병 사실을 알아낸다.

8 □□□은 먼저 왜왕에게 항복하고 왜왕이 권한 혼인을 받아들인다.

9 김응서는 강홍립에게 '□□은 불사이군'이라고 말하며 분노를 표한다.

10 김응서는 □□을 베어 임진년의 원수를 갚고자 하였으나 실패한다.

| 확인 문제 정답 | 1 ✕ | 2 ✕ | 3 ✕ | 4 ○ | 5 ○ | 6 ○ | 7 천기 | 8 강홍립 | 9 충신 | 10 왜왕 |

01

윗글에 대한 설명으로 가장 적절한 것은?

① 서술자의 개입을 통해 인물에 대한 호감을 보이고 있다.

② 인물 간의 대립 구도를 통해 서사적인 흥미를 높이고 있다.

③ 인물의 외양을 묘사하여 인물이 지닌 속성을 드러내고 있다.

④ 시·공간적 배경을 표현하여 인물의 심리 변화를 암시하고 있다.

⑤ 과거와 현재를 대비하여 인물의 내적 갈등의 해소를 드러내고 있다.

유형	서술상의 특징 파악

☑ 헷갈린 선지 선택

①	②	③	④	⑤

☑ 정답으로 선택한 이유

☑ 오답을 선택한 이유

02

<보기>를 참고하여 윗글을 감상한 내용으로 적절하지 <u>않은</u> 것은?

> **보기**
>
> 〈임진록〉은 실존 인물인 김응서와 강홍립을 통해 당대 우리 민족이 지니고 있던 일본에 대한 적대감, 충신의 죽음에 대한 안타까움, 배신자에 대한 비판, 패전으로 인한 상처의 회복 의지 등의 내용을 드러내고 있다.

① 김응서가 왜왕의 호의를 수용하는 모습과 왜왕을 죽이겠다고 하는 모습에서, 왜왕을 죽이기 위해 왜왕의 호의를 거짓으로 수용했음을 알 수 있군.

② 강홍립이 계속 일본에 머물겠다는 태도에 분노하는 김응서의 모습에서, 배신자에 대한 비판적인 태도를 확인할 수 있군.

③ 강홍립이 김응서가 왜왕을 죽이려 한다는 사실을 왜왕에게 전달하는 모습에서, 강홍립이 배신자의 면모를 지니고 있음을 보여 주고 있군.

④ 김응서가 왜왕을 베어 임진년의 원수를 갚으려 했다는 모습에서, 일본에 대한 적대감을 드러내고 있음을 알 수 있군.

⑤ 김응서가 타던 말이 김응서의 머리를 물고 용강을 건너가는 모습에서, 패전으로 인한 상처의 회복 가능성을 드러내고 있음을 알 수 있군.

유형	외적 준거에 따른 작품 감상

☑ 헷갈린 선지 선택

①	②	③	④	⑤

☑ 정답으로 선택한 이유

☑ 오답을 선택한 이유

03

[A]와 [B]에 대한 설명으로 적절하지 <u>않은</u> 것은?

① [A]는 문헌의 구절을 인용하여 상대의 의견을 거절하고 있다.

② [A]는 상대와 자신의 지위 차이를 근거로 상대를 위협하고 있다.

③ [B]는 역사적 인물과 비교하여 상대의 잘못을 꾸짖고 있다.

④ [B]는 상대를 정성껏 대하였음을 근거로 상대의 부도덕함을 지적하고 있다.

⑤ [A]는 상대의 무지함을 근거로, [B]는 상대의 능력을 근거로 문제 해결 방법을 제시하고 있다.

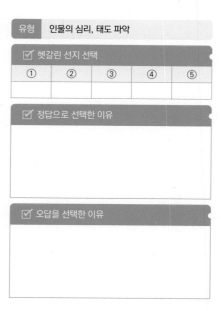

04

㉠~㉤에 대한 이해로 적절하지 <u>않은</u> 것은?

① ㉠: 조선의 왕은 강홍립과 김응서에게 왜적과의 싸움에서 신중함을 잃지 않도록 당부하고 있다.

② ㉡: 어득광은 미래에 벌어질 일을 서술함으로써 김응서에게 자신의 의견을 수용할 것을 재차 강조하고 있다.

③ ㉢: 왜왕은 조선이 쳐들어올 것을 미리 알고 대비하며 승리를 확신하고 있다.

④ ㉣: 김응서는 전쟁에서 패배한 원인이 자신의 의견을 수용하지 않은 강홍립의 탓임을 지적하고 있다.

⑤ ㉤: 강홍립은 김응서와 자신의 생각이 다름을 제시하여 조선에 돌아가지 않겠다는 의지를 드러내고 있다.

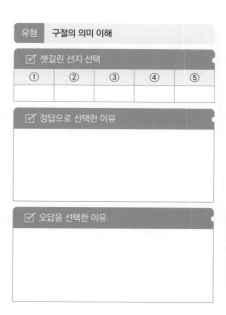

05　서답형 문제

ⓐ, ⓑ가 가리키는 인물을 각각 2음절로 쓰시오.

핵심정리

가 함민복, 〈오래된 잠버릇〉

＊주제
존재의 상대적 의미와 가치

＊구성

1연	인간의 눈으로 본 파리의 슬픈 삶
2연	파리의 눈으로 본 인간 소외와 불안

＊해제
이 시는 인간과 파리가 공존하는 일상적 공간을 배경으로 인간과 파리가 서로의 존재를 어떻게 인식하는지를 형상화하고 있는 작품이다. 특히 이 시에서는 인간 중심의 사고에서 벗어나 파리의 관점에서 불안하고 소외된 존재로 살아가고 있는 인간의 모습을 보다 객관적으로 조명하고, 존재하는 것들의 상대적 의미와 가치를 '낯설게하기'의 방식을 통해 드러내고 있다.

＊사내와 파리의 인식

사내가 바라본 파리(1연)
・허공(사내가 덮고 자는 공간)을 깔고 잠.
・천장에 매달려 잠.
・불안하고 불안정한 삶을 살아감.
・높은 곳에서 잠들 수밖에 없음.

⇕ 대칭 구조

파리가 바라본 사내(2연)
・바닥(파리가 덮고 자는 공간)을 깔고 잠.
・천장에 등을 붙이고 잠.
・땅과 중력밖에 믿을 게 없음.
・잠을 이루지 못하고 전화를 거는 외로운 사람임.

나 김기택, 〈어둠도 자세히 보면 환하다〉

＊주제
어둠 속에서 발견하는 상생과 공존의 가치

＊구성

1~9행	낡고 누추한 어둠의 공간
10~13행	어둠 속 세계에 대한 관찰
14~20행	어둠 속에서 발견하게 되는 빛의 세계

※ 다음 글을 읽고, 물음에 답하시오.

가

파리는 ⊙ 내가 덮고 자는 공간을 깔고 잔다
　　　　　　허공
날개 휘젓던 공간밖에 믿을 게 없어

날개의 길밖에 믿을 게 없어

천장에 매달려 잠자는 파리는 슬프다
　　　　　인간의 관점에서 바라본 파리
추락하다 잠이 깨면 곧 비행할 포즈

헬리콥터처럼 활주로 없이 이착륙하는 파리
　　　　　파리의 삶이 불안정하다고 여김
구더기를 본 사람은 알리라

왜 파리가 높은 곳에서 잠드는가를

▶ 1연: 인간의 눈으로 본 파리의 슬픈 삶

저 사내는 ⓛ 내가 덮고 자는 공간을 깔고 잔다
　　　　　　바닥
지구의 밑부분에 집이 매달리는 시간

나는 바닥에 엎드려 자는데
　　인간의 관점에서는 천장
저 사내는 **천장에 등을 붙이고 잔다**
　　인간의 관점에서는 바닥
「발 붙이고 사는 땅밖에 믿을 게 없다는 듯
「 」: 유사한 구절의 반복
중력밖에 믿을 게 없다는 듯」

천장에 등을 붙이고 잠드는 **저 사내는 슬프다**
　　　　　파리의 관점에서 바라본 인간
「어떤 날은 저 사내가 잠을 이루지 못하고
「 」: 파리의 눈을 통해 소외된 인간의 모습이 드러남
밤늦게 거꾸로 쭈그려 앉아 전화를 걸기도 한다

저 사내처럼 외로운 사람이 어디 또 있나 보다」

▶ 2연: 파리의 눈으로 본 인간 소외와 불안
－ 함민복, 〈오래된 잠버릇〉 －

나

□: 명사로 종결하는 시행이 반복됨
창문 하나 없던 낡은 월세 자취[방],
　　　공간적 배경
「한낮에도 어둠이 빠져나가지 못하던 [방],
「 」: 어둠을 부정적으로 표현함
아침에 퇴근하여 햇빛을 받고 들어가면

직사광선이 일제히 꺾이어 흩어지던 [방],

잠시 눈꺼풀에 낀 잔광도

눈을 깜빡거리면 바로 어둠이 되던 [방],

퀴퀴하고 걸쭉한 어둠이 항상 고여 있던 [방],
'낯설게하기' – 어둠을 시각 외의 이미지로 표현함
방에 들어서면 **눈알이 어둠 속에 깊이 박혀**
　　　　　　　　　　낯설게하기
이리저리 굴려도 잘 돌아가지 않던 [방],

어둠이 보일 때까지
　시상의 전환

▶ 1~9행: 낡고 누추한 어둠의 공간

「ⓐ 어둠 속의 무수한 빛과 색깔이

「」: 역설적 표현. 주객이 전도됨

내 눈을 발견할 때까지」

오래오래 어둠의 내부를 들여다보던 방.

어둠을 오랫동안 관찰함

자세히 보면 어둠도 환하게 보이던 방.

역설적 표현

방 안의 온갖 잡동사니들이 큰 숨을 들이쉬며

의인화된 대상 ①

느릿느릿 어둠을 빨아들였다가

제 속에 든 빛을 오래오래 발산해 주던 방.

보잘것없는 물건들이 서로 비춰 주고 되비춰 주며

의인화된 대상 ②

제 안에서 스스로 발광하는 낮은 빛을

조금씩 끊임없이 나누던 방.

▶ 10~13행: 어둠 속 세계에 대한 관찰

▶ 14~20행: 어둠 속에서 발견하게 되는 빛의 세계

– 김기택, 〈어둠도 자세히 보면 환하다〉 –

다

그날도 여름 옷가지를 빨아 다리고 나서 노곤해진 몸으로 마루에 누워 쉬려던

일상의 체험을 먼저 서술함

참이었다. 팔베개를 하고 누워서 서까래 끝에 열린 하늘을 무심히 바라보고 있었

다. 그러다가 모로 돌아누워 산봉우리에 눈을 주었다. 갑자기 산이 달리 보였다.

기존과 다른 방식으로 사물을 봄 ①   보는 방식이 달라지자 보이는 것도 달라짐

하, 이것 봐라 하고 나는 벌떡 일어나, 이번에는 가랑이 사이로 산을 내다보았다.

기존과 다른 방식으로 사물을 봄 ②

우리들이 어린 시절 동무들과 어울려 놀이를 하던 그런 모습으로.

그건 새로운 발견이었다. 「하늘은 호수가 되고, 산은 호수에 잠긴 그림자가 되

「」: 글쓴이의 새로운 발견

었다. 바로 보면 굴곡이 심한 산의 능선이 거꾸로 보니 훨씬 유장하게 보였다. 그

리고 숲의 빛깔은 원색이 낱낱이 분해되어 멀고 가까움이 선명하게 드러나 얼마

나 아름다운지 몰랐다.」(중략)

▶ 산을 거꾸로 본 경험과 새로운 발견

우리가 일상적으로 사람을 대하거나 사물을 보고 인식하는 것은 틀에 박힌 고

정 관념에 지나지 않는다. 그렇기 때문에 이미 알아 버린 대상에서는 새로운 모

습을 찾아내기 어렵다. 아무개 하면, 자신의 인식 속에 들어와 이미 굳어 버린 그

고정 관념이 있기 때문

렇고 그런 존재로밖에 볼 수가 없는 것이다. 이건 얼마나 그릇된 오해인가. 사람

자신이 가진 고정 관념에 맞추어 대상을 판단함

이나 사물은 끝없이 형성되고 변모하는 것인데.

대상에 대한 잘못된 인식

▶ 대상에 대한 고정 관념에 의해 발생하는 그릇된 오해

그러나 보는 각도를 달리함으로써 그 사람이나 사물이 지닌 새로운 면을, 아름

거꾸로 보기

다운 비밀을 찾아낼 수 있다. 우리들이 시들하게 생각하는 그저 그렇고 그런 사

고정 관념에 사로잡혀 있기 때문

이라 할지라도 선입견에서 벗어나 맑고 따뜻한 '열린 눈'으로 바라본다면 시들한

관계의 틀에 생기가 돌 것이다.

대상의 새로운 면을 발견할 수 있음

내 눈이 열리면 그 눈으로 보는 세상도 함께 열리는 법이다.

인도의 명상가이며 철학자, 그리고 구루(영적인 스승)인 크리슈나무르티는 그

의 저서 <아는 것으로부터의 자유>에서 다음과 같이 말하고 있다.

권위 있는 사람의 말을 인용함

우리가 보는 법을 안다면 그때는 모든 것이 분명해질 것이다. 그리고 보는 일

열린 눈으로 대상을 보면 더 많은 것을 알 수 있음

---

* **해제**

이 시는 낡고 누추한 화자의 자취방에 드리운 어둠에 대한 관찰을 통해 어둠 속 세계의 새로운 가치를 발견하고 있는 작품이다. 특히 화자는 누추한 어둠의 세계를 오랜 시간 동안 면밀히 관찰하면서 보잘것없는 물건들이 서로를 배려하고 의지하며 빛이 되어 주는 모습을 발견하고 어둠도 자세히 보면 환하다는 역설적 진리를 확인하고 있다.

* **어둠에 대한 인식**

기존의 인식
• 직사광선이 꺾이어 흩어짐. • 잔광도 사라짐. • 퀴퀴하고 걸쭉함.

↓ 관찰

새롭게 발견한 가치
• 잡동사니들이 제 속에 든 빛을 발산해 줌. • 보잘것없는 물건들이 제 안의 빛을 나눔. → 자세히 보면 환함.

다 법정, 〈거꾸로 보기〉

* **주제**

거꾸로 보기를 통한 바람직한 삶의 자세

* **구성**

• 그날도 여름 옷가지를~얼마나 아름다운지 몰랐다: 산을 거꾸로 본 경험과 새로운 발견
• 우리가 일상적으로 사람을~형성되고 변모한 것인데: 대상에 대한 고정 관념에 의해 발생하는 그릇된 오해
• 그러나 보는 각도를~있을 거라는 말이다: 열린 눈을 통해 대상을 정확하게 파악하기
• 차를 즐기는 사람들은~친구가 될 것이다: 고정 관념에서 벗어나 사람이 지닌 좋은 덕성을 찾아내기

* **해제**

이 작품은 우연히 세상을 거꾸로 바라보게 된 일상 속 경험을 바탕으로 고정 관념에 매몰되지 않고 대상을 정확하게 바라봄으로써 대상의 참되고 새로운 가치를 발견해야 한다는 주제 의식을 드러내고 있다. 특히 글쓴이는 일상적인 시선으로 대상을 바라봄으로써 고정 관념에서 헤어나지 못하는 태도를 경계하고 거꾸로 보기를 통해 대상의 좋은 속성을 발견하고 새로운 관계를 열어 갈 것을 당부하고 있다.

＊ '내 눈'과 '열린 눈'

'내 눈'
• 틀에 박힌 고정 관념과 선입견을 지님.
• 새로운 모습을 찾아내기 어려움.

'열린 눈'
• 허심탄회 빈 마음으로 보는 것임.
• 대상을 보다 정확하게 파악할 수 있음.

＊ '차'와 '사람'의 비교

차	사람
차 맛에 어떤 표준이 있는 것은 아님.	인격에 고정된 어떤 틀이 있는 것은 아님.
차가 지닌 특성을 알맞게 우릴 때 '그 차 맛'을 알 수 있음.	그 사람이 지닌 좋은 덕성을 찾아낼 때 좋은 친구가 될 수 있음.

은 어떤 철학도, 선생도 필요로 하지 않는다. 아무도 당신에게 어떻게 볼 것인가를 가르쳐 줄 필요가 없다. 당신이 그냥 보면 된다.

그 어떤 고정 관념에도 사로잡히지 말고 허심탄회 빈 마음으로 보라는 것. 남의 눈을 빌릴 것 없이 자기 눈으로 볼 때 우리는 대상을 보다 정확하게 파악할 수 있을 거라는 말이다.

▶ 열린 눈을 통해 대상을 정확하게 파악하기

차를 즐기는 사람들은 흔히 이런 말을 한다. 어디서 나오는 무슨 차는 맛이 좋고, 어디 차는 맛이 시원치 않다고. 물론 기호에 따라 그렇게 말할 수도 있겠지만 차 맛에 어떤 표준이 있는 것은 아니다. 형편없는 찻감만 아니라면 한 잔의 차를 통해 삶에 대한 잔잔한 기쁨과 감사를 누릴 수 있을 것이다. 요는 그 차가 지닌 특성을 알맞게 우릴 때 바로 ⓑ '그 차 맛'을 알 수 있다. 사람의 일도 마찬가지다. 인격에 고정된 어떤 틀이 있는 것은 아니다. 그 사람이 지닌 좋은 덕성을 찾아낼 수 있다면, 그는 내게 좋은 친구가 될 것이다.

▶ 고정 관념에서 벗어나 사람이 지닌 좋은 덕성을 찾아내기
- 법정, 〈거꾸로 보기〉 -

● 확인 문제

[1 - 3] (가)~(다)에 대한 설명이다. 맞으면 ○, 틀리면 ✕표 하시오.

1 (가)에서 인간은 파리의 삶을 불안정한 것으로 인식하고, 파리는 소외된 인간의 삶을 바라보고 있다.

2 (나)는 의인화를 사용하여 보잘것없는 존재들에 대해 거부감과 적대적인 감정을 드러내고 있다.

3 (다)는 수필 형식의 글로, 인식의 확장을 거친 후 이를 일상의 경험에 적용해보는 구조로 구성되어 있다.

[4 - 5] (가), (나)와 관련하여 빈칸에 들어갈 적절한 내용을 쓰시오.

4 (가)에서 사내는 파리를 '☐☐☐☐'에 비유하고 있다.

5 (나)의 글쓴이는 부정적으로 느껴지던 '☐☐'도 자세히 보면 긍정적인 부분이 있다는 것을 발견했다.

확인 문제 정답	1 ○ 2 ✕ 3 ✕ 4 헬리콥터 5 어둠

01

(가)~(다)에 대한 설명으로 적절하지 <u>않은</u> 것은?

① (가)는 불가능한 상황 설정을 통해 의미를 강조하고 있다.

② (나)는 무생물을 의인화하여 대상에 대한 친근감을 드러내고 있다.

③ (다)는 일상의 경험을 소재로 대상의 의미를 새롭게 발견하고 있다.

④ (가)와 (나)는 공간의 이동에 따라 인식의 변화 과정을 드러내고 있다.

⑤ (나)와 (다)는 대상에 대한 관찰을 통해 얻은 깨달음을 전달하고 있다.

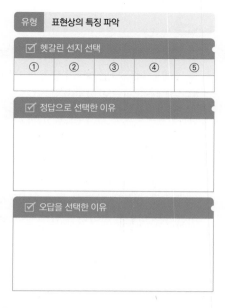

02

(다)의 글쓴이가 주장한 내용으로 적절하지 <u>않은</u> 것은?

① 어떠한 사람의 인격을 자신의 틀에 맞추어 볼 것이 아니라 그 사람만의 좋은 덕성을 찾아야 한다.

② 오해에서 벗어나 보는 각도를 달리하면 상대에 대해 새로운 사실을 알게 되어 관계가 변화할 수도 있다.

③ 세상을 다른 방법으로 바라보는 눈을 갖기 위해서는 그 방법을 아는 사람으로부터 배우는 과정이 필요하다.

④ 타인의 눈을 빌리지 않고 자신의 눈으로 대상을 바라봄으로써 대상의 모습을 보다 정확하게 파악할 수 있다.

⑤ 우리가 일상적으로 사람과 사물을 보고 인식하는 방식을 통해서는 대상에서 새로운 모습을 찾아내기 어렵다.

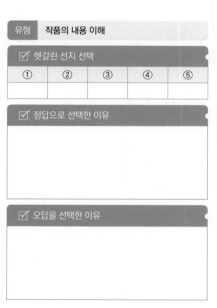

03

(다)를 바탕으로 (나)를 감상한 내용으로 가장 적절한 것은?

① '한낮에도 어둠이 빠져나가지 못하던 방'은 기존과 다른 방식으로 공간을 관찰한 표현으로 공간에 대한 새로운 인식이 형성되는군.

② '퀴퀴하고 걸쭉한 어둠'과 같이 대상의 새로운 본질을 깨닫기 위해서는 고정 관념에서 벗어나 열린 눈으로 대상을 바라봐야겠군.

③ '눈알이 어둠 속에 깊이 박혀' 있는 고정된 시각에서는 보는 각도를 달리할 수 없으므로 타인의 눈을 통해 대상을 새롭게 인식해야겠군.

④ '오래오래 어둠의 내부를 들여다보던 방'은 이미 굳어 버린 인식이 재생산되는 공간이니 아름다운 비밀을 찾아내기 위해 벗어나야겠군.

⑤ '자세히 보면 어둠도 환하게 보이던 방'은 대상을 바라보는 시각을 바꿈으로써 긍정적인 가치를 새롭게 발견할 수 있음을 의미하는군.

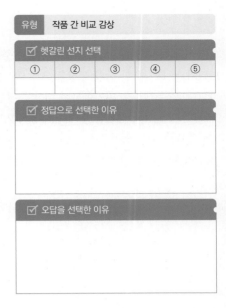

04

㉠, ㉡에 대한 이해로 가장 적절한 것은?

① ㉠과 ㉡은 동일한 시어를 통해 한 공간의 모습을 강조한다.

② ㉠과 ㉡은 서로 다른 화자의 눈으로 본 일상 속 공간을 가리킨다.

③ ㉠은 화자가 자신을 성찰하는 공간이고, ㉡은 화자가 대상을 관찰하는 공간이다.

④ ㉠은 정지되어 변화가 없는 공간이고, ㉡은 시간의 흐름에 따라 변화한 공간이다.

⑤ ㉠는 화자에게 불안감을 유발하는 공간이고, ㉡는 화자에게 안도감을 유발하는 공간이다.

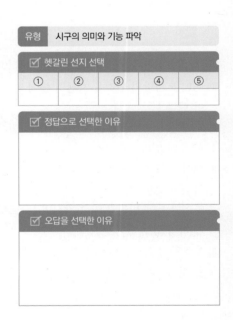

05  서답형 문제

(나)에서 어둠을 시각이 아닌 다른 감각으로 표현한 부분을 찾아 3어절로 쓰시오.

06

ⓐ와 ⓑ에 대해 설명으로 적절하지 <u>않은</u> 것은?

① ⓐ와 ⓑ는 선입견이 없는 시선으로 대상을 바라볼 때 발견할 수 있다.

② ⓐ와 ⓑ는 인간사로 인식을 확장함으로써 깊은 깨달음을 얻을 수 있다.

③ ⓐ는 오랜 관찰을 통해 파악할 수 있고, ⓑ는 새로운 시각을 통해 파악할 수 있다.

④ ⓐ는 인지하기 어려운 것을 발견한 것이고, ⓑ는 고정된 표준에서 벗어나야 발견할 수 있는 것이다.

⑤ ⓐ는 객관적인 태도로 대상을 관찰해야 얻을 수 있고, ⓑ는 대상이 변화한다는 점을 이해해야 느낄 수 있다.

07

<보기>를 바탕으로 (가)를 감상한 내용으로 가장 적절한 것은?

> **보기**
>
> 시에 사용되는 '낯설게하기'는 문학 작품에 사용되는 언어 사용 방식과 관련한 것에서 출발하였다. 문학의 언어는 익숙한 언어의 형태나 규범을 파괴하는 리듬, 비유, 역설 등을 사용함으로써 특정 대상이나 의미 등을 두드러지게 만들어 독자의 주의를 환기한다. 그리고 이러한 '낯설게하기'의 방식은 언어 사용 방식과 더불어 일상 속에서 주의 깊게 살펴보지 않았던 것들과 당연하다고 여겨 왔던 것들에 주목하고 문제를 제기함으로써 주제 의식을 보다 효과적으로 전달하게 된다.

① '헬리콥터처럼' 등의 비유적 표현은 익숙한 언어의 규범을 파괴하는 것으로 특정 대상의 의미를 강조하고 있군.

② '구더기를 본 사람'이라는 표현은 독자에게 익숙하지 않은 대상을 내세워 당연하게 여기던 것에 대해 문제를 제기하고 있군.

③ '지구의 밑부분에 집이 매달리는 시간'은 일상적이지 않은 대상을 일상적인 언어로 표현하여 괴리감을 느끼게 하고 있군.

④ '천장에 등을 붙이고 잔다'라는 표현은 일상적인 공간을 낯설게 표현하여 대상을 새롭게 인식하도록 유도하고 있군.

⑤ '저 사내는 슬프다'라는 표현은 상황에 대한 역설적 인식을 드러낸 것으로 새로운 의미를 발견하도록 하는 역할을 하고 있군.

MEMO

MEMO

능률
EBS 수능특강
—— ● ● ● ——
변형 문제
562제 문학(하)

펴 낸 이 | 주민홍

펴 낸 곳 | 서울특별시 마포구 월드컵북로 396(상암동) 누리꿈스퀘어 비즈니스타워 10층
㈜NE능률 (우편번호 03925)

펴 낸 날 | 2023년 4월 14일 초판 제1쇄

전 화 | 02 2014 7114

팩 스 | 02 3142 0356

홈 페 이 지 | www.neungyule.com
www.iap2000.com

등 록 번 호 | 제 1-68호

정 가 | 19,000원

고객센터

교재 내용 문의 : https://iap2000.com/booksinquiry

제품 구매, 교환, 불량, 반품 문의: 02-2014-7114

☎ 전화문의는 본사 업무시간 중에만 가능합니다.

2024학년도 수능 및 내신 대비

늘름
EBS 수능특강

변형 문제
문학(하)

562제

정답 및 해설

정답 및 해설

Contents

현대소설

01 ④

정답해설

ㄹ은 농사지을 논마저 없어진 고 서방이 절망적인 현실을 타개하기 위해 취한 행동으로, 고 서방의 결정이 추후 긍정적으로 작용할 것인지에 대해서는 알 수 없다.

오답해설

① 고 서방이 자신의 논에 물을 대기 위해 물꼬를 조금 더 터놓은 것은 보광리 주민인 한 양반과의 갈등을 야기하며, 이는 성동리 저수지의 물이 끊기는 결과를 가져온다.

② 고 서방이 주재소에 가자는 보광리 주민들의 말을 듣고 잘못했다고 비는 것을 통해 주재소가 고 서방에게 불리하게 작용하는 것을 알 수 있으며, 이는 당시 경찰 기관이었던 주재소가 본래의 기능을 잃었기 때문이라고 볼 수 있다.

③ 입도 차압의 팻말은 성동리 주민들이 소작료와 조합비를 갚지 못한 결과로, 이로 인해 성동리 주민들은 보광리로 향하게 된다.

⑤ 소작 쟁의에 행렬에 철없는 아이들까지 참여한 것을 통해 성동리 주민들이 소작 쟁의를 위해 모였음을 알 수 있으며, '절 태우러 간다'라는 말을 통해 만약 요구가 받아들여지지 않을 경우 보광사에 불을 지를 수도 있다는 상황을 암시한다.

02 ⑤

정답해설

소작 쟁의를 위해 '빈 짚단이며 콩대, 메밀대' 등을 잡고 보광사로 향하는 농민들을 통해 순박하고 성실했던 농민들이 오랜 가뭄과 착취에 시달리면서 수탈 계층에 저항하기 위해 거친 성격으로 변모하는 과정을 드러낼 뿐, 인간성이 상실되어 가는 모습을 드러내지는 않는다.

오답해설

① 고 서방과 양반의 갈등 상황에서, '이 친구가 제법 밥줄이 톡톡한 모양'이라는 양반의 말은 자신이 고 서방에게 경제적 영향력을 행사할 수 있다는 것을 전제한다. 또한 보광리 주민들과의 갈등으로 인해 저수지의 물이 끊기고, 고 서방이 절 논 두 마지기가 떨어질 것을 걱정하는 것을 통해 지주 계층의 횡포에 일방적으로 당할 수밖에 없던 당시 농민 계층을 드러낸다고 볼 수 있다.

② 소작료와 조합비의 납부 기한에 대한, 보광사 소작인들과 이사 간의 갈등 상황을 '해마다 소작료와 또 소작료 매 석에 대해서 너 되씩이나 되는 조합비와, 비료 대금과 그것에 따른 이자를 바쳐야만 되었'다고 농민의 시선에서 서술하여 일제 강점기 농촌의 내부적 모순을 드러내고 있다.

③ 농민들이 보광사로 향하는 것은 자신들의 논에 '입도 차압의 팻말'이 붙어 더 이상 경작을 할 수 없다는 것에서 기인한 것으로, 이는 농민들이 소작 쟁의라는 집단적인 행동으로 나아갈 수밖에 없는 상황을 드러내고 있다.

④ 성동리 주민들이 야학당 뜰로 모이는 것은 차압 취소와 소작료 면제를 탄원하기 위해 보광사에 가 소작 쟁의를 하기 위해서이므로 지주 계층에 대한 농민들의 저항을 의미한다.

03 ⑤

정답해설

[A]는 성동리 주민들의 논에 입도 차압의 팻말이 붙고, 고 서방까지 야간도주한 뒤의 마을을 묘사한 것으로, 이를 통해 성동리 주민들이 소작 쟁의에 나서기 위해 보광사로 향하는 장면의 긴장감을 나타낸다.

오답해설

① 농민들이 저녁마다 야학당이 터지게 모여들었다고 서술하고 있으나, 그 외의 상황을 열거함으로써 비극적 분위기를 부각하고 있지는 않다.

② [A]에서 야학당은 성동리 주민들의 연대 의식이 고취되는 곳을 상징하나, 이를 통해 인물 간의 관계를 파악할 수 없다.

③ [A]에서는 주변 인물의 말을 인용한 부분이 드러나지 않는다.

④ [A]에서는 야학당에 모인 농민들의 행동을 서술하고 있으나, 이를 통해 대조적인 두 집단의 모습, 즉 성동리 주민들과 보광리 주민들의 모습을 강조하지는 않는다.

04 ③

정답해설

구장은 저리 자금의 지불 기한을 조금 더 연기해 달라는 성동리 주민들의 요구를 이사에게 빌듯이 늘어놓았다고 하였으므로 적절하다.

오답해설

① 남정들이 마을을 떠난 것은 차압 취소와 소작료 면제를 탄원하기 위해서이다.

② 고 서방과 양반의 갈등으로 인해 저수지의 물이 끊어지기는 하였으나, 마을 사람들이 보광사로 향한 것은 차압 취소와 소작료 면제를 탄원하기 위해서이므로 적절하지 않다.

④ 이사는 성동리 주민들의 요구에, '그런 귀치않은 논은 부치지 않는 게 어때요?'라고 하며 주민들의 요청을 거절한다. 또한, 주민들이 대금을 갚지 못하자 고 서방의 논을 비롯하여, 입도 차압의 팻말을 붙였으므로 이사가 성동리 주민들을 동정한다고 볼 수 없다.

⑤ 또쭐이는 귀치않는 논은 부치지 않는 게 어떠냐는 이사의 말에 '누가 어디 조합 돈은 안 내겠다는 겁니까. 조금만 연기를 해 달라는 거지요.'라며 주민들의 요구 사항을 구체적으로 재차 드러내고 있다.

05

정답

야간도주

2강 복덕방

빠른 정답 체크

본문 | 18

01 ①   02 해설참조   03 ④   04 ⑤   05 ④

01 ①

정답해설

〈보기〉에서 전통적인 가치관과 질서에 매달려 있던 구세대가 근대적 흐름에 밀려나게 되었다고는 하였다. 그러나 안 초시가 서 참의의 집보다 나은 집을 살 수 있을 것이라고 기대하며 서 참의를 멸시하는 것은 직업에 귀천을 따지는 전통적인 가치관을 비판하는 것이 아니라, 서 참의에게 멸시당하던 안 초시가 돈으로써 서 참의보다 우위에 서려 하고 있음을 드러내며 물질 중심적 가치관을 비판하는 것이다.

오답해설

② 안경화는 청년을 통해 돈 문제를 처리하며 아버지가 자신의 돈을 만지지 못하게 하는데, 이를 통해 안경화가 재산에 관해서라면 가족도 믿지 않는 물질 중심적 가치관을 지녔음을 알 수 있다.

③ 땅을 처분하기 위한 모 씨의 연극에 속아 그 땅을 산 안 초시가 결국 죽음을 택한다는 것을 통해, 물질 중심적 가치관으로 인해 도덕적 가치가 해체되었음을 알 수 있다.

④ 부동산 투기로 이득을 보지 못하자 안경화가 안 초시를 냉대하게 되었다는 점에서, 근대화의 과정에서 변화에 적응하지 못한 구세대의 소외와 좌절을 알 수 있다.

⑤ 박희완 영감은 부의로 낼 돈이 없어 무언가를 담보로 잡혀서 부의를 마련해 왔는데, 이는 근대적 흐름에 밀려난 구세대의 빈곤함을 형상화하는 것이다.

02

정답

㉮: 안 초시, ㉯: 안경화

03 ④

정답해설

서 참의는 조객들의 분향이 끝난 것 같아 보이자 ㉢과 같이 말하며 분향에 나선다. ㉢이 주의를 끌고 자신의 존재를 각인시키기 위한 말인지는 알 수 없다.

오답해설

① 안경화는 관청에 가서 안 초시의 죽음을 알리겠다는 서 참의에게 '절 살려 주세요.'라고 말하며 알리지 말 것을 애원하고 있다. 이를 통해 청자인 서 참의의 동정심을 유도하여 자신의 목적을 이루고자 하고 있음을 알 수 있다.

② 서 참의는 안경화에게 부친인 안 초시를 위해 들어놓은 보험이 있느냐고 묻고, 안경화는 간이 보험이 있다고 대답한다. 이에 서 참의는 본래 보험을 든 목적이 안 초시를 위해서였음을 언급하여 보험금을 모두 안 초시의 장례에 사용할 것을 주장하고 있으므로 적절하다.

③ 서 참의는 안경화에게 안 초시의 장례를 호화롭게 준비할 것을 요구하며, 그러지 않는다면 '내가 그저 안 있을' 것이라고 말한다. 이는 자신의 요구가 이뤄지지 않을 경우, 안 초시의 죽음의 전말을 알림으로써 안경화의 명예를 실추시키겠다는 의미이므로 적절하다.

⑤ 서 참의는 안 초시의 장례식장에 조문을 가서 안 초시의 죽음이 '호사'라면서 반어적인 말을 늘어놓는데, 이를 통해 안 초시가 생전 가난한 삶을 살았을 것을 유추할 수 있다.

04 ⑤

정답해설

윗글은 작품 밖의 서술자가 이야기를 전달하고 있으며, 안 초시를 비롯한 모든 인물의 내면을 구체적으로 묘사하고 있다.

오답해설

① 윗글은 일관적으로 작품 밖의 서술자가 이야기를 전달하고 있어 장면에 따라 시점이 변화하지 않는다.

② 윗글은 현재와 과거를 교차적으로 서술하는 것이 아닌, 시간의 흐름에 따라 순차적으로 서술하고 있으며, 인물의 내력 또한 서술하고 있지 않다.

③ 윗글에서는 땅 투자가 실패로 돌아간 사건과 그와 관련된 인물들에 대해 서술하고 있을 뿐, 또 다른 이야기를 삽입하고 있지 않다.

④ 윗글에서 '땅'을 당시 부동산 투기 열풍을 상징하는 소재로 볼 수 있겠으나 이를 통해 인물의 내면 의식을 드러내고 있지는 않다.

05 ④

정답해설

안 초시에게 땅 투기에 관한 정보를 들은 안경화는 그 땅을 매입하기 위해 ⓐ를 신탁 회사에 넣고 삼천 원을 얻는다. 따라서 ⓐ는 안경화가 돈을 빌리기 위해 담보로 잡은 곳이다. 안 초시는 시간이 지나도 자신이 안경화에게 말하여 매입한 땅이 축항이 된다는 말은 없고, 오히려 ⓑ의 땅값이 오른 것을 확인하고 있으므로 ⓑ는 안 초시가 매입한 땅과 달리 개발로 인해 땅값이 폭등한 곳이라고 볼 수 있다.

오답해설

① ⓐ는 안 초시가 죽음을 맞이한 곳이 아니라 안 초시의 영결식이 열린 곳이다. 안 초시가 어디서 죽음을 맞이했는지는 윗글을 통해 알 수 없다.
② 안경화는 ⓐ를 담보로 하여 삼천 원을 마련하였으므로 적절하지만, ⓑ는 안 초시가 매입한 땅과 달리 땅값이 오른 곳이므로 안 초시에게 헛된 희망을 안겨준 곳이라고 볼 수 없다.
③ ⓑ는 안 초시가 박희완 영감에게 정보를 미리 듣지 못한 땅이지만, ⓐ는 축항이 될 땅이 아니라 축항이 될 땅을 매입하기 위해 담보로 잡은 곳이다.
⑤ 안 초시는 자신이 매입한 땅의 값은 오르지 않고, ⓑ의 땅값이 올랐다는 소식이 들려오자 절망하였다.

3강 역마

빠른 정답 체크

본문 | 24

01 ③   02 ③   03 ②   04 ④   05 해설참조

01 ③

정답해설

윗글은 전지적 작가 시점으로, 작품 밖 서술자가 작중 인물의 심리를 드러내고 있다. 다양한 관점에서 서술하지는 않는다.

오답해설

① '화개장', '구례', '하동' 등 실제 지명을 제시함으로써 사실성을 높이고 있다.
② '그 체 장수 영감은 서른여섯 해 전~'과 같이 과거 사건을 요약적으로 제시하여 옥화와 계연이 자매 관계임을 드러내고 사건에 개연성을 부여하고 있다.
④ '엿판'은 성기가 자신의 운명을 받아들였음을 드러내는 소재로, 운명의 수용이라는 작품의 주제 의식을 드러내고 있다.
⑤ 윗글은 전지적 작가 시점으로, 작품 밖의 서술자가 사건을 서술하여 인물의 특성과 심리를 드러내고 있다.

02 ③

정답해설

옥화는 성기에게 자신과 계연의 관계를 고백하면서, '인륜이 있는 듸 어쩌겠냐'는 말을 통해 성기가 계연과 이어질 수 없음을 드러내고 있다. 이는 순리를 거스를 수 없음을 암시하는 것으로 볼 수 있으나, 옥화가 성기의 역마살에 강박적으로 불안을 느끼는 이유로 볼 수는 없다.

오답해설

① 할머니가 성기에게 '중질을 시'킨 것과 옥화가 '화개장만 보이기로 다짐'받은 것은 성기의 역마살을 떼기 위한 방법으로, 성기의 운명을 회피하기 위한 방도에 해당한다.
② 성기의 역마살은 떠돌이의 삶을 살던 체 장수 영감에게서 비롯된 것이므로, 이를 통해 삼 대가 역마살의 대물림을 받게 된 원인에 해당한다고 볼 수 있다.
④ 옥화는 성기와 계연이 인연을 맺게 하여 성기의 역마살을 떼려 하였으나, 이것이 불가능하다는 것을 깨닫게 된 뒤 성기에게 '너 졸 대로 해라'라면서 성기의 선택을 받아들이려 한다. 이는 그동안 성기의 운명을 거스르기 위해 노력했던 옥화가 운명에 체념한 것으로 볼 수 있다.
⑤ 옥화를 통해 계연과 이어질 수 없는 이유를 알게 된 성기는 '엿판'을 들고 떠돌이의 삶을 살 것을 다짐한다. 이는 역마살이라는 자신의 운명을 수용함으로써 운명과 화해했음을 의미한다.

03 ②

정답해설

삼거리 길은 엿장수가 되기로 한 성기가 옥화와 하직하는 장소이며, 자신의 역마살을 받아들이는 공간이다.

오답해설

① 성기와 계연은 삼거리 길이 아니라 집에서 처음 만났으며, 체 장수가 계연을 떠나보내는 공간이라고 볼 수 없다.
③ 삼거리 길은 성기와 계연의 갈등이 직접적으로 제시되는 공간으로 볼 수 없다. 또한, 성기와 옥화의 갈등이 아닌 성기와 운명의 갈등이 해소되는 공간으로 볼 수 있다.
④ 옥화가 자신과 계연이 자매임을 알게 되는 곳은 윗글에서 파악할 수 없으며, 옥화가 계연과의 관계를 성기에게 고백하는 곳은 삼거리 길이 아닌 집이다.
⑤ 옥화는 '화개장만 보이기로 다짐'받는 등의 행동을 통해 성기의 운명을 거스르려 하고 있으나, 이러한 행동이 삼거리 길에서 이루어지지는 않는다. 또한, 삼거리 길은 성기가 옥화와 이별하는 공간으로 볼 수 있으나, 아버지를 찾으러 갈 것을 결심한 공간은 아니다.

04 ④

정답해설

㉣에서는 '이른 여름'을 '성기가 좋아하는 여러 가지 산나물이' '연달아 자꾸 내려'온다고 묘사함으로써 성기가 병에서 회복하여 자리에서 일어날 것을 암시하고 있을 뿐, 옥화가 성기의 결정을 긍정적으로 받아들일 것을 암시하고 있지는 않다.

오답해설

① ㉠에서 옥화는 성기에게 계연을 '체 장수의 무남독녀'라 하면서, 체 장수가 '화갯골 쪽으로 들어갔다 나와서, 하동 쪽으로 나갈 때 데리고 가겠다고' 하여 계연을 잠시 맡아 주기로 했다고 말한다. 따라서 옥화의 말을 통해 계연의 내력을 파악할 수 있다.

② ㉡에서 성기와 계연이 이별하는 상황의 배경을 시각적, 청각적 이미지로 묘사하여 감각적인 이미지를 통해 인물의 이별을 비극적으로 형상화하고 있다.

③ ㉢에서는 성기가 병에서 회복해 자리에서 일어난 시기를 '버들가지'와 '살구 복숭아 진달래들'의 변화로 서술하여 자연물의 변화를 통해 성기의 변화를 제시하고 있다.

⑤ ㉤에서 성기가 떠나는 화개 장터의 삼거리 길을 '새벽녘에 잠깐 가는 비가 지나가고, 날은 다시 유달리 맑게' 개었다고 함으로써 성기가 자신의 운명을 받아들여 갈등을 해소하였음을 간접적으로 제시하고 있다.

05

정답

중질

4강	**두 파산**

빠른 정답 체크

본문 | 30

| 01 ① | 02 ④ | 03 ③ | 04 ① | 05 해설참조 |

01 ①

정답해설

옥임과 정례 모친의 상대방에 대한 생각을 통해 두 인물이 처한 현재의 상황을 알 수 있다. 특히 정례 모친의 생각을 통해 신여성 운동까지 참여했던 옥임이 고리대금업자로 전락했음이 드러나며, '성격 파산'이라는 말을 통해 옥임이 현재 처한 상황이 제시되고 있다.

오답해설

② 옥임과 정례 모친의 갈등이 드러나는 곳은 길바닥으로, 빈번한 장소 전환은 나타나 있지 않다.

③ 토속적인 어휘를 사용하고 있다고 볼 수 있으나, 정례 모친과 옥임의 갈등을 우스꽝스럽게 묘사하고 있지 않으므로 부정적 현실을 희화화하고 있지는 않다.

④ 옥임의 과거 내력을 정례 모친의 시각에서 요약적으로 제시하고 있을 뿐, 과거와 현재를 오가는 구성을 보이고 있지 않다.

⑤ 윗글에서는 현학적 표현이 드러나 있지 않으며, 중심 인물에 대한 부정적 평가가 주를 이루고 있으므로 적절하지 않다.

02 ④

정답해설

옥임은 반민법이 통과되면 재산이 몰수당할 것을 염려하여 고리대금업에 뛰어든 것이지 고리대금업으로 인해 경제적으로 여유 있는 삶을 살게 된 것은 아니므로 적절하지 않다.

오답해설

① 옥임의 "그래 내 돈을 곱게 먹겠는가 생각을 해 보렴."을 통해 정례 모친이 옥임으로부터 돈을 빌렸으며 이로 인해 옥임에게 봉변을 당하고 있음이 드러나고 있다.

② 정례 모친은 "이렇게 말씀드리면 교장 선생님부터가 어떻게 들으실지 모르지만~난 옥임이가 가엾어서 어제 울었습니다"를 통해 문학을 즐기고 사회 운동가를 높이 평가하던 과거 옥임의 내력을 언급하며, 과거와 달리 돈을 중시하며 살아가는 현재의 옥임에 삶에 대해 안타까움을 드러내고 있다.

③ 교장은 옥임에 대해, "그래도 제 돈 내놓고 싸든 비싸든 이자라고 명토 있는 돈을 어엿이 받아먹는 것은 아직도 양심이 있는 생활입니다.~밥알이 올곧게 들어가지 못하는 지금 세상 아닙니까……"라고 하며 빌려준 돈에 대해 이자를 높게 받고 있긴 하지만, 다른 부정한 일들이 만연한 세상에서 이자를 높게 받는 일은 나름 양심 있는 일이라고 말하고 있다.

⑤ 옥임은 "남의 돈 생으루 먹자는 도둑년 같은 배짱 아니구 뭐냐?"라고 말함으로써 정례 모친을 '도둑년'이라 칭하며 인격을 무시하고 망신을 주어 돈을 받아내고자 하고 있다.

03 ③

정답해설

교장은 옥임과 정례 모친 사이에서 자신의 탐욕을 위해 옥임의 편에서 부정적 행동을 취하는 매개자이다. 교장이 정례 모친에게 한 말에서는 자신의 이익을 추구하는 교장의 모습이 드러나므로, 이를 통해 원리원칙을 중시하는 염상섭의 가치 기준이 드러난다는 이해는 적절하지 않다.

오답해설

① 옥임의 "난 돈밖에 몰라. 내일모레면 거리로 나앉게 된 년이 체면은 뭐구, 우정은 다 뭐냐?"라는 말을 통해 옥임이 해방 직후 배금주의로 흘러가는 시대의 변화에 빠르게 적응하며 물질 만

능주의로 전락한 부유층을 대변하는 인물임을 드러내며, 이를 통해 작가는 당시 자신의 이익만을 추구하는 사회 현실을 비판하고 있는 것을 볼 수 있다.

② 한때 '신여성 운동'에 참여했던 옥임이 고리대금업자로 전락하며 친구를 비난함으로써 자신의 안정을 취하려는 것을 통해 광복 이후 물질적인 것을 최고의 가치로 여기는 사회 풍조로 인해 정신적으로 황폐화되어 가는, 즉 정신적 파산에 이른 옥임을 보여 주고 있다고 볼 수 있다.

④ 정례 모친은 자식들을 공부시키면서 살림살이도 하고, 구멍가게도 차려 성실하게 살아가려고 노력하지만, 사회의 구조적 모순으로 인해 결국 경제적으로 파산하고 마는 인물이다. 작가는 이러한 정례 모친의 모습을 통해 배금주의로 흘러가는 자본주의적 세태를 고발하고 있다고 볼 수 있다.

⑤ 〈보기〉에 따르면 작가는 현실을 정확하게 인식하면서도 자신의 가치 기준을 제시하기 꺼려하는 일면을 작품 속에서 보여 주고 있다고 하였다. 이는 작품 속에서 물질적 파산에 이른 정례 모친과 정신적 파산에 이른 옥임을 모두 등장시키면서도 서로를 불쌍하게 여김으로써 끝내 누가 옳고 그른지에 대한 판단을 배제하고 있다는 점에서 알 수 있다. 작가가 이러한 태도를 취한 까닭을 고려하면, 정례 모친과 옥임이 이러한 상황에 놓이게 된 것은 비단 그들만의 잘못이 아닌, 광복 이후의 사회 상황이 그들을 파산으로 이끌었다는 사회 구조적 모순과 시대를 비판하기 위해서임을 알 수 있다.

04 ①

정답해설

정례 모친은 ㉠에서 돈을 갚으라는 말과 함께 자신의 인격을 무시하고 망신을 주는 옥임으로부터 봉변을 당하였다. 이로 인해 구경꾼이 자꾸 모이자, 곤란한 상황에 놓인 정례 모친은 ㉠에서 벗어나고자 옥임을 달래서 뒷골목으로 끌고 들어가려 하였다.

오답해설

② ㉠에서 자신을 비난하는 옥임을 향해 정례 모친이 '눈물이 핑돌' 정도로 서러워하고 있음을 알 수 있으나, ㉠은 정례 모친과 옥임의 화해를 암시하는 장소가 아닌, 갈등이 심화되는 장소이므로 적절하지 않다.

③ ㉠에서 정례 모친이 옥임으로부터 봉변을 당하고 있으나, 정례 모친은 '누가 안 갚는대나?'라고 말하고 있으므로 옥임의 돈을 갚고자 하는 정례 모친의 의지가 좌절되고 있다고 보기 어렵다.

④ 옥임이 과거 신여성 운동을 전개했는지는 윗글을 통해 알 수 있으나, 정례 모친이 함께 신여성 운동을 전개했는지는 알 수 없으며, 신여성 운동이 ㉠에서 전개되었는지 또한 제시되어 있지 않다.

⑤ "네 영감은 어째 점점 더 젊어 가니? 거기다 대면 넌 어머니 같구나."라는 옥임의 말을 통해 평소 젊은 남편을 둔 정례 모친을 부

러워하고 있던 옥임의 속마음이 제시되고 있다고 볼 수 있으며, '매달린 식솔도 많구 병들어 누운 늙은 영감의 약값이라두~'를 통해 옥임의 상황이 제시되고 있으나, 정례 모친에 대한 미안함이 드러나고 있다고 볼 수 없으므로 적절하지 않다.

05

정답

교장 선생님

5강 유예

빠른 정답 체크
본문 | 37

01 ③ 　 02 ③ 　 03 ④ 　 04 ② 　 05 해설참조

01 ③

정답해설

윗글은 짧은 문장과 현재형 어미를 빈번히 사용하여 인물이 처한 상황의 긴박감과 현장감을 표현하고 있다.

오답해설

① 윗글에 '방 안', '둑길' 등의 공간적 배경이 나타나기는 하지만, 이를 통해 분위기가 반전되지 않는다.

② 윗글은 이야기 밖의 서술자가 중심인물의 행동과 내면, 상황 등을 서술하고 있다.

④ 윗글은 동시에 일어난 두 개의 사건을 병치하지 않고, 중심인물의 의식의 흐름에 따라 사건을 서술하고 있다.

⑤ 윗글에서 '그'가 포로로 처형을 당하기 직전의 '청년'을 발견하고 적군에게 총을 쏜 후 붙잡혀 처형이 결정되는 과정을 시간의 흐름에 따라 서술하고 있으나, 이를 통해 인물 간의 갈등이 해소되지는 않는다.

02 ③

정답해설

'그'는 전쟁이라는 극한 상황에서 죽음을 피하거나 벗어나려 하지 않으며, 죽음이 '아무것도 아닌 것'이라고 생각하여 공포를 느끼지도 않는다. '그'는 '걸음걸이가 죽음에 접근하여 가는 마지막 길일지라도 결코 허튼, 불안한, 절망적인 것일 수는 없었다'고 하며 자신이 처한 현실에 대해 의연한 태도를 보이고 있으므로 자신의 죽음을 부정하고 현실에 맞선다는 것은 적절하지 않다.

오답해설

① 총살을 앞둔 '청년'이 '생명체는 도구와는 다른 것'이라고 말하며 '하나의 생명체인 인간으로서 살아 있었다는 것, 그리고 인

간으로서 죽어 간다는 것'이 '한없이 기쁠 뿐'이라고 말하는 것을 통해 죽음 앞에서 오히려 인간으로서의 생명을 자각하고 있음을 보여 주고 있다.

② '그'는 총살당하기 직전의 '청년'을 보며 '지금 저 눈길을 걸어가고 있는 피해자는 그가 아니라 나 자신', '내가 지금 피살당하러 가고 있는 것'이라고 인식하는데, 이는 전쟁이라는 상황 속에서 피해자와 동질감을 느끼게 된 '그'의 심리를 드러내고 있다.

④ 총살당하기 위해 방을 나서는 '그'의 심리는 '일어서야만 한다. 그리고 정확히 걸음을 옮겨야 한다.'라고 서술되고 있다. '끝나는 그 순간까지 정확히 나를 끝맺어야 한다.'와 연관 지어 볼 때, 이는 죽음 앞에서도 자신의 존재를 확인하고, 인간으로서의 존엄성을 지키려는 한 인간의 노력을 강조하는 것이라고 볼 수 있다.

⑤ '그'가 총살당한 후, '그'를 총살한 '놈들'은 '아무 일도 없었던 듯 담배들을 말아 피우고 기지개를 할 것'이라고 서술된다. 이는 전쟁 상황에서는 '누가 죽었건 지나가고 나면 아무것도 아니'며 '모두 평범한 일인 것'이라는 인식에 기반한 것으로, 인간의 가치가 상실된 전쟁의 비정함을 나타내고 있다.

03 ④

정답해설

'맑은 광선이 눈부시게 흘러 들어온' 것은 '사닥다리'를 내리기 위해 문을 열었기 때문이다. 그리고 '그'는 '사닥다리'를 타고 올라가 처형장인 둑길로 향하게 되므로 ②이 '그'가 절망 속에서 발견한 희망을 의미한다는 이해는 적절하지 않다.

오답해설

① 곧 총살당할 '청년'이 '정면에 눈 준 채' '침착한 걸음걸이'로 걷고 있다는 것을 보아 죽음 앞에서도 의연한 태도를 유지하고 있음을 보여 준다.

② '그'는 '머리를 쾅하고 내리친' 힘에 의해 '의식을 잃었'다가 '바른편 팔 위'의 격통으로 인해 의식을 되찾는다.

③ 심문을 통해 총살 집행 명령이 결정되는 과정을 요약적으로 서술한 것이다.

⑤ '흰 눈'이 '회색빛'이 되었다가 '어두워 간다'고 한 것은 색채 이미지를 이용해 죽음의 상황을 시각적으로 표현한 것이다.

04 ②

정답해설

"동무는 우리 인민의 처사에 대하여 이의가 있소?"라는 대사를 통해 처형을 실행하는 쪽은 인민군이고, 처형을 당하는 쪽은 국군임을 알 수 있다. '청년'과 '그' 모두 둑길을 걸어가며 총살당했는데, '몇 사람이나 이 둑길을 걸었을 거냐'라는 표현은 '청년'과 '그' 외에도 '둑길'에서 처형당한 국군이 더 있었다는 점을 암시한다.

오답해설

① '그'는 '둑길'을 걷는 '청년'을 보며 '저 언덕길을 걷는 것이 자기인 것만 같았다'라고 느끼는데, 이는 '그'가 처형 상황에 놓인 '청년'에게 동질감을 느끼고 있는 것이다. '그'와 '청년'은 모두 국군이므로 '둑길'은 이념 대립이 해소되는 공간으로 이해할 수 없다.

③ 인민군 대장이 '둑길'에 대해 '남쪽으로 내닫는 길'이라고 하는 것은 국군 포로를 조롱하는 것이지, '둑길'이 귀환을 소망하는 국군의 마음이 형상화된 공간임을 의미하지는 않는다.

④ 윗글에서 겨울의 계절적 이미지를 나타내는 '흰 눈'은 순수함이 아닌 전쟁의 참상과 비극성을 나타내는 소재로, '눈이 함빡 쌓인'이라는 표현은 죽음의 공간으로서의 '둑길'을 강조한다.

⑤ '마주 선 언덕'에서 '흰 눈'을 보며 '그'는 '가슴이 탁 트이는 것 같'은 기분을 느끼는데, 이는 죽음 앞에서 해방감을 느꼈기 때문이라고 볼 수 있다. 현실의 어려움과는 관련이 없다.

05

정답

검붉은 피

6강 탑

빠른 정답 체크   본문 | 43

| 01 ⑤ | 02 ③ | 03 ① | 04 ③ | 05 해설참조 |

01 ⑤

정답해설

윗글에서는 '두개골 속이 곧 터져 나가기 직전인 것처럼~', '일곱 마리의 쥐새끼'라고 하여 비유적인 표현을 사용하고 있으나 이는 '나'가 느끼는 숨 막히는 긴장감과 두려움을 표현하기 위한 것이므로 대상이 처한 상황에 대한 안타까움을 드러내고 있는 것이라고 볼 수 없다.

오답해설

① '나는 안다. 우리가 싸워 지켜 낸 것은 겨우 우리들 자신의 개 같은 목숨에 지나지 않는다는 것을'이라는 표현에서 어순을 의도적으로 바꾸는 도치적 표현을 사용하여 깊은 여운을 주고 있다.

② '나'는 '남의 땅, 남의 어둠 속에 있는 우리는 뭐냐. 도대체 우리는 무엇이냐.'라고 하며 의문형 표현을 활용하여 현재 상황에 대한 회의감을 드러내고 있다.

③ 윗글은 1인칭 주인공 시점으로, '나'가 자신의 체험을 서술하여 내용의 신빙성을 높이고 있다.

④ 적의 통신 신호로 여겨지는 목탁 소리가 사방에서 들렸다는 것

은 적군이 사방을 둘러싸고 있다는 것을 의미하므로, 목탁 소리의 청각적 이미지를 통해 적군에 둘러싸여 있는 아군의 상황을 드러내고 있음을 알 수 있다.

02 ③

정답해설

[B]에서 서술자인 '나'는 탑을 지키기 위해 싸웠으나 그 탑을 없애려고 하는 상황에 대해 '우리가 싸워 지켜 낸 것은 겨우 우리들 자신의 개 같은 목숨에 지나지 않는다는 것을.'이라고 하며 비속어를 사용하여 비판적 인식을 드러내고 있다.

오답해설

① '나'가 '한 무더기의 작은 돌덩어리'를 지키기 위해 싸웠다는 것을 언급하고 있다고 볼 수 있으나, 이를 통해 상대방과 우호적인 관계를 형성하고자 하는 것은 아니다.
② '나'가 '한 무더기의 작은 돌덩어리가 무슨 피를 흘려 지킬 가치가 있겠는가.'라고 하며 자신의 속마음을 토로하고 있다고 볼 수 있으나, 상대방의 생각을 이해하고 있지 않다.
④ '나'가 관찰하고 경험했던 전쟁 상황을 요약적으로 제시하고 있다고 볼 수 있으나, 화자는 현재 상황에 대해 비판적으로 인식하고 있으므로, 현재에 대한 만족감이 드러난다고 볼 수 없다.
⑤ '나'와 상대방의 관계를 통해 전쟁의 무의미함을 깨닫고 있다고 볼 수 있으나, 이를 다른 대상에게 적용하여 문제를 해결하고자 하고 있지 않다.

03 ①

정답해설

적군 포로를 죽이자는 부사수의 말에 '보내 줘라'라고 말한 것은 게릴라의 생존자인 적군을 죽이겠다는 의미이므로 전쟁 속에서 인도주의적인 모습을 발휘하고자 하며 인간다움을 잃지 않으려는 노력으로 볼 수 없다.

오답해설

② '장갑차의 포수가 머리를 내밀고 즐비한 시체들의 사진을 찍'은 것은 전투로 희생된 사람들을 그저 구경거리로만 여기는 비인간적인 모습을 드러내고 있다고 볼 수 있다.
③ '초라하게 서 있는 작은 석탑'이 미국의 불도저에 의해 무너지는 것은, 월남인들에게 중요한 가치를 가지는 작은 돌덩어리인 '탑'을 지키기 위해 수많은 목숨이 희생되었으나, 너무나도 허망하게 그 가치가 사라져버리는 상황을 통해 명분 없는 전쟁의 무의미함을 보여 준다고 볼 수 있다.
④ 〈보기〉에 따르면, 강대국들은 자신들의 논리로 제3세계를 유린하였다. 따라서 장교가 '미합중국 군대는 언제 어디서나 변화시키고 새롭게 할 수 있네'라고 말한 것을 통해 '탑'이 어떤 가치를 갖는지 전혀 상관하지 않으며 강대국의 논리로 모든 것을 좌지우지하려는 전쟁의 실상을 고발하고 있다고 볼 수 있다.

⑤ 〈보기〉에 따르면, 우리나라의 군인들은 미국의 요구에 의해 연인원 31만 명 이상이 파병되었다. '나'는 월남인에게 가치가 있다고 여겨진 '탑'을 지키기 위해 싸우며, 동료들의 희생을 목격했으나, 이러한 가치와 희생은 아랑곳하지 않고 불도저로 바나나밭을 밀어 버리려는 미국 장교의 모습에서 '한 무더기의 작은 돌덩이가 무슨 피를 흘려 지킬 가치가 있었겠는가'라고 하며 전쟁의 회의감을 드러내고 있다. 이를 통해 아무런 의미를 갖지 않는 '탑'을 지키기 위해 인간이 그저 하나의 소모품으로 사용되었음을 드러내며, 전쟁의 허위성을 고발하고 있다고 볼 수 있다.

04 ③

정답해설

ⓒ은 포로로 잡힌 소총수를 살려야 한다고 말하는 사수의 말이다. 이를 통해 위험한 전쟁 상황 속에서도 인간의 생명을 소중히 여기는, 군인들의 동료애를 엿볼 수 있으므로 적절하다.

오답해설

① '도피로가 차단된 일곱 마리의 쥐새끼'의 주체는 적군이 아니라 '우리'의 현재 상황을 자조적으로 표현한 것이다.
② 적군이 '환한 빛에 노출된 것을 두려워하지 않'는 것은 포로를 앞세우고 있어 자신을 쉽게 건드리지 못할 것임을 알고 있기 때문이다. 따라서 이와 같은 행동이 이념을 위해 죽음을 불사하는 희생정신을 보여 준다고 볼 수 없다.
④ 선임조장이 몸을 던진 것은 불도저로 '탑'을 밀어 버리려는 행위에 대항해 탑을 지키려는 것으로, 불도저를 아군에 대한 공격으로 인식한 것이 아니다.
⑤ 미군은 베트남 주민들에게 종교적으로 가치가 있는 산물인 탑을 불도저로 무너뜨려 그곳에 토치카를 지을 것임을 밝히고 있다. 따라서 탑을 지키기 위해 토치카를 짓는다는 것은 적절하지 않다.

05

정답

멍청히 주저앉아서 잠을 깬 자들을 아무 생각 없이 올려다보았다.

01 ③

정답해설

[A]와 [B] 모두 이야기 속 서술자인 '나'의 시점에서 서술되어 있다,

[A]에서 '나'는 '지까다비'짝이 밭에 버려지게 된 내력에 대해 추측하고 있고, [B]에서는 아내가 다른 집 담장 너머로 버렸던 고무신짝이 동네의 집들을 돌아다니다가 다시 '나'의 집으로 돌아오게 된 내력에 대해 추측하고 있다.

오답해설

① [A]에서는 연결 어미를 반복해서 사용하고 있지 않으며, [B]에서 연결 어미 '-으로'가 반복되기는 하지만 경쾌한 느낌을 주는 것은 아니다.

② [A]에서 '나'는 과거의 일을 회상하고 있을 뿐, 현재의 사건과 연관 짓고 있지는 않다. [B]에는 과거에 일어난 사건의 회상이 아니라 과거에 일어났을 것이라고 추측되는 사건을 서술하고 있다.

④ [A]와 [B]에서는 공간적 배경에 대한 묘사를 열거하고 있지 않다.

⑤ [B]에서는 특정한 대상을 묘사하고 있지 않으며, [A]에서 버려진 '지까다비'짝의 모양새가 묘사되기는 하지만 비유적 표현이 활용되지는 않았다.

02 ⑤

정답해설

아내는 쓰레기통에 버렸던 고무신짝이 꺼림칙하다는 이유로 다른 집 담장 너머로 버렸다. '나'는 그 '다른 집'에 사는 사람은 또 이웃의 아무 집에 고무신짝을 버리고, 그게 반복되어 고무신짝이 자신의 집에 돌아왔을 것이라고 추측한다. 이는 자신이 느끼는 불길함을 없애기 위해 남에게 불길한 물건(고무신짝)을 떠넘기는 현대인의 이기심을 드러낸다.

오답해설

① 고무신짝은 '나'와 동네 사람들 사이의 갈등을 유발하지 않는다.

② '나'는 고무신짝을 보며 또다시 공포심을 느끼고 있으므로 과거의 공포심을 극복하지 못했다고 볼 수 있다.

③ '나'가 부정적인 상황에 처해 있다고 볼 수 없으며, 고무신짝이 이를 암시한다고도 할 수 없다.

④ 고무신짝은 전통적인 물건이기는 하나 근대화가 진행되며 사장된 전통문화를 상징한다고 해석할 근거는 없다.

03 ④

정답해설

이웃집의 부부들이 '남편 모르게 아내가, 혹은 아내 모르게 남편이' 고무신짝을 다른 집 담장 너머로 던진 것은 자신의 비합리적인 태도를 배우자에게 숨기고자 하는 자존심이 있었기 때문이다. 비합리적인 태도를 부끄러워하지 않는 사람들의 심리를 나타내는 것이 아니다.

오답해설

① '나'는 처음에는 자신이 '지까다비'짝을 보고 공포심을 느낀 이유가 본래의 노선 혹은 룰에서 벗어나 나온 점 때문이라고 생각

했다가, '그러나 단순히 그 이유뿐일까.'라고 하며 자신이 공포심을 느낀 이유를 재차 추측하고 있다.

② '나'는 고무신짝을 보고 공포에 질려 흥분한 아내를 '신 내리는 무당'에 비유하여 표현하고 있다.

③ 아내는 자신이 고무신짝을 다른 집 담장 너머로 버렸다는 사실을 밝히며, '나'가 이에 대해 따져 묻자 '당연하다는 듯이' '우락부락한 얼굴까지 되며' 말하고 있는데, 이를 통해 아내가 자신의 행동에 대한 죄책감을 느끼지 않음을 알 수 있다.

⑤ '나'는 비합리적인 사람들을 비판하면서도 '이 액을 우리 부부끼리만 감당할 자신이 우리는 이미 없었다.'라고 하며 자신들 또한 별반 다르지 않은 사람이며, 고무신짝을 다시 다른 집 담장 너머에 버리게 될 것을 암시하고 있다.

04 ④

정답해설

'나'는 아내가 담장 너머로 버린 고무신짝이 자신의 집으로 되돌아온 경위에 대해 '어느 집의 부부들'도 '간밤내 근처에서 들리던 굿하는 꽹과리 소리 같은 것을 떠올리며 공포감에 사로잡혔을 것'이라고 추측한다. 이 공포감으로 인해 이웃집의 사람들 역시 고무신짝을 남의 집 담장 너머로 버리게 되므로, 부부들이 공포감에 사로잡힌 것은 공동체의 가치가 무너졌기 때문이 아니라 고무신짝을 굿하는 소리와 연관 지어 불길한 것으로 간주하는, 비합리적인 사고방식 때문이라고 해석할 수 있다.

오답해설

① '공장에 다니면 징용을 면한다 해서' 마을 사람들이 공장으로 몰렸기 때문에 '지까다비'가 집집마다 흔해진 것이므로, '태평양전쟁이 나던 이듬해'라는 시간적 배경은 '지까다비'짝이 밭에 버려지게 된 사건에 개연성을 부여한다.

② '마가을비'가 내리는 날, '나'는 '이 정도로 패연하게 비가 쏟아지는 날은 으레 '큰 산'은 구름에 깝북 가려'졌다고 회상한다. 이는 비로 인한 우울한 분위기를 조성하는 동시에, 공동체를 아우르는 근원적 가치가 부재하는 부정적인 현실을 상징한다.

③ 버렸던 고무신짝이 다시 담 아래에 있는 것을 보고 '환하던 겨울 아침'은 '나'와 아내 사이에서 '음산한 분위기로 둔갑'하는데, 이는 고무신짝의 존재로 인해 두 사람이 불안감과 공포심을 느끼게 되었음을 의미한다.

⑤ '나'가 사는 동네의 사람들은 '모두 현대적인 교육을 받'고, '합리적인 사람대우는 대우대로 받고 싶'어하지만, 동시에 고무신짝을 불길하게 여기고 공포심을 느끼며 남의 집 담장 너머로 던지는 비합리적인 면모를 보인다.

05

정답

고무신짝

01   ③

정답해설

'나중 동네에 소문날 일을 생각해서라도~그 참 허탕이 될 수는 없겠던 것이다.' 등을 통해 김의 내면 심리를 직접적으로 제시하고 있음을 알 수 있다.

오답해설

① 윗글은 김과 중년, 김과 부면장 간의 대화를 통해 사건을 전개하고 있으나, 갈등의 원인을 요약적으로 제시하고 있지는 않다.

② 윗글에서 인물의 외양을 구체적으로 묘사한 부분은 찾을 수 없다.

④ 윗글에서 인물의 독백은 나타나지 않는다.

⑤ 윗글은 서술자의 시점에서 중심 사건을 전개하고 있을 뿐, 다양한 시각에서 중심 사건을 재조명하고 있지는 않다.

02   ⑤

정답해설

〈보기〉에 따르면 관의 언어는 '규율체계'로 작용하여 농민들을 동일자로 환원시키려 한다. 따라서 '이 바닥에 헥타르를 기본 단위로 말할 만치 땅 너른 사람이 몇이나 되느냐'는 김의 말은 규율체계로 작용하는 관의 언어인 '헥타르'의 사용이 무가치하고 폭력적임을 밝혀 타자인 농민에 대한 관의 동일화 시도에 저항하는 것이라 볼 수 있다.

오답해설

① 〈보기〉에 따르면 윗글은 개발과 전시적 행정의 논리를 내세우는 관과 농민의 대립으로 이루어지며, 이로 인해 농민은 배제된 타자로서의 비공식적인 위치에 놓인다. 따라서 농민으로 대표되는 김은 농민의 언어를 대표하는 타자에 해당한다고 볼 수 있다.

② 〈보기〉에 따르면 '국가 시책' 중 하나인 도량형 명칭의 변화를 긍정하는 부면장은 농민과 달리 개발과 전시적 행정의 논리를 내세우는 관의 입장을 대변하는 인물이라 볼 수 있다. 따라서 부면장의 말은 관의 언어를 대표한다고 볼 수 있다.

③ 〈보기〉에 따르면 관은 그들의 폭력적 언어를 통해 타자의 위치에 놓인 농민들을 동일자로 환원시키려 한다. 따라서 김의 말을 반박하기보다는 소속과 지위를 따져 묻는 부면장의 질문에 '놀미 부락 개발 위원', '마을문고 후원 회원', '가족계획 추진 위원' 등의 지위를 언급하는 마을 사람들의 모습은 그들의 타자성을 부각시켜 관의 규율성에 대한 비판적 인식을 드러내는 것이라 볼 수 있다.

④ 〈보기〉에 따르면 관은 개발과 전시적 행정의 논리를 내세우며 공식, 제도, 권위, 금기의 세계를 지칭한다. 따라서 부면장이 전통적 입장을 고수하는 농민에게 새로운 도량형 명칭을 사용할 것을 권하는 것은 농민을 동일자로 환원하려는 시도라고 볼 수 있다.

03   ③

정답해설

김은 남의 재산을 불법으로 사용한 자신의 행동을 비판하는 중년에게 '물 한 바가지 동냥을 쫓는 건 풍속을 어그리는 일'이라고 말하며 가뭄에 물대기는 농민에게 중요한 문제임을 드러내고 있을 뿐, 이에 대한 비판 의식을 드러내고 있지는 않다.

오답해설

① 남의 재산을 불법적으로 사용하였다는 중년의 주장에 김은 불법적으로 쓴 것이 아닌, '물법적으로' 썼다는 언어유희적 표현을 통해 상대방의 말을 반박하고 있다. 이를 통해 자신의 행동을 모면하려는 김의 능청스러운 태도가 드러난다.

② 중년은 불법으로 논에 물을 댄 김에게 '시대적으로 볼 것 같으면 안보적인 문제'라고 말함으로써 김의 일을 과장되게 표현하여 심각성을 드러내고 있다.

④ 부면장은 앞서 '교육에 대비하여 학습해 둔 게' 없다고 말하며, 농민들에게 '좌욕히 담배나 피시며 시간을 채우'라고 말한다. 그러나 퇴비를 쌓는 것과 관련하여서는, '위에서 누가 원제 와서 보자구 헐는지 알 수' 없기 때문에 '이쁘구 날씬허게 미장'할 것을 당부하고 있으므로 농촌의 일보다는 상급 기관의 감찰을 중요시한다고 볼 수 있다.

⑤ 부면장은 도량형 명칭에 관한 불만을 드러내는 김에게 '구식 노인네두 다 아는 상식을 당신 증말 몰러서 헌 소리유?'라며 발화의 의도를 따져 묻고 있다. 이를 통해 김의 말이 자신에게 시비를 걸기 위한 것이라 생각하는 부면장의 심리를 드러낸다.

04   ⑤

정답해설

김과 중년은 수로에 물을 댈 때 전기를 훔친 것으로 갈등이 있었으나, 민방위 교육으로 인해 잠시 중단되고, 이후 교육 시간에 김과 부면장이 새로운 갈등을 빚고 있으므로 적절하다.

오답해설

① 윗글에서 '일 헥타르는 3천 평'이라는 부면장의 말과, '이 바닥에 헥타르를 기본 단위로 말할 만치 땅 너른 사람이 몇이나 되느냐'는 김의 언급은 있으나, '교육'이 농민들의 궁핍한 삶을 드러내는 것은 아니다.

② '교육'은 법적인 의무만을 지킬 뿐, 정작 농민들에게 직접적인 도움이 되지 않는 것을 드러낸다. 따라서, 인물들이 자신의 행동에 대해 반성하고 성찰하는 원인이라고 볼 수 없다.

③ '교육'에서는 부면장과 김의 갈등만 드러날 뿐, 중년과의 갈등과 관련된 내용은 드러나 있지 않다.

④ 김은 '교육'을 통해 마을 사람들의 박수를 받게 되나, 이것이 김의 성격 변화 양상에 따른 영웅적 면모로 인한 것은 아니다.

05

정답

김

 9강 소리의 빛

빠른 정답 체크 본문 | 62

01 ④ **02** ④ **03** ② **04** ④ **05** 해설참조

01 ④

정답해설

윗글은 손님과 여자의 현재 이야기와, 남매 지간인 손님과 여자가 아비에게 소리를 배우던 과거의 이야기를 교차하여 서술하고 있다.

오답해설

① 윗글은 서술자의 경험을 토대로 자신이 깨달은 바를 서술하고 있지 않다.

② 윗글은 인물의 내적 독백이 아닌 사내와 여자, 여자와 천씨 사내 간의 대화를 통해 이야기를 전달하고 있다.

③ 윗글의 서술자는 작품 밖에 위치하고 있으므로 적절하지 않다.

⑤ 윗글에서 서술자가 인물 간의 갈등을 다각적으로 조명한 부분을 찾을 수 없다.

02 ④

정답해설

여자는 천씨 사내에게 사내가 동생인 자신의 '기억이 안 닿을 만한 일만 말하시고 기억이 살아 있는 뒷날 일은 입을 덮고' 말았다고 하였으므로 적절하다.

오답해설

① 여자는 천씨 사내에게 '오라비는 웬 고집으로 끝끝내 소리를 하지 않으려 했'다고 하였고, 여자만이 '세월 따라 조금씩 소리를 익혀 가고 있었다'고 하였으므로 적절하지 않다.

② 여자는 '그녀 앞에 안고 있던 북통과 장단 막대를 말없이 사내 앞으로 밀어 놓'음으로써 사내에게 장단을 잡아달라고 요청했는데, 이는 여자가 '소리를 청해 들을 만한 사람에겐 흔히 해 온 일'이라고 하였으므로 적절하지 않다.

③ '여자는 소리를 한 대목씩 시작할 때마다 번번이 의향을' 물었다고 하였으므로 적절하지 않다.

⑤ 천씨 사내는 '간밤엔 제 오라비를 만났더랍니다'라는 여자의 말을 듣고서야 '비로소 뭔가 짐작이 간다는 듯'한 태도를 보이고 있으므로, 여자가 고백하기 전 이미 사내가 여자의 오빠임을 알고 있었다는 것은 적절하지 않다.

03 ②

정답해설

여자와 사내의 소리를 '기막힌 희롱'과 '틈이 없는 포옹'으로 표현함으로써 서로 조화롭게 장단을 맞춰 나가고 있음을 알 수 있으나, 이전 부분에서 '하두 오래 손을 잡아 본 일이 없'었다는 사내의 말을 통해 사내가 한동안 북채를 잡지 않았음을 알 수 있다.

오답해설

① 장단을 맞춰달라는 여자의 주문에 사내가 '당황해하는 빛'을 띤 것으로 보아 사내가 여자의 요청을 예상하지 못했음을 알 수 있다.

③ '천씨 사내'는 '여자'에게 '간밤 동안 두 사람의 이야기를 엿들은 자신을 숨기려 하지 않고 서슴없이 물었다'고 하였으므로 ⓒ은 '천씨 사내'가 간밤에 엿들은, 사내가 여자에게 해 준 이야기의 내용이라고 볼 수 있다.

④ 사내는 과거 아비로부터 '북장단을 익'혀 '제 누이의 소리를 짚어 나'가곤 하였으므로 이는 지난밤 여인과 사내가 '끊임없이 소리를 하고 장단을 몰' 수 있었던 이유에 해당한다.

⑤ 여자의 아비는 자신이 죽기 전 여자에게 '청강수를 찍어 넣어 그녀의 눈을 멀게 하'였던 과거를 '눈물로 사죄하고 갔다'고 하였으므로 이를 통해 아비가 과거 자신의 행동에 죄책감을 느껴왔음을 알 수 있다.

04 ④

정답해설

〈보기〉에서 이청준은 '본래의 삶의 자리와 자기 모습을 되찾아가는 적극적인 자기 회복의 도정'으로 '남도 사람'의 서사를 구성하였다고 하였다. 이를 바탕으로 사내(오라비)의 서사를 이해한다면, 그는 오래전 헤어졌던 누이동생과 판소리를 통해 교감하여 창조적 생명력을 실현함으로써 자기 모습을 되찾아간다고 볼 수 있다. '숲속으로 들어가고 나선 영영 다시 모습을 나타내지 않'음으로써 실현한 것은 아니다.

오답해설

① 사내는 장단을 맞춰 달라는 여자의 요청에 따라 서로 소리와 장단을 맞추며 교감하는데, 이는 어릴 적 여자의 소리에 맞춰 북장단을 맞춰주었던 것과 관련이 있다. 따라서 '자기 앞으로 북통을 끌어당'긴 것은 〈보기〉에서 언급한 본래의 삶의 자리와 자기 모습을 되찾아 가는 과정이라 볼 수 있다.

11

② 여인과 사내는 소리와 장단을 맞추며 서로 조화롭게 교감하고 있다. 이를 〈보기〉와 관련짓는다면 여인과 사내의 소리는 창조적 생명력의 발현이라 볼 수 있으므로 적절하다.

③ 사내는 아비가 자신에게 소리를 가르쳐 주려는 것을 거부하고, 이로 인해 아비는 사내에게 북장단을 익히게 한다. 그러나 사내는 '끝내 그 북채잡이조차도 따르기 싫어' 아비와 여자를 떠났으므로, 이를 〈보기〉와 관련짓는다면 아비가 '끝끝내 소리를 하지 않으려 했'던 오라비에게 '북채잡이'를 시킨 것은 오라비의 의지와 욕망을 좌절시킨 것이라 볼 수 있고, 이는 본래의 삶의 자리와 자기 모습과 관련된다고 이해할 수 있다.

⑤ 〈보기〉에서 이청준은 '남도 사람' 연작의 서사를 '본래의 삶의 자리와 자기 모습을 되찾아가는 적극적인 자기 회복의 도정'으로 구성했다 하였다. 이때 좌절된 의지나 욕망은 본래의 삶의 자리와 자기 모습과 관련된 요소이고, 아비가 일부러 자신의 눈을 멀게 했다는 '비밀'을 알게 됨으로써 이를 인식하게 되었을 것이다. 또한 한의 맺힘과 풀림보다 '창조적 생명력'에 주목하였다는 〈보기〉의 설명을 통해 여자의 소리는 창조적 생명력이 승화된 결과물이라 볼 수 있다.

05

정답

소리

10강 그해 겨울은 따뜻했네

빠른 정답 체크   본문 I 68

01 ③   **02** ④   **03** ④   **04** ④   **05** 해설참조

01 ③

정답해설

윗글은 전지적 작가 시점으로, '목이는 이 세상의 모든 사람들이~외롭고 서러웠다.'를 통해 이야기 외부의 서술자가 인물의 심리를 독자에게 직접 전달하고 있음을 알 수 있다.

오답해설

① 윗글에서는 오목의 상황과 수철의 상황을 순차적으로 제시하고는 있으나, 이를 빈번한 장면 전환이라 볼 수 없으며, 인물들 간의 긴장감이 고조되는 부분을 찾을 수 없다.

② 윗글에서는 수위 아저씨가 오목에게 말을 걸었을 뿐, 인물 간의 대화가 나타나는 부분은 제시되어 있지 않다.

④ 윗글에서 오목이 학원에서 길거리로 이동함으로써 공간의 이동이 드러나고 있으나, 이에 따라 인물이 경험한 사건을 관념적으로 제시하고 있지는 않다.

⑤ 윗글은 현재와 과거의 장면을 교차하고 있지 않다.

02 ④

정답해설

㉣은 오목이 자신의 누이동생이라는 사실을 신문 광고 한 장 감춘다고 해서 영원히 숨기지는 못할 것이라는 수철의 인식을 드러내고 있을 뿐, 자신의 과거 행동에 대한 수철의 죄책감을 드러내고 있지는 않다.

오답해설

① ㉠에서 오목은 고아라는 자신의 자격지심으로 인해 수위 영감의 말을 오해하고 있다. 이는 자신의 현재 처지에 불만을 가지는 오목의 심리가 반영되었다고 볼 수 있다.

② ㉡에서 자신이 현재 지내고 있는 학원을 보며 '집이 아니'라고 부정하는 오목의 모습을 통해 자신의 현재 거처에 만족하지 못하는 오목의 심리가 드러난다.

③ ㉢에서는 여태까지 가족을 가지지 못했던 오목이 가족끼리 보내는 명절을 상상하고 있는데, 이를 통해 자신이 경험해보지 못한 것을 동경하는 오목의 심리가 드러난다.

⑤ ㉤에서 수철이 '오목이를 오목인 채로 내버려 둔들 어쩌랴 싶'은 자신의 생각에 대해 '망측한 심보'라고 여기는 것으로 보아 오목을 찾지 않으려는 자신의 생각이 옳지 않다는 것을 인식하고 있음을 알 수 있다.

03 ④

정답해설

'그러나 그 무렵 그는 이미 오목이라는 성명으로 부모 형제를 찾는 광고가 난 것을 보았던 것이다.'를 통해 오목이 신문에 광고를 낸 대상이 '원장 아버지'가 아닌 자신의 부모와 형제라는 것을 알 수 있다.

오답해설

① 오목은 설 연휴가 되자 고독과 외로움을 느끼고, '원장 아버지에 대한 그리움이' '참을 수 없이 간절해졌다'고 하였으므로 고아인 오목에게 가족과도 같은 존재라고 볼 수 있다.

② '연휴 이틀째 되는 날, 목이는 원장 아버지를 찾아보기 위해 영광 학원을 벗어났다.'를 통해 알 수 있다.

③ 원장 아버지는 오목이 학원에 취직하기 전 지내던 고아원의 원장임을 추론할 수 있다. 따라서 오목이 학원에 취직하기 전 같이 생활하던 인물이다.

⑤ '7층 건물 속의 정적과 공허'는 오목이 '홀로 감당하기엔 너무도 거대한 괴물'이었고, 이때 오목은 '원장 아버지가 보고 싶'다고 생각하였으므로 적절하다.

04 ④

수철은 오목을 집에 데리고 오지 않을 변명을 궁리하던 중, 오목이 '몸 담고 있는 곳이 하필 고아원'이라는 변명을 생각한다. 이에 '고아가 고아원이 아니면 어디에 있어야 한단 말인가'라며 자신의 생각이 억지라는 것을 깨닫고 실소하지만 이를 부정하지는 않는다. 따라서 속물적 도덕의식을 회복할 여지를 확인할 수 없다.

오답해설

① 〈보기〉에 따르면 박완서 작가는 근대화 시기 전쟁을 쉽게 망각하고 제 살길 도모에만 바빴던 현대인의 속물적 도덕의식에 대한 비판을 가장 중요한 주제의식 중 하나로 보았다. 이를 바탕으로 당시 '이산가족 찾기 운동'이 전국적으로 활발하였음에도 '오목이를 찾아 나서길 망설이'는 수철의 모습은 전쟁의 부산물인 이산가족 문제를 망각하고 자신의 살길만 도모하는 모습에 해당하므로 적절하다.

② 〈보기〉에 따르면 윗글은 이산가족의 눈물을 갈등 봉합의 도구로만 이용하였던 당대의 세태에 대한 비판의식을 드러낸다. 따라서 수철이 이산가족을 찾지 않는 모습은 갈등을 봉합하는 것이 아닌, 갈등을 심화시킴과 동시에 이산가족의 눈물에 대한 비판적 시각을 제공하므로 적절하다.

③ 〈보기〉에 따르면 윗글은 고아에 대한 배타적인 시선과 빈부격차로 인해 고아의 자립이 어려웠다는 것이 당대의 현실이었음을 드러낸다. 따라서 오목의 출신이 고아원이기 때문에 오목을 찾지 않고자 하는 수철의 태도는 이를 증명하는 것이라 볼 수 있다.

⑤ 누이동생을 가족으로 받아들이기 어려워하는 수철의 모습은 누이동생을 찾았음에도 자신의 가족이 피해를 입을지도 모른다는 생각에서 기인한 것이고, 이를 통해 이산가족의 문제를 개인적 차원에서 바라보고 있음을 알 수 있다. 따라서 이산가족 문제를 전쟁이나 분단의 산물로만 인식하고 있지 않음을 알 수 있다.

05

정답

신문 광고

---

01 ①

정답해설

이 관장은 안미선에게 안복남이 시력을 잃어 가는 상태라는 정보를 알려 주었다. 그러나 안미선과의 대화 중 국풍81에 대한 이야기가 나오자 안미선에게 '그분은 지금 어떻게 됐느냐'라고 물어본 것으로 보아, 안미선에게 안복남의 현재 행적을 알려 준 것은 아니다.

오답해설

② 이 관장은 '나'에게 '안 피디의 아버지가 코미디언 안복남 씨라는 건 아시겠죠?'라고 묻고 있다. 이는 이 관장이 '나'가 안미선과 안복남의 관계를 알고 있다는 예측에서 비롯된 말로 볼 수 있다.

③ 이 관장은 안미선에게 '아버님은 시력을 잃어 가고 있는 상태'였음을 밝히면서, '그걸 몰랐나요?'라고 되묻고 있다. 이는 안미선이 안복남에 대한 정보를 이미 알고 있을 것이라는 이 관장의 생각에서 기인한 것이다.

④ 이 관장은 '나'에게 '제게 남은 마지막 시각적 잔영에 대해 설명하다가 국풍81에 대한 이야기가 나왔어요.'라고 말함으로써 자신과 안미선 사이의 대화를 전달하고 있다.

⑤ '나'는 '안 피디의 아버지가 코미디언 안복남 씨라는' 것을 알고 있었냐는 이 관장의 물음에 '이번에 편지 받고 알게 됐'다고 대답하고 있으므로 안미선에게 편지를 받은 후 안미선과 안복남의 관계를 알게 된 것으로 볼 수 있다.

02 ③

정답해설

윗글은 서술자 '나'를 통해 인물의 행적을 서술하고 있으므로 여러 명의 서술자가 인물의 행적을 다양한 관점에서 서술하고 있지 않다.

오답해설

① 안미선은 자신의 아버지인 안복남과 자신의 관계를 설명하기 위해 안복남의 삶에 중요했던 사건들을 편지에 언급하고, 서술자 '나'는 그 편지 내용을 언급하며 안복남의 삶을 요약적으로 제시하고 있다.

② 서술자 '나'는 안미선의 편지를 요약하여 전달하고 안미선과 이 관장의 대화를 인용하여 제시할 뿐, 직접적으로 자신의 감정을 드러내고 있지는 않다.

④ 이 관장은 안미선이 자신과 대화 중 아버지를 이해하게 되며 흘린 눈물을 '새벽, 이슬이 맺힌 풀잎을 만질 때와 비슷한 느낌'이라고 '나'에게 서술하고 있으므로 적절하다.

⑤ 윗글은 서술자 '나'의 시점으로 중심인물인 안미선과 안복남에 관련된 이야기를 독자에게 전달하고 있으므로 적절하다.

03 ③

정답해설

ⓒ은 안복남이 '바보 연기를 하느라 안경을 벗은' 이유를 보충하는 부분으로, 안미선의 편지를 통해 안복남에 대한 정보를 설명하는 '나'가 서술한 것으로 볼 수 있다. 안미선의 시선에서 과거 안복남의 행동을 평가한 것은 아니다.

오답해설

① '나'가 받은 편지에 따르면 안미선은 ㉠으로 인해 아버지의 행적을 찾아나섰다고 하였다.

② 안미선은 자신이 기억하는 안복남의 모습과 달리, '어떤 일을 당해도 바보처럼 웃고 있던' 안복남의 모습을 TV에서 보고 ㉡처럼 여기고 있다. 이는 평소 자신이 알던 안복남의 모습과 괴리감을 느꼈기 때문이라고 볼 수 있다.

④ 안미선은 과거 슬랩스틱 코미디를 하였던 안복남의 모습을 부끄러워하였고, 이 관장은 안미선에게 안복남이 실명 위기였음을 전달하면서, 안복남의 코미디를 통해 이를 알 수 있었다고 하였다. 따라서 ㉣은 안미선이 부끄러워했던 안복남의 행동에 대한 이유를 드러낸다.

⑤ 안복남이 실명 위기였다는 말을 들은 이후 안미선의 얼굴이 '이슬이 맺힌 풀잎을 만질 때와 비슷한 느낌'이었다는 것과, '젖은 목소리'에 '안면 근육이 움직이는 게' 느껴졌다는 이 관장의 말을 통해 ㉤에서 안 피디가 울고 있음을 알 수 있다.

04 ③

정답해설

이 관장이 다른 사람들은 잘 기억하지 못하는 일도 잘 기억하고 있는 것은 시각 장애인인 이 관장이 과거의 시각적 잔영을 붙들고 있기 때문일 뿐, 이를 통해 이 관장이 아버지에 대한 정보를 주는 화자들 중 제일 믿음직한 인물이라는 것을 드러내지는 않는다.

오답해설

① 〈보기〉에 따르면 윗글은 아버지에 대한 정보를 주는 화자들과 그 서술 내용이 모두 다르며, 그 정보를 듣고 기록하는 서술자가 제삼자라는 특징을 지니고 있다. 따라서 안미선의 편지를 요약하여 전달하고, 이 관장과 안미선의 대화를 전해 듣는 '나'는 제삼자에 해당한다고 볼 수 있다.

② 〈보기〉에서 윗글은 아버지의 일생이 부재를 통해 재구성된다고 하였고, 안미선이 사라진 아버지의 행적을 찾아 나서기 시작하면서부터 아버지에 대한 정보가 제시되고 있으므로 적절하다.

④ 〈보기〉에 따르면 윗글은 아버지에 대한 정보를 주는 화자들과 그 서술 내용이 모두 달라 주어지는 정보만으로 아버지를 아는 것이 어렵다. 따라서 안복남의 슬랩스틱 코미디를 보고 안미선과 이 관장이 다른 생각을 하였던 것은 아버지에 대한 정보를 주는 화자들과 그 서술 내용이 모두 다른 것을 나타낸다고 볼 수 있다.

⑤ 〈보기〉에 따르면 사라진 아버지를 재구성하는 것은 편집된 정보들의 짜 맞춤이며, 이러한 정보들은 파편적인 성격을 띤다. 이 관장의 이야기를 듣고 안미선이 눈물을 흘린 것은 안복남에 대한 이 관장의 파편적인 정보를 통해 사라진 안복남에 대한 정보를 재구성한 것이라 볼 수 있다.

05

정답

이리역 폭발 사고

극수필

01 ②

정답해설

말뚝이가 봄의 풍경을 '동정은 광활하고~별유천지는 비인간이로다'라고 표현한 것이 양반의 언어를 반어적으로 풍자한다고 볼 수 있으나, 양반에 대한 불만을 자연에 빗대어 돌려 말하고 있지는 않다. 윗글에서 말뚝이는 처음부터 '만약 문안을 잘못 받으면 양반놈들 혀를 쑥 빼리로다.'라고 직접적으로 불만을 표현하고 있다.

오답해설

① 말뚝이는 봄의 풍경을 예찬하며 '동정은 광활하고~별유천지는 비인간이로다'라며 한자어를 사용하고, 양반들을 조롱할 때는 '연당 못에 물뱀 새끼 모이듯이'라며 비속어를 사용하고 있다.

③ 원양반의 '오늘 심심한데 말뚝이 요놈이나 불러다가 농담이나 하여 봅시다'를 통해 말뚝이를 유흥의 대상으로 여기고 있음이 드러나고 있다. 또한 말뚝이가 '니네가 양반이여? 양반이면 양반 근본을 내가 좀 들어 보자'를 통해 자신을 하대하는 원양반에 대한 불쾌감과 반항심을 표출하며, 양반들이 자신을 하대할 자격이 없다고 여기는 말뚝이의 생각이 제시되어 있다.

④ 말뚝이는 자신의 할아버지와 아버지가 '오한문 도대장'으로 있다고 말하면서, 양반의 근본은 '기생이 여덟', '계집종의 자손', '한 어미에 애비가 둘'이라며 자신과 양반들을 대조하고 있다. 이는 기존에 양반들이 지녔던 권위를 추락시키고 조롱하는 것이다.

⑤ 원양반이 '일배일배 부일배로구나'라며 술에 대한 욕망을 드러내고, 말뚝이가 '주인공은 누구누구 모였던고?'라고 묻자 원양반은 '일등 미색 고운 태도 양반 눈앞에 보이니 양반의 마음이 흔들흔들'이라며 색에 대한 욕망을 확연히 드러내고 있다. 즉, 말뚝이의 질문으로 상류층의 한심함이 더욱 강조되는 것이다.

02 ②

정답해설

음악과 춤이 있는 신명 나는 분위기를 끝내면서 관객들을 조용히 시켜 새로운 화제를 시작하기 위해 ㉠이 사용되고 있다. 즉 ㉠은 새로운 화제의 시작을 알리며, 청중들이 자신을 다시 주목하도록 만드는 장치이다.

① 본문에서 '쉬— 이—'는 2번 나오지만 둘 다 제2과장으로 구성되어 있다. 즉, 새로운 장이 시작되고 있음을 알리는 것이 아니다.

③ ㉠은 음악에 맞춰 춤을 추다 멈춰야 할 때 사용하는 신호이다.

④ ㉠ 이후 말뚝이는 관객에게 직접 말하는 방백을 하지 않고 혼잣말로 자연을 예찬하고 있다.

⑤ ㉠ 이후 말뚝이는 봄을 맞이하는 자신의 감정 상태를 직접 전달하는 독백을 하고 있으나 교훈은 제시하지 않는다.

03 ⑤

정답해설

말뚝이의 명령에 '얼씨구나절씨구 얼씨구나절씨구'라며 춤을 추는 양반들의 모습을 본 관객들은 양반이 서민의 명령을 따른다는 점에서 후련함을 느낄 수 있으나, 실제로 신분제 사회에서 해방된 것은 아니다. 관객들은 봉건적 사회 제도하에서 억압받고 있었기 때문에 탈놀이에서나마 해방감을 느끼고자 한 것이다.

오답해설

① 말뚝이는 '과거장 중에 제 의붓애비 부르듯이 그저 말뚝아 말뚝아 불러, 이놈들—.'이라며 신분의 차이 때문에 솔직하게 불쾌함을 표출할 수 없는 현실과 달리 솔직하게 자신의 불쾌함을 밝히고 있다. 이를 통해 관객들은 실제로는 하기 힘든 행위를 간접적으로 경험했을 것이다.

② 말뚝이의 '네가 무슨 양반 자손이라 자랑'하느냐는 말은 누가 조상인가에 따라 달라지는 삶을 비판하고 있다. 이로 보아, 당대 민중은 집안 때문에 차별받는 현실에 스트레스를 받았을 것이다.

③ 지체 높은 양반이 자신의 목숨을 하층민에게 구걸하는 것은 당대 민중들에게 대리 만족을 통한 카타르시스를 느끼게 했을 것이다.

④ '용서할 것이니 너의 마음 개심하여 네 집에 돌아가서 백 년 겁을 반성하라.'라는 말뚝이의 말은 신분제 때문에 평소에 억압되었던 감정을 발산해 관객에게 통쾌함을 느끼게 한다. 따라서, 관객들은 카타르시스를 통해 정신의 균형이나 안정을 회복하게 되었을 것이다.

04

정답

근본

01 ⑤

정답해설

윗글은 무대 공연 및 상연을 전제로 대사와 행동으로 내용을 전개하는 극 양식에 해당하며, 인물 간의 대화나 무대 지시문 등이 눈앞에서 일어나는 것처럼 현재형으로 쓰는 것이 특징이다.

오답해설

① 윗글은 피에로가 관찰하는 대상들을 순차적으로 제시하고 있으므로 동시에 일어나는 사건이라 볼 수 없다.

② 윗글에서는 무대 장치를 활용하여 시간을 역순행적으로 구성하고 있지 않다. 윗글은 시간적 구성에 의해 내용이 전개되는 것이 아닌, 개별적인 각기 다른 인물들의 이야기가 제시되고 있다.

③ 윗글은 배경을 세밀하게 묘사하고 있지 않으며, 인물 간의 갈등 상황이 제시되는 것이 아니라 대상을 관찰하는 피에로의 평가가 나타나고 있다.

④ '담배 토막', '사리탑' 등의 소품을 통해 인물들이 처한 상황을 효과적으로 제시한다 볼 수 있으나, 이를 통해 인물들이 처한 상황과 태도가 긍정적으로 변화하고 있지 않다. 오히려 이를 통해 인물들이 처한 부정적인 상황이 드러나고 있다.

02 ④

정답해설

신사 A는 공원을 불하받아 요릿집, 카페, 댄스홀, 오락장 등이 들어서는 오락 시설을 짓고자 한다. 그러나 '자본주를 끄는 중'이라는 말로 보아 이는 구상일 뿐, 예정된 것이 아니다.

오답해설

① 피에로는 공원에 있는 사리탑을 보며, '우리의 회고적 감정'이 있다며 이를 무시하는 신사들을 '저놈들도 조선 놈들이야!'라며 민족적인 관점에서 비난하고 있다. 따라서, 공원의 사리탑에 민족적인 감정이 서려 있다고 보는 것이 적절하다.

② 이주민 가족의 아버지가 하는 대사를 통해 원래 공원이 있던 자리에 절이 있었음을 알 수 있다.

③ 신사 A는 '서울같이 땅이 귀하고 부족한 이 복판'에 고적이 유지되고 있음을 탐탁지 않게 생각해 경제적인 관점에서 여러 오락 시설을 세우고자 한다. 이로 보아, 경제성을 중요시하는 사람들에게 공원은 탐탁지 않은 장소일 것이다.

⑤ 피에로는 공원에 머무르며 그곳을 지나가는 다양한 인간 군상을 관찰하여 식민지 조선의 현실을 논평하고 있다. 이는 공원을 지나가는 다양한 사람들에 의해 식민지 조선의 현실이 드러나게 한다.

03

정답

피에로

04 ①

정답해설

자기 합리화에 몰두하고 있는 것은 룸펜이 아니라 룸펜들 곁을 지나가는 변절한 사람들이고, 이들은 변절을 통해 몰락하지 않고 이익을 보고 있다. 룸펜들은 변절한 사람들이 버린 담배 토막을 서로 집으려고 야단을 일으킬 뿐이다.

오답해설

② 주정뱅이는 심각한 현실의 상황은 안중에도 없고 만취한 상태로 살아가고 있다. 이에 피에로는 '망할 자식들!'이라며 주정뱅이들을 비판하고 있다.

③ 이주민 가족은 빈곤 때문에 만리타국으로 떠나지만, 조선인으로서의 자각과 민족의식을 지닌 사람들이다. 이런 이들이 조선을 떠나는 것을 보며 피에로는 '조선을 죽도록 지키잖구!'라고 '울듯이' 말함으로써 안타까움과 서글픔을 드러내고 있다.

④ 피에로는 장면마다 등장하는 각기 다른 등장인물에 대한 자신의 소회를 밝히며 독자가 그들의 행동을 비판하고 민족의식을 갖는 데 도움을 주고 있다.

⑤ 신사들은 식민지 조선의 현실 상황과 사리탑이란 고적이 있는 공원을 무시하고, 자본의 입장에서 경제적 이익을 좇는 모습을 보여 준다. 이런 모습을 피에로는 사리탑의 심오한 예술적 가치와 회고적 감성을 짓밟는 행동이라며 비판하고 있다.

05 ⑤

정답해설

김상헌의 시조는 청나라에 볼모로 잡혀 조선을 떠나는 분한 마음이 표현되어 있다. ⓐ 역시 '인제 마지막으로 간도로 떠나면 언제 다시 와서 서울 구경들을 하겠니!'라고 말하며 고향, 즉 조선을 떠나 북간도로 향해야 하는 슬픔을 드러내고 있다.

오답해설

① 이방원의 시조에는 칡덩굴처럼 얽혀 함께 살자는 내용이 담겨 있다. 이는 어쩔 수 없이 고향을 떠나는 ⓐ의 심정과는 관련이 없다.

② 길재의 시조는 텅 빈 옛 수도를 보며 느껴지는 무상함을 표현했다. 이는 어쩔 수 없이 고향을 떠나는 ⓐ의 심정과는 관련이 없다.

③ 황희의 시조는 봄의 풍경이 주는 감흥과 임금에 대한 충을 표현했다. 이는 어쩔 수 없이 고향을 떠나는 ⓐ의 심정과는 관련이 없다.

④ 윤선도의 시조는 혼란한 정치에서 벗어나 자연에 묻혀 지내는 즐거움을 표현했다. 이는 어쩔 수 없이 고향을 떠나는 ⓐ의 심정과는 관련이 없다.

01 ②

정답해설

국진은 형에게 지금은 자식을 위해 소를 팔아야만 한다고 설득하고 있다. 하지만 국서가 소 파는 문제에 완강한 태도를 보이자, '묵은 도지'를 언급하면서 태도를 바꾸어야 함을 피력하고 있다.

오답해설

① 젊은 일꾼은 말똥이와 귀찬이가 콩밭에 있는 모습을 보았다. 대감 나무 밑에서 귀찬이가 말똥이에게 자신이 팔려 간다고 이야기하는 장면을 본 사람은 개똥이다.

③ 귀찬이가 일본으로 팔려 간다는 소식을 귀찬이 아버지에게서 들은 사람은 국서 아내이다.

④ 묵은 도지를 대신 갚아주면 귀찬이를 빼 올 수 있다고 말해 주는 건 늙은 일꾼이다. 말똥이가 부탁하는 모습은 윗글에 나와 있지 않다.

⑤ '귀찬이 집에서도 우리 소 매어 둔 걸 보고 색시를 준대요'라고 말하는 것으로 보아, 국서 아내는 귀찬이네가 순수한 마음으로 귀찬이를 자신의 집에 시집보내는 것이라 여기지 않을 것이다.

02 ③

정답해설

ⓒ에서 상투를 떼어가라는 말은 자존심을 버릴 수 없다는 말이 아니라, 돈을 빌리기 위해 저당 잡을 물건을 도저히 찾을 수 없다는 자포자기의 말이다.

오답해설

① ⓐ에는 왜 미리 말을 안 했냐는 국서 아내의 말에 말해봤자 형에게 혼이 났을 것이라는 개똥이의 추측이 드러나고 있다.

② 젊은 일꾼은 말똥이와 귀찬이가 같이 있는 걸 봤다고 하였고, 말똥이는 귀찬이가 팔려 간다고 말하며 울었다. 이에 따라, ⓑ에서는 정말로 말똥이와 귀찬이가 혼인을 약속했는지 물어보는 국서의 궁금증이 드러나고 있다.

④ 국서는 소가 있으면 외상으로 막걸리를 먹을 수 있다는 등 소의 가치를 높게 친다. 따라서, ⓓ에는 자식보다 송아지를 통해 얻은 이득이 훨씬 많다는 국서의 타산적 태도가 드러나고 있다.

⑤ ⓔ에는 소 팔기를 계속 거부하고 있었지만, 묵은 도지 문제와 연결하여 생각했을 때 어떻게 할지 내적으로 갈등하는 국서의 모습이 드러나고 있다.

03 ⑤

정답해설

국서에게 소는 팔고 싶지 않은 유용한 재산이지만, 마름에게 빼앗겨야 한다면 파는 것이 낫다고 생각하므로 적절하다. 그러나, 국진의 입장에서도 소를 바로 파는 것이 이득이기 때문에 소를 팔자고 하는 것이지 소가 눈엣가시인 것은 아니다.

오답해설

① 국서 아내가 '우리 집에 소 한 마리 키운다구 동리에서 우리를 부자라구 그러지 않아요'라고 말하는 것을 보아, 농민들 사이에서 소가 부의 상징임을 알 수 있다.

② 국진은 소를 안 팔겠다는 국서에게 '그래두 자식보다야 소중하지 않겠지요?'라고 말한다. 이로 보아, 국진에게 소는 자식보다 중요한 존재로 인식되지 않을 것이다.

③ 국서 아내가 '귀찬이 집에서도 우리 소 매어 둔 걸 보고 색시를 준대요'라고 말하는 것을 보아, 귀찬이와 말똥이가 혼인을 약속하는 데 소가 많은 영향을 끼쳤다고 보는 것이 적절하다.

④ 국진은 '무슨 법령' 때문에 '영리한 양반들이 우리 소를 제자리에 둬 두겠어요'라고 말했고, 국서 아내는 '아까 마름이 여간 노허구 가지를 않았다우'라고 말했다. 이로 보아, 소를 귀찬이를 위해 팔지 않는다고 해도 마름에게 빼앗길 확률이 높음을 알 수 있다.

04 ③

정답해설

국서가 '소는 농가의 명줄이야'라고 말하는 것은, 소가 있어서 얻을 수 있었던 여러 가지 경제적, 사회적 이득을 긍정하고 있는 것이다. 따라서, 이는 고난 속에 각성한 농민의 노력이 아니라, 원래 자신이 가지고 있던 이득이라도 지키려 하는 모습으로 보는 것이 적절하다.

오답해설

① 윗글에서 귀찬이 아버지는 실제로 등장하지 않고 '귀찬이 아버지가 아까 와서 그러는데요'라는 국서 아내의 대사를 통해 등장하며, 귀찬이가 일본에 팔려가게 된 상황을 설명하고 있다. 이는 새로운 등장인물을 위한 장면 전환 없이 극의 흐름을 이해할 수 있게 하는 장치가 된다.

② 국서 아내의 '귀찬이 아버지가 아까 와서 그러는데요. 읍내 나까무라 상한테 말해서 그 애를 이번에 일본으로 팔아먹는대요.'와 말똥이의 '막 2,000냥 몸값으로 팔려 간대요.'라는 대사를 통해 당시 빈곤과 일제의 침탈 속에서 돈을 받고 가족을 파는 부정적인 세태가 드러나며, 〈보기〉에 따르면 작가는 인물의 등장 없이, 대사를 통해 언급하며 이러한 세태를 비판하고 있다고 볼 수 있다.

④ 국진은 '법령'을 언급하면서 그것 때문에 '영리한 양반'들이 소를 가만히 두지 않을 것이라 말한다. 이는 일제의 식민 정치가 소작농이나 일반 민중들에게 부조리했음을 보여 준다.

⑤ 윗글에서 국서 아내는 '그 집에서는 작년 재작년 흉년에 밀린 도지를 못 갚아서 자식을 판'다 하고, 국진은 국서네 논임자가 '묵은 도지를 어떻게든지 금년 안으로 받어 내려구 하지 않겠'냐 한다. 이는 빈궁한 시대적 상황에도 타인의 경제 사정을 아랑곳 하지 않는 지주와 소작농의 사회적 갈등을 보여 주는 것으로 해석할 수 있다.

05

정답

일본

01   ④

정답해설

윗글은 시나리오로, 영화 상영을 목적으로 한 작품이다. 여기서 슬로 모션으로 장면을 표현하는 부분이 많이 등장하는데, 해당 장면들은 작품의 주제를 관통하거나 또는 중요한 장면에서 긴박감을 줄 뿐, 인물이 느끼는 절망감을 극대화하고 있지 않다.

오답해설

① '동굴', '불꽃', '껍질' 등 다양한 상징적 소재를 사용하여 자기 개혁의 실천과, 신념을 위해 행동하고자 하는 삶의 태도에 대해 제시하고 있다.

② 영화 및 드라마 등의 상영을 목적으로 하는 시나리오는 무대 공연을 목적으로 하는 희곡보다 장소의 전환 및 장면의 전환에서 좀 더 자유로운 모습을 보인다. 윗글에서도 광장-동굴-계곡으로 자유롭게 장면이 전환되며, 현실과 환상을 교차하여 연출하고 있다.

③ 동굴 안 긴박한 상황과, '불꽃'으로 대변되는 내면의 심리적 갈등 상황을 교차하며 현의 지향점을 드러내고 있다.

⑤ 연호의 불의에 맞서는 현의 행동을 통해, 불의한 현실에 맞서 싸우고자 하는 의지를 보여 주며 독자에게 바람직한 삶의 자세를 제시하고 있다.

02   ⑤

정답해설

연호는 자신의 이념을 위해 인민재판을 통해 사람들을 무자비하고 냉정하게 죽이는 모습을 보였고, 동굴에서 현을 굴복시키고자 현의 할아버지를 죽이기도 하였다. 이런 연호의 모습에 분노한 현은 연

호에게 총을 쏘아 연호를 죽이지만, 이에 대해 후회하고 죄책감을 느끼는 모습은 나타나지 않는다.

오답해설

① 고 영감은 현에게 도망쳐서 살아야 한다고 말했으나, 현이 자신의 의지에 따라 행동하는 모습을 보고 흡족해했다.

② 영순은 아버지인 조 목사의 죽음을 목전에서 겪고 비통한 심정에 절규하였다.

③ 연호는 자신의 이념을 위해 인민재판을 통해 사람들을 무자비하고 냉정하게 죽이는 모습을 보였고, 동굴에서 현을 굴복시키고자 현의 할아버지를 죽이기도 하였다.

④ 현의 아버지는 동굴에서 죽음을 맞이하였고, 현은 같은 장소로 피신하여 위기를 맞으나 살아남아 굳건한 의지를 보인다.

03   ②

정답해설

〈보기〉에서 연호에 의해 죽은 사람은 조 선생의 부친이었다. 그러나 [A]에서는 연호에 의해 죽은 사람을 조 선생으로 두고, 새로운 인물인 '영순'을 조 목사의 딸로 등장시켜 사건의 비극성과 슬픔을 부각하고 있다.

오답해설

① 연호는 〈보기〉와 [A]에서 공통적으로 싸늘한 시선을 보여 주고 있다.

③ 국민회 회장이 죽는 장면을 비교적 간략하게 제시하여 극의 흐름을 빠르게 진행하고 있다.

④ 〈보기〉에서는 현이 느끼는 심리 상황을 구체적으로 묘사하고 있지만, [A]는 그렇지 않다. 이를 통해 현의 분노와 행동 변화의 표출을 더욱 강렬하게 느낄 수 있다.

⑤ 〈보기〉에서는 인민 재판의 폭력성과 현의 심리만을 구체적으로 묘사하고 있지만, [A]에서는 '두려운 얼굴, 얼굴들'과 영순의 울부짖음을 통해 군중이 무서워하는 분위기를 표현함으로써 관객이 사태의 심각성을 느끼고 극에 몰입할 수 있도록 돕고 있다.

04   ④

정답해설

'불꽃'은 현의 생명을 상징하는 것으로, 현은 이를 통해 새롭게 탈바꿈하는 모습을 보인다. 현이 총을 맞은 후에 무수한 불덩어리의 조각이 확산되어 흩어졌다고 하였으나, 이는 현의 의지가 더욱 확산되고 있음을 의미하는 것이지 현의 의지가 연호에 의해 꺾이고 말았음을 암시하는 것이 아니다.

오답해설

① 윗글에서 '굳은 껍질의 환영'은 고 영감의 죽음에 절규하며 뛰어나가려는 현을 가로막게 한다. 〈보기〉를 참고하면 '굳은 껍질'은 현이 고 영감에게 강요당한, 불의한 현실을 외면하고 안온한

삶을 지키고자 하는 의지라고 볼 수 있다.

② '불덩어리'는 현을 감싸고 있던 '굳은 껍질'을 깨트리는 존재로, 불의한 현실에 맞서야 한다는 행동주의적 태도를 상징한다.

③ '동굴'은 현으로 하여금 연호에게 벗어나기 위한 은신처의 역할도 하지만, 아버지의 죽음으로 대변되는 죽음의 공간이자 현이 다시 행동주의적 인간으로 변화하는 새로운 삶의 공간이기도 하다. 따라서 죽음과 삶이라는 이중적 상징성을 지닌 장소라고 할 수 있다.

⑤ 현의 '새로운 탄생'은 현이 고 영감에게 강요받은 대로 현실을 외면해 왔던 과거에서, 불의한 현실에 맞서고자 하는 태도로 변화했음을 의미한다.

05

정답

살인이닷

01   ③

정답해설

사내들의 대화에서 머슴살이보다 힘든 삶을 살고 있고, 결국에 빚을 내지 않고는 살 수 없다는 이야기가 나온다. 이를 통해 당시 현실을 살아가는 이들의 비참함이 잘 드러나 있다.

오답해설

① 풍자를 통해 현실을 희화화하는 모습은 작중에 드러나 있지 않다.

② 작품 내 의병이 일어나는 모습 등에서 긴장감이 드러나지만, 과장된 표현을 통해 이 긴장감을 완화시키려 하는 장면은 나타나 있지 않다.

④ 현재와 과거를 역순행식으로 오가는 구성은 드러나 있지 않다.

⑤ 윗글은 시간의 흐름에 따라 사건이 구성되어 있으므로 적절하지 않다.

02   ④

정답해설

S#191은 일본의 억압과 수탈에 참다 못한 농민들이 들고 일어서는 장면이다. 농민들의 최후를 드러낼 수 있도록 슬프고 처량한 음악이 필요한 것이 아니라, 웅장하면서도 그들의 봉기를 감동적으로 표현할 수 있는 음악이 필요하다.

오답해설

① '뜻밖이었다.'라는 표현을 통해 김 훈장은 조준구가 의병을 거절한 것을 예상하지 못했음을 알 수 있다. 또한 김 훈장은 나라의 주권을 빼앗긴 상황에서 의병장이 되어 싸우는 것을 가치 없는 일로 치부하는 조준구의 말을 듣고 몸이 떨릴 정도의 분노를 느끼고 있다.

② 민영환은 실제 존재했던 인물로 인물의 행적과 관련된 서술을 통해 사실성을 높이는 효과를 보이고 있다.

③ 사내들의 대화에서 농민들의 분노를 깨닫고, 서로의 생각이 일치하며 의기투합하는 장면이므로 추후 세 인물이 사건을 일으킬 것이라 예상할 수 있다.

⑤ 김 훈장은 조준구의 수탈과 횡포에 농민들이 들고 일어서는 것을 보며 감동의 눈물을 흘리고 있다.

03   ⑤

정답해설

윗글에서는 불합리한 현실에서 '횃불'을 들어 분노를 표출하였고, 〈보기〉에서는 '한 다리를 들고 날나리를 불거나 / 고갯짓을 하고 어깨를 흔'드는 등 춤을 추며 분노를 승화시키는 방법을 택했다. 〈보기〉의 경우 분노가 차오른 상황을 '춤'으로 '신명'을 내며 승화시킨다는 점에서 대조를 이루며 역설적인 의미를 보인다고 할 수 있지만 윗글에서는 그런 모습을 보이고 있지 않다.

오답해설

① 윗글과 〈보기〉는 문학 작품을 통해 백성들의 고달픈 현실을 비판, 고발하고 있다고 볼 수 있다.

② 윗글에서는 횃불을 들고 최 참판의 집을 습격하는 것을 통해, 〈보기〉에서는 '농무'라는 춤을 추는 것을 통해 현실에 대한 내면의 분노를 직접적인 행동으로 표현하고 있음을 알 수 있다.

③ 윗글에서는 '지금 서울서는 민영환 대감이~땅돼기는 뭐 한단 말인가.'라는 김 훈장의 말에서, 〈보기〉에서는 '어떤 녀석은 / 꺽정이처럼 울부짖고 또 어떤 녀석은 / 서림이처럼 해해대지만'에서 역사적 인물을 언급하여 현실에 대한 비판적 의식을 드러내고 있다.

④ 윗글의 농민들은 일본의 수탈과 억압 그리고 지주의 횡포로 힘든 현실을 살아가고 있고, 〈보기〉의 농민들은 농사를 지어봤자 비료값도 나오지 않는 농촌의 비참한 현실에 힘들어하고 있다.

04   ⑤

정답해설

사내들은 농민으로, 머슴살이를 하더라도 이렇게 힘들지는 않을 것이라며 현실을 비판하고 있다. 사내 3이 실제로 머슴살이를 했다고 볼 근거는 윗글에서 찾을 수 없다.

① 김 훈장은 조준구에게 의병장 자리를 권유하며, 일제의 침략에 대한 자신의 생각을 그대로 드러내었다.

② 조준구는 자신의 이익을 챙기는 인물로, 나라의 국권을 빼앗겼음에도 사리사욕을 위해 의병장 자리를 거절하고, 이후 최 참판의 재산을 차지하여 농민들을 수탈하는 모습을 보였다.

③ 영팔은 나라를 빼앗겼으니 땅도 부치지 못하는 것이냐고 물으며 나라에 미칠 영향보다 자신에게 실질적으로 미칠 영향을 궁금해한다.

④ 두만 아비는 나라를 빼앗겼으니 상투도 잘라야 되냐는 말을 통해, 상황의 본질을 꿰뚫지 못하는 농민의 모습을 보이는 인물이다.

05

정답

철없는 백성

6강	경주의 달밤

빠른 정답 체크   본문 | 114

01 ④   **02** ①   **03** ⑤   **04** 해설참조

01 ④

정답해설

글쓴이는 경주를 여행하면서 일인과 지나인이 상권을 점령한 모습을 보여주며 간접적으로 안타까움을 나타내고 있지만, 직접적으로 감정을 드러내지는 않고 있다.

오답해설

① 글쓴이는 경주를 여행하며, 당시 경주의 모습과 인물들, 그리고 풍년을 축하하기 위한 씨름판까지 다양한 세태 및 풍경들을 관찰하여 서술하고 있다.

② 글쓴이는 직접 경주를 여행하며 경험한 것들을 토대로 자신의 감정과 생각을 고백하고 있다.

③ 글쓴이는 여행지에서만 느낄 수 있는 독특한 문화를 기대했지만 경주에서 그런 모습을 찾지 못하여 안타까워하고 있다.

⑤ 글쓴이는 '생각하면 육부의 여자가~또한 저 달이 아닌가.'에서 배경지식을 활용하여 경주에서 본 달에 대한 자신의 생각을 이야기하고 있다.

02 ①

정답해설

글쓴이는 달을 보며 달에 비하면 백 년의 인생이나 천 년의 신라도 찰나라는 인생무상의 감정을 느끼고 있다. ①번은 ㉠과 같이 인생무상을 노래하고 있으므로 적절하다.

오답해설

② 자연 속에서 즐거움을 느끼며 이 곳이 무릉도원이라고 말하는 태도를 보이고 있으므로 ㉠에서 느낄 수 있는 감정과 유사하지 않다.

③ 창 밖에서 소리가 나 사랑하는 임인줄 알았지만, 낙엽 소리였다는 내용으로 임에 대한 그리움을 이야기하고 있으므로 ㉠에서 느낄 수 있는 감정과 유사하지 않다.

④ 고립된 공간에서 아무도 찾아오는 이가 없는 소외감, 외로움을 느끼는 내용이므로 ㉠에서 느낄 수 있는 감정과 유사하지 않다.

⑤ 고인을 뵙지는 못했지만 고인이 가던 길을 따라가겠다는 내용이므로 ㉠에서 느낄 수 있는 감정과 유사하지 않다.

03 ⑤

정답해설

씨름에 대한 묘사만 보면 객관적인 시선으로 서술하여 글에 사실성을 부여한다고 볼 수 있으나, 글쓴이의 생각을 덧붙여 주관적인 시선도 함께 서술하고 있으므로 적절하지 않다.

오답해설

① [A]에서 글쓴이는 요릿집에서 경주다운 노래를 듣고 싶었지만, 유행가만 들을 수 있었다. 즉, 경주 고유의 문화적 전통을 경험하고 싶었지만 좌절된 것이므로 적절하다.

② 글쓴이는 [B]에서 자신이 보고 들은 것을 서술한다. 이는 기행 수필의 특징 중 하나인 견문으로 글쓴이가 보고 들은 것을 묘사하는 것이다.

③ 기행 수필에는 여정, 견문, 감상이 들어있어야 한다. 윗글의 [C]는 그중 여정에 해당하는 부분으로, 글쓴이가 여행하는 장소가 나타난다.

④ '수 없는 벌레 소리는 요란히 들린다.', '여러 사람의 떠드는 소리며 북장구, 노랫소리가 난다.'를 통해 청각적 이미지로 공간의 분위기를 묘사하고 있다. 또한 [D]의 끝부분에서 우연히 보게 된 씨름판의 풍경에 흥미를 느끼고 반가워하는 글쓴이의 모습을 볼 수 있다.

04

정답

나는 여관을 나섰다, 저녁을 먹고.

7강 봄

01 ③   02 ②   03 ④   04 해설참조

01 ③

정답해설

글쓴이는 뜰 앞에 서 있는 밀감나무를 보며 봄을 맞이하는 자세에 대한 통찰을 개성적으로 서술하고 있다. 또한 동쪽 가지와 서쪽 가지의 변화를 통해 동쪽 가지의 생의 의지, 안타까운 저항, 분투와 인내를 예찬하며 삶의 의미를 서술하고 있다.

오답해설

① 글쓴이는 자신의 경험을 기반으로 봄을 맞이하는 자세에 대한 깨달음을 이야기하고 있을 뿐, 분석을 통해 대상의 문제점을 지적하고 있지 않다.
② 전문가의 견해를 인용한 부분은 찾을 수 없다.
④ '작년이란 말인가.', '더욱 부풀어 가지 않는가.' 등 질문의 형식을 사용한 부분은 있으나, 이를 통해 봄에 대한 회의감을 이야기하고 있지 않다.
⑤ 윗글은 노년에 맞이하는 봄에 대한 기쁨과 봄을 바라보는 자세에 대한 글쓴이의 생각을 전달하고 있다. 시간의 흐름에 따른 신체 변화에 대한 지식을 전달하고 있지 않다.

02 ②

정답해설

글쓴이는 '늙어서 봄을 맞으며 봄을 앞으로 많이 못 볼까 슬퍼할 필요는 없다.'라고 하며, '그동안 많이 가져 본 봄이 또 하나 느는 것을 대견하게 생각할 일'이라고 하였다.

오답해설

① 글쓴이는 밀감나무의 동쪽 가지에 대해 말하며 동쪽 가지의 '씩씩하고 발랄한 생의 의지. 지난겨울 석 달 동안, 마음속으로의 안타까운 저항. 그리고 남모르는 분투와 인내'에 '무한한 경의와 찬사'를 보내고 싶다고 하였다.
③ 글쓴이는 '생활에 따라서는 인류 역사 억만년의 봄이 다 내 몸에 간직된 봄이요, 생각에 따라서는 잊지 못할 뚜렷한 봄이란 또 몇 날이 못 될 것이다.'라고 하며, 봄을 어떻게 생각하는지에 따라 그 사람의 봄이 길 수도 있고 짧을 수도 있다고 하였다.
④ 글쓴이는 '눈보라 추운 속에서도 한 가지는 생명을 기르며 겨울을 살아왔고, 한 가지는 그 속에서 자기를 살리지 못했던 것이다.'라고 하며 생의 의지에 따라 저마다 다른 봄을 맞이할 수 있다고 하였다.
⑤ 글쓴이는 '물 위에 호수가 따로 없듯이 과거를 떠나서 오늘이 따로 없는 것. 그러므로 물이 많을수록 호수가 아름답고 과거가 길수록 오늘이 큰 것'이라고 하였다.

03 ④

정답해설

'곤충'이 '봄이 가면 봄이 없다'고 슬퍼하는 것이, 곤충의 봄이 인간의 봄과 달리 무의미함을 뜻하는 것이라고는 볼 수 없다. 일 년을 사는 곤충은 한 개의 봄만을 지낼 수 있기 때문에 봄이 가는 것을 슬퍼하지만 교목은 '열 개의 봄', '백 개의 가을'도 지낼 수 있다고 하였으므로, 이때 '곤충'은 '교목'과 대비하기 위해 제시된 대상으로 보아야 한다.

오답해설

① '오는 봄은 해가 거듭될수록 쌓이고 쌓여 더욱 부풀어' 간다는 것은, 봄이 한 번 왔다가 끝나는 것이 아니라 해가 바뀌어 새로운 봄이 오면 이전의 봄 위에 쌓인다는 뜻이다.
② '늙은이의 봄은 기쁨과 슬픔을 아울러 지닌 겹겹의 봄'이라는 것은, 기쁨으로 차 있는 홑겹의 봄인 젊은이의 봄과는 달리 늙은이의 봄은 과거의 기쁨과 슬픔을 함께 담고 있다는 뜻이다.
③ 지나온 추억을 더듬음에도 '한 개의 진주를 발견하지 못하고 거친 모래알만 쥐어'졌다는 것은, 그동안의 과거를 회상했을 때 가치 있는 추억을 발견하지 못했다는 뜻이다.
⑤ '지나온 모든 봄을 회상하며 과거를 잃지 않고 되새기는 것도 우리의 생활을 풍부하게 해' 준다는 것은, 삶에 의미를 부여함으로써 생활을 풍부하게 할 수 있다는 뜻이다.

04

정답

㉠: 나무, ㉡: 흰 터럭

8강 내가 잃어버린 나무들

01 ③   02 ⑤   03 ③   04 해설참조

01 ③

정답해설

'조그마한 뜰을 잃어버리고 ~ 얻게 되었다.', '내가 떠나온 집, 내가 잃어버린 나무들. 그러나 나는 그들을 잃어버리지 않았다.' 등에서 역설적 표현이 사용된 것을 확인할 수 있다. 그러나 글쓴이는 이를 통해 현실에 대한 비참함이 아닌, 현실을 희망적으로 바라보는 태도를 드러내고 있다.

오답해설

① 글쓴이는 자신이 모든 걸 잃어버렸다는 생각이 들었을 때, 스스로를 포기하지 않기 위해 나무를 심었던 경험을 통해 깨달은 이

타적인 삶의 가치를 서술하고 있다.

② '향기와 그늘을 내어 주던 그 나무들이 내게는 하나의 피난처처럼 느껴지던 무렵이었다.' 등에서 비유적 표현이 사용된 것을 확인할 수 있다. 글쓴이는 이를 통해 나무를 가꾸면서 시름과 불안을 잊고 위로를 얻었던 내면적 경험을 묘사하고 있다.

④ 글쓴이는 장 지오노의 소설 〈나무를 심은 사람〉의 엘제아르 부피에가 자신을 버려 내고 세계를 살리기 위해 나무 심는 일을 선택했다고 평가하며, 엘제아르 부피에의 '나무 심는 행위'와 자신의 '살구나무 심는 행위'의 동질성에 대해 이야기하고 있다.

⑤ 글쓴이는 나무를 가꾼 경험, 집을 떠나야 하는 상황에 처하자 살구나무 한 그루를 사서 심은 경험, 시간이 지나며 엘제아르 부피에의 행동을 이해하게 된 경험 등을 시간의 순서에 따라 제시하고 있다. 또한 이 과정에서 글쓴이가 나무와 뜰을 집착의 대상으로 여기던 관점에서 벗어나, 자신이 잃게 된 뜰에 희망을 담아 나무를 심게 되는 모습을 확인할 수 있다.

02 ⑤

정답해설

글쓴이가 더 이상 살구나무를 생각하며 고통스러워하지 않게 된 것은, 전과 같은 애정을 품지 않게 되었기 때문이 아니라 살구나무에 대한 집착을 버리고 살구나무가 타인에게 도움이 되기를 기원할 수 있게 되었기 때문이다.

오답해설

① 글쓴이는 자신의 집 뜰에 심어진 나무들에게 애정과 정성을 쏟았는데, 그중에서도 반 넘게 말라버린 목련 나무의 남은 부분을 살려 내었을 때 큰 보람과 기쁨을 느꼈다.

② '어디론가 자꾸만 달아나려는 내 마음'은 글쓴이의 방황하는 마음을 의미한다. 글쓴이는 나무에게 정성을 쏟음으로써 방황하는 마음을 뿌리들 속에 붙잡아 매려고, 즉 방황하는 마음을 잠재우려고 했다.

③ 글쓴이는 엘제아르 부피에처럼 '그 아름다움이 굳이 자기의 것이 아니어도 좋다'는 이타적인 생각을 가지고 나무를 심은 것이 아니라, 자신이 덜 불행해지기 위해 나무를 가꾸었다.

④ 글쓴이는 이사가 결정되어 잃게 된 뜰에 살구나무를 심는데, 그러면서 엘제아르 부피에가 남의 땅에까지 나무를 심은 것이 스스로를 포기하지 않기 위함이었음을 이해했다.

03 ③

정답해설

엘제아르 부피에로 하여금 나무를 심게 한 것은 '모든 것을 잃은 자의 절망과 고독'이었다고 하였으므로, 글쓴이가 살구나무를 심은 것이 엘제아르 부피에와 달리 절망과 고독에서 비롯된 것이라는 감상은 적절하지 않다.

오답해설

① 글쓴이는 나무들을 피난처처럼 느끼며 '애착을 넘어선 집착'을 보였는데, 이는 자신이 나무들을 소유했다고 느꼈기 때문이다. 이후 글쓴이는 이타적인 삶의 가치를 깨달으며 소유에 대한 집착을 버리게 된다.

② 엘제아르 부피에는 '자신이 나무를 심고 씨를 뿌리는 땅이 누구의 소유인지' 상관하지 않고 나무를 심었는데, 글쓴이는 이를 가리켜 '먼 훗날의 다른 누군가를 위해서 하는 일'이라고 평하였다.

④ 글쓴이는 처음에는 살구나무를 생각하며 고통스러워했지만, 차차 살구나무가 '꼭 내 뜰에서가 아니더라도~꽃과 열매를 전해 주기를', '누군가의 마음을 환하고 서늘하게 만들어 주기를' 바라는 등 살구나무가 타인에게 위안을 주기를 바라게 된다.

⑤ 글쓴이는 '세상에 살아 있는 모든 나무들이 내 나무'라고 느끼고, '죽어 가는, 죽어 있는 나무들조차 나와 무관한 존재가 아니라는 생각'을 하는데, 이는 세상의 모든 존재가 자신과 연결되어 있다고 생각하게 되었기 때문이다.

04

정답

노란 살구

1강 어옹 · 성산별곡 · 고향

| 01 ① | 02 ② | 03 ④ | 04 ④ | 05 ⑤ |
| 06 ④ | 07 해설참조 | | | |

01 ①

정답해설

(가), (나)의 화자는 강호에서 은거하는 삶에 대해 예찬하고 있다. 따라서 글쓴이가 생각하는 바람직한 삶의 모습이 나타나 있다고 볼 수 있다.

오답해설

② (가), (다)에는 부정적 세태를 바꾸고자 하는 의지가 보이지 않는다.

③ (나), (다)에서는 현실과 신념의 불일치나 그에 관련해 안타까움의 정서가 드러난 부분을 찾을 수 없다.

④ (나), (다)를 세상사의 어려움을 구체적 경험을 활용해 노래한 작품으로 볼 수는 없다.

⑤ (가)~(다)에 자연과 더불어 사는 삶이 드러나 있기는 하나, 자연과 조화를 이루지 못하는 인간을 비판하는 내용은 찾을 수 없다.

02 ②

정답해설

'안개'는 화자가 추구하는 삶의 공간인 강호의 일부인 자연물이다. '수운향'으로 가는 것을 가로막는 장애물이 아니다.

오답해설

① (가)의 '헛된 명예 이루려 조급하게 살지 않고', '어찌 인간 세상 옥당 벼슬 부러워 하겠는가'를 통해 '헛된 명예'와 '옥당 벼슬'이 화자가 추구하는 강호의 삶과 대비되는 세속적 가치를 의미함을 알 수 있다.

③ '자줏빛 거리'는 속세의 삶, '초록빛 도롱이'는 강호의 삶을 의미하며 이는 색채 대비를 통해 부각되고 있다.

④ '홍진'은 화자가 '꿈자리에서도 가지 않'는 곳이므로, 화자가 추구하는 강호에서의 '흥취에 젖'은 삶과는 반대된다.

⑤ '삿갓', '뱃노래'는 화자가 추구하는 강호의 삶과 관련된 것으로 화자는 이에 자연에서 살아가는 삶에 대한 만족감을 투영하고 있다.

03 ④

정답해설

〈보기〉에 따르면 '산옹'은 김성원으로, '산옹의 이 부귀'는 현재 김성원이 누리는 자연에서의 삶을 의미한다.

오답해설

① 〈보기〉를 참고했을 때 (나)에서 화자는 자신을 서하당 식영정을 지나는 '손', 김성원을 강호의 삶을 누리는 '선옹'으로 칭하고 있다.

② 〈보기〉를 참고했을 때 (나)에서 '주인'은 김성원을 의미한다. 화자는 김성원을 '서석을 집을 삼아' 드나드는 '구름'에 비유하여 강호에서 자유롭게 살아가는 김성원을 예찬하고 있다.

③ 〈보기〉를 참고했을 때 화자는 김성원을 '선옹'으로 칭하고 있으며, (나)에서 성산의 아름다움을 '도원'과 '무릉'에 비유한 것은 김성원의 풍류를 긍정적으로 인식하고 있는 것이다.

⑤ 〈보기〉를 참고했을 때 (나)에서 '주인'은 김성원을 의미한다. 이때 '세사'가 험하다는 화자의 인식은 속세를 떠나 자연에서의 여유로운 삶을 택한 김성원의 삶을 긍정하는 이유로 볼 수 있다.

04 ④

정답해설

글쓴이가 생각하는 낙원은 미루나무가 길가에 줄지어 선 곳으로 플라타너스, 현사시나무는 관련이 없다.

오답해설

① '자연이 없는 인공 낙원은~마음의 고향은 되지 못할 것 같다'에서 알 수 있다.

② '낙원의 구상은 아무래도 고향과 어린 시절의 재구성임을 면치 못하는 것인가 보다'를 통해 글쓴이 자신이 구상하는 낙원이 유년 시절의 체험과 무관하지 않음을 알 수 있다. 또한 살구꽃, 꿀벌 소리, 미루나무, 노고지리를 비롯한 새들, 강, 모래톱 등과 관련된 유년 시절의 체험을 나열하고 있으므로 적절하다.

③ '무릉도원 얘기를 전하는 도연명이 ~ 부질없는 공상이 아니다', '종달새도 뜨지 않고 꽃나무도 없는 ~ 마음의 고향은 되지 못할 것 같다' 등을 통해 글쓴이는 사람들이 구상하는 낙원이 어린 시절의 경험에서 비롯된 것이라고 생각하고 있음을 알 수 있다.

⑤ 글쓴이가 '나의 낙원은 너무나 초라하고 너무나 가난하다'라고 하는 것을 통해 글쓴이의 낙원에 결핍이 있음을 알 수 있다.

05 ⑤

정답해설

ⓐ는 '주인'이 자연의 아름다움을 즐기는 공간이고, ⓑ는 글쓴이가 구상하는 낙원의 구성물들이 있는 공간이므로 적절하다.

오답해설

① ⓐ는 화자에게 아쉬움을 주는 공간이 아니다.

② ⓐ와 ⓑ 모두 과거의 잘못을 반성하는 공간이 아니다.

③ ⓐ는 화자에게 부끄러움을 주는 공간이 아니라 화자가 살고 싶은 공간이고, ⓑ는 속세와 대비되는 공간이 아니다.

④ ⓐ는 '주인'의 유유자적한 삶의 공간으로 볼 수 있으나 ⓑ에 글쓴이의 상처나 이에 대한 치유는 나타나지 않았다.

06 ④

정답해설

'허유'는 부귀를 마다하고 자연에 은둔한 인물로, 이 고사를 활용한 것은 산옹의 삶이 그와 유사함을 들어 그 지조를 높게 평가하기 위한 것이다.

오답해설

① 설의적 표현을 활용하여 속세의 부귀영화를 부러워하지 않고 자연에서의 삶에 만족하고 있음을 표현한 것이다.

② 정자 앞의 물결을 '천손운금'에 비유한 것으로 이는 성산의 자연 경관의 아름다움을 미화한 것이다.

③ 눈 내린 풍경을 옥으로 꽃을 지어낸 것으로 비유하여 아름다움을 예찬한 것이다.

⑤ '나'의 어린 시절이 가난하고 초라할지라도, '나'의 낙원에는 그때의 경험이 반영될 수밖에 없음을 드러내고 있다.

07

정답

살구꽃, 꿀벌 소리

2강 견회요·홍길동전

빠른 정답 체크 본문 | 139

01 ① **02** ② **03** ② **04** ⑤ **05** ③

06 ③ **07** 해설참조

01 ①

정답해설

〈제1수〉와 〈제4수〉에 대구의 방식을 활용하고 있으나 대상에 대한 예찬의 태도는 나타나지 않는다.

오답해설

② 〈제3수〉에서 '시냇물'을 의인화하여 화자의 심리를 대변하고 있다.

③ 〈제1수〉의 종장, 〈제2수〉의 초장에 설의적 표현을 활용하여 화자의 심리를 드러내고 있다.

④ 〈제4수〉에서 '뫼는 길고 길고 물은 멀고 멀고'와 같이 유사한 통사 구조를 활용하여 부모와 떨어져 있는 화자의 처지를 형상화하고 있다.

⑤ 〈제1수〉에서 '슬프나 즐거우나 옳다 하나 그르다 하나'와 같이 상황을 열거한 후 자신이 취할 태도에 대한 의지를 분명히 하고 있다.

02 ②

정답해설

〈제2수〉에서 화자는 상소를 올린 일이 임금을 위한 일이었음을 말하며 임금의 올바른 판단을 호소하고 있다.

오답해설

① 〈제1수〉에서 화자는 임금을 위해 충성을 다하는 일 외의 것은 신경 쓰지 않겠다는 자신의 신념을 드러내고 있다.

③ 〈제3수〉에서 화자는 임금을 향한 충심이 그치지 않을 것을 표현하고 있다.

④ 〈제4수〉에서 화자는 외기러기에 감정을 이입하여 부모를 그리워하는 마음을 드러내고 있다.

⑤ 〈제5수〉에서 화자는 충을 효의 연장선으로 인식하여 충과 효가 하나임을 깨닫고 임금에 대한 충심을 드러내고 있다.

03 ②

정답해설

길동이 여덟 명이 되고, 하늘로 올라가 사라지는 등의 비현실적 내용을 통해 길동의 비범함을 부각하고 있다.

오답해설

① 회상을 통한 과거와 현재의 연결은 (나)의 내용과 관련이 없다.

③ 길동과 길동을 잡아들이려는 조정 간의 갈등이 나타나고 있으나 이로 인한 인물의 파멸과 권선징악이 드러나 있지 않다.

④ 현재형 어미가 아닌 '-았-/-었-'과 같은 과거형 선어말 어미로 서술되고 있다.

⑤ 같은 시간에 서로 다른 공간에서 일어나는 사건을 대비하지 않았다.

04 ⑤

정답해설

여덟 명의 길동이 임금 앞에서 서로 '네가 진짜 길동이요, 나는 아니라.'라고 하며 다투는 것은 임금을 희롱하며 자신의 능력을 과시하고 상대를 혼란스럽게 만들기 위함이라고 볼 수 있다.

① 상대에게 위협을 가하고 있지 않다.
② 상대를 포기시키기 위해 분신술을 쓰고 있는 것이 아니다.
③ 길동은 아버지를 시험하고 있지 않다.
④ 길동이 자신의 능력을 과시하는 것이기는 하지만 이를 통해 상대를 회유하는 것이 아니다.

05 ③

길동의 욕망은 병조판서가 되는 것으로, 이것은 길동이 붙인 '방'을 통해 임금에게 전달되었다. 비록 임금이 이를 미끼로 길동을 잡아들이려는 의도를 가지기는 했으나 길동은 '평생 한을 풀고 돌아가'게 되었음을 언급하고 있으므로 욕망을 이루었다고 볼 수 있다.

① '나'는 충과 효의 가치를 동등하게 보고 있으며, '길동'이 어느 것에 더 큰 가치를 부여하고 있는지는 알 수 없다.
② '나'는 부모를 그리워할 뿐 원망하는 마음이 드러나 있지는 않으며, '길동'도 부모를 원망하는 마음이 커진 것은 아니다.
④ '나'의 '한 일'은 임금을 위한 것이지만 '길동'의 '죄'는 임금을 위한 것이 아니다.
⑤ '나'는 '다른 사람'이 자신에 대해 말하는 것을 올바르게 판단해 주기를 바라지만 '길동'은 그에 대한 마음을 나타내고 있지 않다.

06 ③

ⓒ이 진짜 길동을 가릴 수 있는 판단의 근거가 되는 것은 맞지만, 단순한 신체적 특징일 뿐 인물의 비범함을 상징하지는 않는다.

① 감정 이입의 대상물인 '시냇물'이 운다는 표현은 청각적 이미지를 활용하여 임을 향한 그리움과 충성심을 표현하고 있는 것이다.
② '뫼'는 화자와 부모 사이를 가로막는 장애물로, 단절감과 거리감을 느끼게 한다.
④ 길동의 아버지는 길동이 입에 넣어 드린 '환약'을 먹고 의식을 되찾고 있으므로 적절하다.
⑤ ⓜ은 길동을 잡아들이라는 명령으로, 경상 감사는 이로 인해 놀랍고 두려워 어찌할 줄 모르게 된다. 그러나 길동이 경상 감사에게 스스로 찾아와 자신을 서울로 보내 줄 것을 요청하면서 문제가 해결된다.

07

천륜

01 ④

(나)는 '희망의 절망'을 '희망'으로 만들어 내는 삶의 태도가 중요하다는 것을 강조하고 있다. (가) 또한 의로움을 따르고 천성을 지키며 살 것을 권하고 있으므로, (가)와 (나) 모두 타인에게 바람직한 삶의 자세를 알려주려 하는 글이다.

① (가)의 초장과 중장이 대구를 이루며 올바른 삶의 자세에 대해 언급하고 있다.
② (나)에서 '희망이 없는 희망', '희망은 기쁨보다 분노에 가깝다' 등의 역설적 표현을 통해 절망을 극복한 희망을 만들어 내는 삶의 태도의 중요성을 강조하고 있다.
③ (다)는 그만둘 수 있는 일, 하고 싶지 않은 일을 그만두지 못하고 살아왔음을 밝히며 일을 절제하지 못해 낭패 본 지난날을 반성하고 있다.
⑤ (다)는 '마음에 크게 두려움이 있는 것', '진귀한 옛 기물을 널리 모으려고' 했던 일, '관직에 있으면서 공금을 농간하여 그 남은 것을 훔치'는 일 등 '그만두는 일'의 구체적 사례를 통해 자신의 생각을 드러내고 있다. (나)는 구체적 사례를 언급하고 있지 않다.

02 ③

'남이 한다 하여도 의 아니면 좇지 말'라고 했으므로 적절하지 않다.

① '내가 좋다 하고 남 싫은 일 하지 말'라고 한 것은 이기적인 태도에 대한 경계를 권하는 것이다.
② '우리는 천성을 지키여 생긴 대로 하리라'라고 하였으므로 천성에 맞지 않는 일을 적극적으로 권하고 있지 않다고 볼 수 있다.
④ '남이 한다 하여도 의 아니면 좇지 말'라고 한 것을 통해 '의'가 행위를 할지 말지의 판단 기준으로 제시되어 있음을 알 수 있다.
⑤ '남이 한다 하여도 의 아니면 좇지 말'라고 했으므로 남의 판단이 '의'가 아닌 경우가 있을 수 있다는 것을 전제한 것이다.

03 ③

'나'는 노자의 '겨울에 시내를~두려워하듯 경계하라'가 '내 병을 고치는 약'이라고 하였으므로 적절하지 않다.

오답해설

① ㉠은 진정한 가치가 있는 희망이고, ㉡은 절실하지 않거나 개선의 여지가 없는 희망이라는 점에서 차이가 있다.

② ㉢으로는 진정한 희망인 ㉠에 이를 수 없기에 고통스러운 좌절과 실패의 과정인 ㉣이 필요하다.

④ '여유'를 기준으로 그만두는 행위를 제대로 할 수 있다면 세상살이에 어려움이 없을 것임을 깨닫고 있다.

⑤ 작가의 집필 의도가 자신의 깨달음을 어린아이들에게 전달하기 위한 것임이 드러나 있다.

04 ②

정답해설

ㄱ. 어려서부터 삼십이 되기까지 자신의 삶을 밝히고 있다.

ㄷ. '여유'의 기준으로 볼 때 그만두는 것이 나은 행위들을 구체적으로 열거하고 있다.

오답해설

ㄴ. 잘못된 통념을 언급하고 있지 않다.

ㄹ. 과거를 회상하고 있을 뿐, 현재와 과거를 비교하여 미래를 예측하고 있지 않다.

05 ③

정답해설

'나'는 선을 좋아하지만 가릴 줄 몰라 그만둘 수 있는 일을 절제하지 못해 다른 이들에게 비방을 받았음을 언급하고 있으므로 자신의 성품을 자랑스럽게 여기고 있는 것이 아님을 알 수 있다.

오답해설

① '노자'의 '겨울에 시내를~두려워하듯 경계하라'라는 말을 떠올리며 이를 당호로 삼고 있다.

② '나'는 '어려서부터 세속 밖에 멋대로 돌아다니면서~나이 삼십이 되어서는 지난 일의 과오를 깊이 뉘우치면서도 두려워하지 않았다'와 같이 자신의 삶을 돌아보며, 노자의 '겨울에 시내를~두려워하듯 경계하라'에 대한 말을 통해 얻은 깨달음을 문미에 써서 붙이고 어린아이들에게 보인다고 언급하고 있다. 이를 통해 자신이 추구하는 삶의 태도를 강조하고 있음을 알 수 있다.

④ '나'가 노자의 '겨울에 시내를~두려워하듯 경계하라'라는 말을 통해 얻은 깨달음을 문미에 써서 붙이고 어린아이들에게 보인다고 언급한 점을 보아 적절하다.

⑤ '나'는 '어려서부터 세속 밖에 멋대로 돌아다니면서~나이 삼십이 되어서는 지난 일의 과오를 깊이 뉘우치면서도 두려워하지 않았다'와 같이 자신의 삶을 돌아보며, 노자의 '겨울에 시내를~두려워하듯 경계하라'에 대한 말을 통해 항상 조심하고 경계하며 살아야 함을 깨닫고 있으므로 적절하다.

06 ①

정답해설

윗글에서 화자는 '절망을 통하여 희망을 가졌을 뿐'이라고 하면서, '희망에는 절망이 있다'라고 말했으므로 화자가 절망이 존재하는 희망은 있을 수 없다고 생각한다는 것은 적절하지 않다.

오답해설

② 〈보기〉에 따르면 진정한 희망은 절망을 통한 간절함을 가져야 하는 것이고, '절망이 없는 희망'은 좌절과 실패를 경험하지 않은 희망이다. 따라서, 절망은 진정한 희망을 이루기 전에 먼저 겪어야 할 좌절과 실패의 경험이다.

③ 〈보기〉에 따르면 '희망이 없는 희망'은 희망하는 마음이 절실하지 않아 이루어질 가능성이 없고 분노로 귀결될 가능성이 크므로, 희망해도 소용이 없는 것으로 이해할 수 있다.

④ (나)는 '희망의 절망이 절망이 될 때보다 / 희망의 절망이 희망이 될 때 / 당신을 사랑한다'를 통해 절망을 견뎌 낸 스스로의 각오와 다짐이 현재를 변화시키며 달성 가능한 것으로 바뀌어 나갈 때 그것이 가치 있고 의미 있는 순간임을 강조하고 있다. 또한, 〈보기〉에서도 희망의 무가치함과 절망을 통해 간절함을 가지게 된 진정한 희망의 가치를 드러내며 '희망의 절망'을 '희망'으로 만들어 내는 삶의 태도가 중요하다는 것을 강조하고 있으므로 적절하다.

⑤ (나)에서 화자는 '절망이 없는 희망'을 거절하고 '희망은 절망이 있기 때문에 희망이다'라고 말하고 있다. 〈보기〉에 따르면 '절망이 없는 희망'은 절망을 충분히 겪지 못하여 좌절과 실패가 충분하지 않아 간절한 노력에 대한 다짐이 부족한 상태이다. 이를 참고했을 때, 절망에 대한 경험과 이해가 진정한 희망을 이루기 위한 전제임을 강조하고 있음을 알 수 있다.

07

정답

여유당

4강	**상사별곡 · 왜송설**
빠른 정답 체크	본문 ㅣ 152

01 ⑤　　**02** ⑤　　**03** ③　　**04** ③　　**05** ②

06 ⑤　　**07** 해설참조

01 ⑤

정답해설

(가)는 자연물을 이용하여 임에 대한 화자의 사랑과 그리움을 드러

내고 있고, (나)는 자연물을 이용하여 곡학아세하는 세태에 비판적인 글쓴이의 인식을 드러내고 있다.

오답해설

① (가), (나)는 대상을 희화화하고 있지 않다.

② (가)의 화자는 임과 이별한 후 임을 그리워하고 있고, (나)의 글쓴이는 세태에 대한 비판적 의식을 드러내고 있으므로 적절하지 않다.

③ (가), (나)는 언어유희를 사용하지 않았고, (나)는 글쓴이의 어려움이 드러나 있지 않다.

④ (가)에서 화자는 임의 변심에 대한 의구심을 나타내고 있으므로 대상에 대한 믿음이 강해지고 있다고 볼 수 없고, (나)는 시간의 흐름이 드러나 있지 않다.

02 ⑤

정답해설

'나 혼자 그리는가~봄빛을 다니는가'와 같이 임의 변심에 대한 의구심을 갖는 표현은 있지만 임을 원망하거나 이별의 원인을 임으로 여기는 마음은 드러나지 않는다.

오답해설

① '듣고 지고 임의 소리 보고 지고 임의 얼굴', '비나이다 하나님께서 이제 보게 해 주소서', '눈물이 바다 되면 배를 타고 아니 가랴'와 같은 표현을 통해 부재중인 임과 재회하고 싶은 마음을 드러내고 있다.

② (가)의 화자는 청자 없이, 혼잣말을 하듯이 자신의 처지에 대한 서러움, 임을 그리워하는 마음, 임과 재회하고 싶은 마음 등을 토로하고 있다.

③ '꽃은 피어 절로 지고~못 죽는가'를 통해 흘러가는 시간 속에서 인생에 대한 무상감을 드러내고 있음을 알 수 있다.

④ '독수공방 더욱 섧다', '오늘이나 기별 올까 내일이나 사람 올까' 등의 표현을 통해 이별한 임이 돌아오길 기다리며 홀로 지내는 화자의 처지를 알 수 있다. 또한 '자나 깨나 깨나 자나 임 못 보니 가슴 답답'을 통해 임을 보지 못하는 상황에 대한 답답함을 나타내고 있다.

03 ③

정답해설

ⓐ는 깊다는 속성을 활용하여 임에 대한 화자의 사랑을 비유한 것이고, ⓑ는 임과 화자를 가로막는 공간에 해당한다.

오답해설

① ⓐ는 임에 대한 화자의 깊은 사랑을 의미할 뿐, 암울한 현실 세계를 드러낸다고 볼 수 없다. ⓑ 또한 임과 화자가 만날 수 없는 상황을 드러내고 있을 뿐, 화자가 바라는 이상세계를 의미하지는 않는다.

② ⓐ는 임에 대한 화자의 그리움이 아닌 사랑을 상징하며, ⓑ는 화자와 임이 단절되어 있음을 보여줄 뿐 화자에 대한 임의 그리움을 상징하지 않는다.

④ ⓐ는 화자의 심리적 갈등이 아닌 임에 대한 화자의 사랑을, ⓑ는 화자의 심리적 갈등이 해소된 상황이 아니라 임과 화자가 만나지 못하는 상황을 나타낸다.

⑤ ⓐ는 임에 대한 사랑을 비유한 것으로, 시련에 굴하지 않는 화자의 절개를 의미한다고 볼 여지가 있으나 ⓑ는 임의 변심이 아닌 임과 화자의 단절을 드러내는 소재이므로 적절하지 않다.

04 ③

정답해설

〈보기〉에 따르면 (나)의 전반부는 '나무는 이 세상에 나올 때부터 그 본성이 곧게 마련이다~사람들의 호오에 대한 일반적인 생각을 엿볼 수 있다 하겠다', 후반부는 '그것은 그렇다 하더라도~저 왜송을 탓할 것이 또 뭐가 있다고 하겠는가'와 같이 대략적으로 나누어 볼 수 있다. 이를 참고할 때, (나)는 본성을 잃은 왜송에 대한 경험을 바탕으로 본성을 잃은 사람들의 모습을 떠올리고 있으므로 Ⓑ는 Ⓐ에 언급된 글쓴이의 개인적 경험을 토대로 얻은 깨달음을 서술하고 있다고 볼 수 있다.

오답해설

① Ⓐ에서 '나'가 '타고난 속성이~이렇게 되었단 말인가'와 같이 묻자 어떤 사람이 '이것은 그 나무의 본성이 그러해서가 아니다~이것이 어찌 그 나무의 본성이라고야 하겠는가'와 같이 대답한다. 이를 통해 '나'는 깨달음을 얻지만, 이 문답에 문제 상황의 해결책이 제시된 것은 아니다.

② Ⓑ에서 얻은 깨달음은 Ⓐ의 경험에서 비롯된 것이다. Ⓑ에서 얻은 깨달음을 Ⓐ에서 자신의 삶에 반영하고 있는 것이 아니다.

④ Ⓐ와 Ⓑ에 왜송에 대한 상반된 평가가 제시되어 있지 않다.

⑤ Ⓐ에 '이리저리 구부러지고~아래로 늘어뜨려져 있었다'와 같이 '왜송'에 대한 부정적 인식이 드러나 있으나 Ⓑ가 부정적 인식의 결과에 해당하는 것은 아니다.

05 ②

정답해설

왜송이 기이하게 자란 이유를 물은 '나'의 질문에 '어떤 사람'은 그 이유를 말하면서 '이것이 어찌 그 나무의 본성이라고야 하겠는가'라고 말하고 있다. 이를 통해 '어떤 사람'은 왜송의 모습이 나무의 본성에서 멀어진 것이라고 생각했음을 알 수 있다.

오답해설

① '나무는 이 세상에 나올 때부터~송백을 첫손가락에 꼽아야만 할 것이다'를 통해 '나'는 송백이 나무의 본성을 가장 잘 보여 주는 사례라 생각함을 알 수 있다.

③ '비곗덩어리나 무두질한 가죽처럼~또 무슨 차이가 있다고 하겠
   는가'를 통해 본성을 잃은 사람들과 왜송은 차이가 없다는 '나'
   의 생각이 드러나 있다. 또한 '내가 일찍이 산속에서 자라나는
   송백을 본 일이 있었는데~일반적인 생각을 엿볼 수 있다 하겠
   다'를 통해 송백과 같이 본성을 지킨 자에게는 공경심을 갖게
   된다는 '나'의 생각이 드러나 있다. 그리고 '사랑이라고 하는 것
   은~위기지학의 효과라고 해야 할 것이다'를 통해 왜송은 본성
   을 잃은 존재로 사랑의 대상이지만 장차 천하게 여기며 모멸을
   가할 수 있는 대상이고, 송백은 본성을 유지하는 존재로 공경의
   대상이 된다고 생각함을 알 수 있다.

④ '비곗덩어리나 무두질한 가죽처럼~또 무슨 차이가 있다고 하겠
   는가'를 통해 본성을 잃은 사람들과 왜송은 차이가 없다는 '나'
   의 생각이 드러나 있다. 또한 '이 어찌 '곧게 길러지지 않은 채
   살아 있는 것은 요행히 죽음을 면한 것일 뿐이다'라는 말에 해
   당되는 것이라고 해야 하지 않겠는가'를 통해 본성을 잃은 상태
   가 요행히 죽음을 면한 것에 해당함을 알 수 있으므로 적절한
   이해이다.

⑤ '대저 그 본성을 해친 나머지~또 뭐가 있다고 하겠는가'를 통해
   본성을 지켜야 존경을 받을 수 있으며 이는 자기 자신을 돌이켜
   보는 일이 필요하므로 자기 수양의 중요성을 강조하고 있음을
   알 수 있다.

06 ⑤

정답해설

ⓜ은 왜송을 통해 본성을 지키기 위한 자기 수양의 중요성을 강조
한 것이지 본성을 지키는 일의 어려움이나 자연 질서에 순응하는
삶의 필요성을 언급하고 있지 않다.

오답해설

① '독수공방'은 아내가 남편 없이 혼자 지내는 것을 의미한다. 이
   를 참고했을 때 ⓐ은 화자가 임과 떨어져 혼자 지내며 서러운
   감정을 느끼고 있음이 요약적으로 제시된 부분이라 볼 수 있다.
② ⓑ은 '고운 소리 눈에 암암 귀에 쟁쟁'과 같이 시각적, 청각적 이
   미지를 사용해 임에 대한 그리움을 표현한 것이다.
③ ⓒ은 임에 대한 사랑에 눈이 멀어 값비싼 보물이나 세상사에는
   관심이 없음을 의미한다.
④ ⓓ은 '외물을 따르며 남을 위하려고 하는 자들'을 '왜송'과 비교
   했을 때 '또 무슨 차이가 있다고 하겠는가'와 같이 말하며 설의
   적 표현을 통해 본성을 잃어 곡학아세를 일삼는 무리가 본성을
   잃은 왜송과 다를 바가 없음을 강조한 것이다.

07

정답

날개 돋친 학

01 ④

정답해설

도산은 이별의 6가를 모방하여 '도산 6곡' 둘을 지었다고 하였으므
로 적절하지 않다.

오답해설

① 도산 노인이 도산십이곡을 지은 자신의 '처신이 자못 세상과 맞
   지 않아 '말썽을 일으키는 단서가 될는지 알 수 없'다고 한 것을
   통해 알 수 있다.
② 윗글에서 글쓴이인 '도산 노인'은 우리 동방의 노래를 비판하고
   온유돈후한 내용을 담은 우리말 시가의 중요성을 강조하며 이
   를 위해 '도산십이곡'을 지어 즐기려 하였음을 밝히고 있다.
③ 도산 노인은 '도산십이곡'을 '아이들로 하여금 조석으로 익혀서
   노래하게' 함으로써 마음을 감화시키고 화락하게 하여 노래하
   는 자와 듣는 자가 모두 유익함이 있을 것이라고 보았다.
⑤ 윗글에서 도산 노인은 '노래를 하려면 반드시 시속 말(우리말)로
   엮어야' 된다고 했는데 '한시'는 한자로 지은 것이므로 '읊을 수
   는 있어도 노래하지는 못한다'고 하였다.

02 ①

정답해설

(나)의 갈래는 한시이므로 한시의 음률에 따라 지은 것이지 우리나
라의 음률을 고려하여 지은 것이 아니다.

오답해설

② (나)는 어머니에 대한 그리움을 담고 있으므로 내용이 방탕하거
   나 점잖지 못한 것이라 볼 수 없다.
③ (다)는 우리말을 활용하여 지은 시조이므로 사람들이 노래할 수
   있는 작품에 해당한다.
④ (다)는 '도산십이곡'과 같이 우리말로 엮었으며 효를 주제로 한
   온유돈후한 내용의 시조이므로 아이들로 하여금 조석으로 익혀
   노래하게 한다면 비루한 마음을 씻어 버리고, 감화되어 분발하
   고 마음이 화락해져서 노래하는 자와 듣는 자가 서로 유익함이
   있을 것이다.
⑤ (나), (다)의 내용은 망운지정, 즉 객지에 나온 자식이 고향의 부
   모를 그리는 정을 담고 있으므로 군자의 입장에서 보면 '효'와
   관련이 있으므로 부적절한 내용이 아니다.

03 ⑤

정답해설

(나)는 '언제나 강릉 길을 다시 밟고 가 / 색동옷 입고 어머니 곁에서 바느질할까'를 통해 향에 계신 어머니에 대한 그리움과 재회를 소망하는 마음을 드러내고 있으며 (다)는 '나도 이 봄 오고 이 풀 푸르기같이 / 어느 날 고향에 돌아가 노모께 뵈오려뇨.'를 통해 어머니에 대한 그리움을 드러내고 있다.

오답해설

① (나)는 '한송정', '경포대' 등 꿈에서 떠올린 과거 고향의 모습이 나타나고 있으나 (다)는 과거의 체험이 나타나지 않았다.
② (나), (다) 모두 어머니에 대한 그리움이 나타날 뿐 예찬적 태도를 보이고 있지 않다.
③ (나), (다) 모두 독백적 어조를 통해 그리움의 정서를 드러내고 있다.
④ (나), (다) 모두 몽환적 분위기와 관련이 없다.

04 ③

정답해설

윗글에서는 화자와 대비되는 자연물이 등장하지 않으며, '갈매기', '파도'는 고향의 정경을 구성하는 자연물에 해당하므로 적절하지 않다.

오답해설

① '첩첩 산 너머'는 고향에 대한 화자의 정서적 거리감과 그리움을 드러내는 시각적 이미지에 해당한다.
② 3~4행의 '한송정 가에는 하늘과 물속에 달이 걸려 있고 / 경포대 앞에는 한 줄기 바람 불어오네.'와 5~6행의 '갈매기는 모래톱에 모였다 흩어졌다 / 고깃배들은 파도 위로 왔다 갔다.'의 대구를 통해 고향의 자연 풍경을 감각적으로 묘사하고 있다.
④ '한송정', '경포대' 등은 고향의 자연 경물에 해당하는 시어로, 고향의 모습을 회상함으로써 그리움의 정서를 구체화하고 있다.
⑤ '천리'는 표면적으로는 공간적 거리를 나타낸 것이지만 이를 통해 고향을 그리는 화자의 심리적 거리감을 표현하고 있으므로 적절하다.

05 ④

정답해설

〈제6수〉는 '기러기'가 날지 못해 '노모'에게 편지를 전할 수 없는 화자의 상황을 드러내며, 이로 인해 '시름이 가득'하여 잠을 이루지 못하는 화자의 괴로움이 나타날 뿐, 화자의 상황이 꿈을 통해 해소되고 있지는 않다.

오답해설

① 〈제1수〉에서 화자는 예전처럼 노모 곁에 있지 못하는 자신을 '봄'과 '풀'에 대조하여 '어느 날 고향에 돌아가 노모께 뵈오려뇨.'라고 하며 노모에 대한 그리움을 드러내고 있다.
② '봄', '풀'은 시간의 흐름에 따라 다시 찾아오고 푸르러지는 특성을 지닌 소재로, 노모의 옆에 있지 못하는 화자의 처지와는 대비되는 상징물이다.
③ 〈제6수〉에서 화자는 '기러기'가 날지 않아 노모에게 소식을 전하지 못하는 현실적 한계를 극복할 방안이 없어 '시름이 가득'한 상황이므로 적절하다.
⑤ 〈제11수〉에서 '하늘', '일월'은 절대자, 임금을 의미하는 시어이며, '낮은 데', '하토'는 화자가 처한 현실, 즉 어머니와 화자가 멀리 떨어져 있는 상황을 의미한다. 따라서 '아모라타 우리 모자지정을 살피실 제 없사오랴.'는 임금의 은혜가 낮은 곳까지 드리워지기에 우리 모자지정을 살피실 때가 있을 것이라는 화자의 기대감을 표현한 것이다.

06 ①

정답해설

〈보기〉에 따르면 (나), (다) 속 화자의 소망은 사회적 제약으로 인해 이루어지지 못한다고 하였다. (나)의 화자가 '꿈'에서 고향을 찾아가는 것은 사회적 제약을 극복할 가능성을 암시하는 것이 아니라, 고향에 대한 화자의 그리움을 나타내는 것이다.

오답해설

② 〈보기〉에서 고향을 떠나 다른 곳에서 살 때 부모님께 가까이 가고자 하는 간절한 마음을 형상화하는 경우가 많다고 하였다. 이에 따르면 (나)의 '갈매기'와 '고깃배'는 고향의 정경을 떠올릴 때 등장하는 소재이자 고향과 노모에 대한 그리움을 드러내는 기능을 한다고 볼 수 있다.
③ 〈보기〉에 따르면 (나)의 화자는 혼인을 한 여성이 노모를 그리워하는 심정을 표현하고 있다고 하였으므로 고향인 '강릉 길을 다시 밟고 가' '어머니 곁'으로 가고자 하는 것은 부모에게 가까이 가고자 하는 화자의 간절한 마음을 의미한다고 볼 수 있다.
④ 〈보기〉에 따르면 (다)에서 부모님께 가까이 가고자 하는 화자의 바람은 사회적 제약으로 인해 이루어지지 못하고 있으므로 '기러기'가 날지 않아 노모에게 '편지'를 전하지 못하는 화자의 상황이 이에 해당한다고 볼 수 있다.
⑤ 〈보기〉에 따르면 (다)의 화자는 귀양을 떠나 부모와 헤어지게 된 상황이므로 화자의 부정적인 상황은 부모님의 부재로 인한 것이라 볼 수 있다.

07

정답

언지

29

01 ⑤

정답해설

(가)에서는 대화를 통해 인물들의 심리가 드러나고 있으며, 궁녀인 운영의 신분적 제약이 진사와의 사랑에 있어 장애물로 작용하고 있으므로 적절하다.

오답해설

① (가)에서는 운영이 꿈을 바탕으로 특을 의심하고 자란이 객관적으로 운영과 진사의 미래를 추측하지만, 이들은 신이한 인물이 아니다.

② (가)는 운영과 진사를 중심으로 이야기를 전개하고 있으나, 여러 개의 이야기를 나열하여 사건을 재구성하고 있지 않다.

③ (가)에서는 대립된 공간이 제시되고 있지 않다. 수성궁의 안과 밖은 모두 궁인인 운영의 삶을 제한하고 있다.

④ (가)에서는 '비바람을 놀라게 하고 귀신을 통곡하게 할 만했습니다.'라고 비유적인 표현을 사용하고 있으나, 이는 진사가 쓴 시를 의미하는 것이지, 인물 간의 갈등이 심화되는 과정을 보여 주진 않는다.

02 ⑤

정답해설

대군은 진사가 지은 시를 보고 진사를 의심하고 있으나 진사가 궁인 중 누군가와 만나고 있다고 추측할 뿐, 상대를 운영으로 특정하지 않았다.

오답해설

① 운영은 진사에게 꿈을 이야기하며 특이 믿을 만한 사람인지 묻고 있다.

② 진사는 특이 준 사다리와 버선으로 수성궁에 몰래 들어갈 수 있었다.

③ 진사는 대군이 자신을 의심하고 있음을 운영에게 말하며 함께 도망갈 것을 제안하였다.

④ 진사는 본래는 흉악하지만 자신에게는 충성을 다하는 사람이라며 특을 믿고 있다.

03 ②

정답해설

진사가 ⓒ과 같이 말한 까닭은 술에 취했기 때문이 아니라, 대군이

자신이 궁인을 좋아하는 것이 아닌지 의심하고 있다는 것을 눈치채고 물러나기 위해서이다.

오답해설

① 담장이 높고 험준하다는 것은 수성궁의 출입이 어려움을 의미하며, 외부와 단절된 수성궁의 폐쇄성을 보여 주는 것이다.

③ 자란은 운영이 진사와 도망가는 것을 만류하며, 두 사람이 함께할 수 있는 현실적인 방법을 조언하고 있다.

④ 절의 향불 냄새가 싫다는 것은 더 이상 절에서 머물고 싶지 않으며, 절이 싫다는 것을 의미하는 것으로, 도념이 어머니를 찾아 절을 떠나고 싶어한다는 것을 알 수 있다.

⑤ 미망인은 도념이 토끼로 목도리를 만들어 불상에 걸어 둔 것을 어머니에 대한 그리움에서 나온 행위로 여겨 오히려 도념에게 강한 연민을 보인다.

04 ⑤

정답해설

㉮는 수성궁의 안으로 들어갈 수 있도록 특이 진사에게 건넨 것으로, 운영과의 재회에 대한 진사의 소망과 관련된 소재이다. ㉯는 도념이 토끼를 살생하여 만든 것으로, 자신을 절에 두고 간 친어머니에 대한 도념의 그리움이 반영된 소재이다.

오답해설

① ㉮는 운영과의 만남을 돕기 위해 특이 진사에게 건넨 것이므로 대상과의 만남을 돕고 있는 소재이다. 그러나 주지는 도념이 토끼를 살생하여 ㉯를 만들었다는 점을 들어 미망인이 도념을 데려가지 못하게 하고, 친어머니를 찾고자 하는 도념을 절 밖으로 나가지 못하게 하고 있으므로 대상과의 만남을 도와주는 소재라고 볼 수 없다.

② ㉮는 운영과의 만남을 돕기 위해 특이 진사에게 건넨 것으로, 그리워하는 대상과의 재회를 돕고 있는 소재에 해당한다. 그러나 ㉯는 도념이 친어머니를 생각하며 만든 것으로, 증오하는 대상과의 이별과는 관련이 없다.

③ ㉮는 대상에게 전달하기 위한 것이 아니라, 대상과의 만남을 위한 소재이다. ㉯는 그리워하는 친어머니를 위해 도념이 직접 만든 것이다.

④ ㉮는 특이 진사에게 건네준 것으로, 진사는 특이 본래 흉악한 놈이지만 특의 도움으로 운영과 재회할 수 있었다고 하며 특에 대한 신뢰를 보이고 있다. 이러한 점에서 ㉮를 기점으로 진사가 특을 신뢰하고 있다고 본다면, 특에 대한 인식이 전환되었다고 볼 수 있다. 그러나 ㉯는 도념이 소지한 것으로, 이를 통해 도념에 대한 인식이 전환되고 있지 않다. 주지가 토끼를 살생하기 이전부터 도념의 부모를 언급하며 도념의 죄가 많다고 여기고 있었음을 짐작할 수 있고, 미망인은 도념이 토끼를 살생하였다는 이야기를 듣고 연민이 더욱 깊어졌으므로 도념에 대해 일관적인 인식을 보이고 있다고 할 수 있다.

05 ④

정답해설

미망인은 주지의 반대를 무릅쓰고 도념을 '세상'으로 데려가고 싶어하므로 적절하지 않다.

오답해설

① 친정 모가 미망인에게 '우리 인철이 영혼 축원할 도리나 걱정해라.'라고 말하는 것을 통해 미망인과 친정 모가 절을 방문한 이유가 죽은 아들의 재를 지내기 위함이며, 친정 모가 '절'을 영혼을 축원하는 공간이라 인식하고 있음을 알 수 있다.
② 도념은 '세상'에 나가서 어머니를 찾고자 하고 있으므로, '세상'이야말로 자신의 소망을 이룰 수 있는 공간으로 여기고 있음을 알 수 있다.
③ 주지는 '세상'을 연못에 비유하여 더러움을 감추고 있는 공간이라 도념에게 설명하고 있으나 도념은 이를 믿지 않고 있다.
⑤ 주지는 '세상'을 '오탁의 사바'라 칭하고, '절'은 더러움을 씻을 수 있는 공간이라 여기고 있다. 또한 '세상'을 나가고 싶어하는 도념을 만류하며, 연못 속에 이무기가 없다는 도념의 말에 '부처님 말씀이 모두 거짓말이란 말이지?'라 말하며 화를 내고 있다는 점에서 '절'에 대한 절대적 신뢰를 보이는 인물이라 볼 수 있다.

06 ②

정답해설

도념은 자신의 친어머니를 찾기 위해 절 밖의 세상으로 나가고 싶어했지만, 미망인을 자신의 어머니라고 생각한 것은 아니다. 도념이 미망인을 따른 것은 어머니에 대한 그리움 때문이다.

오답해설

① 주지는 미망인이 남편과 자식을 잃은 것은 모두 미망인의 죄 때문이라고 하였다. 또한 도념을 절에서 데려가는 것은 또 다른 잘못을 저지르는 것이라고 이야기하며 미망인이 자신의 말을 따라야 함을 강조하고 있다.
③ 도념이 절을 떠나려는 것은 어머니를 찾기 위한 것이다.
④ 주지는 도념이 자신뿐 아니라 부모의 죄도 씻기 위해 공덕을 쌓아야 함을 들어 세상에 나가는 것을 반대하고 있다.
⑤ 친정 모는 도념이 부모의 죄를 받고 태어난 아이이며, 토끼를 죽이고 만든 목도리를 불상에 걸어 놓은 일을 들어 딸(미망인)이 도념을 데려가는 것을 반대하고 있다.

07

정답

수성궁

본문 | 175

7강 꺼삐딴 리 · 결혼

빠른 정답 체크

01 ①	02 ③	03 ④	04 ③	05 ②
06 ①	07 해설참조			

01 ①

정답해설

이인국이 시계를 바라보며 과거를 회상하는 장면을 통해 역순행적 구성임을 알 수 있으며, 이 구성에 이인국의 과거 행적이 드러나 있다.

오답해설

② 윗글은 전지적 작가 시점으로 인물의 생각과 행동을 생생하게 묘사하여 사실감을 부여하고 있다.
③ 다양한 주제 의식을 담고 있지 않다.
④ 서술자가 달라지는 작품이 아니다.
⑤ 인물의 회상이 나타나지만 인물 간의 갈등이 드러나지 않았다.

02 ③

정답해설

이인국은 회중시계를 보며 지난 시절을 떠올리고 있으므로 적절하다.

오답해설

① 갈등이 고조되거나 해소되는 내용과는 관련이 없으므로 적절하지 않다.
② 공간적 배경의 변화를 알려 주고 있지 않다.
④ 역사적 사건의 의미를 총체적으로 서술하는 부분은 나타나지 않으므로 적절하지 않다.
⑤ 인물의 내적 갈등이 드러나 있지 않으므로 적절하지 않다.

03 ④

정답해설

여자가 '그의 의무를 방해하지 않겠'다는 남자의 말에 "그의 의무? 의무가 뭐죠?"라고 말한 것으로 보아 남자가 설명하지 전까지 하인이 주인의 명령을 수행하고 있다는 사실을 알지 못했음을 알 수 있다.

오답해설

① 여자는 난폭한 하인을 그냥 두고 있는 남자를 이해하지 못하여 당혹감을 느끼고 있다.
② 하인은 '엄청나게 큰 구두 한 짝'을 자기 발에 신으며 '구둣발로 차 낼 듯한 험악한 분위기'를 조성하고 있다.
③ 남자는 "내가 빌린 물건들을 이 하인은 주인에게 가져다주는 겁

니다."라고 말하며 자신이 결혼을 위해 물건을 빌렸음을 여자에게 고백하고 있다.

⑤ 남자가 있는 저택 역시 빌린 것이고 하인은 이를 회수하기 위해 주인의 경고문을 남자에게 가져온 것이므로 쪽지의 "나가라!"라는 말의 의미는 주인이 남자가 빌린 모든 것을 다시 회수하겠다는 의미로 볼 수 있다.

04 ③

정답해설

'손가락 끝에 먼지만 묻으면 불호령'을 하는 인물의 행동은 직업 정신을 비판하기 위한 것이 아니라 이인국의 결벽적인 성격을 드러내기 위한 것이다.

오답해설

①, ② 〈보기〉의 내용에 따르면, 환자의 병을 고치는 것보다 경제적 손실을 더욱 중요시하는 인물의 모습을 서술한 것은 서술자가 의사로서의 사명감보다 개인적 이익을 추구하는 인물을 비판하려는 의도가 담긴 것이라 볼 수 있다.

④ 일제에 협력하다가 해방 이후 일본 말을 쓰지 않는 모습은 이인국의 기회주의적 처세술을 보여 준다. 이는 인물의 기회주의적 처세술을 비판하려는 서술자의 의도가 담긴 것이라 볼 수 있다.

⑤ '아이들을 소학교부터 일본 학교에 보낸 것'을 다행으로 여기는 이인국의 심리를 드러낸 것은 친일 행동을 하는 이인국에 대한 비판적 인식을 내포한 것으로 볼 수 있다.

05 ②

정답해설

ⓛ은 어떤 상황에서도 자기 이익을 우선시하려는 이인국의 기회주의적인 태도를 보여 주는 것이다. 즉, 이인국이 시대의 변천에 따라 또다시 태도를 바꿀 수 있는 인물임을 암시한다.

오답해설

① ㉠은 시류에 영합하여 일제의 정책에 협력한 이인국의 처세를 보여 주는 것으로, 이인국이 기회주의적인 인물임을 의미한다.

③ ㉢에서 남자가 낭독하는 이야기책의 내용을 통해 관객은 이야기책의 사기꾼과 남자가 동일인임을 알 수 있으며, 극 중 상황을 파악하고 사건 전개를 예측할 수 있다.

④ ㉣은 남자가 이야기책을 돌려줘야 하는 시간이 되었음을 의미하며, 이후에도 남자가 빌린 물건을 돌려줘야 하는 시간이 되면 하인이 동일하게 행동할 것을 예고한다.

⑤ ㉤에서 남자는 빌린 대상을 자연물과 인간으로 확대하여, 삶 자체도 잠시 빌렸다가 되돌려 주는 과정이라는 자신의 가치관을 드러내고 있다.

06 ①

정답해설

무대 밖의 사건 때문에 갈등이 해소되는지는 (나)를 통해 알 수 없다.

오답해설

② 하인이 남자로부터 '빼앗은 물건을 가지고 나'갔다 다시 돌아오는 것은 무대에서 보여주지 않는 공간이 있음을 전제한 것이다.

③ 남자가 여성 관객에게 말을 건네는 것은 무대와 객석의 구분이 엄격하지 않음을 보여 주는 것이다.

④ '하인'이 등장하는 것은 '남자'의 물건을 회수할 때이며 이에 따라 '남자'는 초조해하고 있다.

⑤ '하인'은 '남자'의 물건을 회수하는 역할을 하며 극에 긴장감을 조성한다.

07

정답

회중시계

<table>
<tr><td colspan="2">**8강**</td><td colspan="3">낙타 · 방울 소리 · 말을 찾아서</td></tr>
<tr><td colspan="4">빠른 정답 체크</td><td>본문 | 184</td></tr>
<tr><td>01 ①</td><td>02 ③</td><td>03 ①</td><td>04 ②</td><td>05 ④</td></tr>
<tr><td>06 ④</td><td>07 해설참조</td><td></td><td></td><td></td></tr>
</table>

01 ①

정답해설

(가)는 '낙타', (나)는 '방울'을 통해 과거를 회상하고 있으므로, '낙타'와 '방울'은 과거를 떠올리게 하는 매개체로 볼 수 있다.

오답해설

② (가)에서는 유년 시절을 떠올릴 뿐, 이상 세계를 동경하고 있지 않다. (나)에서는 복잡한 도시와 대조되는 유년 시절의 고향에 대한 그리움을 드러내고 있다는 점에서 고향을 이상 세계로 볼 수 있으나, 이에 대한 동경을 드러내고 있지는 않다.

③ (다)의 '나'는 성인이 된 이후 과거를 회상하며 자신의 미성숙함을 인정하고 있다. 그러나 (가)의 '나'는 과거를 회상할 뿐, 자신의 행위를 인정하거나 반성하고 있지 않다.

④ (나)의 '나'는 따스했던 고향에 대한 그리움을 표현하고 있으나 가족과의 재회를 기대하고 있는지는 알 수 없으며, (다)의 '나' 역시 떠나온 고향에 대해 그리움을 호소하거나 가족과의 재회를 기대하고 있지 않다.

⑤ (다)의 '나'는 아부제가 노새를 끄는 일을 하지 않았으면 좋겠다고 생각하여 아부제의 변화를 유도하고 있다고 볼 수 있으나, (가)와 (나)의 '나'는 현실에 안주하는 대상의 행위를 비판하거나, 변화를 유도하고 있지 않다.

02 ③

정답해설

(가)와 (나)는 모두 영탄적 표현을 활용하고 있지 않다.

오답해설

① (가)는 '~는 ~처럼 ~다'의 문장 구조를 반복하여 낙타와 선생님의 연관성을 드러내고 있으므로 적절하다.
② (나)에서 '삼륜차 경적 소리'는 복잡한 도시의 소리로, 시끄러운 일상을 상징한다. 반면 '방울 소리'는 소를 몰고 산을 내려왔던 유년 시절을 회상하게 하는 소재로, 따스한 고향을 상징한다. 따라서 (나)에서는 대비되는 청각적 이미지를 사용하여 고향에 대한 그리움을 드러내고 있으므로 적절하다.
④ (가)와 달리 (나)에서는 '들릴까 말까'라고 하여 의문형 진술을 통해 그리움의 정서를 환기하고 있으므로 적절하다.
⑤ (나)와 달리 (가)에서는 '어린 시절, 선생님이 걸어오신다 / 회초리를 들고서'라고 하여 의도적으로 문장의 어순을 교체하여 과거의 회상을 강조하고 있다.

03 ①

정답해설

'회초리'를 든 선생님의 모습은 유년 시절의 '나'에게 각인된 선생님의 전형적인 모습일 뿐, '나'가 과거를 떠올리는 행위를 방해하고 있지 않다.

오답해설

② 화자는 3연에서 '선생님은 낙타처럼 늙으셨다'라고 하였고, 4연에서 '낙타는 어린 시절, 선생님처럼 늙었다'라고 하였다. 이를 통해 화자가 '낙타'를 보며 '선생님'을 떠올리고 있음을 알 수 있다.
③ 화자는 4연에서 '나도 따뜻한 봄볕을 등에 지고 / 금잔디 위에서 낙타를 본다'고 하여 '나'와 '낙타'가 모두 봄볕을 쬐고 있는 모습을 통해 낙타로부터 화자 자신을 발견하고 있다.
④ 화자는 '내가 여읜 동심의 옛이야기'라고 하며 자신이 동심을 잃고 과거를 추억하는 존재가 되어 버린 것에 대한 안타까움을 드러내고 있다.
⑤ '동물원'은 '낙타'를 통해 학창 시절 선생님의 모습과 선생님의 인상을 떠올리게 하는 공간이며, '낙타'와 동일시된 '선생님'을 통해 자신 역시 '선생님'과 같은 존재가 되었다는 자각이 일어나는 장소이다.

04 ②

정답해설

당숙은 자신을 '아부제'라 부르는 '나'의 마음이 진심인지 확인하기 위해 재차 질문을 던지고 있을 뿐, 당혹스러움을 느끼고 있지는 않다.

오답해설

① '나'는 '내가 누리는 것 모든 것이 그의 등에서 나왔는데도 그랬다.'라고 하며 '나'가 누리는 온갖 편의가 노새로부터 나온 것임을 인정하고 있다.
③ '나'가 당숙에게 '나 이제 아재 양재 안 해요!'라고 말한 이후, 처음엔 밤마다 술에 취해 마차를 끌고 들어오던 당숙이 어느 날 집을 나간 다음 한 달이 되고 두 달이 되고 집에 돌아오지 않았다고 하였으므로 적절하다.
④ '아마 그가 죽어 정말 하늘의 은별이 되었다 해도 나는 앞으로도 말에 대해 자유롭지 못하고, 그에 대해 자유롭지 못할 것이다.'라는 말을 통해 '나'가 노새가 죽을 때까지 미움의 감정을 버리지 못했기에 어른이 된 이후에도 계속해서 죄책감을 가지고 있음을 드러내고 있다.
⑤ '나'는 '어른들이 그렇게 하라구 시키든?'이라 묻는 당숙에게, '아뇨. 지 마음으로요.'라 답하며, '올라올 때 하생골 어머이한테 내 방 하나 치워 놓으라고 했어요.'라고 말하였다. 이는 당숙의 양자라는 사실을 '나'가 받아들였고, 당숙과 함께 생활할 것을 스스로 결정했음을 당숙에게 말한 것으로 볼 수 있다.

05 ④

정답해설

'나'가 당숙을 '아부제'로 부른 것은 양자라는 사실을 받아들이고 당숙의 집에서 생활할 것을 결심했기 때문이다. 또한 "날 아부제라고 부르라고 시킨 것두 아니구?"라고 묻는 당숙의 말에 '나'는 "야."라고 대답하고 있다. 따라서 어른들의 불만을 무마하기 위한 것이라고 볼 수 없다.

오답해설

① '나'는 동무들과 함께 둑길을 걸어가다 노새를 몰고 있는 당숙을 보고 고개를 꺾었다. 또한 '나'가 동무들에게 당숙이 '먼 친척 아저씨인데 아들이 없으니까 분수를 모르고 나한테 찝쩍거리는 거라고' 이야기하고 다녔다는 점에서, 마부인 당숙의 양자가 된 것에 대해 '나'가 불만과 부끄러움을 가지고 있었음을 알 수 있다.
② '나'는 당숙을 피하려고 고개를 꺾었으나, 당숙은 '나'를 붙잡으며 다른 마부들에게 '나'를 자랑스럽게 소개하였다. 이는 '나'가 당숙을 부끄러워한다는 점을 모르고 있기 때문에 나온 행동이라 볼 수 있다.
③ '나'가 다른 마부들과 함께 있는 당숙을 부끄러워하고 있음이 드러나며, 이는 유년 시절 '나'의 미성숙한 모습을 드러낸 것이라 볼 수 있다.

⑤ '나'가 '아부제'가 끄는 말이나 아부제의 직업을 인정할 수 없었다는 것은 당숙과의 관계를 근본적으로 인정하고 받아들인 것이 아님을 의미한다.

06 ④

정답해설

'나'는 당숙의 집에서 살게 되었으나, 당숙과의 화해는 당숙을 집으로 모시고 오는 ⑪에서 이루어진 것이다. '나'가 당숙의 집에서 살면서 당숙을 연민하고 있는 것은 아니므로 적절하지 않다.

오답해설

① (가)의 화자는 ㉠에 위치해 있다. 화자는 ㉠ 위에서 낙타를 보며 어린 시절을 회상하고, 선생님과 낙타, 그리고 자신을 동일시하여 자신 역시 과거를 추억하던 선생님처럼 더 이상 동심을 유지하지 못하고 과거를 추억하는 존재가 된 것에 대해 안타까움을 느끼고 있으므로 적절하다.

② (나)의 ㉡은 '나'의 유년 시절의 고즈넉하고 평화로운 마을과 대비되는 복잡한 도시 문명의 공간으로, 고향에 대한 그리움을 심화하는 공간이다.

③ (나)의 ㉢은 '방울 소리'가 매개체가 되어 떠올린 유년 시절의 기억 속 공간이다.

⑤ (다)에서 '그날 아부제와 나는 온 하늘과 온 산이 붉게 동틀 무렵 하생골 집에 닿았다.'고 하였고, 이후 '그러나 그날 밤길에도 그랬고,'라는 말을 통해 '나'와 당숙이 하생골 집으로 오는 ⑪에서의 대화를 통해 서로의 마음을 확인하고, 서로를 각각 아버지와 아들로 인정하게 되었음을 알 수 있다. 또한 당숙과 '나'의 대화를 통해 둘의 갈등이 해소되고 있으므로 적절하다.

07

정답

㉮: 낙타, ㉯: 소, ㉰: 노새

<table>
<tr><td>**9강**</td><td>**능금 · 석류 · 소완정의 새와 곤충과 풀과 나무**</td></tr>
</table>

빠른 정답 체크

본문 | 192

01 ②	02 ①	03 ⑤	04 ②	05 ④
06 ⑤	07 해설참조			

01 ②

정답해설

'이미 가 버린 그날'은 과거를, '아직 오지 않은 그날'은 미래를 의미한다. 2연에서는 이러한 날들이 머문 자리를 '아쉬운 자리'라고

말하고 있다. 이때 '아쉬운 자리'는 현재를 의미하므로, 과거에 대한 후회와 집착, 미래에 대한 소망으로 인해 현재에 온전히 충실하지 못한 상태임을 보여 주는 것이다.

오답해설

① 1연에서 '그는 그리움에 산다.'고 하며, '그리움은 마침내 / 스스로의 무게로 / 떨어져' 나와 '우리들 손바닥에 / 눈부신 축제'를 보여 준다. 이는 그리움이라는 힘겨움을 이겨내고 나면 내적 성숙에 이룰 수 있음을 의미하며, 이렇게 이루어진 내면적 성숙함을 '눈부신 축제'라 표현하고 있는 것이다. 화자는 이와 같은 내면적 성숙을 이룬 '그'를 보고 감동과 경이로움을 느끼고 있으므로 적절하다.

③ 화자는 '그는 그리움에 산다.'고 하였다. 이때 그리움은 대상의 부재 혹은 결핍에서 생겨나는 감정이다. 따라서 화자는 '그', 즉 능금을 본질적으로 결핍을 지닌 존재로 인식하고 있음을 알 수 있다. 따라서 능금이 존재의 본질을 채우기 위해서는 간절한 그리움으로 스스로를 충만하게 해야 하는데, 이때 '충실만이 익어' 간다는 것은 능금이 익어 가며 내적 성숙이 이루어지는 과정을 의미하는 것이다.

④ '애무의 눈짓'은 '그(능금)'를 내리비추는 햇살로, 가을 햇살에 충실히 익어가는 능금의 모습을 보여 주는 것이다. 이는 '그'가 내적 성숙을 이루는 것이 자연의 섭리임을 드러내는 것으로 볼 수 있다.

⑤ 〈보기〉에 따르면 (가)는 과일이 익어 가는 과정을 통해 결핍된 존재가 내적 성숙을 이루어가는 과정을 표현하였다. 따라서 '시시각각의 충실'로 익은 '그(능금)의 꽃다운 미소'를 따라가면 '깊고 넓은 감정의 바다'가 세월도 알 수 없는 곳에 위치해 있다는 것은, '그(능금)'가 내적으로 성숙하여 신비롭고 충만한 내면 세계를 획득했음을 드러낸다.

02 ①

정답해설

(가)는 추상적인 개념인 '그리움'을 '빛깔이 되고 향기가 된다'고 하여 구체적인 감각으로 형상화하였고, (나)는 '잉걸불 같은 그리움'이 '이글거'린다고 표현하여 사랑의 감정을 시각적으로 형상화하고 있다.

오답해설

② (다)에서는 사물을 깊이 있게 관찰하는 사람과 그렇지 않은 사람이 대조되고 있으나, (가)에서는 대조의 방식을 활용하고 있지 않다.

③ (나), (다)에서는 음성 상징어를 사용하고 있지 않다.

④ (가)~(다)는 자연물을 소재로 시상을 전개하고 있으나, 이를 통해 삶의 소중함을 드러내고 있지 않다.

⑤ (가)는 능금이 익어가는 경험, (나)는 석류가 터지는 경험, (다)는 '어떤 손님'과의 대화를 바탕으로 시상을 전개하고 있으

나, 이를 통해 예전 모습으로의 회복을 염원하고 있지 않다.

03 ⑤

정답해설

'홍보석의 슬픔'은 사랑의 열병 끝에 이뤄낸 성숙한 사랑을 의미하며, 고통과 아픔이 내재된 것으로 볼 수 있다. 그러나 사랑하는 대상에 대한 원망의 감정을 담고 있는 것은 아니다.

오답해설

① '잉걸불 같은 그리움'이 '텅 빈 가슴속에 이글거리'는 것은 가슴 속에 타오르는, 대상을 향한 사랑의 감정을 표현한 것이다.
② '지난여름 내내 앓던 몸살'은 사랑의 열병으로 이글거리는 그리움(사랑)으로 인한 고통을 의미한다.
③ (나)는 〈보기〉에 따르면 사랑하는 사람이 지니는 감정을 석류가 익어 터져 나오기까지의 상황으로 표현하였다. 따라서 '캄캄한 골방'은 석류의 껍질 속을 가리키며, 이는 사랑을 겉으로 말하지 않고 속으로만 삭이는 화자의 마음을 드러내고 있다고 볼 수 있다.
④ 〈보기〉에 따르면 석류는 화자의 사랑을 상징하는데, '껍질을 부'수는 것은 사랑을 감출 수 없어 고백하는 화자의 상황을 석류가 갈라져 나오는 것에 빗대어 표현한 것이다.

04 ②

정답해설

'나'는 '손님'의 질문에 정중하면서도 단호한 어조로 자신의 생각을 분명하게 드러내고 있다.

오답해설

① '나'는 '손님'의 비판에 공감하며 자신의 의견을 제시하고 있을 뿐, 상대의 말에 반박하며 잘못된 점을 꾸짖고 있지 않다.
③ '나'는 상대방에게 '바윗돌'과 관련된 일화를 바탕으로 하늘이 부여한 특징을 소홀하게 보아서는 안 된다는 교훈적 가치를 드러내고 있으나, 자신의 말을 반복하고 있지는 않다.
④ '나'는 '전해 오는 말'을 인용하고 있으나, 성현의 말을 널리 알리려는 의도를 내보이고 있지 않다.
⑤ '나'는 세상에 대해 달관적 태도를 보이거나, 자신의 과거를 고백하고 있지 않다.

05 ④

정답해설

'손님'은 '나'의 시가 지극히 미미한 사물을 소재로 하고 있음을 비판하며, '나'가 '꽃과 새, 벌과 나비라는 소재를 벗어나지 않아서' 사람들을 놀라게 하지 못한 이하와 비슷하다고 말하고 있다. '나'의 시가 이하의 시를 모방한 것을 비판하고 있는 것은 아니다.

오답해설

① '나'는 '눈으로는 세밀하게 살피고 귀로는 꼼꼼하게 엿'듣는 태도를 지니고 있으며 사물의 형세를 꼼꼼히 살피고 작은 현상조차 조금도 무시하지 않는, '사물을 헤아려서 물건을 처음 만드는' 학자의 태도를 긍정적으로 인식하고 있다.
② '나'는 물건을 처음 만드는 학자는 '하늘이 부여한 특징을 소홀하게 보아서는 안 되기 때문'에 '작은 현상조차 감히 조금도 무시하는 일이 없'다고 말하며, 이러한 태도를 지향하고 있다.
③ '나'는 '높은 산에 올라서는 시를 짓고, 풀을 만나면 반드시 기록해둔다. 이것이 경대부의 재능이다'라는 말을 언급하여 자신이 새, 곤충, 풀, 나무를 소재로 시를 짓는 것을 합리화하고 있다.
⑤ '손님'은 새, 곤충, 풀, 나무 등의 자연물을 시의 소재로 쓰는 이유에 대한 '나'의 설명을 듣고 '좋은 말입니다.'라고 하며 동의를 표하고 있다.

06 ⑤

정답해설

'손님'은 '이하'의 시가 자연을 소재로 하여 사람들의 이목을 끌지 못한 것처럼 '나'의 시도 그러함을 지적하고 비판하기 위해 '이하'를 언급한 것이지 '이하'의 시가 인정을 받지 못해 아쉬워하는 것이 아니다.

오답해설

① '깊고 넓은 감정의 바다'는 충분한 시간을 보낸 후, 즉 충분히 익은 후 '그(능금)'가 갖게 된 충만한 내면 세계를 의미한다. 따라서 '시작도 끝도 없는 / 바다' 역시 충만함으로 가득 찬 '그'의 내면인 것이다.
② ㉡의 '자꾸만 익어 가는 어둠'은 점점 커져 가는 화자의 사랑의 감정을 의미한다. 화자는 사랑을 석류가 익어 터지는 과정에 빗대어 표현하였는데, 이때 석류가 터져 '알알이 쏟아'지는 것은 화자가 사랑의 마음을 표현하는 것에 대응한다. 따라서 ㉡은 화자가 마음 속에 담아 둔 사랑을 표현하겠다는 의지를 드러낸 것으로 볼 수 있다.
③ 화자는 '무한히 새파란 심연의 하늘이 두려워' '고개 숙'이고 있다. 이는 사랑을 고백하고자 결심하였으나, 고백에 대해 두려움을 느끼고 있음을 드러낸 것이다.
④ ㉣에서는 자연을 즐기는 삶을 추구하면서도, 자신이 사는 곳에서 자연의 멋을 즐길 수 없어 아쉬워하는 화자의 태도가 드러나고 있다.

07

정답

그대의 뜰

빠른 정답 체크 　　　　　　　　　　　　　본문 | 200

01 ⑤　　**02** ④　　**03** ③　　**04** ②　　**05** ⑤
06 ①　　**07** 해설참조

01 ⑤

정답해설

(가)는 화자가 직접 드러나 있지 않지만, (나)는 화자인 '나'가 직접 드러나며 가난으로 인한 고통으로 잠 못 드는 가장의 비애를 고백하고 있다.

오답해설

① (가), (나) 모두 공간 이동이 나타나지 않으며, 이에 따른 화자의 정서 변화도 나타나지 않는다.
② (가)는 '웃음살'을 통해 가난에 굴하지 않는 정신적 만족의 태도를 드러냄으로써 가난을 이겨내는 흥부 부부의 연민과 사랑을 드러내고 있다. 그러나 (나)에서는 가난으로 인해 잠 못 드는 화자의 비애감이 드러날 뿐, 비유적 표현을 활용한 현실 극복 의지가 드러나 있지 않다.
③ (가)는 '그것은 확실히 문제다'의 반복을 통해 물질에 얽매이지 않고 서로 사랑하며 소박하게 살아가는 것이 중요하다는 바람직한 삶의 태도를 강조하고 있다. 그러나 (나)는 '잠이 오지 않는다'의 반복을 통해 가장으로서의 비애를 드러낼 뿐 바람직한 삶의 태도를 보이고 있지 않다.
④ (가)는 '황금 벼이삭', '웃음의 물살' 등의 표현을 통해 시각적 이미지를 활용하였으나, 이를 통해 비극적인 분위기가 아니라 낙관적인 태도를 드러내고 있다.

02 ④

정답해설

윗글의 화자는 경제적으로 빈곤한 처지에 놓여 있으므로 '원고지 칸'이 '운명의 강처럼 넓'게 느껴지는 것은 창작의 고통으로 힘들어하는 모습이 아닌, 글 쓰는 직업을 가진 화자가 경제적 어려움으로 힘들어 하는 막막한 심정을 보여 주는 것이라 볼 수 있다.

오답해설

① 화자는 집을 비워 주어야 하는 상황을 앞두고 걱정으로 잠을 이루지 못하고 있는 상황이므로 적절하다.
② '이 나이토록 배운 것이라곤 원고지 메꿔 밥 비는 재주'라는 시행을 통해 윗글의 화자가 글을 쓰는 일로 생계를 꾸리고 있음을 알 수 있다.
③ 윗글의 화자는 '원고지'를 메꿔야 생계를 유지할 수 있으므로 '쫓기듯 붙잡는' 행위는 화자의 절박함에 의한 것이라 볼 수 있다.

⑤ '방바닥'에 '며칠 후면 남이' 눕는다는 것은 화자가 집을 비우고 나가야 하는 상황임을 의미하므로 적절하다.

03 ③

정답해설

(다)는 전지적 작가 시점의 소설로 철호의 '울분' 등의 내면 심리가 직접적으로 드러나고 있다.

오답해설

① 상황에 대한 요약적 진술은 제시되어 있지 않다.
② 서술자의 변화가 없다.
④ 서술자의 장황한 해설을 통해 비판 의식을 드러낸 부분은 나타나지 않는다.
⑤ 윗글은 공간적 배경이 빈번하게 전환되지 않으며 어머니를 대하는 철호의 심정이 드러날 뿐, 심리 변화가 두드러지지 않는다.

04 ②

정답해설

(가)에서 ⓐ는 물질적 풍요를 상징하며, 물질적 풍요가 부재한 흥부 부부는 '손발'이 닳는 고난을 겪는다. (나)의 ⓑ 또한 화자가 추구하는 물질적 가치로, (나)의 화자는 ⓑ가 부재할 미래로 인해 근심으로 잠을 이루지 못하고 있으므로 존재 여부에 따라 인물에게 고난을 부여하는 소재에 해당한다.

오답해설

① ⓑ는 가장인 화자가 마련해야 하는 물질적 가치로, 가족에 대한 헌신과 사랑을 의미한다고 볼 수 있으나, ⓐ는 가족에 대한 사랑과 관련이 없다.
③ ⓐ는 물질적 가치보다 소박한 삶에 만족하는 흥부 부부의 태도를 부각할 뿐, 인식을 변화시키지 않는다. 또한 ⓒ도 사람들이 정상적인 생활을 영위하기 위해 지켜야 하는 보편적인 사회 규범을 빗댄 것으로, 철호가 지키고자 하는 양심과 관련있는 소재로 인물의 인식을 변화시키지 않는다.
④ ⓑ는 가족을 위해 필요한 최소한의 공간이지만, 소박한 삶을 위해 필요한 것으로 볼 수는 없다. ⓒ는 보편적인 사회 규범을 상징하는 것으로 인물이 소박한 삶을 사는 것과 관련이 없다.
⑤ ⓑ는 인물이 추구하는 것이지만 현재 소유할 수 없는 것으로, 화자의 비애감과 심리적 부담을 가중한다고 볼 수 있다. 그러나 ⓒ는 갈등에 직면한 인물의 심리적 부담과 관련이 없다.

05 ⑤

정답해설

철호는 가난한 삶에서 벗어나기 위해서는 양심이나 윤리를 버릴 수 있다고 여기는 영호의 생각이 잘못되었다며 질타하고 있다. 즉, 철호는 부정적 현실을 극복하기 위해 양심이나 윤리를 버리려는 영호의 태도를 비판하는 것이다.

오답해설

① 물질적인 가치보다 부부의 신뢰와 소박한 행복에 만족하는 태도가 더 중요하다는 화자의 주제 의식을 단정적으로 나타내고 있다.

② 고달픈 처지에도 서로를 보며 웃음 짓는 것은 서로에 대한 사랑과 이해를 기반으로 한 것이다.

③ 가난한 화자가 잠든 아이를 보며 가장의 책임감, 미안함으로 아파하고 있는 것을 의미한다.

④ '빈 도시락'마저 손에 들지 않았다는 것은 철호가 도시락도 가지고 다닐 수 없을 만큼 가난하다는 것을 의미한다.

06 ①

정답해설

철호가 마주한 '동굴 속에 남겨 두고 나온 식구들을 위하여 온종일 숲속을 맨발로 헤매고 다니던 사나이'는 가족의 생계를 책임지는 철호의 심리적 압박감이 투영된 대상이므로, 생존경쟁의 장에서 우위를 점하지 못한 철호의 모습과 대응된다고 볼 수 있다.

오답해설

② 〈보기〉에 따르면 '사냥꾼'은 생존을 위한 경쟁에 뛰어든 가장의 모습을 드러내므로, 사냥감인 '토끼'보다 '사냥꾼'이 더 많다는 것은 생존을 위해 치열하게 경쟁해야 함을 나타난다. 이는 곧 치열한 경쟁상황에 놓인 가장으로서의 철호의 처지를 상징하는 것이다.

③ '사나이'는 '누군가 숲속에 끌어내어 버린' '짐승의 내장'만을 얻게 된다. 이를 〈보기〉와 관련짓는다면 이는 가족 부양에 힘쓰지만 가족의 경제적 필요를 충족시킬 수 없는 철호의 처지를 드러낸다고 볼 수 있다.

④ 삶의 터전을 상실하고 고향을 떠나온 철호의 어머니가 '가자! 가자!'만 외치는 모습을 〈보기〉의 내용과 관련짓는다면 분단과 전쟁으로 인한 월남민의 상처를 보여 주는 것이라 볼 수 있다.

⑤ 〈보기〉에서 윗글은 전후 현실에 대한 정신적 세계의 황폐함이 선악의 도덕적 윤리의식을 실종케 하였다고 하였으므로 영호가 남들처럼 윤리, 관습, 법률을 모두 벗어던지자는 것은 이미 다른 사람들은 양심, 윤리, 법률에 연연하지 않는 것을 의미함과 동시에 도덕적 윤리의식이 부재한 영호의 모습을 드러낸다.

07

정답

용기

01 ②

정답해설

(가)의 갈래는 희곡으로, '장남'과 '장녀'가 '교수'와 '처'를 소개함으로써 무대 위의 상황을 관객에게 직접 설명하고 있다.

오답해설

① '자기 손목시계를 보며', '철문 도어가 무겁게 열리며 교수 등장' 등의 지시문을 통해 인물의 행동을 전달하고 있으므로 적절하지 않다.

③ 사건을 요약적으로 전개하는 부분을 찾을 수 없다.

④ 교수가 '무엇에 두들겨 맞아 죽는 비명같이' '큰 하품'을 토하는 것과, 교수가 원고지를 처에게 넘겨주자 처가 '빼앗듯이 원고지를 가로채더니 자루 안에 쓸어 넣는' 것 등은 인물의 행동을 과장하여 제시한 것이라 볼 수 있다. 그러나 인물들 간의 갈등을 부각하는 부분은 찾을 수 없다.

⑤ '사고(思考)할 필요가 없어요. 이미 사고(事故)가 난 걸요.'와 같이 동음이의어를 활용한 부분은 찾을 수 있으나, 중의적인 의미의 대사를 삽입한 부분은 찾을 수 없으며, 이를 통해 작품의 분위기를 몽환적으로 조성하고 있지도 않다.

02 ②

정답해설

장남은 '밥 세 끼도 제대로 못 먹이고, 학비도 제대로 못 주는 부모들이 아들딸이 결혼할 때가 되면 아주 귀찮게 간섭'을 하는 버릇을 버려야 한다고 생각하고 있으므로 적절하지 않다.

오답해설

① 교수는 천사에게 '내 꿈을 도로 돌려'달라며, '생각할 힘'을 줄 것을 부탁하고 있으므로 과거 학문을 추구하던 시절을 그리워하고 있다고 볼 수 있다.

③ 아내는 교수가 번역한 원고지를 넘겨 받자 자루 안에 쓸어 넣고서는 '삼백 환!'이라고 외치고 있다. 이를 통해 교수의 번역물을 오로지 물질적 가치로만 인식하는 아내의 모습을 확인할 수 있다.

④ 교수는 천사를 통해 자신의 '희망'과 '정열의 옛 모습'을 떠올리고 있으므로 적절하다.

⑤ 감독관은 맥없이 전면을 바라보며 앉아 있는 교수에게 '회초리를 흔들며' 원고를 쓸 것을 강요하고 있으므로 적절하다.

03 ③

정답해설

ⓒ에서 '원고지'는 돈으로 교환되는, 물질적 가치를 의미하는 소재이다. 따라서 원고지를 완성해 처에게 넘겨주는 것은 물질적 가치를 추구하는 행동으로 볼 수 있으나, 이를 통해 교수가 의미 있는 삶을 보내고 있는지 알 수 없다.

오답해설

① ㉠은 과도한 업무에 지친 교수의 처지를 '졸음이 오는 지루한 음악'과 '철문 도어'를 통해 부각하고 있다.

② ㉡에서 '철쇄'와 '굵은 줄'은 모두 억압과 구속을 상징하므로, '철쇄'를 벗고 '굵은 줄'을 감는 것은 또 다른 억압의 시작을 의미한다고 볼 수 있다.

④ ㉣을 통해 화자는 독자가 '듣기 힘든 소리에 귀 기울이지' 않고 '맥주나 콜라를 마시며 즐거운 여행'을 하기만 바라고 있다. 이는 삶의 가치를 개인적 즐거움에만 두는 태도를 의미하므로 적절하다.

⑤ ㉤은 현실적인 사회 문제와 전혀 관련이 없는 사소한 일을 나타내므로 적절하다.

04 ④

정답해설

'교수'는 돈을 벌기 위해 학자로서의 정체성을 잃고 번역 기계처럼 원고지를 채우고 있고, 〈보기〉의 '찰리'는 나사 조이는 일만 반복하면서 정신 질환을 앓게 된다. 이를 통해 '교수'와 '찰리' 모두 자신의 정체성을 잃고 수동적으로 살아간다는 공통점이 있음을 알 수 있다.

오답해설

① '교수'와 '찰리'는 부조리한 현실에 대한 저항 의지를 보이고 있지 않다.

② '교수'와 '찰리'가 희생을 중요한 가치라고 여기는 모습은 윗글과 〈보기〉에서 드러나지 않는다.

③ 〈보기〉의 '찰리'가 공장의 컨베이어 벨트 위에서 나사를 조이다 강박 관념에 빠지는 것을 현실에 적응하지 못하고 소외되는 것으로 볼 수 있으나, 윗글의 '교수'는 현실에 적응하지 못하고 소외되어 살아간다고 볼 수 없다.

⑤ 〈보기〉에서 '찰리'가 소녀와 함께 단란한 가정을 꿈꾸며 일자리를 찾아 헤매는 모습을 미래에 대한 꿈을 잃지 않은 것으로 볼 수 있으나, 윗글의 '교수'는 과거의 꿈과 열정을 잃은 채 살고 있으며, 천사에 의해 잃어버린 꿈과 열정을 떠올려도 결국 정형화된 현실에서 벗어나지 못하는 모습을 보이고 있다.

05 ⑤

정답해설

'생각하지 말아 다오', '고개를 끄덕여 다오', '귀 기울이지 말아 다오' 등은 표면적으로는 화자가 독자에게 요구하는 행위이지만 화자의 의도는 표면적 의미를 반대로 수용하도록 하는 것이므로 적절하다.

오답해설

① 의인화된 대상은 나타나지 않는다.

② 감각의 전이가 사용되지 않았다.

③ 과거의 모습과 현재의 모습의 교차는 나타나지 않는다.

④ 화자의 인식은 변하지 않고 시종일관 비판적 태도를 유지한다.

06 ③

정답해설

〈보기〉에 따르면 (나)의 화자는 근대화의 풍요로움에 빠져 사회적 문제에 눈을 감는 소시민의 태도를 상징적인 시어와 반어적 표현을 통해 비판하고 있다. 이를 참고한다면 윗글에서 화자가 긍정적으로 인식하는 '낯익은 얼굴'은 현실에 순응하며 살아가는 소시민의 모습이고, 부정적으로 인식하는 '낯선 얼굴'은 현실을 비판적으로 성찰하는 존재에 해당하므로 적절하지 않다.

오답해설

① (가)에서 '무엇에 두들겨 맞아 죽는 비명같이 비참하게 들'리는 아버지의 하품을 장녀가 '달콤한 하품'이라고 표현하는 것은 가족 간에 소통이 제대로 이뤄지지 않는 것을 의미하므로 삶의 진정한 의미를 잊고 사는 현대인의 모습을 드러낸 것이라 볼 수 있다.

② 〈보기〉를 참고한다면 '교수'가 반복적으로 사용하는 '이백 자 칸' 원고지는 정형화된 일상이며, '백구십 자 칸' 원고지 칸은 이에서 벗어난 것이므로 틀에 박힌 일상을 벗어나고픈 교수의 마음을 드러낸 것이다.

④ (나)의 '원색의 지붕들', 'TV 안테나들'은 근대화로 인한 새로운 풍경에 해당한다. 〈보기〉에 따르면 (나)는 근대화, 도시화의 풍요로움에 사회적 문제에 눈을 감는 소시민에 대한 화자의 비판적 정서를 드러내므로 '원색의 지붕들'과 'TV 안테나들'은 소시민이 사회적 문제에 눈을 감게 하는 원인에 해당한다.

⑤ 〈보기〉에 따르면 (나)는 상징적인 시어와 반어적 표현을 통해 사회적 문제를 외면하는 소시민에 대한 화자의 비판적 정서를 드러내고 있으므로 화자가 부정하는 '듣기 힘든 소리'는 사회적 문제에 대한 비판의 소리로 볼 수 있으며 이는 소시민들이 외면하는 소리에 해당한다.

07

정답

성장하는 GNP와 증권 시세

1강 말하는 돌

| 01 ③ | 02 ④ | 03 ③ | 04 ③ | 05 해설참조 |

01 ③

정답해설

윗글은 작품 속 1인칭 서술자 '나'의 시선 속에서 사건을 전달하고 있다. 아버지의 복수를 위해 귀향한 '나'는 아버지의 묘를 이장하기 전까지 분노와 미움에 사로잡혀 있었지만, 이장이 끝난 뒤에는 부끄러움과 후회를 느끼기 시작한다. 이는 사건이 진행되는 시간의 흐름에 따라 '나'의 심리가 변화하는 과정을 조명하여 서술한 것이라 할 수 있다.

오답해설

① 윗글에 '나'와 장돌식이 아버지의 시체를 묻던 시절을 회상하는 장면이 있지만, 이것은 '나'가 복수심을 가지게 된 사연을 설명하는 것이지 사건 해결의 실마리를 제공하는 것은 아니다.
② 윗글은 1인칭 시점의 작품으로 공간에 따라 서술자가 달라지지 않고 '나'로 고정되어 있다.
④ 윗글에서는 대비되는 인물 간의 갈등 관계가 나타나지 않는다. 또한, 서술자인 '나'의 내면 심리만이 서술되고 있다.
⑤ 윗글은 과거형 서술을 사용하고 있다.

02 ④

정답해설

아버지의 복수를 위해서 고향에 돌아온 '나'는 아버지를 죽음에 이르게 한 마을 사람들에 대한 복수로 그들을 동원하여 아버지 묘를 이장하고 봉분을 세우며 야릇한 쾌감을 느낀다.

오답해설

① '나'가 돌을 가져가면서 월곡리 사람들의 마음도 들어 있을 것 같다고 말하는 것으로 보아 마을 사람들의 마음을 상기할 수 있게 만들어주는 소재는 '봉분'이 아니라 '돌'이다.
② '나'는 돌에 아버지의 혼이 들어 있다고 생각한다. 따라서 아버지와 동일시하는 소재는 '봉분'이 아니라 '돌'이다.
③ 아버지에 대한 복수의 다짐을 드러낸다는 점에서 '봉분'은 '나'의 과거를 떠올리게 하는 소재라고 파악할 수 있다. 그러나 이는 마을을 떠나는 '나'의 상황을 상징하는 것이 아니라 마을을 떠난 후 성공한 '나'를 상징하는 것이라 할 수 있다.
⑤ '나'는 장돌식에게 '돌'에 '자네와 나 두 사람의 우정'이 들어 있는 것 같다고 언급하고 있다. 이로 보아 '봉분'이 아닌 '돌'이 장돌식에 대한 '나'의 마음을 상징하는 것이라 볼 수 있다.

03 ③

정답해설

ⓒ에는 오랜 시간이 지나 죄의식이 무뎌진 마을 사람들의 모습이 드러나 있다. 이는 새로운 파국을 유발하는 것이 아니라, 예상과 다른 반응으로 '나'에게 당황스러움과 허탈감을 유발한다고 보는 것이 적절하다.

오답해설

① '나'는 아버지의 장례를 치르고 '쫓기듯 월곡리를 떠'나며 '월곡리 사람들을 머슴으로 부릴 수 있을 만큼 큰돈을 벌기 전에는 돌아오지 않겠다는' 결심을 한다. 이는 마을을 떠나는 '나'에게 마을 사람들에 대한 미움과 분노가 내포되어 있었음을 드러낸다.
② '자기네들 죄를 벗으려고 죄 없는 아버님을 죽인'이라는 표현으로 보아, 다른 사람들이 '나'의 아버지에게 누명을 씌워 죽였다는 것을 알 수 있다.
④ '한이 풀리는가'라는 질문으로 '나'의 행동이 복수를 위한 것임을 장돌식이 미리 파악하고 있었음을 알 수 있다.
⑤ 꿈속 아버지의 호통은 '나'의 복수가 오히려 아버지를 욕되게 하였음을 깨달은 '나'의 불편한 심리를 상징적으로 표현하고 있다.

04 ③

정답해설

'나'는 마을 사람들에게 자신의 신분을 밝히면서 복수하려 했으나, 마을 사람들은 '죄스러움이나 위축감 따위의 기색'이 없었다. 이는 '나'에게 당혹감과 부끄러움을 주었지, 용서할 마음이 바로 생기게 한 것이 아니다. 따라서, '나'는 마을 사람들의 표정을 본 순간에 자신의 삶을 살겠다는 결단을 하지는 않았을 것이다.

오답해설

① '나'는 장돌식과 함께 힘들게 아버지를 묻고, 그 위에 돌을 덮게 된다. 이 사건은 '나'가 후일 마을에 돌아와 아버지의 무덤을 이장하는 데 마을 사람들을 동원하여 복수하기로 결심한 원인이 된다. 즉, 월곡리에서 '돌을 날라다 무덤 위에 덮'은 일은 '나'를 계속 사로잡는 불안과 고통이 되었을 것이다.
② '나'는 과거의 상처 때문에 '월곡리 사람들을 모두 머슴으로 부릴 만한 돈'을 모으려고 30년을 보냈다. 〈보기〉에 따르면, 과거의 상처에 사로잡힌 사람은 즐거움과 행복, 여유가 없어진다. 따라서 '나'가 보낸 30년도 즐거움이나 행복과는 거리가 멀었을 것이다.
④ '나'는 상처의 상징인 돌을 '아버지의 혼', '우정', '마을 사람들의 마음', '고향'으로 여기게 되어 집에 가져가려 한다. 이는 더 이상 과거의 상처가 자신을 괴롭히지 않게 된 것으로, '나'는 과

거의 분노에서 벗어나 진정으로 자유로운 자신의 삶을 살아갈 것이다.

⑤ '나'에게 부면장의 아들은 죄책감을 느껴야 하는 사람 중 하나였다. 그러나 그는 죄스러움 대신 '나'에게 '꼭 우리 집에서 하룻밤 쉬었다 가야 허네'라며 관계의 개선을 요청하고 있다. 하지만, 〈보기〉에 따르면 용서는 꼭 가해자와의 관계의 개선을 말하는 것은 아니다. 따라서, '나'가 더 이상 복수에 사로잡혀 있지 않게 되었다고 해서 부면장의 아들과 가까워져야 하는 것은 아니다.

05

정답

장돌식

2강 석가산폭포기 · 꽃 피는 해안선

빠른 정답 체크
본문 | 224

01 ⑤   02 ④   03 ④   04 ⑤   05 ②
06 ②   07 해설참조

01 ⑤

정답해설

글쓴이는 자신의 별장에 석가산을 만들고, 몇 자의 돌에 봉래산과 방장산을 축소해 넣었다고 밝히고 있다. 또한, 세상 사람들이 자신의 취미를 초라하다고 비웃겠지만 '나는 즐거우니, 이 즐거움을 다른 것과 바꾸지 않겠다'고 하였다.

오답해설

① 글쓴이는 가짜와 진짜를 따질 필요가 없고, 작은 것으로 큰 것을 표현한다고 서술했다. 그러나 샘물은 남산 별장에 실제 존재하는 것으로 '가짜 샘물'을 좋아하였다는 서술은 적절하지 않다.

② 글쓴이는 산이 좋아 명산들의 정상까지 올랐다고 서술하면서 정상에서 바라보는 산수의 아름다움을 설명하고 있다. 그러나 이때 느낀 점을 기록하였다는 내용은 제시되지 않았다.

③ 글쓴이는 나이가 들어 더 이상 등산이 힘들게 되자 유명한 산수화를 벽에 걸어 두고 감상하였다고 서술하고 있다. 그러나 이러한 것들에 생동하고 핍진한 형상이 없어 안타까워했다.

④ 다른 사람들의 '석가산'은 뒤편의 땅을 높이고 가산 앞으로 물이 흐르도록 폭포를 만들었으나, 글쓴이의 '석가산'은 이것들과 다르게 만들어 더욱 훌륭하다고 서술하고 있다.

---

02 ④

정답해설

㉮에서 글쓴이는 진짜와 가짜의 구분이 의미 없다는 논리를 펼치고 있다. 이는 글쓴이가 가짜인 석가산을 보더라도 자신의 마음에 들면 된다고 하며, 행복과 만족을 느끼는 이유가 된다. ㉯에서 글쓴이는 꽃의 낙화를 도저히 막을 수 없음을 얘기하고 있다. 이는 후에 글쓴이가 흐르는 시간을 멈출 수 없음에서 오는 '춘수'의 의미를 다시 확인하게 만든다. 즉, 꽃의 낙화를 절대 막을 수 없기 때문에 봄의 슬픔과 애상을 느끼는 것이다.

오답해설

① ㉮에서 글쓴이는 진짜와 가짜의 구분이 의미 없다는 논리를 펼치고 있다. 이는 글쓴이가 자신의 만족에 집중할 수 있게 하고, 나아가 다른 사람들의 시선을 무시할 수 있는 힘이 된다. 그러나 ㉯는 낙화를 막을 수 없다는 내용으로 주변인들과의 의견 차이가 나타나지 않는다.

② ㉮에서 글쓴이는 진짜와 가짜의 구분이 의미 없다는 논리를 펼치고 있다. 그러나 이것이 시간과 공간에 구애받지 않는 자신을 목표로 삼게 하는지는 알 수 없다. ㉯에서는 꽃의 낙화를 얘기하고, 후에 그것을 슬퍼하므로 시간에 구애받는 것이며, 이를 극복하고자 하는 태도는 보이지 않는다.

③ ㉮에서 글쓴이의 생각은 일종의 철학적인 결론 혹은 믿음에 해당한다. 그러나 경험 속에서 얻은 것인지는 확실하지 않다. ㉯에서 글쓴이는 꽃의 낙화를 보면서 이를 막을 수 없음을 느끼므로 믿음을 경험에 적용한 것이 아니라, 경험에 따른 반응이라 할 수 있다.

⑤ ㉯는 낙화를 막을 수 없다는 인식을 보여주고, 그에 따라 봄에 몸이 마르는 슬픔을 말하고 있다. 이는 유한한 존재의 무상함을 느끼게 한다. 그러나 ㉮는 진짜와 가짜의 구분이 의미 없다는 것이지 글쓴이가 무한한 존재라거나, 무한한 존재를 긍정하는 것이 아니다.

---

03 ④

정답해설

(가)의 5문단에서 글쓴이는 석가산의 형태와 모습을 묘사하며 자신의 석가산이 유명한 화가들의 산수화보다 낫다고 말한다. (나)의 글쓴이는 6문단에서 매화가 바다 위로 떨어지는 모습을 감각적으로 묘사하고, 그에 따라 8문단에서는 봄의 슬픔에 관한 자신의 생각을 전하고 있다.

오답해설

① (가)는 자신의 정원, (나)는 돌산도 해안선이라는 현실적인 공간을 배경으로 설정하였다.

② (가)의 글쓴이는 8문단에서 석가산으로 삶의 즐거움을 누리는 자기 모습을 '세상의 호걸들'이 비웃겠지만 본인이 즐거우므로

다른 것과 바꾸지 않겠다며 자신의 삶에 대한 자부심을 드러내고 있다. 그러나 (나)의 글쓴이는 꽃의 낙화를 묘사하며 봄의 애상을 느끼고 있을 뿐, 자기 삶에 대한 자부심을 드러내고 있지 않다.

③ (가)와 (나) 모두 유명인의 일화를 인용하지 않았다.

⑤ (가)의 글쓴이는 '세상 사람들', '세상의 호걸들'의 시선을 빌려 자신의 삶을 바라보지만, 그것을 통해 여러 관점으로 자신의 삶을 평가하지 않고 자기 삶에 대한 긍정적인 시선을 보여 준다. (나)의 글쓴이는 꽃의 낙화라는 지금 벌어지고 있는 사건을 묘사하고 있다.

04 ⑤

정답해설

(가)의 '못을 파고 물을 담아 연꽃을 심고 ~' 등의 서술을 보면, 행위를 연속적으로 제시하여 '석가산'을 만드는 과정을 설명하고 있음을 파악할 수 있다. (나)는 '산수유는 그림자로서 피어난다.' 또는 '목련은 등불을 켜듯이 피어난다.' 등의 서술을 보면 비유법을 활용하여 대상의 모습을 감각적으로 묘사하고 있음을 파악할 수 있다.

오답해설

① (가)에서는 시간의 흐름에 따라 변화하는 대상들의 모습과 그 차이점을 강조하는 내용이 제시되지 않았다. 다른 대상과 다른 '석가산'의 모습을 강조하여 설명하고 있다. (나)는 꽃이 피고 지는 모습과 꽃들의 차이점에 대해 설명하고 있다.

② (나)에서는 대상의 모습을 다양한 비유를 통해 전달하고 있으나 대상의 전체 규모에 관한 내용은 제시되지 않았다.

③ (가)의 '남산의 별장'은 '석가산'이 있는 공간으로 '석가산'의 아름다움을 감상하는 공간이라고 해석할 수 있다. 그러나 (나)에서 '낙화의 아름다움'을 타인에게 소개하는 내용은 제시되지 않았다.

④ (가)의 '석가산'은 글쓴이의 시각, 청각, 미각을 만족하게 하는 대상이나, (나)에서 글쓴이가 과거를 후회하거나 한스러워하는 내용은 제시되지 않았다.

05 ②

정답해설

[B]에서 동백꽃 잎이 떨어지는 모습은 음성상징어를 활용하여 '눈물처럼 후드득' 떨어진다고 표현하고 있다. 그러나 '눈물처럼'이라는 표현을 보아, 이는 객관적인 묘사가 아니라 글쓴이의 정서가 담긴 감각적인 비유를 사용한 것임을 알 수 있다.

오답해설

① [A]에서 글쓴이는 자전거를 타며 바람을 맞는 느낌을 '온몸의 숨구멍이 바람 속에서 열렸다'고 표현하고 있다. 이는 글쓴이의 느낌을 몸에 와닿는 감각적인 묘사로 표현한 것으로, 독자들이 대상을 간접 체험할 수 있는 경험을 제공한다.

③ [C]에서 글쓴이는 매화가 '나무가 몸속의 꽃을 밖으로 밀어내서' 피어난다고 표현하고 있다. 이는 나무의 개화를 역동적인 운동으로 파악하는 글쓴이의 참신한 시각이 반영된 것에 해당한다.

④ [D]에서 글쓴이는 산수유 하나가 아닌 산수유 핀 산 전체의 모습을 '파스텔처럼 산야에 번져 있다'고 묘사하여 대상 전체의 모습을 포괄적으로 전달하고 있다.

⑤ [E]에서 글쓴이는 목련의 꽃잎이 하나하나 시들고 떨어지는 것을 '저마다의 생로병사를 끝까지 치러낸다'고 표현했다. 이는 대상 전체가 아닌, 대상을 이루는 부분들 중 글쓴이가 주목한 특징적 모습을 드러내는 것에 해당한다.

06 ②

정답해설

ⓐ에서는 자연과 하나가 되는 글쓴이의 모습을 통해 자연 친화적 태도를 파악할 수 있다. ②의 시조에서도 '산'과 '물'처럼 화자 자신도 '절로' 나고 늙어간다고 설명하고 있어, 자연과 함께 살아가는 화자의 모습을 파악할 수 있다.

오답해설

① 변하지 않는 지조와 절개를 예찬하고 있으므로 자연과 하나가 되는 ⓐ의 상황과는 유사하지 않다.

③ 노래로 마음속의 시름을 풀고자 하는 심정을 표현하고 있으므로 자연과 하나가 되는 ⓐ의 상황과는 유사하지 않다.

④ 고국을 떠나는 신하의 안타까운 마음을 표현하고 있으므로 자연과 하나가 되는 ⓐ의 상황과는 유사하지 않다.

⑤ 꿈을 통해 임에 대한 그리움을 표현하고 있으므로 자연과 하나가 되는 ⓐ의 상황과는 유사하지 않다.

07

정답

자전거

3강 전가추석

빠른 정답 체크　　　　　　　　　　본문 | 232

| 01 ① | 02 ④ | 03 ③ | 04 ⑤ | 05 해설참조 |

01 ①

정답해설

윗글에서는 다양한 서술 주체가 등장하여 이야기를 입체적으로 전달하고 있다. 흉년을 견디고 올해 풍년을 맞은 마을 사람들, 흉년에 남편을 잃은 유복자를 안은 홀어미, 그리고 이들을 관찰하고 있는 작품 밖의 서술 주체가 등장한다. 또한 '앞마을엔~곡을 하는고' 부분을 보면 작품 외부의 서술 주체가 홀어미의 상황을 관찰하여 전달하고 있음을 파악할 수 있다.

오답해설

② 서울과는 다른 시골의 빈곤한 상황을 드러내고 있으나 탐관오리들의 모습을 구체적으로 나열하여 표현하고 있지 않다.

③ 추석과 곡식이 익었다는 내용으로 보아 가을이라는 특정한 계절을 배경으로 하고 있다. 그러나 이러한 모습을 관념적으로 표현하고 있지 않다.

④ 농민들의 삶과 관련된 소재를 활용하고 있으나 이를 해학적으로 표현하지 않았다.

⑤ 문제의 원인을 분석하고 이에 대한 해결책을 제시하는 내용은 드러나 있지 않다.

02 ④

정답해설

ㄹ에서 홀어미의 남편이 죽고 나서 '논에 심은 곡식이 익어 갔다'하고 이어서 '벼 이삭 익은들 무엇하리오?'라고 진술하고 있다. 이는 남편이 죽고 나서 얻은 곡식이 부질없음을 표현한 것으로, 농사를 통해 얻은 결실에 대한 감사함으로 고통을 극복하고자 하는 것이 아니므로 적절하지 않다.

오답해설

① ㉠은 의문형 표현을 활용하여 서울과 다른 시골의 빈천한 사람들에게 추석이 가지는 의미를 강조하고 있다.

② ㉡은 아름다운 가을 풍경을 즐길 여유조차 없는 농민들의 고단한 삶을 강조하고 있다.

③ ㉢에는 지난해 흉년으로 고통을 받았지만, 하늘의 뜻으로 올해는 풍년이 들었다고 생각하고 이를 감사하게 생각하는 농민들의 소박한 삶의 모습이 드러나 있다.

⑤ ㉤은 남편의 영위 앞에서 혼절한 홀어미의 모습에 이어, 세금을 독촉하러 찾아온 관리의 모습을 서술한 것이다. 이를 통해 백성들의 고통을 외면하는 지배층에 대한 작가의 부정적인 인식을 파악할 수 있다.

03 ③

정답해설

윗글은 지난해 흉년을 견디고 풍년을 맞이한 농민들의 모습과 지난해 흉년으로 남편을 잃고 슬퍼하는 홀어미의 사연을 대조하고 있다. 이는 〈보기〉에서 설명하는 개별화된 인물의 등장으로, 일정한 서사성을 띠게 하는 효과가 있다. 따라서 홀어미의 사연을 개인의 정감과 관련지어 해석하는 것은 적절하지 않다.

오답해설

① '서울' 사람들의 추석과 '시골' 사람들의 추석이 다름을 언급한 것은 개인의 정감이 아니라 조선 후기 빈부 격차가 심해졌음을 나타내기 위함이다.

② '올벼는 벌써 타작마당 올랐고', '뒤뜰에선 알밤을 깐다'고 표현한 것은 지난해의 흉년을 견뎌 내고 풍년을 맞이하여 추석을 즐기는 농민들의 모습을 사실적으로 드러내기 위함이다.

④ '문전의 멍석만 한 땅'을 경작하며 살던 서촌 홀어미의 남편이 지난해의 흉년으로 인해 죽은 상황을 드러낸 것은 이를 풍년이 든 해의 추석을 즐기는 앞마을 농민들의 넉넉한 모습과 대조하기 위함이다.

⑤ '말을 잇지 못하고 혼절'한 홀어미의 비극적인 모습을 표현한 것은 남편이 죽어 홀로 가족을 돌봐야 하는 불우한 이에게 세곡을 요구하는 아전의 냉혹함을 강조하는 것으로, 일정한 서사성을 드러내기 위함이다.

04 ⑤

정답해설

윗글의 '곡하는 이 누군가 물어보니'와 〈보기〉의 '어찌하여 그곳에 깃들지 않니?'를 통해 시적 화자가 발화하는 부분을 찾을 수 있다. 윗글과 〈보기〉 모두 이 발화를 통해 부정적인 시적 상황을 드러내고 있으므로 적절하다.

오답해설

① 윗글과 〈보기〉 모두 인간과 동물을 대비하지 않으며, 이를 통해 현실을 풍자하지도 않으므로 적절하지 않다.

② 〈보기〉와 윗글 모두 역사적 인물을 등장시키지 않으므로 적절하지 않다.

③ 윗글과 〈보기〉 모두 객관적 상관물이 드러나지 않으며, 윗글의 '아전이 세곡 바치라 외쳐 댄다.'에서 지배층을 비판하는 모습을 찾을 수 있으나, 〈보기〉에서는 지배층을 비판하는 모습을 찾아 볼 수 없으므로 적절하지 않다.

④ 윗글에서는 첫 부분과 둘째 부분에서 기쁜 농민들과 슬픈 여인을 대비시키지만, 〈보기〉에서는 그러한 부분을 찾아 볼 수 없다.

05

정답

벼 이삭 익은들 무엇하리오?

01 ①

정답해설

(가)와 (나)는 겨울이라는 시간적 배경을 바탕으로 (가)는 겨울 보리와 겨울나무, (나)는 유리창에 낀 성에에 대한 관찰과 인식의 확장을 통해 주제를 전달하고 있다.

오답해설

② (가)는 단정적인 어조를 사용하고 있다. 또한 (가), (나) 모두 특정 대상에 대한 그리움이 드러나 있지 않다.

③ (가), (나) 모두 공간의 대비가 드러나 있지 않다.

④ (가), (나) 모두 반어적 표현이 드러나 있지 않다. 또한 삶에 대한 의지가 아니라 삶의 진리에 대한 깨달음을 드러내고 있다.

⑤ (가), (나) 모두 가상의 상황을 설정하고 있지 않다.

02 ②

정답해설

(가)와 (나)는 모두 겨울을 배경으로 하여 (가)는 겨울 보리와 겨울나무, (나)는 유리창에 낀 성에를 관찰하여 얻은 깨달음을 전달하고 있다. (가)의 ㉠은 '초록의 겨울 보리'가 움트는 것을 보며 추운 몸으로 오는 생명에 대한 인식을 부서지고 불에 타면서, 버려지고 피 흘리면서 오는 진실로 확장한 것이다. (나)의 ㉡은 얇고 날카로운 유리창의 성에를 보며 인식을 확장하여 사람의 경우 가장 가혹한 고통의 밤이 끝난 자리에 가장 눈부시고 부드러운 꿈이 일어선다고 말하고 있다. 따라서 ㉠과 ㉡ 모두 인식의 확장을 통해 고통과 시련을 극복한 뒤에 진리에 다가가고 성숙한 영혼이 될 수 있다는 주제 의식을 강조하는 역할을 한다.

오답해설

① (가)와 (나)에서 새로운 탄생을 위한 통과 의례적인 기능을 하는 것은 겨울에 해당한다.

③ ㉠과 ㉡ 모두 사람의 의지가 개입할 수 없는 자연 현상에 해당하지 않는다.

④ ㉡은 고통스러운 현실을 살아가는 인간사의 진실이 아니라, 고통 속에서 발견하는 인간사의 진실을 의미한다.

⑤ ㉠과 ㉡은 자연물이나 사물에 대한 관찰에서 인식의 확장을 일으키는 매개로, 시상을 전환하는 기능을 한다.

03 ③

정답해설

'추위의 면도날'은 혹독한 시련과 고통을 통해 새로운 생명을 준비

하고 있는 겨울나무의 모습을 드러내는 표현으로 이때 겨울, 즉 고통은 통과 의례적인 기능을 한다. 따라서 '추위의 면도날'은 새로운 생명을 피어내기 위한 통과 의례를 의미하는 것이지, 생성과 소멸이라는 생명의 이중적인 속성을 드러내는 것이 아니다.

오답해설

① '초록의 겨울 보리'는 추운 겨울 속에서도 자라나는 나무의 모습으로 화자가 고통스러운 겨울을 새롭게 인식하는 계기를 제공하고 있다.

② '겨울나무들'은 일상에서 쉽게 관찰할 수 있는 대상으로 생명의 속성을 드러내기 위한 자연물이다.

④ '금 가고 일그러진 걸 사랑할 줄 모르는 이', 즉 시련과 고통의 가치를 모르는 존재는 '친구가 아니'라고 하는 것을 보아, 이러한 사람은 화자가 추구하는 삶의 방향에 어긋나는 대상임을 파악할 수 있다.

⑤ 생명은 '추운 몸', '함박눈 눈송이'로 온다고 하였다. 즉, 시련과 고통은 생명이 오기 전에 반드시 선행되어야 하는 조건이라고 할 수 있으며, 이러한 모든 것들이 생명의 본질적인 속성을 의미한다.

04

정답

꽃송이

01 ②

정답해설

〈제3수〉의 '무심 어조는 자한한하였더니 / 조만에 세사 잊고 너를 좇으려 하노라'에서 '무심 어조'라는 자연물을 의인화하여 세상의 일을 잊고 한가로운 삶을 누리고자 하는 화자의 마음을 드러내고 있다.

오답해설

① 〈제8수〉의 '출하면 치국택민 처하면 조월경운'에서 대구의 방식을 활용하고 있으나, 이는 화자의 과거와 현재를 대비하는 것이 아니라 '출'과 '처'에 대한 화자의 인식을 드러내는 것이다.

③ 〈제17수〉의 '은커나 현커나 도가 어찌 다르리'에서 화자의 깨달음을 제시하고 있지만, 고사를 활용한 것은 아니다.

④ 대화의 형식이 아닌, 독백의 형식을 취하고 있다.

⑤ 〈제1수〉의 '금수나 다르리야', 〈제9수〉의 '백구인들 제 알랴',

〈제10수〉의 '어느 분이 아실꼬', 〈제17수〉의 '도가 어찌 다르리'에서 설의적 표현을 활용하고 있으나, 이는 현실에 대한 화자의 아쉬움을 강조하는 것이 아니라 화자가 지향하는 가치를 드러내는 것이다.

02 ⑤

정답해설

ⓜ은 성현의 도는 벼슬길에 나아가든 나아가지 않고 자연에 머무르든 다르지 않으므로 '출'과 '처' 중 어느 쪽을 택해도 상관없다는 의미이다.

오답해설

① '이 두 일'은 충효를 가리키고, 충효를 지키지 않으면 짐승과 다를 바 없다고 하였으므로 ㉠에는 충효를 인간의 도리로 여기는 화자의 사상이 나타난다.
② '부귀 위기'에서 부귀를 추구하면 위기에 처할 수 있다는 화자의 인식이 드러나고, '빈천거'는 가난하고 천한 삶을 의미하므로 ㉡에는 자연에서의 삶이 부귀보다 가치 있다는 화자의 태도가 나타난다.
③ '원학'은 원숭이와 학을 가리키는 것으로, 자연과 대비되는 세속을 의미한다. ㉢은 '원숭이와 학이 내 벗이 아니라면 어느 분이 아실까'라는 의미이므로 세속은 자신이 있을 곳이 아니라는 화자의 인식이 나타난다.
④ '세상에 티끌 마음'은 세속에 대한 미련을 의미하는 것인데, ㉣에서 '세상에 티끌 마음이 일호말도 없다'고 하였으므로 세속에 대한 미련이 남지 않은 화자의 상태가 나타난다.

03 ③

정답해설

〈제9수〉의 '초당 심사를 백구인들 제 알랴'는 '초당에 머무르는 내 마음을 백구인들 알겠느냐'라는 뜻으로, 백구조차 자신의 마음에 공감하지 않음을 의미한다. 따라서 '백구'가 화자와 합일을 이루는 자연물이라 볼 수 없다.

오답해설

① 〈제3수〉의 '비록 못 이뤄도 임천이 좋으니라'에서 '임천'은 자연을 의미하는 것으로, 화자가 마음의 평안을 이룰 수 있는 공간이다.
② 〈제8수〉의 '조월경운'은 '달에서 낚시질을 하고 구름을 밭 삼아 농사를 짓는다'라는 의미로, 자연에 묻혀 조화롭게 살아가는 삶을 의미한다.
④ 〈제12수〉에서 화자는 '십분 청광이 벽계중에 비'끼는 모습을 바라보고 있다.
⑤ 〈제19수〉에서 화자의 '십 년 전 진세', 즉 '출'과 '처'에 대한 내적 갈등이 '얼음 녹듯 한다'는 것은 화자의 근심이 치유되었음을 의미한다.

04

정답

구름

6강 곡두 운동회

빠른 정답 체크   본문 | 248

01 ⑤   **02** ②   **03** 해설참조   **04** ④   **05** ③

01 ⑤

정답해설

윗글은 전지적 작가 시점으로, 작품 외부의 서술자가 사건의 진행과 인물의 심리를 전달하고 있다. 또한 매부리코 장교가 두 팔을 펼쳐 올리는 것이 '행사의 클라이맥스를 알리는 운명의 신호였음을 사람들은 그때까지도 까맣게 몰랐다'고 하는 등의 서술로 보아 서술자가 갑작스러운 상황 전환을 직면한 인물들의 내면 심리를 직접 제시하고 있음을 파악할 수 있다.

오답해설

① 윗글은 '오전 11시 40분', '낮 12시' 등 시간의 흐름에 따라 사건을 서술하고 있다.
② '매부리코 장교' 등의 외양 묘사나 인물의 행동 묘사가 드러나기는 하나, 이것이 인물의 심리를 과장하고 있다고 해석하는 것은 적절하지 않다.
③ 윗글은 작품 속 특정 인물이 아니라 작품 외부의 서술자가 사건의 전반적인 상황과 마을 사람들의 심리를 분석하여 전달하고 있다.
④ 윗글에는 운동장에서 벌어지는 갈등 상황이 제시되어 있다. 공간의 이동은 드러나 있지 않다.

02 ②

정답해설

지금까지의 사건이 모두 계획된 연극이었음을 밝히는 읍장의 설명을 통해, 반란군에게 동조했던 사람들이 역으로 처형당할 위기에 처했음을 파악할 수 있다. 또한 아군의 트럭과 병사가 들어오는 것을 보는 마을 사람들의 심리를 '그들의 눈앞에선 지금 마악 실로 믿을 수 없는 기적이 벌어지고 있었다.'라고 서술하고 있다. 이로 보아, 읍장의 설명은 목사와 같이 반란군에게 적대적이었던 사람들에게 생명의 위협이 아니라 안도감을 주고 있다고 해석하는 것이 적절하다.

① 배불뚝이 아군 부대장과 매부리코 적군 장교가 악수를 나누자, 반란군이 들어와 색출 작업을 벌인 것이 실제가 아닌 연극이었음을 알아차린 소금 장수와 푸줏간집 곰보는 자신들이 불순분자로 몰리게 되었음을 알고 공포에 질려 주저앉는다.

③ 사이렌 소리에 이어 운동장으로 트럭이 줄지어 들어오자, 마을 사람들은 '눈알이 일제히 뒤집'힐 정도로 놀랐다. 그러나 이 모든 것이 연극이었음을 알고 있는 아군 병사들은 '중앙의 공간을 가로질러 유유히 행진'했다고 하였으므로 여유롭게 행동하고 있음을 알 수 있다.

④ 윗글은 바닷가 작은 마을 학교 운동장에서 벌어지는 사건을 담고 있다. 사이렌이 울리기 전까지, 마을 사람들은 두려움과 긴장감 때문에 '유령처럼 고요'한 상태였다.

⑤ 새끼줄은 운동장을 두 동강 내어 반란군에게 협력한 사람들과 그렇지 않은 사람들을 나누었고, 매부리코 장교는 단상에 서서 '불현듯 하늘을 향하여 두 팔을 번쩍 펼쳐 올'렸다고 하였다.

03

정답

반란군, 아군

04 ④

정답해설

[A]는 운동장으로 들어오는 아군의 트럭들을 '한 대. / 두 대. / 세 대.'라고 서술의 변화를 주어 표현하고 있는데, 이는 지금까지의 사건 진행과는 다른 방향으로 일이 진행됨에 따라 운동장으로 들어오는 트럭에 집중하여 그 수를 세고 있는 마을 사람들의 모습을 강조하기 위함이라고 볼 수 있다. [B]는 자신이 계획한 일이 성공적으로 끝났다는 만족감을 유감없이 드러내는 읍장의 모습을 강조하고 있다.

오답해설

① [A]에는 계획에 따라 운동장으로 아군 트럭이 들어오는 장면이 묘사되어 있을 뿐, 인물이 계획을 성공시키기 위해 노력한 과정을 서술하지 않았다.

② 사건의 내막을 자세히 밝히고 있는 것은 [A]가 아닌 [B]이다.

③ [B]의 읍장은 사건의 진행에 따른 감정의 동요를 보이고 있지 않다.

⑤ [A]에서는 상황이 변화하는 공간의 분위기를 파악할 수 있으나, [B]는 계획을 진행하는 모습이 아닌 계획을 실행한 과정과 그 결과를 전달하는 인물의 모습을 표현하고 있다.

05 ③

정답해설

'사이렌 소리'를 들은 마을 사람들이 '눈알이 일제히 뒤집히는 것만 같'았던 것은, 이념 갈등에 대한 거부감 때문이 아니라 운동장으로 들어오는 트럭에 아군 병사들이 타고 있음을 알아차리고 놀랐기 때문이다.

오답해설

① '아침저녁으로 서로 얼굴을 맞대고 살아온' 마을 사람들은 '운동장 양편'에 '두 개의 전혀 판이한 운명'으로 나뉘는데, 이는 〈보기〉에 따르면 마을 사람들이 타의에 의해 자신의 이념적 성향을 둘 중 하나로 규정당하여 한쪽의 생명이 위태로워졌음을 의미한다.

② 운동장에 선 사람들을 '두 개의 전혀 판이한 운명'으로 나눈 것은 '가느다랗고 볼품없는 새끼줄 몇 가닥'으로, 이는 〈보기〉에 따르면 이념의 허구성을 상징한다.

④ 읍장은 '죄 없는' 마을 사람들이 공포에 떠는 것을 보면서도 '모르는 척'하였고, 이를 '불순분자들을 하나 남김없이' 찾아내기 위함이었다고 설명한다. 이는 〈보기〉에 따르면 권력자들의 부조리한 행태를 보여 준다.

⑤ 읍장은 K시의 아군 부대 병사들과 함께 '각본대로 연극'을 하는데, 이는 〈보기〉에 따르면 국가 안보를 위한다는 명목하에 마을 사람들을 위장극 속 역할로 조종했음을 의미한다.

7강 임진록

빠른 정답 체크

본문 | 254

01 ②   **02** ⑤   **03** ⑤   **04** ③   **05** 해설참조

01 ②

정답해설

윗글은 조선과 왜의 대립을, 강홍립과 김응서의 대립 관계를 통해 표현하며 서사적인 흥미를 유발하고 있으므로 적절하다.

오답해설

① '만리 장로(長路)에 곤핍한 군사가 어찌 적병의 예기를 당하리오.'에서 서술자의 개입이 나타나고 있지만, 인물에 대한 호감을 보이고 있지 않으므로 적절하지 않다.

③ 인물의 외양을 묘사하는 부분은 나타나고 있지 않으므로 적절하지 않다.

④ 시·공간적 배경을 표현하는 부분은 나타나지 않으므로 적절하지 않다.

⑤ 김응서가 과거를 떠올리며 현재의 처지를 한탄하는 모습을 보이

고 있지만, 내적 갈등의 해소를 드러내고 있지 않으므로 적절하지 않다.

02 ⑤

정답해설

김응서가 타던 말이 김응서의 머리를 물고 용강을 건너가는 모습은 김응서의 죽음에 대한 안타까움을 드러낸 것이지, 패전으로 인한 상처의 회복 의지를 드러내고 있지 않으므로 적절하지 않다.

오답해설

① 김응서가 왜왕의 호의를 수용하는 모습과 왜왕을 죽이겠다고 하는 모습에서, 기회를 노려 왜왕을 죽이기 위해 왜왕의 호의를 거짓으로 수용하였음을 알 수 있으므로 적절하다.
② 강홍립이 계속 일본에 머물겠다고 말하자 분노하는 김응서의 모습에서, 배신자인 강홍립에 대한 비판적인 태도를 확인할 수 있으므로 적절하다.
③ 강홍립이 김응서가 왜왕을 죽이려 계획하고 있음을 왜왕에게 전달하는 모습은 강홍립의 배신자로서의 면모를 보여 주는 것이므로 적절하다.
④ 김응서가 왜왕을 베어 임진년의 원수를 갚으려 했다는 모습에서, 임진왜란 이후 우리 민족이 지니고 있던 일본에 대한 적대감을 엿볼 수 있으므로 적절하다.

03 ⑤

정답해설

[A]에서 강홍립은 문헌의 구절을 인용하여 '장군이 병법을 모르는도다.'라고 하며 김응서의 무지함을 언급하고 있고, [B]에서 왜왕은 '너의 재주와 충심을 기특히 여겨'라고 하며 김응서의 뛰어난 능력을 언급하고 있다. 하지만 두 발화 모두 문제 해결 방법을 제시하고 있는 것은 아니므로 적절하지 않다.

오답해설

① [A]에서 강홍립은 '문헌에 이르기를, '사불범정(邪不犯正)'이라. 바르지 못한 것은 바른 것을 감히 범하지 못한다고 하니'라고 하며 문헌의 구절을 인용하여 김응서의 의견을 거절하고 있으므로 적절하다.
② [A]에서 강홍립은 '나는 군중 주장이요, 그대는 아장이라. 어찌 내 말을 듣지 아니리오.'라고 하며 김응서와 자신의 지위 차이를 근거로 김응서를 위협하고 있으므로 적절하다.
③ [B]에서 왜왕은 '나를 해치고자 함은 이는 왕망(王莽)의 유(類)라.'라고 하며 역사적 인물과 비교하여 김응서의 잘못을 꾸짖고 있으므로 적절하다.
④ [B]에서 왜왕은 '너의 재주와 충심을 기특히 여겨 잔명을 살리고, 또한 마음을 허락하여 부마로 삼았거늘'이라고 말하며 자신이 김응서를 정성껏 대하였음을 근거로 자신을 배반한 김응서의 부도덕함을 지적하고 있으므로 적절하다.

04 ③

정답해설

ⓒ에서 왜왕은 천기를 살핌으로써 조선이 쳐들어올 것을 미리 알고 대비하고 있다. 하지만 승리를 확신하고 있지는 않으므로 적절하지 않다.

오답해설

① ㉠에서 조선의 왕은 김응서와 강홍립에게 '삼가 적을 얕보지 말고'라고 하면서 왜적과의 싸움에서 신중함을 잃지 않도록 당부하고 있으므로 적절하다.
② ㉡에서 어득광은 조선군이 '행군을 서서히 하여야 반드시 성공하리라'라는 당부를 따르지 않자, 김응서에게 '장군이 내 말을 듣지 아니하면 화를 당하리라'라고 재차 말하며 자신의 의견을 수용할 것을 강조하고 있으므로 적절하다.
④ ㉣에서 김응서는 전쟁에 패배한 것이 행군을 천천히 하자는 자신의 의견을 수용하지 않은 강홍립의 탓이라고 말하고 있으므로 적절하다.
⑤ ㉤에서 강홍립은 김응서와 달리 조선에 돌아가지 않고 일본에 머무르겠다는 결심을 드러내고 있으므로 적절하다.

05

정답

ⓐ: 왜왕, ⓑ: 홍립

| 8강 | 오래된 잠버릇 · 어둠도 자세히 보면 환하다 · 거꾸로 보기 |

빠른 정답 체크   본문 | 260

| 01 ④ | 02 ③ | 03 ⑤ | 04 ② | 05 해설참조 |
| 06 ⑤ | 07 ④ | | | |

01 ④

정답해설

(가)의 1연의 화자는 '사내', 2연의 화자는 '파리'로 화자가 바뀌고 있기는 하나, 공간의 이동을 따라 인식의 변화가 일어나고 있지는 않다. 또한 (나)에서도 '창문 하나 없던 낡은 월세 자취방'이라는 공간에 대한 관찰을 통해 인식의 변화가 이루어졌을 뿐, 공간의 이동에 따른 전개는 드러나지 않았다.

오답해설

① (가)는 파리가 인간을 바라보는 관점을 서술하고 있으므로 불가능한 상황을 설정하고 있다고 볼 수 있다.
② (나)는 '방 안의 온갖 잡동사니들', '보잘것없는 물건들'을 의인화하여 표현함으로써 친근감을 드러내고 있다.

③ (다)의 글쓴이는 일상에서 가랑이 사이로 산을 바라본 경험을 소재로 하여 새롭게 발견한 대상의 의미를 서술하고 있다.
⑤ (나)는 방의 어둠에 대한 관찰, (다)는 산에 대한 관찰을 통해 얻은 깨달음을 전달하고 있다.

02 ③

정답해설

글쓴이는 크리슈나무르티의 저서 중 '보는 일은 어떤 철학도, 선생도 필요로 하지 않는다. 아무도 당신에게 어떻게 볼 것인가를 가르쳐 줄 필요가 없다.'라고 말한 부분을 인용하여 남에게 가르침을 받거나, 남의 눈을 빌릴 것 없이 자기 눈으로 보는 것이 중요하다고 말하였다.

오답해설

① 인격에 고정된 어떤 틀이 있는 것은 아니며, 그 사람이 지닌 좋은 덕성을 찾아낼 수 있다면 그 사람과 좋은 친구가 될 수 있다고 하였다.
② 시들하게 생각하는 사이라 할지라도 선입견에서 벗어나 바라본다면 시들한 관계의 틀에 생기가 돌 것이라고 하였다.
④ 남의 눈을 빌릴 것 없이 자기 눈으로 볼 때 대상을 보다 정확하게 파악할 수 있다고 하였다.
⑤ 일상적으로 사람을 대하거나 사물을 보고 인식하는 것은 틀에 박힌 고정 관념에 지나지 않기 때문에, 이미 알아 버린 대상에서는 새로운 모습을 찾아내기 어렵다고 하였다.

03 ⑤

정답해설

(다)는 고정된 시각이 아닌 새로운 시각으로 대상을 보아야 대상을 정확하게 파악하고 좋은 관계를 형성할 수 있음을 설명하고 있다. (나)의 화자는 기존에는 어둠을 부정적으로 인식하였으나, 어둠 속 세계를 관찰하여 빛의 세계를 새롭게 발견하였다. 따라서 대상을 바라보는 시각을 바꿈으로써 긍정적인 가치를 새롭게 발견할 수 있음을 보여 주고 있으므로 적절하다.

오답해설

① (다)에서 기존과 다른 방식의 관찰을 통해 대상을 새롭게 볼 수 있다고 하였으나, (나)의 '한낮에도 어둠이 빠져나가지 못하던 방'은 기존의 고정 관념을 그대로 드러내는 것이므로 적절하지 않다.
② (다)에서 고정 관념에서 벗어나 열린 눈으로 대상을 바라봐야 한다고 하였으나, (나)의 '퀴퀴하고 걸쭉한 어둠'은 어둠을 기존의 고정 관념대로 부정적으로 인식하고 있는 것이므로 적절하지 않다.
③ (다)에서는 타인의 눈이 아닌 자신의 눈으로 대상을 보아야 정확하게 파악할 수 있다고 하였으며, (나)에서 '눈알이 어둠 속에 깊이 박혀' 있다는 것은 어둠을 응시하는 화자의 모습을 '낯설

게하기' 방식으로 표현한 것에 불과하므로 적절하지 않다.
④ (다)에서는 보는 각도를 달리함으로써 사물이 지닌 아름다운 비밀을 찾아낼 수 있다고 하였는데, (나)의 '오래오래 어둠의 내부를 들여다보던 방'은 화자가 보는 각도를 달리하여 어두운 방을 바라보고 있음을 표현한 것이므로 이미 굳어 버린 인식이 재생산되는 공간이라는 것은 적절하지 않다.

04 ②

정답해설

㉠은 사내가 덮고 자는 공간이자 파리가 깔고 자는 공간으로, 사내가 생활하는 방의 허공을 의미한다. ㉡은 파리가 덮고 자는 공간이자 사내가 깔고 자는 공간으로, 사내가 생활하는 방의 바닥을 의미한다. 즉 ㉠과 ㉡은 사람이 생활하는 방의 바닥과 허공이라는 일상속 공간을 두 화자의 서로 다른 시선으로 표현한 것이다.

오답해설

① ㉠과 ㉡은 '내가 덮고 자는 공간'이라는 동일한 시어를 사용하고 있으나, 방의 천장과 바닥이라는 서로 다른 공간의 모습을 드러내고 있다.
③ ㉡에서 화자인 파리는 사내를 관찰하고 있으나, ㉠에서 화자가 자신을 성찰하고 있지는 않다.
④ ㉡은 시간의 흐름에 따라 변화한 공간이 아니다.
⑤ ㉠에서 화자인 사내는 불안감을 느끼지 않고, ㉡에서 화자인 파리가 안도감을 느끼지도 않는다.

05

정답

퀴퀴하고 걸쭉한 어둠

06 ⑤

정답해설

ⓐ는 어둠을 지속적으로 관찰하여 얻은 깨달음으로, 어둠 속에서도 빛을 발견할 수 있음을 의미한다. 그러나 객관적인 태도로 어둠을 관찰한 결과라고 보기는 어렵다.

오답해설

① ⓐ는 부정적으로만 인식되었던 어둠을 관찰하여 빛을 발견한 것이고, ⓑ는 차 맛의 표준을 찾지 않고 그 차가 지닌 특성을 알맞게 우림으로써 얻은 것이다. ⓐ와 ⓑ 모두 선입견이 없는 시선으로 대상을 바라볼 때 얻을 수 있는 것이라고 할 수 있다.
② ⓐ는 어둠에 대한 고정 관념을 버린 뒤 발견한 것으로, 보잘것없는 물건들이 서로를 배려하고 의지하며 빛이 되었다는 점을 인간사의 영역으로 확장할 수 있다. ⓑ 역시 차 맛에 대한 인식을 인간사의 영역으로 확장하여 얻을 수 있는 깨달음을 설명하고 있다.

③ ⓐ는 '어둠이 보일 때까지', 즉 오랜 시간 관찰하여 파악한 것이다. ⓑ는 '차 맛'의 '표준', 즉 기존의 인식을 버리고 새로운 시각으로 차를 바라보며 파악한 것이다.

④ ⓐ는 어둠에 대한 고정 관념을 버리지 않으면 인지하기 어려운 것이며, ⓑ는 차 맛의 표준에 고착되지 않아야 발견할 수 있는 것이다.

07 ④

정답해설

(가)에서 사내가 '천장에 등을 붙이고 잔다'고 표현한 것은, 잠을 자는 일상적인 공간(바닥)을 파리의 시선에서 낯설게 표현(천장)하여 대상을 새롭게 인식하도록 유도하고 있다.

오답해설

① '헬리콥터처럼'은 파리의 모습을 비유하여 화자가 파리의 삶이 불안정하다고 여기고 있음을 강조하고 있지만, 익숙한 언어의 규범을 파괴하는 것은 아니다.

② '구더기를 본 사람'은 파리가 높은 곳에서 잠들 수밖에 없음을 말하기 위해 언급된 것이지, 당연하게 여기던 것에 문제를 제기하고 있는 것은 아니다.

③ '지구의 밑부분에 집이 매달리는 시간'은 사내가 잠드는 시간을 파리의 관점에서 표현한 것이다. 즉, 일상적인 대상을 '낯설게 하기' 기법으로 표현하고 있는 것이다.

⑤ '저 사내는 슬프다'는 역설적 표현이 아니라, 파리의 눈으로 본 인간 소외를 표현한 것이다.

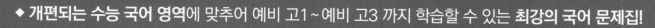